互联网金融+
柏亮 / 主编

Internet Finance Transformers

百变互联网理财

互联网金融理财类产品体验报告

P2P网贷理财篇

零壹研究院 / 著

人民东方出版传媒
東方出版社

图书在版编目（CIP）数据

百变互联网理财.P2P 网贷理财篇：互联网金融理财类产品体验报告 / 零壹研究院 著．
—北京：东方出版社，2015.6
ISBN 978-7-5060-8240-2

Ⅰ.①百…　Ⅱ.①零…　Ⅲ.①互联网络—应用—借贷　Ⅳ.① F830.49

中国版本图书馆 CIP 数据核字（2015）第 144834 号

百变互联网理财.P2P 网贷理财篇
（BAIBIAN HULIANWANG LICAI.P2P WANGDAI LICAI PIAN）

作　　者：零壹研究院
责任编辑：赵陈碑
出　　版：东方出版社
发　　行：人民东方出版传媒有限公司
地　　址：北京市东城区朝阳门内大街 166 号
邮政编码：100706
印　　刷：北京中科印刷有限公司
版　　次：2015 年 8 月第 1 版
印　　次：2015 年 8 月第 1 次印刷
印　　数：1—5 000 册
开　　本：710 毫米 ×960 毫米　1/16
印　　张：23.25
字　　数：275 千字
书　　号：ISBN 978-7-5060-8240-2
定　　价：42.00 元
发行电话：（010）64258117　64258115　64258112

编写人员

主　　编：　　柏　亮
课题组组长：　　李耀东
课题组成员：　　奚玉莉　张筱铃　宋沅芪　严湘君
　　严　寒　岳　军　牟里楠　李　烨
研究单位：　　零壹研究院

研究指导单位：　　北京市网贷行业协会

“零壹财经书系”总序
零壹财经：互联网金融＋

莱布尼茨发明的二进制计数法成为计算机程序的运行基础，引领我们进入了互联网世界。莱布尼茨说：“1与0，一切数字的神奇渊源。这是造物的秘密美妙的典范。”

“零壹财经”书系可以定义为“互联网金融＋”系列书籍，发端于互联网金融研究，用互联网思想和互联网金融的基本逻辑搭建内容体系。在我们的计划中，它具备以下基本特点：

第一，在研究和思考问题时，回归到无的状态（0），清零先入之见，用数据、事实描述事物的基本面目；

第二，关注事物的初始状态（1），尽最大努力厘清它的来龙去脉，注重基础，探望前沿；

第三，以互联网金融为主轴线，以开放、自由、协作、分享的互联网精神，创作、编写和翻译好的内容；

第四，基于主轴线丰富我们的内容（＋），在比较有把握的情况下把“其他资产交易”、“其他行业”、“其他情况”接入到互联网金融的研究和思考框架之中；

第五，还有一些关于互联网和金融的思想性书籍和基础书籍；

第六，没有固定体例和口味。

至于“零壹财经”书系的动机和意义——莱布尼茨那句话里的每一个词汇都深深地吸引着我们：渊源、造物、秘密、美妙、典范。最小的粒子和最浩瀚的世界，都有无尽的趣味引诱着我们。我们选择的入口很小，也不太小。

“零壹财经”是一个专注于互联网金融研究的团队。我们希望“零壹财经”的每一本书都淳朴、大方、谦卑、有力量。

柏亮

序
互联网理财的兴起

一、余额宝的引爆效应

2013年6月17日正式上线的余额宝就像平地一声惊雷，打开了一扇通向神奇世界的大门。它就像存款，随时存、随时取、随时拿来买东西，但是它的“利息”① 竟然比活期存款高得多，更可怕的是它的所有操作都在网络上进行，鼠标一个简单的“转入”，支付宝里的钱就开始源源不断地长出“利息”。

手指一摁、一松，数字就变了，眼睛一闭、一挣，钱就多了，这样神奇的宝贝谁不喜欢？果不其然，上线以后，余额宝的规模不断刷新纪录，从0到500亿花了3个月的时间，从500亿到1000亿只花了1个半月。这时，连呼“看不懂余额宝”的某金融人士预测说，余额宝的最大规模是2000亿，因为货币基金市场的容量是有限的，假设余额宝占据20%的份额，2000亿到头了。

但市场没有理会货币基金容量这码事，到2014年1月中旬，余额宝的规模就突破了2500亿元，夺得货币基金的头把交椅。此时，距离金融人士的预言，只过去了短短三个月的时间。随后的故事大家都很清楚了：2014年2季度余额宝上线满一周年，规模超过5740亿元、用户量破亿；

---

① 余额宝是一款理财产品，它并没有利息，理财人获得的是收益，不是存款利息。但由于很多人把余额宝的收益称为利息，为通俗起见，本文也偶尔称它为“利息”，加上引号表示区别。

2014年3季度规模有所萎缩，下降为5349亿元；2014年4季度小幅反弹，回升到5789亿元。

为什么会这样？为什么一个电商平台支付工具（支付宝）嫁接的“货币基金”能有这么大的能量？为什么本应2000亿“封顶”的余额宝不断突破极限，在不到一年的时间里（截至2014年3月，其后余额宝的增速放缓）成为全球第七大基金和第三大货币基金？为什么在收益明显下滑的情况下，余额宝仍然能够维持这么大的规模？

其实，“宝粉”（指余额宝投资人和爱好者）们根本不关心这些问题，他们在乎的是数字变没变，天弘基金（以及阿里巴巴）可不可靠，以及最重要的：花起来是不是方便。

二、揭开互联网理财的面纱

余额宝的火爆，创造了一个新名词“互联网理财”，引起各行各业对于“互联网金融”的关注，也揭开了那些早已存在，但还不太出名，甚至引起巨大争议的互联网理财产品的面纱。

其中，首先就是P2P理财，或者叫网贷理财。从2007年拍拍贷开始在国内开展P2P借贷业务，到2013年6月余额宝诞生，P2P借贷行业在我国的发展已经整整达到6年。在P2P借贷中主要存在三类角色：借款人、出借人和网贷平台。借款人是缺钱、想借钱的人，出借人是正好有钱想往外借的人，网贷平台是中介，通过网站把这两类人撮合在一起。出借人借钱出去有利息可收，因此也被看作一种理财方式。

2013年之前，P2P借贷市场的发展很慢。2012年全年，所有理财人借出去过的钱也就100多亿元，加上其中大部分的钱都会在一年里反复借出、收回，实际的理财规模也就是在几十亿元的量级①。但是从2013年开始，或许是借助余额宝的“春风”（其实行业的经营模式也发生了很大的变化），P2P理财也出现了暴发性的增长。

2013年，我国P2P借贷行业的交易额超过1000亿元，2014年这个数字超过2500亿元，根据借款人的平均出借次数估算，涉及的理财资金接近1000亿元。按照这个趋势发展下去，如果没有特殊情况，2015年我

---

① 例如一个理财人有10万块钱，一个季度借出、收回一次，那么一年的时间他曾经借出去过40万元（称为交易额或贷款额），但是他实际理财的钱还是最初的10万元。

国 P2P 借贷行业的交易额可能超过 5000 亿元，涉及的理财资金超过 2000 亿元。如果根据所谓高盛的预测①，到 2024 年,P2P 借贷的理财规模将达到 2 万亿元，也就是说，在未来 10 年的时间里，P2P 理财还会有 10 倍的增长，远远超过余额宝。

P2P 理财与余额宝有很多相似的地方，例如都是网上操作，投资、取现都比较快捷，没有烦琐的开户过程。但是它的收益远远高于余额宝，目前大部分 P2P 理财的年化收益率还都在 10% 以上（对比余额宝的年化收益率一直在 3%～7% 之间），前几年的年化收益率甚至高达 20%、30%。

较高的收益率必然意味着较高的风险，P2P 借贷平台的跑路事件层出不穷，有的平台本身以诈骗为目的，用很高的利息和奖励吸引理财人，拿到理财人的钱后卷包就跑；有的平台经营能力太差，借款人经常还不上钱，理财人的钱也就收不回来了；还有些平台并不是真正撮合借款人和出借人，而是把理财人（出借人）的钱拿来自己去投资，结果投资失败，理财人的钱打了水漂。

因此，很多理财人对 P2P 理财是又爱又怕，期待着点点鼠标就能得到高收益，又担心平台不安全。但无论如何，P2P 理财已经形成不小的市场规模，在互联网理财中占据了一席之地，实际操作过 P2P 理财的人超过 200 万。

相比于 P2P 借贷，众筹在我国出现的更晚一些，但同样早于余额宝。2011 年 7 月，“点名时间”正式上线，这是我国首家互联网众筹平台，业务模式为商品众筹，现在它已经转型为“智能新品限时预购网站”。

所谓众筹，简单的理解就是大家通过网络凑钱办事。比如说隔壁老王有个奇思妙想，要做一款不用充电的手机，他召集一批“极客”分子鼓捣出来原型机，发现还挺好用。于是想辞职创业，专门生产这款手机。等到打听生产价格的时候才知道得花一百万元，他们没有这个钱。怎么办呢，老王在众筹平台发布一个项目，告知手机目前的情况，向平台上的用户每人募集 1000 块，承诺手机一旦做出来就每人送一部（这部手机的市场价得 2000 块）。立刻有 1000 个人②响应，老王筹了一百万，手机顺利量产，这 1000 个人各得了一部市场价格 2000 块的手机，双方皆大

① 这个预测始终没有找到可靠出处，但是普遍认为并不离谱。

② 这些人在众筹行业里叫“支持者”，都是支持老王实现创业梦想的人。

欢喜。

这就是一个典型的众筹案例，它像预售但很多时候又不是预售，预售意味着产品已经做出来了只是还没有铺货，想买这个产品的人提前付款（有时候甚至得加价！）以便先买先得。而在很多众筹案例中，产品并没真正做出来，因此支持者付款是有风险的，一旦产品生产失败，钱已经被花掉，支持者将血本无归；但是如果顺利做出来，支持者等于以成本价“买到”了产品，符合理财关于“有效的、合理的处理和运用钱财，让自己的钱财花费发挥最大的效果，以达到最大限度满足日常生活需要的目的”，可以视为广义理财的一种——节约也是一种理财。

当然，众筹的价值并不仅仅在于理财，它是人们支持创业和创意、尝试新产品乃至体验新生活的方式。根据零壹研究院的数据监测，截至 2014 年年底，我国共有 128 家众筹平台，其中商品众筹（主要筹钱研发产品或办活动）平台 78 家，股权众筹（主要筹钱开公司）平台 32 家，公益众筹平台 4 家，另有 14 家股权众筹、商品众筹混合平台。

这 78 家商品众筹平台和 14 家混合平台可以看作提供众筹理财产品的主力军。其中的 8 家典型平台（例如京东众筹、众筹网、淘宝众筹等）2014 年的筹资金额之和超过 2.65 亿元，规模不大，但是参与人数接近 60 万人，相比 2013 年有 10 倍左右的增长，未来几年还有巨大的增长空间。

如果说余额宝的明星神话推动了其他电商、银行纷纷推出自己的宝类产品，积极进行理财普及和全民教育，这无疑是它的巨大功绩——但还仅仅是第一层次的影响。更重要的是，它激发了人们通过互联网进行便捷理财的热情，揭开了 P2P 理财、众筹理财的神秘面纱。以余额理财、P2P 理财和众筹理财为代表，辅以保险、基金等传统理财产品的互联网运营，互联网理财已经呈现出大致轮廓，一个新兴的、区别于传统理财习惯和途径的理财市场正在蓬勃兴起。

三、门户理财的出现

随着互联网用户理财知识的普及和理财“胃口”的扩大，理财产品的种类越来越丰富，在一个平台上提供多种互联网理财产品逐渐成为趋势。这个趋势的典型表现就是 2014 年出现了几个重量级的综合理财门户，如招财宝、微财富和京东金融。

我们以招财宝为例，它于2014年4月3日成立，4月10日上线试运营，5月15日提供预约抢购功能，6月5日创造了“半小时销售10亿元理财产品”的纪录。8月底，招财宝开始正式运营，并向外界公开了“变现”功能：不管理财产品本身的周期是多长，用户在购买后如果急需用钱，可以缴纳一点手续费后随时“赎回”，退回的资金瞬间到账，类似于定期存款随时能转成活期，但是“赎回”前的收益不会变成活期。这么便捷的功能使得招财宝的交易额节节攀升，截至2015年1月底，规模已经超过450亿元。

理财人可以在招财宝上购买的理财产品包括基金、保险和企业债权等，这些产品大多承诺本息保障，收益率明显高于同期的余额宝。跟余额宝不同，招财宝实际上是一个产品聚合平台而不是一款互联网理财产品，产品都由银行、保险、基金等公司提供。招财宝高管曾对外披露招财宝的战略规划——搭建一个开放的投融资交易平台，做到一万亿元的规模，为100万家中小企业提供融资服务。

微财富和京东金融的模式与招财宝类似，虽然没有随时变现功能，但这两个网站也都是中介平台，主要销售其他机构的理财产品，包括P2P债权、票据和基金等，京东金融还包括保险和众筹。

这些门户依靠关联网站（例如淘宝、新浪和京东）的良好声誉和巨大流量，开展互联网理财产品的销售，它们的逻辑跟余额宝已经完全不同。如果说余额宝的目的是让用户支付宝账户中的闲钱有个临时好去处，给用户带来额外的收益；那么门户理财则试图把购买理财产品变成用户的主动行为，让用户得到更加丰富、多样的理财服务。它的核心是流量变现——把用户访问网站的行为转化成购买行为，让互联网流量直接变成网站的营业收入。

当然，门户理财也保持着理财的网络化和便捷化，在产品类型和服务方式上与传统理财有明显区别，体现出鲜明的互联网特征。

四、互联网理财的新属性

从余额宝到P2P，从众筹到门户理财，互联网理财还没有一个明确的范围，很难说清它到底应该包括哪些产品和形式，不应该包括哪些产品和形式，但我们可以明显感觉出它跟传统理财（例如炒股、银行理财、信托计划和资管计划等）的不同，互联网理财都具有一些明显的新属性。

（1）新用户

天弘基金在 2014 年 7 月发布的《余额宝运行一周年数据报告》展示了余额宝的用户特征，包括年龄、客单量、地域、使用习惯、交易频率、交易时间等真实信息。报告显示，余额宝用户人均持有余额宝 5030 元、人均年龄 29 岁；80 后、90 后占 76%。人数占 43.82% 的 80 后，持有余额宝金额达 49.76%，贡献余额宝近半壁江山；18 ~ 22 岁的大学生年龄段占比高达 20%。

报告还显示，如果把余额宝的转出业务分解成消费（主要是网络购物）和提现，可以发现余额宝用户的日均消费次数约是提现的 3 倍，笔均消费金额接近 300 元。

零壹研究院曾在 2014 年 7 ~ 8 月份向 16 家 P2P 借贷平台发出调查问卷，统计了这些平台的投资人特点，涉及约 100 万网贷理财用户（见图 0–1、图 0–2、图 0–3）。

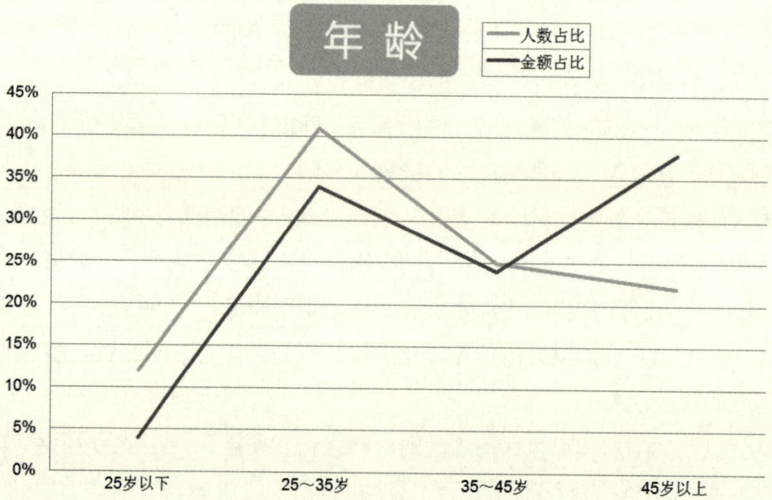

图 0–1

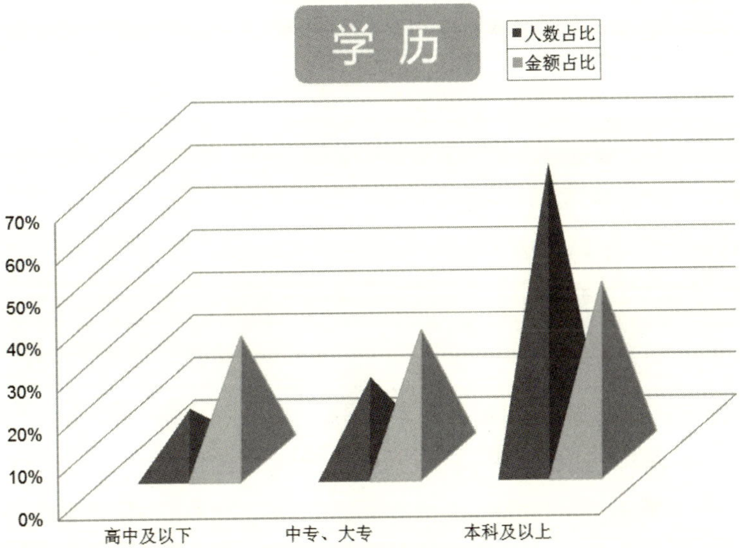

图 0-2

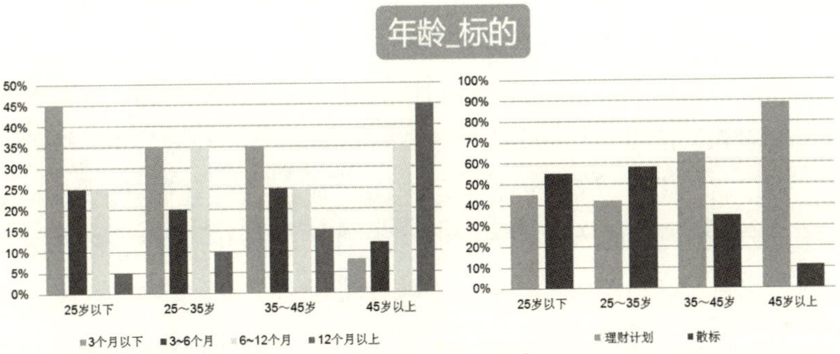

图 0-3

从这些图表可以看出：在 P2P 理财用户中，80 后的人群占据主流，达 41%，90 后的也占了 12%；学历方面，本科及以上学历的投资人占了 69%；而年纪越轻的用户越喜欢短期 P2P 产品，越爱体验手工选标的“乐趣”，不喜欢把钱预存到账户中让网站帮他自动操作。

众筹网站用户更是以大学生和大学毕业刚参加工作的年轻人为主，绝大部分用户每年在单个众筹网站上支持的金额不超过 1000 元（不同众筹网站的数字有所不同，最高超过 3000 元，最低不到 200 元）。

余额理财、P2P、众筹，这些互联网理财人具有高度相似的特点：年轻、学历高。年轻意味着好奇心强、勇于尝试但收入还不高，高学历意味着视野开阔、易于接受新事物、未来发展潜力大。而这个群体还具备一些更加明显的特点：熟悉网络、善于网络操作、注重软件体验、讨厌无趣、喜欢网购。

这些特点意味着他们对于金钱、消费有着自己的理解，对于互联网理财有着不同于传统理财的独特诉求。他们大部分人没有大笔资金做一次性理财投入，除了部分股民，甚至此前没有接触过理财。余额宝对他们进行了第一次互联网理财教育，在他们脑海里留下了深刻的印记。

（2）新体验

这个印记就是网上操作、简单、流畅、便捷。

从互联网产品的角度，余额宝的操作过程的确特别简单，不用到基金公司开户、不用打电话、不用填写任何表格，利用支付宝本身的认证资料，鼠标点几下，一次申购、消费或赎回操作就完成了。从理财产品的角度，金融人士也认为它很简单——就是货币基金对接了一个支付渠道，可以在网上实现货币基金的申购和赎回。

然而，这么“简单”的产品为什么会产生这么大的能量，互联网人士和金融人士存在巨大而深刻的分歧——后者认为支付宝的用户数量庞大，自然就能带来余额宝的庞大用户量，同时余额宝还误导了理财人，没有充分提醒产品的风险，导致用户盲目购买；前者认为关键在于体验，大部分支付宝的用户从来没接触过理财，但是他们天天购物，余额宝的理财体验甚至比购物体验还美妙，用户一旦上手就不能自拔。

现在回头来看，这两类观点都有对有错，金融人士预测余额宝的规模不可能超过 2000 亿，互联网人士也喊出过余额宝破万亿不是梦。但终究，余额宝站在这两个预测之间，它是互联网产品，能够借助互联网的春风实现暴发性增长，它也是理财产品，必然受到理财规律的制约。

即使就所谓的“体验”而言，余额宝也包含了互联网与理财两个方面的内容。显然，它的互联网操作是方便的，但这个方便并非完全建立在人们最津津乐道的交互设计上，更建立在对理财产品的适应性选择和改造之上——余额宝在货币基金的赎回环节增加了流动性设计。

一般来说，货币基金的赎回采用 T+1 规则，就是说用户申请赎回的第二天，资金才能真正回到用户的资金账户里。而阿里与天弘基金结合支付宝用户的操作和资金特点“优化了流程”，实现了货币基金的 T+0 效果[①]，用户随时赎回、资金随时到账。正是这个关键的优化[②]，让用户可以直接把基金份额用来转账或消费，达到了跟现金一样的效果，这对于传统理财产品几乎是无法想象的事情。

因此，如果余额宝不注重用户对于理财产品的真正需求，继续沿用 T+1 模式或者不跟消费实时对接，它只是个网上购买货币基金的渠道，根本无法获得创新性的理财体验。举例来说，余额宝之后，淘宝也开通了理财频道，允许其他机构开店出售货币基金产品，用户可以用支付宝购买，但销量非常有限。原因就在于这种方式根本无法打造理财、消费一体化的体验。

余额宝作为典型案例，展示了互联网理财的独特体验内涵。在 P2P 行业，在众筹行业，人们以此为目标，使互联网特色、理财产品特点与理财需求相结合，通过三者的交互和融合提升理财体验，而不仅仅是把传统的线下理财产品简单搬到网上来，这也构成人们划分互联网理财所秉承的主要原则。

（3）新价值

除了给全新用户打造全新体验，互联网理财还带来了传统理财产品难以提供的新价值。

第一，它利用互联网进行了大规模的理财普及教育。前面说过，年轻的网民很多没有深度接触过理财产品，没有亲身尝试过理财的酸甜苦辣。无论是余额理财、门户理财还是 P2P 理财和众筹理财，都可能是这些用户对理财产品的第一次认识和尝试。互联网的病毒式传播效应和海量传播范围，让大量网民接受了理财教育，它的规模是传统理财产品难以达到的——单是余额宝的用户数量就超过了全国股民的数量。

第二，它降低了理财门槛，让资金不多的普通网民也获得了公平的理财机会。普通用户使用最多的理财产品是活期存款和定期存款，但是

---

① 在此之前也有 T+0 基金，因此这种方式不是余额宝的首创，却被余额宝发扬光大。

② 实际上天弘或支付宝进行了垫资，用户的赎回资金并没有立即到账，是天弘或支付宝先立即垫付给用户，等到赎回资金真正到账时再冲销这笔垫资。

前者的利息太低，几乎等于没收益，后者的利息稍微高一点，又很死板、很不方便。收益高的产品，例如理财计划、信托计划或资管计划，动不动就要求一次性投入几十万甚至上百万元，把普通理财人牢牢挡在门外，根本接触不到收益较高又相对安全的理财产品。互联网理财产品的门槛经常低至1元起，又不用跑到银行排队等号，让普通网民都能加入理财的大家庭，分享经济增长带来的收益，是一种金融权利上的平等化。

第三，互联网理财趋向娱乐化，让理财变得有趣味，而不再是严肃刻板的金钱游戏。这个趋势在众筹理财上表现得尤其明显，由于众筹的产品普遍新奇、酷炫、有情怀、有玩头，很多支持者趋之若鹜，因为“提前”付款而获得打折价，沉浸在产品的乐趣中而浑然不觉这也能起到“理财”的效果。在P2P理财和门户理财方面，许多网站也推出了一些新奇的玩法，例如根据投资人数的多少浮动投资收益率，再如投资份额换iPhone、一元钱抽房子等。即使对于比较简单的余额宝，一度有大量用户早晨起床后的第一件事就是打开手机看收益变化，乐此不疲。因此，互联网理财在很大程度上改变了人们对于理财的看法，真正让理财成为生活、消费、娱乐的一部分。

第四，互联网理财也是普惠金融的一部分，它除了让理财人获得更加平等的理财机会，还让借款人获得了稀缺的融资机会，这在P2P借贷和众筹上都表现得比较明显。P2P借贷的借款人经常是个体工商户、小微企业主，借钱是为了经营生意或周转资金，他们平时很难从其他途径借到钱，因为互联网理财人额外的资金供应，他们也能借到钱了。众筹的筹资人一般是创业者或创意人，他们同样因为没法筹到足够的启动资金才来到网络上筹资，支持者“预付”的资金支持了他们的项目，他们才有可能真正实现这些创意或梦想。因此，互联网理财不仅仅给理财人带来实惠，也惠及大量金融“弱势群体”，让他们终于有了一条方便的融资渠道。

第五，互联网理财在一定程度上推进了利率市场化。我国的存款利率受到管制，收益很微薄。在互联网理财之前，人们又没有别的理财途径，只能无可奈何地把钱存到银行。现在有了方便、快捷、有趣、低门槛的互联网理财途径，人们纷纷把钱从银行里转出来买理财产品，开始形成银行存款大搬家。因此，尽管目前存款利率还处于管制状态，利息不能跟着市场的变化而变化，但通过互联网理财产品，一部分资金已经间接实现了利率市场化，并可能在以后“倒逼”我国的利率市场化改革——如果银行的存款越来越少，他们也会想办法“变相”的给予存款人额外的收益来避免存款继续流失。

五、互联网理财产品的评价问题

在“表扬”了互联网理财这么多的优点之后，我们也必须看到：互联网理财的背后是金融，金融是始终存在风险的！无论理财产品采用什么形式，它的实质都是理财人把钱借给别人使用，过一段时间后“别人”把钱连本带利息还回来。如果“别人”还不了利息甚至本金，那理财人就会受到损失乃至亏本。这些产品无论多么像“存款”，它们都不是存款，它们有可能“存”得进去，“取”不出来！

尤其是互联网理财在便捷化、傻瓜化、娱乐化之后，资金只要不支付出去换成商品或服务，它就表现为一串数字，而不是手感绵软的钞票，人们更容易对切实的风险放松警惕。个别人可以出于好奇，拿很少的钱去尝鲜，赚了开心，赔了也无所谓。但大部分互联网理财人投入的资金都以千、万来计算，如果因为产品形式的轻松、有趣而忽视了风险问题，那危险可能真的就大了。便捷与安全之间的矛盾是互联网理财带来的第一个新问题。

第二个新问题是互联网理财行业还太年轻，对理财人的保护不成熟。尤其是某些理财产品片面强调低门槛、高收益，而不提醒风险，导致理财人不明就里，盲目投资，等到出事时才真正理解“高收益一定意味着高风险”的至理名言。更有些平台明目张胆地宣传“保本保息”、“全额保障”，却从来不说自己到底有没有能力兑现这些承诺。

这种情况的出现一方面是因为很多网民理财经验较少，不容易识破某些平台或产品的“险恶用心”；另一方面，由于行业出现较晚，还没有受到应有的监管，平台运作不规范，忽视了正确的理财观念教育，甚至故意误导理财人。更有甚者，某些互联网理财平台利用理财人的信任和资金管理的不规范，挪用理财人的资金、隐瞒投资损失，甚至偷偷改动理财人的账户余额来欺骗理财人[①]；或者恶意诈骗，用高息、奖励吸引理财人，拿到理财人的钱后立即逃之夭夭。

这些事情几乎每天都在发生，已经给某些行业抹上浓厚的阴影。理财人一不小心或者稍有贪心，就可能会掉入平台设置的陷阱——人还在，钱没了……行业不规范（有时候甚至可以用混乱来形容）、投资人不成熟是伴随互联网理财兴起产生的新问题。

六、互联网理财产品的大规模体验尝试

在这样的情况下，怎么评价互联网理财产品，怎么分辨一款产品的好坏，就成为困难的任务。如果某个产品包装精美、操作方便，但是风险明显高于收益，或者直接就是个坑人货，那当然不是好的互联网理财产品；反过来，如果某个产品风控严密、风险与收益精确匹配，却难以操作或者门槛高昂，那能说它是好的互联网理财产品吗？

因此，像名字本身所揭示的，互联网理财本来就是一体两面，它既包含轻松的互联网体验的一面，也包含严谨的金融逻辑的一面。后者当然是基础、是重点，但是前者也不容小视，正是互联网体验那一丁点神奇的催化，让一些本质上很简单的金融产品化身为“爆款”互联网理财产品，受到网民的热捧。反过来，如果互联网理财产品设计有缺陷、资产质量不佳，也一定会被互联网放大，造成大量理财人的意外损失。

如果问题只到这一步，那对互联网理财产品的评价也并不困难，原则上我们可以把它拆为两部分：一部分是互联网体验，一部分是金融逻辑（体现为资产质量），分别打分、汇总就可以了。互联网体验抽象、主观，对它的评价不容易精确统一，但基本上还有章可循。

难点在于资产质量的评估，它属于金融范畴，金融一向以量化、严谨著称，似乎应该可以精确评价，但是它……竟然更难！因为我们看到

① 常见的情况是理财人的一笔投资本应该收回本金和利息了，因为借款人没还上钱，平台就没钱转给理财人，为了掩饰这个情况，避免理财人发现亏空、质疑平台“风控”能力太差或者向平台追讨（因为平台是承诺保本保息的呀），它就不告诉理财人，然后偷偷改动理财人的账户余额，让理财人感觉好像一切正常。只要理财人不把这些钱从平台转出来（所谓的提现），他就不会发现这个问题。因此很多 P2P 理财平台爆出问题，都是从无法提现开始的。因为表面上看理财人的账户里有很多钱，但平台根本就没把同样多钱的放在用户账户里，用户想把钱都提出来，自然就没那么多钱可提了。

的风险评价都是基于概率的，例如它赚的时候可能比赔的时候多一些，赚得少的时候可能比赚得多的时候多一些，但是这要很多人买很多次才能大致符合，至于你买的这一单，到底最后是赚是赔——天知道。

因此，传统金融机构想当面向一个理财人解释清楚某个理财产品的风险高低、收益优劣都几乎是个无法完成的任务。绝大部分场合，他们的杀手锏也只有一个：保本保息，尽管这句话有时候不直接说出来，而换成诸如“我们实力这么强，你有什么不放心的？”或者“XX 是国家的，XX 出了事，国家会不管吗？”之类的话术，简单易懂，对于理财人是巨大的心理保障，是从迟疑转化为购买的第一要素。

很不幸，这一招也被大量互联网理财机构直接照搬，甚至有过之而无不及。在“保本保息”的招牌下，资产的质量被忽视、理财的风险被淡忘。投资人只关注收益、期限和便捷性，而忘记了赚钱和赔钱是理财这枚硬币的两面，今天躺在硬币正面轻松赚钱，明天风一吹，硬币翻面，就是巨大的亏空。这一切，来源于金融本身的复杂性和互联网渠道的虚拟性。

即使对于那些行事谨慎、纪律严明的理财人来说，想弄清资产质量和收益优劣也是一件几乎不可能完成的任务，一是金融产品本身的复杂性；二是概率不等于个案；三是平台信息不透明，所提供的资料经常不足以支撑科学分析；四是在监管缺位的情况下，资料的真实性经常难以保证。因此，当前互联网金融的产品准确评价几乎是一个无解的问题。

怎么办？

作为长期关注互联网金融的研究机构，我们试图找出破解这一问题的哪怕一丁点的可能性。因此，我们出动了一个 6 人体验小分队，花费 3 个月的时间，选取了 4 大类、22 小类、71 个常见互联网理财的产品，涉及 50 多家平台，逐一进行注册、充值、投资、提现等操作，试图获得对当前互联网理财产品的整体性感受，并在此基础上对各种产品进行分门别类的评价。

七、评价逻辑

由于人力和时间有限，我们无法深入每个理财产品背后的资产，挖掘资产的风险到底怎么样，也无力考察每个平台，判断每个平台的诚实度、风控能力和资金实力。我们所做的，只能是从一个普通理财人的角度，依据平台公开展示的操作和公开披露的资料，对平台交互和产品操作进行体验；然后从专业研究者的角度对体验感受进行评价。

我们的评价前提和原则如下：

1. 不诚实的平台都是十恶不赦的平台，但是很难分辨哪些平台是不诚实的，因此我们首先假设平台都是诚实的，如果通过公开信息能够寻找到某些不诚实的蛛丝马迹，我们果断对这些平台和相关产品扣分；

2. 事实上，我们在绝大多数情况下可能发现不了这些蛛丝马迹，因此我们会格外注重那些具有法律效力、能够在最坏情况下维护理财人利益的文件（如合同）；

3. 合同作为理财人与平台以及相关融资人签订的最重要的法律文书，它是不是清晰、规范、一致，是衡量平台规范程度和道德品质的最重要依据；

4. 资金是理财人最宝贵的财产，对理财人的资金安全重不重视，有没有竭尽所能地保护理财人的资金不被窃取和挪用，是保护投资人的重中之重；

5. 能够正确教育理财人的平台是好平台，鲜明揭示投资 / 理财风险的平台值得赞扬；

6. 互联网金融的要义是公开、透明、信息对称，信息披露越充分、详细的产品和平台我们越不吝于正面评价；

7. 收益是所有理财人都关注的问题，高收益未必好，但是某个产品出现坏账，我们未必认为平台不好，这个产品一定是不好的；

8. 理财门槛、网站交互和操作便捷程度都是互联网理财的重要考量对象，这些方面不过关，我们认为平台和产品将有愧于互联网理财的名号。

以 P2P 理财为例，我们设定的一级、二级评价指标及其最高分数如表 0-1 所示[①]。

① 篇幅所限，这里只给出二级指标的名称，未包括打分规则，具体的打分规则请参见附录一。

表 0–1

一级指标	二级指标	总分
网站交互	bug、页面布局、色彩搭配、页面响应	9
新手引导 & 信息披露	新手指引 / 帮助说明、平台背景介绍、风险提示、资费说明、坏账披露、经营信息披露、规范宣传	29
信息与资金安全	加密传输、安全认证、资金托管、同卡进出、备付金披露与审计	50
操作便捷度	注册、充值、访问方式、债权管理、自动提醒	16
产品丰富度	产品期限、还款方式、理财计划、债权转让	9
产品信息披露	借款人信息、借款用途、还款来源、信用评级、增信信息、风控信息、借款合同	45
投资便捷性	投资门槛、购买便利、辅助工具	19
收益与回款	起息日、收费、回款、逾期垫付	28
服务指标	客服响应速度、客服能力、理财人交流便利度	20
合计		225

表 0–1 展示了我们的基本评价逻辑，对于 P2P 理财来说，信息与资金安全居于第一要义，是理财人的命根子，独占 50 分；产品信息披露（包括理财合同）居于第二位置，占 45 分；其次是收益与回款（28 分），尽管这个比重小于“新手引导 & 信息披露”（29 分），主要是因为我们认为根据合同承诺及时、准确发放收益与回款应是平台的正常行为，如果连这个都做不到，等待平台的将是惨烈的扣分，最多可扣 100 分！

“新手引导 & 信息披露”（29 分）体现了我们对于投资者教育和平台规范程度的重视，其中也包含了部分扣分项。服务指标、投资便捷性、操作便捷度、产品丰富度、网站交互 UI 则体现了我们对于 P2P 理财产品互联网体验的态度，它们各自的分数不高，但是合起来的分数（20+19+16+9+9=73）绝对不容小觑。

对于其他大类产品（余额理财、众筹理财、门户理财）我们也设置了类似的指标体系。我们相信这些评价指标远非完美，甚至可能存在错误之处。但我们仍然愿意做出尝试，希望通过这些稚嫩、粗糙却公开、透明的指标抛砖引玉，借助大规模的操作体验，摸索互联网理财产品的评价之道。

事实上，我们在某些指标上也遇到了难以言传和量化的问题，我们的互联网理财体验小分队经过长期的理财体验，已经初步达到根据产品信息、合同条文和客服水平判断平台是否靠谱的地步，也尽可能地把这些感受对应于相应的指标，但是书不尽言，言不尽意，时常感觉到意犹未尽。因此，我们热情欢迎有志于互联网理财健康发展的人士共同交流、不吝赐教，为实现互联网时代下的公平理财、全民监督共同努力！

当然，如果本书从普通互联网用户和行业研究者两个角度出发，所进行的大规模体验评价能给您——互联网理财用户或者正在摩拳擦掌准备尝试互联网理财的用户，以及您——希望全面了解用户需求的从业者、研究者，带来一丝思索或启发，帮助您更好地理解、选择或设计、完善互联网理财产品——那我们就高兴死了。

八、免责声明

本书（本报告）执行时间较长，对于每个体验产品都标注了体验时间、体验描述和相关评价以体验时点产品和网站的表现为准，对于体验时点之后产品与网站的变化，本书（本报告）不做任何评价。

本书（本报告）未统一所有产品的体验时点，甚至不同产品的体验时点差别较大，由此导致的“时间差”问题，本书（本报告）表示歉意。本书（本报告）旨在通过大量案例展现整个行业的产品体验情况，提请读者勿以静态眼光看待单个案例。

本书（本报告）所涉及的一切平台、产品等信息均来源于公开资料，本书（本报告）不对这些公开资料的真实性、准确性负责。

本书（本报告）描述的所有合同条款均来源于真实的投资体验，对于合同效力的认定和合同条款的解释以相关法律规定为准，本书（本报告）的描述、解释仅供参考，不对描述、解释的精确度、正确性负责。

本书（本报告）的内容不构成任何投资依据与建议，对读者无视本条提醒给平台和产品带来的任何影响，本书（本报告）及作者、相关版权人不承担任何责任。

如果本书（本报告）有任何信息引用错误或事实描述错误，本书（本报告）欢迎指出，并在再版时修正。

本书（本报告）不鼓励任何不了解理财产品结构和风险的读者进行任何互联网理财产品投资。

理财有风险，投资需谨慎。

九、全书说明

现在，这些报告集结成书，形成了您手中拿到的《百变互联网理财》上下两册，其中本册《百变互联网理财》（P2P 网贷理财篇）主要针对 P2P 借贷理财产品，下册《百变互联网理财》（更多网络理财篇）则涉及余额理财、众筹理财和门户理财产品。上册和下册构成一个完整的系列，建议关心、喜欢、参与互联网理财的读者一并购买，并欢迎您通过零壹财经微信公众号、爱有财微信公众号和网站反馈您关于本系列书籍的任何意见和建议。

互联网理财，我们不见不散！

目　录　CONTENTS

概述
P2P（网贷）理财

P2P 理财，又称网贷理财，是一种依托于 P2P 借贷的新型理财方式。要了解这种理财方式，需要首先了解 P2P 借贷。后者是一种独特的借钱模式，它既不像从银行借钱，也不像熟人之间借钱，而是通过网络向陌生人借钱。

举例来说，有个专门从事 P2P 借贷的中介网站叫作“谦军贷”，某甲想借钱，可以向“谦军贷”申请发布借钱需求，“谦军贷”经过审核，认为某甲靠谱，不是诈骗，还钱的可能性也很大，就把他的借钱需求发布出来。某乙在网站上看到某甲的借款需求（一般称为项目或标的）后，愿意借钱给他，于是通过“谦军贷”与某甲签订借款合同，并把钱转给某甲。某甲收到这笔钱，使用一定时间后，按照合同规定分期或一次性向某乙归还本金和利息。

这里的某甲被称为借款人或融资人，某乙称为出借人。某甲借款要支付利息，其中一部分交给“谦军贷”作为手续费，另一部分交给某乙作为其出借的回报，因此某乙的钱没有白借出去，是一种投资行为，某乙可称为投资人。由于投资与理财之间的天然联系，大部分的 P2P 借贷平台也把 P2P 投资成为 P2P 理财，这就是 P2P 理财的由来。

因此 P2P 理财的核心是理财人通过 P2P 借贷网站把钱借给陌生人获得“利息”作为收益。陌生借款人的身份不同，理财产品就有区别，例如借给普通工薪族、个体户的被称为原始的“P2P”，借给企业主的被称为“P2B”或“P2C”，还有借给政府项目的被称为“P2G”，甚至有借给金融机构的被称为“P2F”，等等。

陌生借款人的还款保障不同，理财产品的差别也会很大。例如有的借款人为了保证一定能还款，把自己的房子、车子抵押给理财人，这就是抵押类产品；有的借款人找到担保公司做担保，如果自己还不上钱就由担保公司代还，这是担保类产品；当然也有的借款人信用很好，不需要任何担保、抵押就能借钱，称为信用类产品。

经过多年的发展，P2P 理财产品已经非常丰富了，不但包括信用类、抵押类、担保类、票据类、保理类、融资租赁类、典当类、分期消费类等手工投标产品，还包括理财计划产品，这种产品可以“智能的”帮助理财人进行投资，理财人成功申购后，不用操心钱借给谁、怎么借这些问题，直接等着按期领取收益就行了。

与此同时，在产品购买途径上，P2P 理财也紧随时代潮流，不断从 PC 端向移动端扩展，大量 P2P 借贷平台开发了自己的 APP；一些平台建立微站与微信连通，在微信界面里直接就能进行理财产品的购买、转让、赎回等操作。

但由于产品五花八门、表现形式多种多样，加上每个平台的实力、特点不同，P2P 借贷行业暂时缺乏监管，倒闭、跑路、诈骗等事件时有发生，P2P 借贷平台和理财产品的情况比较复杂，需要理财人有很强的判断能力。

本篇选择了 9 种手工投标类产品和 1 种理财计划类产品及两种移动理财渠道对 P2P 理财产品进行了全流程的细致体验，涉及 30 余家平台。对于每类产品，零壹 P2P 理财产品体验小分队（以下简称零壹小分队或小分队）分别选取了 1 个主产品进行详细描述和评价，并辅以 2 ~ 3 个产品的概要评价，以对比同类产品在不同平台上的体验。

Internet Finance Transformers

第一章 信用类产品

1.1 产品简介

个人信用借款是P2P借贷行业最早运营的产品类型，借款人不需要提供抵押或担保，而是凭借自身的收入状况、资产状况及过往的信用记录申请借款。个人信用借款的手续较简单，网络办理更方便，因而在早期成为很多P2P借贷平台的主流产品。

由于个人信用借款缺少抵押或担保等增信措施，导致借款人违约后投资人遭受损失的风险相对较大，大部分运营至今的P2P借贷平台都逐步建立了信用评估体系，结合借款人的借款金额与期限，对借款人的资质和还款能力等进行全面评估，严格审核通过后将符合要求的借款需求发布到网站上，等待投资人投标。

从期限和收益上来看，个人信用类P2P产品的期限和收益率集中在两个区间，一类是1～3个月的短期借款，年化收益率在18%左右；另一类是12～18个月的借款，年化收益率集中在9%～14%之间。对这两类的选择取决于平台自身的经营方向，新进的小平台一般属于前一类；而知名平台上的信用借款标的基本上属于后一类。

目前，将个人信用借款作为主要产品的P2P借贷平台已经不多，小分队从中选择了拍拍贷、爱钱进和畅贷网进行此次产品体验。

1.2 拍拍贷“天猫大卖家旺季备货 谢谢大家支持！”

⊙**体验平台**　拍拍贷

⊙**体验项目**　天猫大卖家旺季备货 谢谢大家支持！

⊙**体验时间**　2014年10月08日

⊙**验后真言**　用户看不懂产品分类该怎么投资呢 / 响应率太低是客户服务首先要解决的问题 / 部分标的分类解释含混不清 / 苛刻的本金保障条件让投资人难以靠近 / 为了收费连VIP都要分那么多种 / 自动投标筛选条件多样

⊙平台概况

拍拍贷于 2007 年 6 月上线，总部位于上海，是国内首家线上 P2P 借贷平台，也是极少数采用纯线上小额信贷模式的平台之一。在该模式下，借款人和投资人都通过线上渠道获取，信用审核也在线上进行。

官方披露信息显示，截至 2014 年 11 月底，平台累计交易额达到 18 亿元，累计借款超过 30 万笔。2012 年 10 月，拍拍贷获得红杉资本千万美元级别的投资，成为首家完成 A 轮融资的 P2P 借贷平台。2014 年 4 月，完成 B 轮融资，投资机构分别为光速安振、红杉资本和诺亚财富。

⊙投资流程体验

作为线上 P2P 借贷平台的鼻祖，拍拍贷毫无疑问地被小分队选为主平台进行体验。网站设计风格简洁，进入首页后，一眼就能看到位于显要位置的借款列表，“帮助”等引导按钮可以快速找到（见图 1-1）。

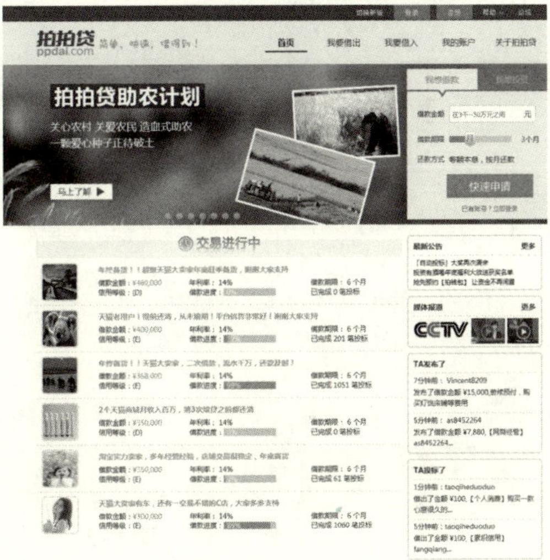

图 1-1

短时间内弄清楚拍拍贷的页面布局后，小分队点击位于网站顶部的快捷按钮“注册”。平台提供了手机和邮箱两种注册方式，这两种方式都需要发送、填写平台验证码（见图 1-2）。不过，令人不解的是手机注册多出一个图片验证码，而邮箱注册却不需要。据小分队所知网站设置验证码是为了防止批量注册，如果拍拍贷的意图在此，对于两种注册方式怎能厚此薄彼呢？

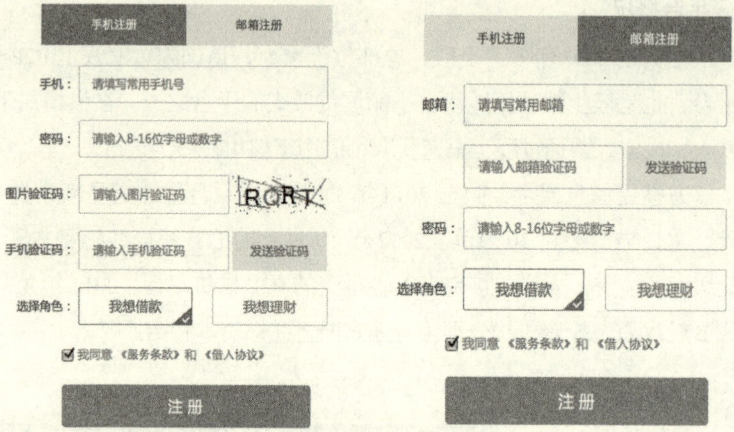

图 1–2

考虑到使用手机接收验证码更方便，小分队最终选择了手机注册。注册完毕后，小分队点击导航条中的“我要借出”，进入项目列表页（见图 1–3）。

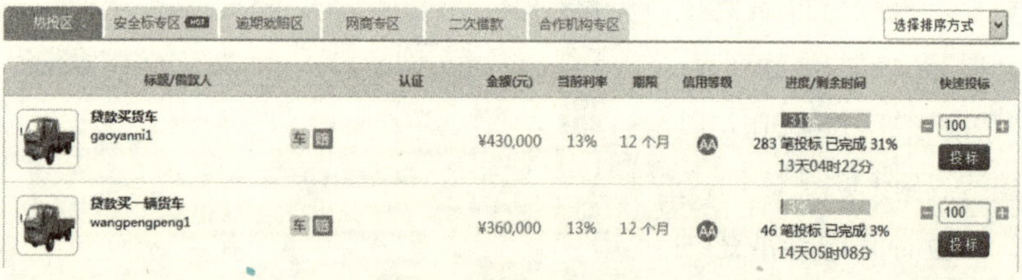

图 1–3

借款列表设置了 6 个分类标签，标签设置大多易于理解。但对于“安全标专区”和“合作机构专区”难从字面上理解分类逻辑，拍拍贷贴心地在对应标签下方给出如下解释（见图 1–4）。

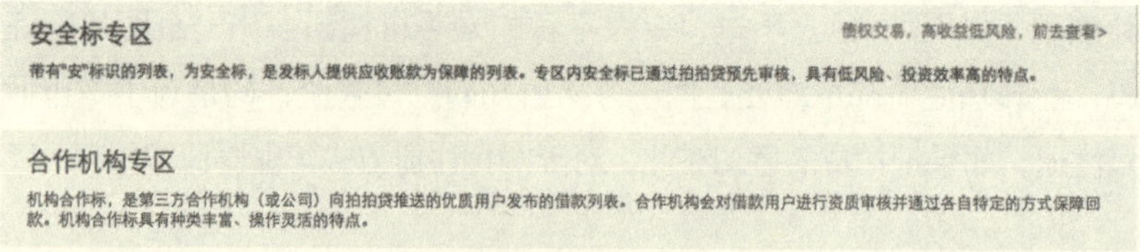

图 1–4

作为一名淘宝骨灰级用户，“网商专区”毫无疑问成为小分队的首选类别，切换到网商专区后，“天猫大卖家旺季备货 谢谢大家支持”项目迅速吸引了小分队的目光，这是啥大卖家（见图 1–5）？说不定在这家买过东西呢，进去看看：

图 1–5

很遗憾，从披露信息中小分队看不到是哪家店铺，信息仅披露了店主此次共借款 20 万，期限 6 个月，年化利率 14%。

小分队不甘心，尝试点击借款人的头像希望可以得到更多信息，果真进入到了借款人个人信息详情页（见图 1–6）。

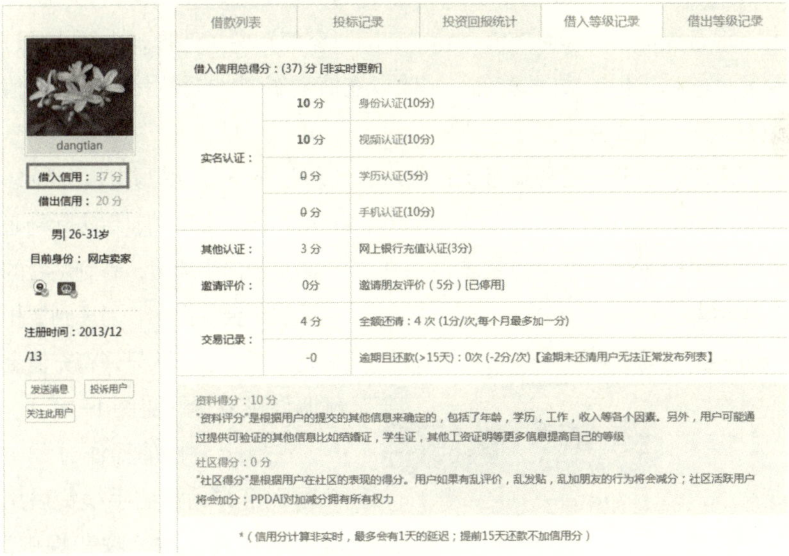

图 1–6

页面左侧展示了借款人的信用分数、性别、年龄等基本信息，右侧是借款人发布的“借款列表”、“投标记录”、“投资回报统计”及“借入/借出等级记录”。

可能因为借款人此前没有在拍拍贷投资过，所以“投标记录”和“投资回报统计”栏中无任何记录。小分队还在“借款列表”发现，该借款人在拍拍贷上只发布了这一个借款项目，看到这里居然有种异常的安心感。实际上，小分队对借款人频繁借款的行为十分留意，因为曾经遭遇过逾期，当时的那位借款人就是典型的频繁借款者，不停地借新债补旧债。

此外，“借款等级记录”中显示，借款人已通过平台的身份认证、视频认证，但未通过学历认证和手机认证。学历未认证可暂且不提，手机未认证却不应该，因为目前多数 P2P 借贷平台都会要求用户绑定手机，一旦出现借款人违约，他的真实手机号就显得尤为重要，因为投资人可以通过手机联系他，进行后续的还款协商。

浏览过借款信息后，小分队决定开始投资，点击“马上投标”，此时网站提示需要先进行充值，小分队根据指引进入充值页面，可以看到拍拍贷支持 22 家网上银行及支付宝、财付通两家主流的第三方支付渠道。

平台提供了“即时充值”和“非即时充值”两种选择，小分队经过反复试验后发现，“即时充值”将收取充值金额 1% 的费用；非即时充值免充值费，且资金一小时内到账。

最终，小分队选择通过支付宝进行“即时充值”，填写充值金额 50 元后，页面会自动显示实际到账金额及预估手续费，看到贴心的实际到账金额提示，考虑到要扣去充值费，小分队只好将充值金额调整到 51 元（见图 1–7）。

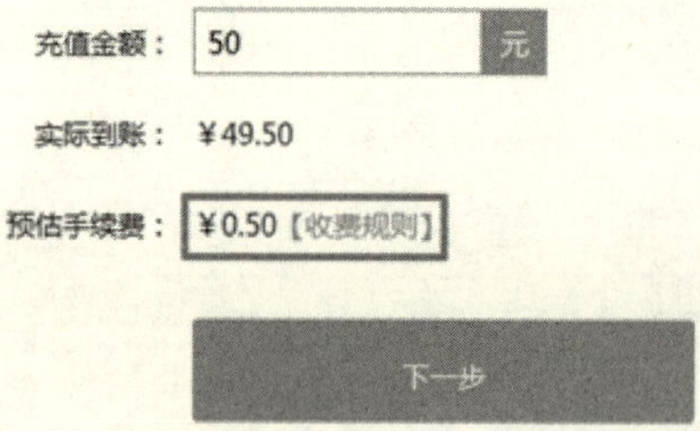

图 1–7

在以上流畅的操作过程中稍显不足的是预估手续费后用蓝色字体标注的“收费规则”并不能直接点击进入，无法便捷地查看收费相关规则，此处估计是一个 bug。投资成功后，小分队发现这个标竟然已经被投满了，好悬！如果鼠标点得慢点，这个标可能就抢不上了。小分队在“我的账户”–“投资管理”-“投资列表”中查看到如图 1-8 所示的投资记录。

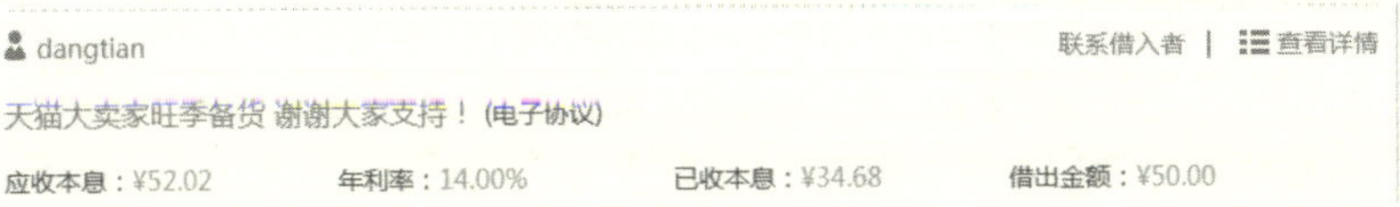

图 1-8

⊙大类体验指标评价

（1）网站交互

A. 借款列表人性化分类标签

拍拍贷为借款列表设置了 6 个分类标签，分别为“热投区”、“安全标专区”、“审错就赔区”、“网商专区”、“二次借款”、“合作机构专区”（见图 1-9）。

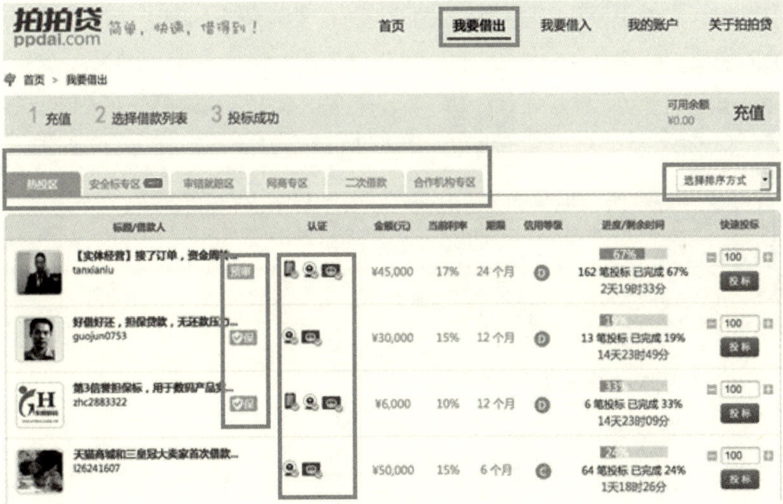

图 1-9

大部分标签的命名从字面上就能轻易理解，较难理解的“安全标专区”和“合作机构专区”平台也给出了注释。这种产品分类形态在行业内虽不常见，但从逻辑上来看，都是从投资人视角出发，如常见的跟随心理（热投）、兜底心理（审错就赔区/合作机构专区）、熟人社会（二次借款）似乎都有所对应。虽然这种分类会因标准不统一而导致各项分类列表下的产品有所重复，但总体的投资体验更便捷。

除以上分类标签外，投资人还可以通过右侧的“选择排序方式”按钮根据“完成进度”、“当前利率”、“信用等级”、“最新发布时间”、“结束时间倒序”进行排序。

B. 个别分类标签解释模糊

小分队在网站的帮助中找到了6类标签的具体解释。不看不知道，看后小分队才明白很多内容和小分队之前的理解完全不一致。如“热投区”不只跟“热”有关，还跟“出身”有关，除了借款进度超过12%的项目，来自敦煌网、淘宝网、慧聪网等渠道的借款项目将自动进入热投区。此外，还有一些分类解释极其模糊，小分队看得云里雾里。如“审错就赔区”，这“审错”是什么意思？到底哪种错误是属于审错呢？是指没有鉴别出虚假材料就赔，还是没审核出违约倾向就赔？这“赔”又是怎么个赔法呢？都没说清楚嘛[①]。

唉，你看小分队就随便截个图而已，居然也遇到如图1-10所示排版的明显错误。

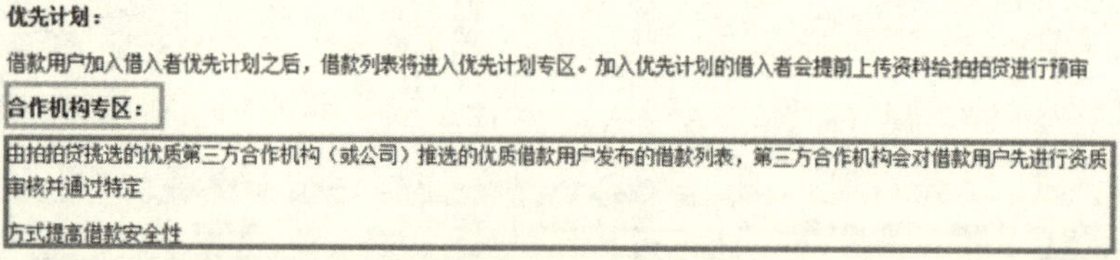
优先计划：

借款用户加入借入者优先计划之后，借款列表将进入优先计划专区。加入优先计划的借入者会提前上传资料给拍拍贷进行预审

合作机构专区：

由拍拍贷挑选的优质第三方合作机构（或公司）推选的优质借款用户发布的借款列表，第三方合作机构会对借款用户先进行资质审核并通过特定

方式提高借款安全性

图1-10

（2）新手引导 & 信息披露

A. 会员设置复杂

拍拍贷设置了VIP账户权限，包含“普通会员”、“银牌用户”、“金牌用户”三种身份。其中，“金牌会员”的资格为非公开出售，由其他用户不定期评选产生，具体评选规则并没有披露；“银牌用户”需满足成功投资1000元以上还要缴纳一些服务费，服务费价格不低，半年100元，若按照年化利率10%计算，半年内需要投资2000元以上才能覆盖掉服务费用。

VIP会员优惠方案中还说明，除“金牌会员”外的其他会员在取现和

---

① 小分队投资后不久，发现拍拍贷把“审错就赔区”改成了“逾期就赔区”，对于逾期赔付规则也做了明确说明，我们的评价只针对体验时点的情况。

充值时均要收费。对于“银牌会员”来讲，即使交了 VIP 管理费，平台给予的优惠力度依旧不大，进行即时充值时仍需要缴纳 1% 的费用（见图 1–11）。

拍拍贷VIP优惠项目

服务类别	服务项目	普通用户	银牌用户	金牌用户
资金类	非即时充值	10/元每笔	单笔超过1000（含），免手续费	单笔超过1000（含），免手续费
	即时充值	1%	1%	免费
	取现手续费	3-6元/笔	3元/笔	免费
功能类	VIP标记	✘	✔	✔
	个人担保资质	✘	✔	✔
	拍拍贷辅助投标数据	✘	✔	✔
	借入者数据（除隐私数据）	✘	部分	全部
认证审核服务	借款审核时间	3个工作日	1个工作日内	工作日内4小时
	个人担保非提现标不受6个列表限制	✘	✔	✔
增值服务	首页推荐	✘	✔	✔
	列表排序提前	✘	✔	✔

图 1–11

B. 收费规则过于复杂且更新不及时

面对平台复杂的收费说明，小分队感到迷糊。更无奈的是与电话客服沟通中才得知，目前网站上的收费规则并不是最新版，新版收费调整还未在网站上同步更新。最新的收费标准中规定，“非即时到账”充值免费，投资新人选择“即时到账”充值的前三次也免费（见图 1–12）。

拍拍贷的费用有哪些？

1、借款成交服务费

拍拍贷只针对借款人收取成交服务费：

借款期限6个月（含）以下，本金的2%；

借款期限6个月以上，本金的4%。

首次借款（之前未借款成功过）若选择增值服务收取199的费用。

二次借款（已经有借款成功过）若选择增值服务收取本金7%的费用。

2、取现服务费

取现分为工作日当天到账和1-3个工作日到账2种方式

	工作日当天到账	1-3个工作日到账
0-3万（不含）	10元/笔	3元/笔（VIP 3元/笔）
3-5万（不含）	20元/笔	6元/笔（VIP 3元/笔）

若金额超过5万，请分成两笔或多笔提现。

3、充值的费用

即时到账：充值金额的1%，若是财付通9折优惠0.9%

大额非即时到账：充值金额需大于1000元，10元/笔，VIP免费。

但非即时到账是通过支付宝操作的，若您超过支付宝的月限额（普通支付宝账户月限额1万，支付宝金账户月限额2万），会被支付宝收取超限金额部分的0.5%，最高25元的额外充值费用。

图 1–12

C. 平台高管背景披露较全面

拍拍贷在“关于我们”中特意介绍了高管团队，包括 CEO、执行总裁、首席战略官、首席风险官等 7 个高管的简要情况。披露了高管的教育情况、从业经历和所获荣誉，能让理财人对高管团队有个整体了解，增加对平台的信任度。

（3）信息与资金安全

技术安全方面，网站采用了加密传输技术。资金方面，拍拍贷的风险备付金额缺少定期披露，用户的资金也未实现第三方托管。

（4）操作便捷度

拍拍贷支持的充值渠道较丰富，包括 19 家网银和支付宝、财付通两家第三方支付平台充值；债权管理方面，平台在投资管理页面最上方为每个用户显示累计收益、累计收益率、代收收益数据，方便用户查看总投资“成绩”。

（5）产品丰富度

平台标量充足，借款项目仅支持等额本息还款方式，缺少债权转让功能。除散标外，拍拍贷还推出了理财计划产品彩虹计划，彩虹计划的原理是系统自动分散投标，投资门槛 1000 元起，充值、加入以及退出均不收取服务费。期限十分丰富，共 7 种，分别是 1、2、3、4、5、6、12 个月，对应的利率为 7%、7.5%、8%、9%、9.4%、10%、12%，定时发售。

（6）产品信息披露

A. 产品信息披露不细致

拍拍贷的标的详情分为六部分：“借款基本信息”、“借入人相关信息”、“借款详情”、“拍拍贷审核信息”、“拍拍贷统计信息”、“投标记录”。

其中，“借入人相关信息”披露了借款人的借款目的、性别、年龄、婚姻状况、文化程度、住宅状况和是否购车信息。不过，令小分队郁闷的是“借款目的”的显示内容居然是“其他”（见图 1-13），现在“借款目的”已经可以这么随意了？如此含糊的“借款目的”平台也能审核通过吗？借款详情里倒是披露了借款目的：“天猫大卖家，双十一报名成功，旺季备货，谢谢大家支持！”但是这作为“详情”未免也太简略了些。

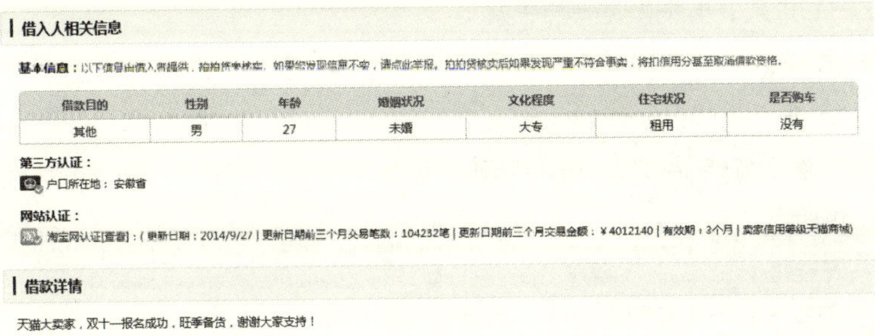

图 1–13

此外，小分队还发现项目并没有提及“还款来源”，对投资者来讲“借款目的”和“还款来源”都是十分重要的判断依据，模糊或缺失这两项信息真不厚道。旺季备货的目的自然是卖货赚钱，你倒是说下这笔钱够备多少货，按照以前的情况估计能卖出去多少，有多少利润，因此能不能还上本金和利息，做到这点真的很难么？

B. 借款用户信息页面有严重 bug

借款项目基本信息中，小分队通过点击页面右侧的借款人头像成功进入到借款用户信息页面，此页面可以查看借款人的借入等级记录。“借入信用得分表”中包含“身份认证”、“视频认证”、“学历认证”、“手机认证”等。这“视频认证”好新奇，小分队可是第一次见到，但点击进入后，页面竟跳转到“视频认证操作指引页面”，刚刚到底发生了什么，小分队实在无法理解这个跳转。

继续点击“身份认证”，这次更神奇，居然进入到小分队个人账户中的身份认证页面，明明是在查询借款人信息（见图 1–14），跳转到小分队自己的认证页面是啥意思嘛？

图 1–14

C. 借款合同中无逾期相关规则

投资人在投资成功后才能看到电子合同，在电子合同关于逾期还款的条款中，只提及了借款人逾期后投资人所享有的一些权利，却没有提到平台的本金保障和逾期垫付规则（见图 1-15）。

三、逾期还款

1、若借款人逾期未还款，则借款人应向出借人支付逾期利息,逾期利率为银行同期贷款利率的四倍。
2、借款人逾期还款超过15天的，出借人有权要求网站将借款人的“逾期记录”记入网站的信用记录及国家和地方的公民征信系统，出借人及网站不承担任何法律责任。
3、借款人逾期还款超过30天的，出借人有权在无需通知借款人的情况下将全部或者部分债权转让给任何第三方（包括但不限于专业的商账追收公司等）。
4、借款人同意，若借款人逾期未还款，出借人可以通过发布借款人的信息或悬赏方式追索债权。
5、借款人逾期超过30天的，出借人均有权通过任何方式向任何人披露借款人的联系方式及其个人信息和资料。

图 1-15

后来，小分队又在平台的“常见问题”中看到拍拍贷对逾期借款项目的处理措施，里面提到若借款项目逾期超过 60 天未还款，平台会将之前向借款人收取的项目成交服务费按照投资比例退回给投资者（见图 1-16）。

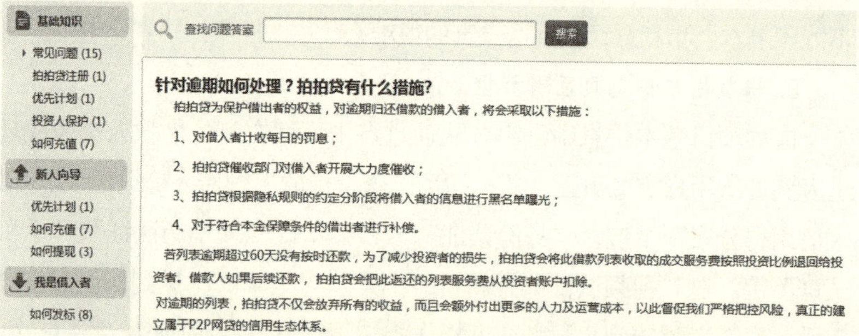

图 1-16

（7）投资便捷性

A. 投资门槛低

拍拍贷的起投金额为 50 元，门槛较低。经小分队调查，拍拍贷没有预告发标、特殊时间发标或定时发标的安排，好在其项目量通常很充足，随时都可以抢到借款标，甚至存在部分借款项目最终没有满标的情况。

B. 自动投标功能

拍拍贷提供了带有丰富筛选规则的自动投标功能，例如投资者可以在设置项目类别的同时限定起投利率。

（8）收益与回款

为保障投资人利益，拍拍贷设置了“风险备用金”。但这“风险准备金”的赔偿度却含金量不高呀。具体规则请见图 1-17。

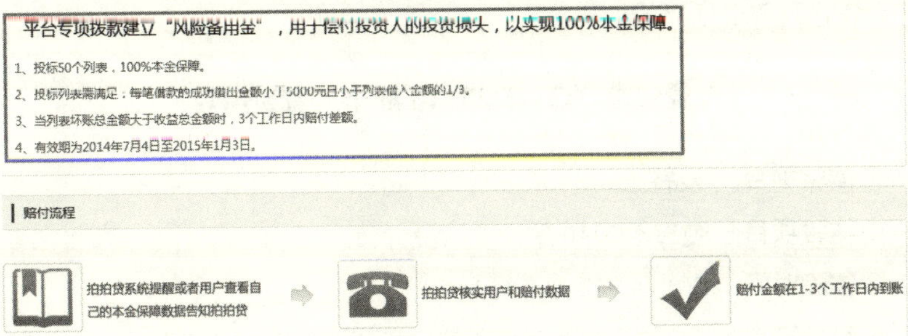

图 1–17

要想实现本金保障，按照“风险备用金”第一条规则，投资人至少需投满 50 个借款项目，拍拍贷单个项目的最低投资额为 50 元，那么投资人至少要在平台投资 2500 元，单单这一点，大多数新手就难以达到。

第二条规则规定投资人对单个标的的投资金额不可超过 5000 元，也不可超过标的借款总额的 1/3。在面对较大或较小额的借款项目时，投资人需要格外留意，否则极容易“犯规”。

第三条规则最应引起投资人注意，因为这句话会令部分投资人产生误解。这条规则并不意味着单个标的违约产生坏账时平台就会赔付，而是指投资人在平台上所有投资整体上出现亏损时，平台才予以赔付亏损的部分。

对于新手投资人，想满足拍拍贷的“风险备用金”保障规则十分困难，也就意味着投资赔钱后很可能无法得到平台的赔付。

（9）客户服务

拍拍贷为客户咨询提供了三种方式，分别是通过“客服中心”进行留言咨询，QQ 在线咨询和电话服务热线。

小分队分别尝试了这三种渠道，从客户应答速度上看，三种渠道均不理想。通过“客服中心”进行留言咨询，平均需要等待 20 分钟才会得到回复；QQ 在线客服回复速度极其不稳定，有时要 1 分钟，有时需要半个小时，甚至一整天也联系不上；电话服务热线更令人沮丧，长期处于繁忙状态无法顺利接听。

从客服服务质量上来看，不同渠道的客服专业性存在较大差异。QQ 在线客服相对更有耐心且专业性更强；电话客服人员的理解能力普遍较差，常出现答非所问的情况。

1.3 爱钱进“Q14D25110 期个人资金周转”

⊙体验平台 爱钱进

⊙体验项目 Q14D25110 期个人资金周转

⊙体验时间 2014 年 12 月 26 日

⊙验后真言 “在线客服”有名无实 / 用货真价实的任务奖励进行新手指引是个好主意 /“借款用途”和“还款来源”不重要吗 / 采用阶梯性债权转让收费策略的确更合理 / 设置独立的交易密码让账户更安全 / 邮件验证速度太慢啦 / 为定期披露风险准备金情况的平台点个赞

⊙平台概况

爱钱进由爱钱进（北京）信息科技有限公司运营，系普惠金融信息服务（上海）有限公司旗下的互联网金融业务平台，于 2014 年 5 月上线。爱钱进专注于小额信用贷款，依托母公司普惠金融完成对借款人的获取、审核和贷后管理工作，平台上的单笔借款额主要分布在 4 万 ~ 10 万元（笔数占比约 69%），借款期限分布于 3 ~ 48 个月之间。

目前，爱钱进平台上的投资产品包括零钱通和整存宝两类。零钱通是普通的散标投资项目；整存宝是基于自动投标的理财计划类产品，最低 1000 元即可加入，锁定期分别为 3 个月和 12 个月，每月本金循环投标，利息可进行复投也可转到爱钱进账户进行提现。

根据《爱钱进 2014 年度发展报告》，从 2014 年 5 月 6 日上线到 12 月 31 日，爱钱进平台上的累计投资额超过 3.66 亿元，其中零钱通的累积投资额为 0.51 亿元，成交 233 笔；整存宝的累积投资额为 3.15 亿元，成交 228 笔。风险准备金余额为 1331 万元，逾期 90 天以上的借款项目全部剩余代收本金为 170 万元。12 月 23 日，平台正式对外宣布完成 A 轮融资，投资方为高榕资本，融资额达 5000 万美元。

⊙大类体验指标评价

（1）网站交互

A. 用序号作为借款项目名称

上节拍拍贷借款项目的名称多由借款人自行命名，容易出现用词不严谨、不严肃或标点符号异常等问题，导致借款列表杂乱无序，显得过于随意。

爱钱进的借款项目命名采用统一的序号代码，这种处理方式增强了页面的整洁性，但不方便的是，投资人浏览借款列表时看不到项目名称，只能通过点击序号代码进入到项目详情页面后方能看到（见图 1–18）。如序号为“Q14D25122 期”的项目名称实际是“个人资金周转”（见图 1–19）。

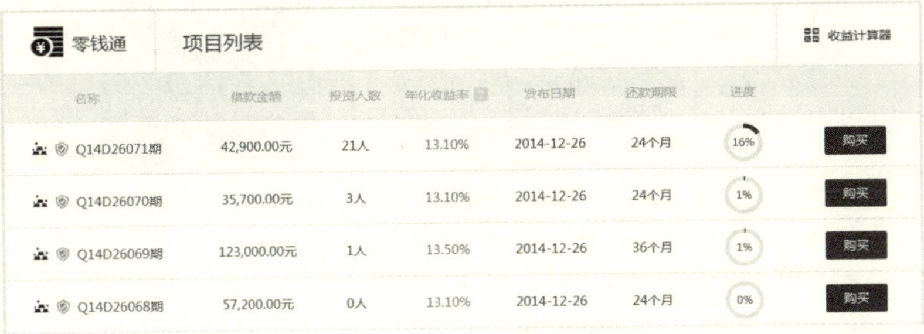

图 1–18

图 1–19

B. 验证邮件速度慢

注册成功后，系统提示需要进入“个人中心”完成身份证信息验证、交易密码设置和邮箱验证。小分队在验证邮箱过程中频频受挫，两天后才收到姗姗来迟的验证邮件。

（2）新手引导＆信息披露

A. 任务式新手引导颇有趣味

爱钱进网站风格清爽年轻，功能布局清晰，小分队在导航菜单中一眼就看到了“新手指南”（见图 1-20）。

图 1-20

为了引导投资人完成注册、绑定、投资、验证四个重要步骤，爱钱进设计了一系列的现金奖励任务（见图 1-21）。包括新手完成注册获得 10 元奖励，身份绑定成功获得 10 元奖励，初次完成整存宝获得 20 元奖励和初次验证邮箱再获得 10 元奖励。这种把基本操作与现金奖励相结合的方式颇有趣味，对新手也很有吸引力。

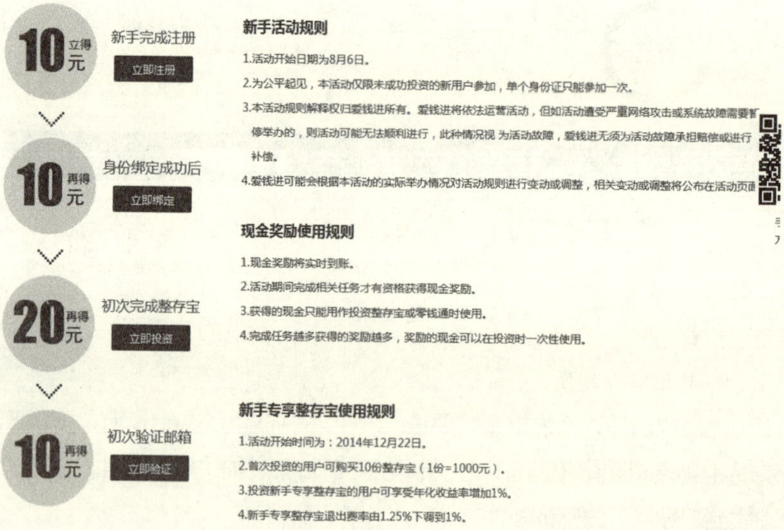

图 1-21

B. 平台背景介绍详细

爱钱进网站的“关于我们”介绍了“我们是谁”、“我们做什么”、“我们怎么做”、“我们有什么”等，结合下面的子栏目“团队介绍”、“资质荣誉”、“专家顾问”和“法律顾问”，对公司情况进行了全面介绍，其中的重要资料（如企业法人营业执照和税务登记证）提供了扫描件供用户查看，资金托管报告则在论坛里开设“风险金披露”板块，每月上传托管报告的扫描件。

（3）信息与资金安全

A. 每月披露风险准备金托管报告

如前所述，爱钱进论坛“理财专区”的“风险金披露”板块按月披露托管在招商银行上海分行的风险准备金变动情况，尽管这在本质上无法保证专款专用，但这种行为表现了平台取信于投资人的诚意，也会给投资人带来一定程度的安全感（见图 1–22）。

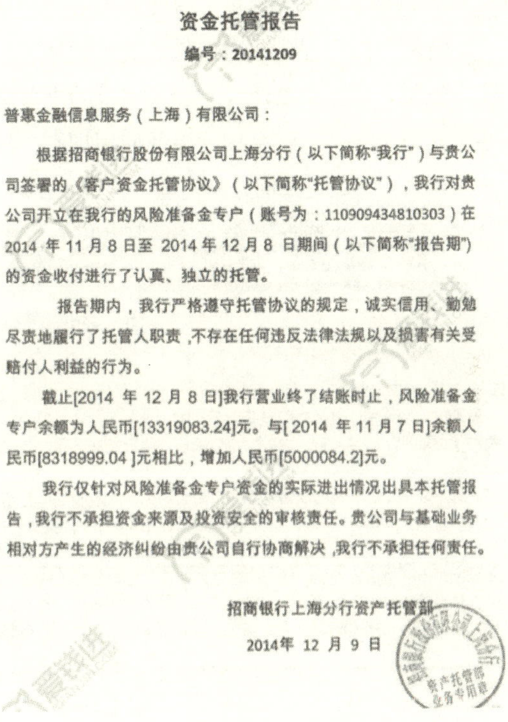

资金托管报告

编号：20141209

普惠金融信息服务（上海）有限公司：

根据招商银行股份有限公司上海分行（以下简称"我行"）与贵公司签署的《客户资金托管协议》（以下简称"托管协议"），我行对贵公司开立在我行的风险准备金专户（账号为：110909434810303）在2014 年 11 月 8 日至 2014 年 12 月 8 日期间（以下简称"报告期"）的资金收付进行了认真、独立的托管。

报告期内，我行严格遵守托管协议的规定，诚实信用、勤勉尽责地履行了托管人职责，不存在任何违反法律法规以及损害有关受赔付人利益的行为。

截止[2014 年 12 月 8 日]我行营业终了结账时止，风险准备金专户余额为人民币[13319083.24]元。与[2014 年 11 月 7 日]余额人民币[8318999.04]元相比，增加人民币[5000084.2]元。

我行仅针对风险准备金专户资金的实际进出情况出具本托管报告，我行不承担资金来源及投资安全的审核责任。贵公司与基础业务相对方产生的经济纠纷由贵公司自行协商解决，我行不承担任何责任。

招商银行上海分行资产托管部

2014年 12 月 9 日

资产托管部业务专用章

图 1–22

B. 设有独立交易密码

账号注册成功后，系统提示需要绑定手机收取短信验证码，短信验证成功后需设置独立的交易密码，且不能与登录密码相同。独立的交易密码为用户的资金安全添加了一层保障，可在用户密码泄露的情况下避免资金同时被盗走，可为用户争取一些应对时间。

（4）操作便捷度

爱钱进支持的充值渠道较丰富，包括 18 家网上银行和微钱包、网银在线两家三方支付；投资渠道方面，爱钱进开发了移动端手机 APP，移动端 APP 支持注册、充值、投资、提现等全流程功能。

（5）产品丰富度

平台零钱通产品的标量十分充足，常见的借款期限为 12、24、36、48 个月，在期限如此之长的情况下，幸好爱钱进提供了债权转让功能，可以提高资金流动性。

（6）产品信息披露

A. 风险准备金垫付规则细致

借款合同中提到，当借款人发生逾期时，平台会用风险准备金为投资人垫付（见图 1–23）。平台还在风险准备金账户使用规则中详细地介绍了其资金来源、资金用途以及使用规则，其中还包括当风险准备金账户当期余额不足时如何分配处理（见图 1–24）。

5.8 丁方在乙方逾期还款时，以其风险准备金为限先行垫付乙方应偿还给甲方的本息（下称“垫付的借款本息”），丁方在向甲方进行垫付后，甲方同意将其对乙方就垫付的借款本息部分的债权转让给丁方，自甲方收到该款项之日起，乙方应直接向丁方偿还其垫付的本息，并按照双方签署的《信用咨询及管理服务协议》向丁方支付垫付服务费和逾期违约金。甲方同意并认可丁方前述垫付的行为并不代表有关逾期应归责于丁方，亦不代表丁方须为此承担其他任何责任。甲方应当承担因债权无法追索产生的一切法律责任及结果。

图 1–23

1.3. “风险准备金账户”资金使用规则

“风险准备金账户”资金使用遵循以下规则：

违约偿付规则，即当借款人逾期时，立即从“风险准备金账户”资金中抽取相应资金偿付出借人当期应收本息。

时间顺序规则，即“风险准备金账户”资金对出借人应收赔付金额的偿付按照该债权发生的时间顺序进行偿付分配。先偿付时间发生在前的债权，后偿付时间发生在后的债权。

债权比例规则，即“风险准备金账户”资金对同一借款协议下的不同出借人应收赔付金额的偿付按照各债权金额占同协议内发生的债权总额的比例进行偿付分配；或当“风险准备金账户”资金当期余额不足以支付当期所有应享受该账户的出借人所对应的当期逾期应收本息时，则当期应享受该账户的出借人按照各自对应的当期逾期应收本息金额占当期所有出借人对应的当期逾期应收本息总额的比例进行偿付分配。

图 1–24

B. 缺少借款用途和还款来源

借款项目详情中，爱钱进披露了借款人的性别、年龄、婚姻状况、教育水平、户籍地点等信息，对于“借款用途”和“还款来源”均未有说明。

（7）操作便捷度

点开平台的“零钱通”项目列表，可以发现从第 1 页到第 12 页全都是未满标的借款项目，大部分借款项目都处于 0% 进度（见图 1–25）。由于平台没有提供按照满标率进行排序的筛选功能，小分队翻页翻得眼都要花了，想在借款列表中进行搜索或定位项目非常不方便。

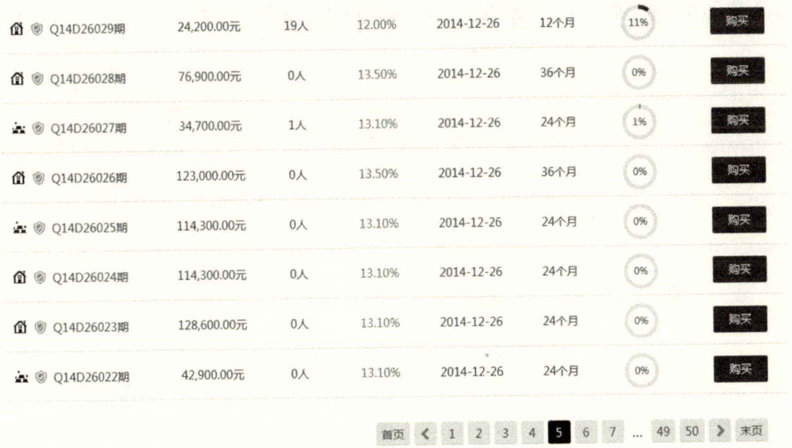

Q14D26029期	24,200.00元	19人	12.00%	2014-12-26	12个月	11%	购买
Q14D26028期	76,900.00元	0人	13.50%	2014-12-26	36个月	0%	购买
Q14D26027期	34,700.00元	1人	13.10%	2014-12-26	24个月	1%	购买
Q14D26026期	123,000.00元	0人	13.50%	2014-12-26	36个月	0%	购买
Q14D26025期	114,300.00元	0人	13.10%	2014-12-26	24个月	0%	购买
Q14D26024期	114,300.00元	0人	13.10%	2014-12-26	24个月	0%	购买
Q14D26023期	128,600.00元	0人	13.10%	2014-12-26	24个月	0%	购买
Q14D26022期	42,900.00元	0人	13.10%	2014-12-26	24个月	0%	购买

首页 < 1 2 3 4 5 6 7 ... 49 50 > 末页

图 1–25

（8）收益与回款

A. 每月首笔提现免手续费

爱钱进的提现手续费收取方式与大部分银行信用卡的提现规则类似，当月首笔提现免除手续费，当月第二笔及以上每笔收取 2 元。相较于大多数 P2P 借贷平台每次都要收取提现费用的现状，爱钱进在提现上显得更加大方。

B. 阶梯性收取债权转让服务费

爱钱进采取阶梯性收取债权转让服务费，具体规则为：若持有债权天数不足 90 天，需要扣除每份债权价格的 2% 作为服务费；若持有债权天数超过 90 天（含），则扣除每份债权价格的 0.5% 作为服务费。债权持有时间越长，债权到期时间就越短，转让时手续费更低，这样的收费规则很合理。

（9）服务指标

A. 在线客服有名无实

平台导航菜单上面有一个“在线客服”按钮，小分队多次在工作时间内点击“在线客服”，但每次都是跳转到“请您留言”页面（见图1-26），得到这样的结果小分队十分诧异，难道平台的“在线客服”名不副实？小分队带着可以实时沟通的预期，结果却总是面对个留言板，真是无语凝噎。

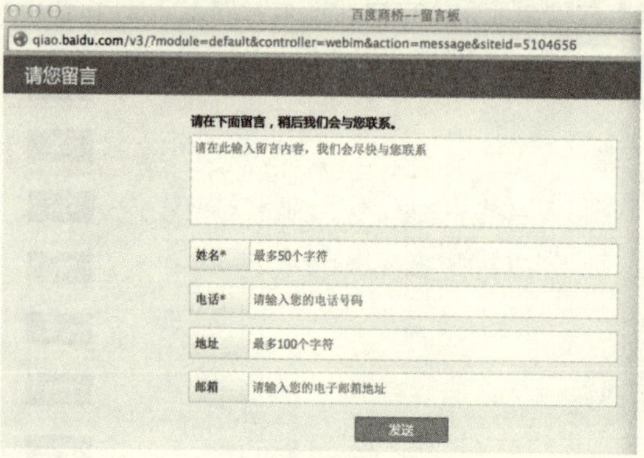

图 1-26

B. 新手活动奖励货真价值

类似“完成 XX 任务得奖金！”这种宣传小分队见得多了，也一次次感受到现实与理想的差距，通常辛辛苦苦完成任务后却告知你“50 元现金券需投满 5000 元才能使用”，带有附加条件的奖励不是真心的奖励！

爱钱进的新手奖励可是货真价实，完成注册、绑定手机即获得 20 元现金券，小分队在充值时发现这 20 元可以随意抵用，还没有充值限额。小分队选择充值 30 元，加上现金券共到账 50 元。这种良心商家才能受到用户热烈的追捧嘛！

1.4 畅贷网“个人短期资金周转借款”

⊙**体验平台**　畅贷网

⊙**体验项目**　个人短期资金周转借款

⊙**体验时间**　2014 年 10 月 09 日

⊙**验后真言**　网站上的图片像素差会对平台形象产生不良影响 / 改版后账户资金却不迁移，这如何让用户继续投资 / 缺少企业年报数据信息的披露 / 借款人频繁借款投资人怎能安心 / 新手指引隐藏得那么深是在玩捉迷藏么

⊙平台概况

畅贷网隶属于上海畅贷金融信息服务有限公司，该公司于 2010 年 4 月在上海成立。畅贷网只做小额信用贷款，平台上的借款额大都在几万元，期限以 1～6 个月为主。据平台网站披露，截止到 2015 年 2 月，累计成交金额超过 4 亿，注册人数超过 2 万人。

⊙大类体验指标评价

（1）网站交互

进入到畅贷网首页，小分队瞬间领教了网站的陈旧风，一屏设计古板的页面，加上枣红的主色调，使整个网站尽显老气。首页右侧的悬挂控件“在线客服”出现 bug 一枚。控件上面包含两个“收起”按钮（见图 1–27），经测试第一按钮可以正常使用，第二个点击后无任何反应，首页就出现这样明显的错误实在不应该。

图 1–27

（2）新手引导 & 信息披露

小分队找遍了整个网站没发现任何“新手指引”及“帮助中心”相关功能，无奈之下只能致电客服。最终，在客服的指导下终于找到。原来“新手向导”按钮隐藏在首页循环图片位置上，按钮设计很隐蔽，不易被发现（见图 1–28）。首先一般情况下，用户会本能地认为图片内的文字信息无法点开，其次“新手向导”按钮采用的字体大小及颜色设计与图片背景太类似，对比度不高，较难辨认。

图 1–28

（3）信息与资金安全

畅贷网未对自己的技术团队背景进行任何披露，网站未采用加密传输，没有进行任何权威安全认证。

（4）操作便捷度

充值渠道方面，畅贷网仅支持 15 家银行网银支付；投资渠道方面，平台未提供移动端手机 APP 或微信端。

（5）产品丰富度

畅贷网的借款产品期限丰富，1 至 24 个月不等。还款方式仅有一种等额本息还款法。不支持债权转让功能，无理财计划。

（6）产品信息披露

A. 借款说明无参考价值

本次投资的借款项目“个人短期资金周转借款”，借款说明是这样描述的（见图 1–29）：“在畅贷网融资很成功。本人都已如期还款，在这里我可以充分利用现金流，我会准时还款，还望大家继续支持，谢谢。”从这段描述中，小分队没有捕捉到任何有价值的信息。“借款说明”中难道不是应该描述借款原因及借款用途的吗？

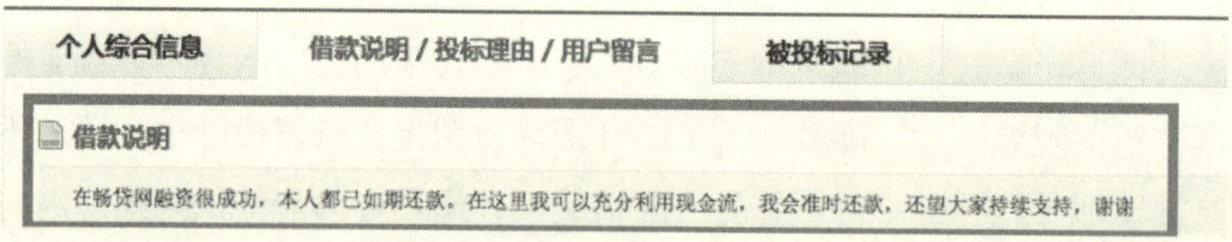

图 1–29

B. 借款逾期后无任何保障

投资人在投资前就可以得到借款合同范本，在合同条款的逾期还款部分可以得知，若借款人逾期，平台不会提供垫付或保障。合同中还提到，若是投资人遭到逾期，则由借款人承担投资人为追偿所支付的所有费用（律师费、诉讼费、公证费、交通费等）。借款人逾期超过 15 天后，投资人可以授权网站将借款人的“逾期记录”记入公民征信系统。

C. 免责条款一免到底

畅贷网借款合同有一条免责条款：“本网站为借贷双方提供有效的信息平台，借贷双方在本网站中自行填写的信息均应真实、有效，本网站并不对于借贷双方所提交的信息承担任何的保证责任。出借人在向特定借款人交付借款时须自行审慎查实。”小分队认为，若平台不对借款双方自行填写的信息承担责任，但至少可以规定借款人写清楚借款用途、还款来源等信息，以便投资人更好地判断借款项目优劣。

（7）投资便捷性

A. 投资人身份认证等待时间过长

用户在充值前多数平台都会要求先进行身份认证，认证流程一般包括姓名和身份证号，稍严格一些的平台会要求用户上传身份证照片。

畅贷网对此更加严格，要求投资人上传身份证正反面照片后，还需要一个工作日的审核时间。在此期间内，投资人无法充值也就无法投资。实际上，一般新手投资人首次注册充值前已经选好待投标的，若平台还要投资人等候一个工作日，一个工作日后投资人心仪的借款项目很可能已满标，此时投资人需要重新花费精力选择借款项目，首次投资体验要因此被中途打断，多让投资人郁闷呀。

B. 短期高收益的反复借贷不靠谱

畅贷网年化收益达到 24% 的借款项目比比皆是。这些高收益项目的借款期限基本都在 3 个月以内。更让小分队担心的是，平台上存在着大量重复借贷，例如小分队本次所投的借款项目发起人，每个月至少发起 1 次借款，2014 年 9 月份的借款数量更是高达 3 次，累计 15 万元（见图 1–30）。面对借款人的频繁借款，投资人岂不相当于在刀尖上跳舞，虽收益很高但是风险真的不小。

借款列表 (40)　投标记录 (0)

借款列表

标题	借款金额	借款年利率	借款期限	借款状态	发布时间
个人短期资金周转借款	¥50000.00	24%	2个月	投标进行中	2014-10-02
个人短期资金周转借款	¥50000.00	24%	1个月	还款中	2014-09-19
个人短期资金周转借款	¥50000.00	24%	1个月	还款中	2014-09-16
个人短期资金周转借款	¥50000.00	24%	2个月	还款中	2014-09-10
个人短期资金周转借款	¥50000.00	24%	2个月	还款中	2014-08-13
个人短期资金周转借款	¥50000.00	24%	1个月	还款完成	2014-08-06
个人短期资金周转借款	¥60000.00	24.4%	2个月	还款完成	2014-07-20
个人短期资金周转借款	¥50000.00	24%	2个月	还款完成	2014-06-20
个人短期资金周转借款	¥35000.00	24%	2个月	还款完成	2014-06-12
个人短期资金周转借款	¥50000.00	24%	2个月	还款完成	2014-05-26

图 1–30

（8）收益与回款

A. 各种认证竟然也要收费

与“新手引导”一样，畅贷网的资费说明信息在网站上同样难以找到，其实就跟在“新手引导”后面。从网站的资费说明信息中可得知，畅贷网在收费方面的确“独树一帜”，各项认证首次免费，二次认证居然需要收费，费用还不低呢。

类别	编号	收费名目	收费标准		优惠期
			普通用户	高级用户	
充值	1	充值手续费	免费		免费
提现	2	提现手续费	提现手续费按0.2%收取，单笔最低2元 该费由第三方支付公司收取		每笔2元
	3	身份户籍认证	15元	15元	首次认证免费
	4	视频认证	5元	5元 重复认证享9折优惠	首次认证免费
	5	手机实名认证	10元/半年	10元/半年 重复认证享9折优惠	首次认证免费
	6	央行征信认证	50元/年	50元/年 重复认证享9折优惠	首次认证免费
	7	个人银行流水认证	10元/账户/半年	10元/账户/半年 重复认证享9折优惠	首次认证免费
	8	个人银行流水认证,到期30天内	5元/账户/半年	5元/账户/半年 重复认证享9折优惠	首次认证免费
	9	个人银行流水认证,到期30天后	10元/账户/半年	10元/账户/半年 重复认证享9折优惠	首次认证免费
	10	联系认证	5元/账户/半年	5元/账户/半年 重复认证享9折优惠	首次认证免费
认证	11	居住地认证	4元/账户/半年	4元/账户/半年 重复认证享9折优惠	首次认证免费
	12	法院数据认证	免费	免费	首次认证免费
	13	学历认证	5元	5元 重复认证享9折优惠	无优惠
	14	个人邮箱认证	5元/个	5元/个 重复认证享9折优惠	无优惠
	15	工作邮箱认证	5元/次	5元/次 重复认证享9折优惠	无优惠
	16	公积金认证	10元	10元 重复认证享9折优惠	无优惠
	17	驾驶证认证	15元	15元 重复认证享9折优惠	无优惠
	18	行驶证认证	15元/张	15元/张 重复认证享9折优惠	无优惠
	19	不动产认证	30元/年/套	30元/年/套 重复认证享9折优惠	无优惠
放款	20	本金担保服务费(可选)	1.5%~5.1%，由借款人信用度、借款金额、利率和期限决定		无优惠
	21	借款手续费	1%		无优惠
	22	账户管理费	0.3%/月 即账户管理费=0.003*实际借款期数*借款金额，在借款成功时一次性收取		9折优惠
借款	23	借款保证金	1% 预先冻结，借款成功后退回		无优惠
	24	还款保证金	5% 该费用由担保方收取， 借款成功后暂扣，如果按时还款，借款全部还清后退回		无优惠
还款	25	逾期未还款罚息	日息0.2%，具体规则参看 借款协议		无优惠
	26	提前还清所有借款罚息	剩余本金的2%		无优惠

图 1-31

通常有些平台会统一收取管理费或服务费，面对畅贷网的各项认证收费标准（见图 1-31），小分队顿时觉得头很大。有时零零碎碎的费用极容易让用户觉得麻烦，如果一定要收，倒不如统一收一次来得痛快方便。

B. 逾期催收力度不佳

小分队的此次投资遭遇借款逾期。发生逾期后，平台的答复是经与借款人沟通协商，约定 2015 年 2 月底还清所有欠款。小分队还咨询了关于逾期赔偿违约利息的问题，客服表示借款人会先还清本金，逾期产生的费用只能还清本金后再说。

2014 年 12 月 7 日畅贷网在网站上发布了一封公开信（见图 1-32），信中说平台在 2014 年下半年正式暂停原有的信用借款服务，目前正在做赔付、催收等收尾工作。信中一再致歉，面对这么多逾期项目，平台承诺会全力催收，每周定期公布催收进度。

尊敬的畅贷网用户：

您好！

怀着感恩的心，首先我们要感谢您！自2010年年初畅贷成立至今，畅贷即将成立满5年，一路走来，诸多坎坷与艰辛；但正是因为有您的支持与厚爱，让畅贷逐渐成长，稳步发展，成为中国互联网金融行业的主要品牌之一，再一次，我们由衷的感谢您！

展望下一个五年，我们将聚焦于如何更好的为投资人服务，发挥畅贷的核心竞争力，获得更多的优质资产并转化成更好的产品供投资人选择；也因此，我们在2014年下半年正式暂停了原有的信用借款服务，并为后续该服务停止的各项收尾工作准备了综合处理方案，方案内容包括赔付处理、催收处理等。但由于方案涉及的方面较多，同时我们对方案的准备不够充分，未能如期完整地执行收尾综合处理方案。在此，我们郑重地向您致以十二万分的歉意！虽然，赔付需要畅贷准备数百万现金，这对于仍处于创业时期的我们压力巨大；但我们仍旧想尽办法，在准备这笔预算外的资金，因为我们坚信维系契约精神是最基本的商业原则；虽然，催收工作存在情况复杂、过程艰难、时间紧迫、成本高昂等各种不利因素，老赖借款人通过各种方式逃避还款义务，如躲藏、外逃、甚至暴力威胁，畅贷的催收工作人员还曾因老赖借款人暴力拒还而被打伤住院；但我们仍旧坚持催收，因为我们坚信维护用户利益是最重要的商业准则之一，哪怕为此将付出巨大的代价，我们也在所不惜！因此，我们郑重向您承诺，我们争取在最短的时间内，准备好相应的资金来完成赔付工作；同时，我们仍将不惜代价的坚持对老赖借款人进行高密度、多频次、强力度的催收工作，并每周定期公布催收工作进度，让您第一时间了解最新进展。

最后，我们由衷的希望能获得您的理解和信任，一如既往给我们更大的支持！畅贷与您，共创美好未来。

上海畅贷金融信息服务有限公司

2014年12月7日

图 1–32

2015 年 1 月 15 日发布了逾期进度表，共计 42 位借款人逾期，而这些借款人多数都存在重复借款现象。

2015 年 3 月 6 日，此时距离上次平台答复的 2015 年 2 月底还清所有欠款已经过了一周，畅贷网的账户上显示依然没有还款，也没有接到平台的任何新通知。小分队只能再一次致电客服询问逾期情况，客服的回复是，他们目前很忙，3 月 9 号才能给出相关答复，哎，此刻的小分队真正地感到孤独与无力，平台不负责的感受十分强烈。

此次小分队不幸“中招”，遭遇逾期，回头想想，当时小分队对此借款项目抱有一些疑问，但看到这么高的收益时却产生了一丝侥幸心理，还是糊里糊涂地进行了投资。小分队也要提醒各位看官，网贷投资不要抱有侥幸心理，要看准项目再进行投资，高收益的背后可能就是更高的风险。

（9）服务指标

客服响应龟速，小分队多次在平台工作时间内拨打客服热线都是无人接听。在锲而不舍的坚持下终于接通了一次客服电话，可喜的是电话客服的服务能力上佳，对产品风险、收费规则等问题都回答得轻车熟路。

但面对平台的 QQ 在线客服，小分队又忍不住想吐槽，从头到尾，每次咨询的反馈都是“您好，客服不在线，请直接留言，谢谢。”进行留言后又没有任何回复，欠诚意。

1.5 体验指标对比分析

在网站交互表现上，爱钱进的网站风格清爽和各功能设计体验最佳。拍拍贷和畅贷网得分偏低的主要原因是网站出现明显的 bug。此外，拍拍贷投资列表的产品分类站在了投资者角度进行命名，更加人性化，便于投资人理解，值得参考（见表 1–1）。

表 1–1

平台 – 产品	拍拍贷 – 天猫大卖家旺季备货谢谢大家支持！	爱钱进 –Q14D25110 期个人资金周转	畅贷网 – 个人短期资金周转借款
网站交互（9）	6	9	5
新手引导＆信息披露（29）	13	22	10
信息与资金安全（50）	6	20	5
操作便捷度（16）	10	13	9
产品丰富度（9）	5	7	1
产品信息披露（45）	13	9	5
投资便捷性（19）	12	8	7
收益与回款（28）	21	23	–48
服务指标（20）	–1	14	–5
合计（225）	86	125	–11

在新手引导 & 信息披露上，爱钱进表现最突出，主要体现在三点，其一，新手指引和帮助说明实用性强，易于访问；其二，平台背景披露详细；其三，定期发布季报、年报及平台实时数据统计信息。畅贷网的新手向导、资费说明等按钮位置放置不合理，不容易找到。此外，披露逾期

信息方面，拍拍贷提供黑名单列表，可以查询每个年度的逾期借款人信息，爱钱进仅在数据报告中披露了总逾期金额，畅贷网在新版平台上披露了所有逾期借款人的信息。

在信息与资金安全方面，爱钱进表现上佳，巧妙地设计了独立交易密码以增强交易安全性。拍拍贷着重披露了技术团队负责人的优秀背景。此外，三家平台中只有爱钱进进行了网站权威安全认证。

在操作便捷度上，爱钱进得分最高，主要原因是平台提供了移动端APP，投资人可以利用移动端APP进行投资、充值、提现等。

在产品丰富度方面，爱钱进表现最好，爱钱进提供债权转让功能，目前可以随时转让。但在转让时，90天以内收取转让金额2%作为债权转让费，90天以上收取转让金额0.5%的债权转让费。

从产品信息披露角度来看，三个平台情况都不甚理想。拍拍贷有三点不足，其一，借款项目信息披露含糊不全，借款目的一栏填写的“其他”，且没有提及还款来源；其二，本金保障条款过于复杂，投资者很难达到受保障的标准，设计有欠诚意；其三，借款合同中的借款人未实名。爱钱进有两个问题，一是平台未说明当风险准备金不足以垫付时如何处理；第二个问题和拍拍贷类似，即借款信息中没有披露借款用途和还款来源。畅贷网最大的问题是借款说明内的信息毫无参考价值，形同虚设。

从投资便捷性角度来看，拍拍贷表现略好，拍拍贷提供了丰富的自动理财功能，爱钱进和畅贷网均无自动理财功能。畅贷网分数垫底的主要原因是，投资人在进行投资前需通过身份证安全认证，关键在于畅贷网的身份证认证并非实时，需等待一个工作日方能得到审核结果。

在收益与回款问题上，爱钱进表现最佳。爱钱进为投资人提供了每月首笔提现免手续费的优惠，并且针对债权转让服务费也设计了阶梯性收费的人性化概念，收费设计可供其他平台参考。拍拍贷的问题是充值提现规则相较另外两家平台更加复杂，不利于投资人理解和记忆。畅贷网分数成负值，原因是借款项目回款不及时，已经逾期。此外，畅贷网竟在用户进行第二次信息认证时收取认证费，这在业内并不常见。

在服务方面，爱钱进的整体得分最高，但也存在一些问题，如点击平台上的在线客服经常瞬间变成“在线留言”。拍拍贷和畅贷网最大的问题是电话客服，想接通拍拍贷的电话客服简直难于上青天。另外，拍拍贷和爱钱进都提供论坛功能，但爱钱进的论坛放置在“客户服务”菜单项下，难以找到。

1.6 信用类产品体验小结

在体验过程中小分队发觉，作为鼻祖的个人信用类P2P平台的整体表现不尽如人意，本次体验的三家平台普遍得分不高，在信息与资金安全、产品信息披露及服务指标三方面实在欠佳。

由于个人信用类产品不涉及担保或抵押，这使得投资人只能通过借款人描述的资金用途和还款意愿作为风险判断的依据。“借款用途”和“还款来源”成为借款信息中至关重要的两部分，从本次体验的三家平台来看，情况并不理想，几乎看不到真正有价值的“借款用途”和“还款来源”描述。有些平台虽在页面上设置了“借款用途”一栏，也几乎形同虚设，平台根本没有对借款人所填写的相关内容进行严格审核。

小分队在体验过程中还发现，个人信用类产品的整体客服质量较差，响应龟速，常常联系不上客服（这里包括在线客服、电话客服）。用户遇到问题想咨询时，客户服务的效率将直接影响用户的投资决策。建议平台加强客户服务，否则辛辛苦苦吸引来的投资人可能难以维系。

Internet Finance Transformers

第二章 抵押类产品

2.1 产品简介

抵押类贷款是P2P平台常见的贷款类型，是借款人以一定的物品（最为常见的是房产和汽车）作为抵押物在平台发布的借款标，抵押物经过专业评估后并在相关部门（房管局或车管所等）办理抵押登记手续。借款人必须在约定期限内如数归还借款，否则出借人可与借款人协商或通过司法程序处理抵押物，用以偿还约定的借款本金、利息、罚息、违约金等其他费用。

抵押类贷款的借款主体可以是个人或者企业主，借款期限从3个月到2年不等，年化投资收益率从12%~20%不等。抵押贷款是近年来最活跃的P2P产品，与质押贷款、第三方担保贷款一道，占据了P2P借贷行业的最大市场份额。

本次小分队挑选了专注于抵押贷款的易贷网以及成立时间较长的合力贷、安心贷和E速贷，进行抵押类P2P产品的投资体验。

2.2 易贷网“曹女士大众途冠汽车抵押贷款16万元”

⊙**体验平台** 易贷网

⊙**体验项目** 曹女士大众途冠汽车抵押贷款16万元

⊙**体验时间** 2014年9月16日

⊙**验后真言** 至少要让用户先清楚你的产品/过多披露借款人的资产信息而不是直接公布还款（收入）来源有点画蛇添足/千万别拿债权转让合同来糊弄投资人/对投资人来说债权转让再灵活也不为过/用户还是更喜欢有预告的发标哦/切记粗糙披露风控信息易损平台透明形象/关联企业担保宁缺毋滥/何不给你的用户配上个专属理财顾问呢/该怎么巧妙地处理投资人对站内信和邮件的抵触

⊙平台概况

易贷网于2009年1月上线，主要为中小微企业提供贷款信息咨询服务。2014年1月，易贷网推出P2P理财频道（以下简称易贷理财），专注于抵押贷款类P2P业务。易贷理财上的借款债权基本都来自易贷金融集团的线下业务，抵押物以商品房和汽车为主。

依据抵押品和贷款类型的不同，易贷理财的项目金额从几万元至几十万元不等，项目平均借款金额在 20 万元左右，借款期限集中在 1 年以内，年化投资收益率在 12% 左右。根据媒体报道和平台官方披露的数据，截至 2014 年 9 月上旬，易贷理财的累积交易额超过 10 亿元，并于 2014 年年底突破 20 亿元。

⊙投资流程体验

登录易贷理财网站，首页算不上设计精良，但简洁明了，在导航条中可轻易找到新手入门，点击学习（见图 2–1）。

图 2–1

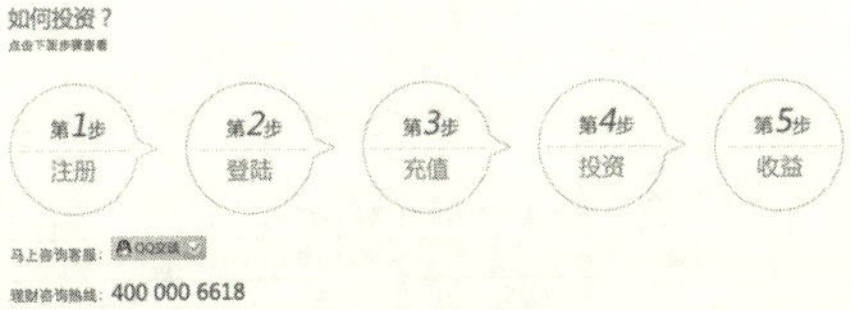

图 2–2

“新手入门”设置了新手引导、安全保障、实时数据、产品介绍四大内容。当然下方这个图（图 2–2）在新手引导中必不可少，虽然是老生常谈，但是对于真正的“新手”，还是有介绍的必要性。（这个图的第 2 步“登录”有错别字啊，你发现了“木”有？）

按照新手入门的指引，小分队顺利地完成了注册、登录和充值操作。易贷理财的注册相对简单，用户需提供一个电子邮箱，并填写昵称。注册后网站跳到“我的账号”页面，小分队需要在此页面上先后完成邮箱认证、身份信息认证和手机认证，才能进行接下来的充值操作。

注册完成后，即可进入充值流程，易贷理财支持 12 家银行的网银支付和两家第三方支付，小分队选择光大银行网银支付，向账户中充值 50 元，资金瞬间到账。

至此，注册和充值环节进展顺畅，但进入投资环节后，问题接踵而至。点击进入“我要投资”页面，小分队首先就被投资产品给迷惑了。易贷理财的投资产品被分为车易贷、房易贷、债权贷和债权转让，前两个很好理解，那债权贷是什么东西呢？它跟债权转让是什么关系？这些在“我要投资”页面都没有说明（见图 2-3）。

图 2-3

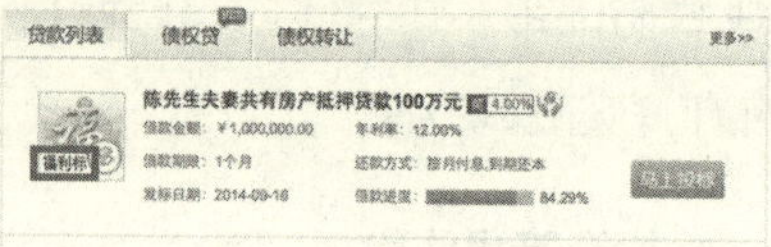

图 2-4

小分队回到易贷理财首页，发现了更加诡异的情况。首页上的投资产品又划分成了贷款列表、债权贷和债权转让（见图 2-4），贷款列表中还多了个“福利标”。

同样，小分队在首页找不到任何产品提示文字或明显的帮助入口。幸好每个标的左侧的产品类型图片似乎是可以点击的样子，小分队尝试点击了左侧的每个图片，发现无论是点击房易贷、车易贷还是福利标都会跳转至如图 2-5 所示的网站公告页面。

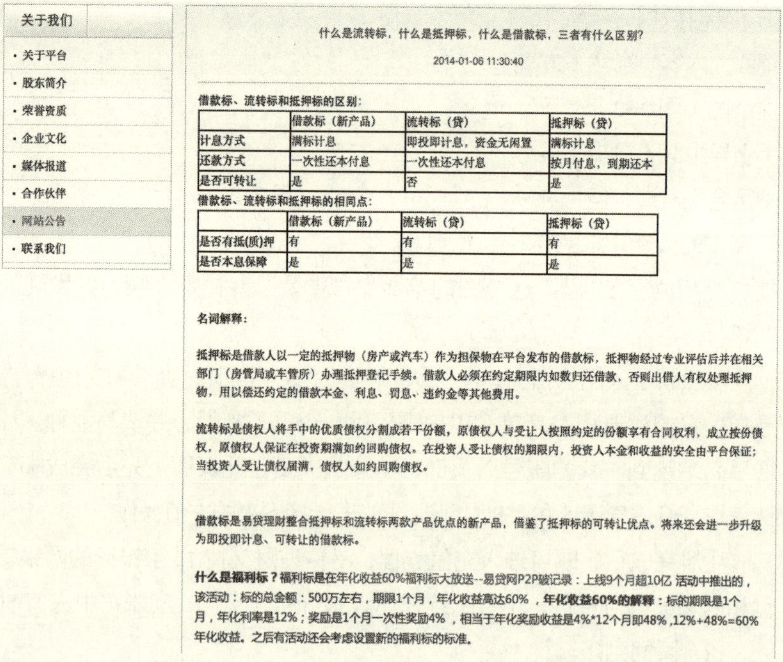

关于我们

- 关于平台
- 股东简介
- 荣誉资质
- 企业文化
- 媒体报道
- 合作伙伴
- 网站公告
- 联系我们

什么是流转标，什么是抵押标，什么是借款标，三者有什么区别?

2014-01-06 11:30:40

借款标、流转标和抵押标的区别:

	借款标（新产品）	流转标（贷）	抵押标（贷）
计息方式	满标计息	即投即计息，资金无闲置	满标计息
还款方式	一次性还本付息	一次性还本付息	按月付息，到期还本
是否可转让	是	否	是

借款标、流转标和抵押标的相同点:

	借款标（新产品）	流转标（贷）	抵押标（贷）
是否有抵(质)押	有	有	有
是否本息保障	是	是	是

名词解释:

抵押标是借款人以一定的抵押物（房产或汽车）作为担保物在平台发布的借款标，抵押物经过专业评估后并在相关部门（房管局或车管所）办理抵押登记手续。借款人必须在约定期限内如数归还借款，否则出借人有权处理抵押物，用以偿还约定的借款本金、利息、罚息、违约金等其他费用。

流转标是债权人将手中的优质债权分割成若干份额，原债权人与受让人按照约定的份额享有合同权利，成立按份债权，原债权人保证在投资期满如约回购债权。在投资人受让债权的期限内，投资人本金和收益的安全由平台保证；当投资人受让债权届满，债权人如约回购债权。

借款标是易贷理财整合抵押标和流转标两款产品优点的新产品，借鉴了抵押标的可转让优点。将来还会进一步升级为即投即计息、可转让的借款标。

什么是福利标？福利标是在年化收益60%福利标大放送--易贷网P2P破记录：上线9个月超10亿 活动中推出的，该活动：标的总金额：500万左右，期限1个月，年化收益高达60% ，**年化收益60%的解释**：标的期限是1个月，年化利率是12%；奖励是1个月一次性奖励4% ，相当于年化奖励收益是4%*12个月即48% ,12%+48%=60%年化收益。之后有活动还会考虑设置新的福利标的标准。

图 2-5

这个页面给出了福利标、借款标、流转标、抵押标的解释，但是看不到车易贷、房易贷和债权贷的解释，反而又出现了流转标和借款标两个新名词，其解释也有些含混不清，尤其是借款标。

绕了半天，还是没法对标的类型有个清晰的了解，小分队决定“不了了之”，直接选择一个标的进行投资。出于对“大众”汽车品牌的信任，小分队选了车易贷“曹女士大众途冠汽车抵押贷款16万元”项目（见图2–6）。该项目计划借款16万元，借款期限6个月，借款年利率12.5%，按月还息，到期还本。

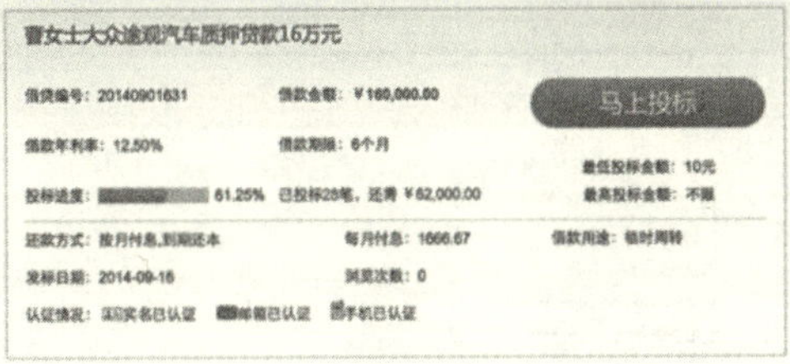

图 2–6

仔细查看过借款信息后，点击“马上投标”，输入投资金额50元，此时系统提示需要输入交易密码，但是小分队没设置过啊。按照常规的交互设计逻辑，涉及交易密码的链接会紧随提示语之后，供用户点击，但易贷理财连“常规”标准都还没达到呐。怎么办？小分队只能进入“我的账户”自行搜寻，终于在“密码设置”中找到了设置交易密码的地方。

设置交易密码后，重新进行投标。几分钟后小分队收到易贷网发送的投标成功短信。此时，标的还未满标，大约20分钟，标的满标进入复审。复审完成后，标的从投标中的借款转移至回收中的借款，此时小分队就可以查看或下载协议书（见图2–7）。

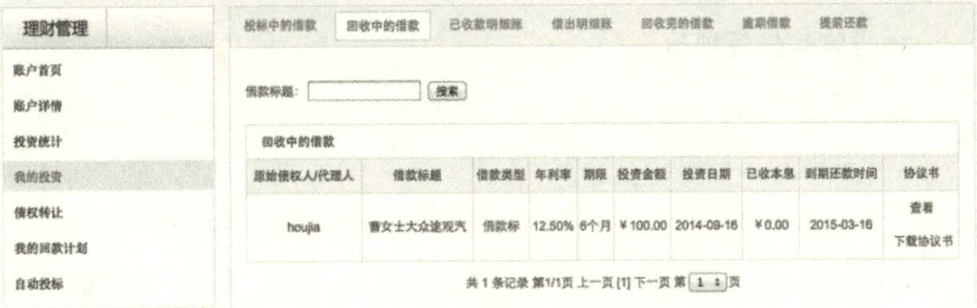

图 2–7

小分队下载协议书进行查看（见图2–8）。很快发现一个问题：本来说好的是车辆质押标（车易贷），投资后签署的合同却是一份债权流转协议！小分队马上抓起电话询问客服，客服回答说这类标的实际上是由专业放款人转让的一笔抵押/质押债权，而非借款人直接发布的借款标的。

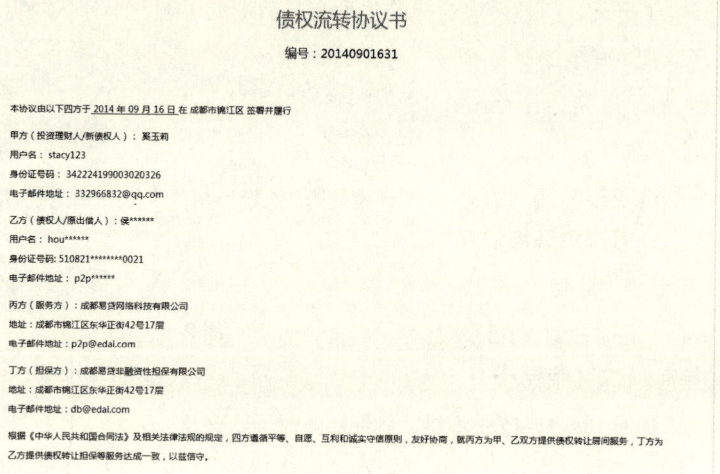

债权流转协议书

编号：20140901631

本协议由以下四方于 2014 年 09 月 16 日 在 成都市锦江区 签署并履行

甲方（投资理财人/新债权人）：奚玉莉

用户名：stacy123

身份证号码：342224199003020326

电子邮件地址：332966832@qq.com

乙方（债权人/原出借人）：侯******

用户名：hou******

身份证号码: 510821********0021

电子邮件地址：p2p******

丙方（服务方）：成都易贷网络科技有限公司

地址：成都市锦江区东华正街42号17层

电子邮件地址：p2p@edai.com

丁方（担保方）：成都易贷非融资性担保有限公司

地址：成都市锦江区东华正街42号17层

电子邮件地址：db@edai.com

根据《中华人民共和国合同法》及相关法律法规的规定，四方遵循平等、自愿、互利和诚实守信原则，友好协商，就丙方为甲、乙双方提供债权转让居间服务，丁方为乙方提供债权转让担保等服务达成一致，以兹信守。

图 2–8

好吧，明明网站对抵押标的解释是“借款人以一定的抵押物（房产或汽车）作为担保物在平台发布的借款标”，为什么暗地里就变卦了呢？如果存在专业放款人的话，整个交易结构就完全不同了。现在债权转让了，质押物要不要同步转让，如果专业放款人私自挪用或者处置了质押物，投资人该怎么办？

这些疑惑不可能有真正的答案，小分队只好选择相信易贷理财的“良心”，战战兢兢等待回款了。截至目前，小分队每月的利息都回款正常，现在只求期满后这本金能正常回款啦。

⊙大类体验指标评价

（1）网站交互

易贷理财网与母平台易贷网风格相近，以绿色为主基调，整体设计紧凑，各个板块组织得当，账户、投资、新手入门等常规板块都易于查找。

但是如前所述，贷款产品的分类比较混乱，没有便捷、易读的分类说明，公告页解释的产品类型与投资页的实际产品类型并不一致，且存在产品实质与说明不一样的情况（例如抵押标并非原始债权，而是转让的债权）。

（2）新手引导 & 信息披露

点击安全保障栏目下的实时数据，平台对交易总额、平均收益、风险准备金、逾期率、坏账率都进行了实时披露（见图 2-9 和图 2-10）。除此之外，还设置了逾期列表和坏账列表，披露较为详尽。

图 2-9

图 2-10

不过平台在管理人员信息的披露上却显得比较低调，投资人无法得知管理团队的背景，平台也因此错失了利用团队人员对平台进行背书和增信的机会。同时，在披露的平均收益率旁，易贷理财将其与银行定存和货币基金进行对比，会对普通投资人形成误导。

（3）信息资金安全

易贷理财在技术安全上做得比较周到。网站本身在采用 HTTPS 加密传输技术的同时，还拥有多项权威安全认证。并在交易安全中采取了电子签名，信息安全采用了手机和身份证双重认证。

除此之外，平台的一些小细节也体现了易贷理财对技术安全的重视程度。例如，打开我的投资项目，点击查看或下载协议书，发现必须要输入密码，而平台在此之前会提醒用户“该密码为登录邮箱”。

（4）操作便捷度

投资人在进行充值、投资和提现时，平台往往会发送站内信进行提醒，但是很多时候投资人没有那么多时间查看，易贷网为投资人提供了消息提醒设置，可以根据个人需求选择是否打开站内消息和邮件提醒。

易贷网在操作便捷度上总体表现较好，唯一不足在于测评当月，平台未设移动端，用户无法享有移动端操作带来的便捷性。

（5）产品丰富度

易贷网上的债权转让灵活，成功投资后第二天就可进行债权转让操作。除了债权转让外，投资人还可以待收债权（净资产）作为抵押在易贷网上发布债权贷，易贷网会根据投资人账户总额（账户可用余额＋投资冻结金额＋待收本金）给予一定的授信额度，类似于其他平台上的净值标，但是净值标存在提升杠杆率和多米诺骨牌式风险，其风险事实上高于车辆或房产抵押贷款，投资人在投资这类标的时应格外谨慎。

（6）产品信息披露

A. 产品信息披露不细致

以小分队投资的“曹女士大众途冠汽车抵押贷款 16 万元”项目为例，平台提到借款人上次已申请质押贷款 22 万，现资金困难，再次申请汽车抵押贷款 22 万，用于印刷厂资金周转。小分队看到这里不免产生两个疑问：

首先，曹女士已申请过的质押贷款 22 万是否已经偿还完毕？如果还未全部偿还，如何避免曹女士用新债还旧债以及重复抵押呢？如果已经如约偿还完毕，平台披露此信息的意图是说明曹女士的信用较好吗？如果是这样，直接把曹女士上次贷款的项目链接放到借款信息中会更有说服力。

其次，平台披露借款人另有一套全款房和宝马 5 系轿车。小分队猜测，披露这个信息是想说明借款人有很好的资产，一定能还得起钱。可是借款人是否还这笔钱与她拥有多少资产没关系，重要的是她的借款用途或资产收入是否足以产生足够的现金流来还款。如果借款人无力还款，首先可以把质押的汽车变卖还款，其次平台也不具有处置借款人其他资产的权力。选择过多披露借款人的资产信息而不是直接公布还款（收入）来源似乎有些文不对题。

B. 风控信息粗糙

易贷网对项目风控介绍的内容比较粗糙，如只披露了抵押物的评估价格，但未披露评估方的资质和公信力；再如保障申明提供本金与利息保障，但是没说谁来提供保障。小分队只能先投资再去合同里查看本金与利息是如何被保障的。

平台对权证信息，包括机动车行驶证、机动车登记证明、机动车保险单、机车照片进行了披露（见图2–11）。但是披露的信息不够清晰，投资人很难看清楚机动车登记证明，无法判断其真正做过抵押。尽管可以理解平台这么做是为了保护借款人的隐私，可是这么低分辨率的有码小图事实上并不能提供任何有价值的信息，聊胜于无，只是给投资人一些心理安慰罢了。

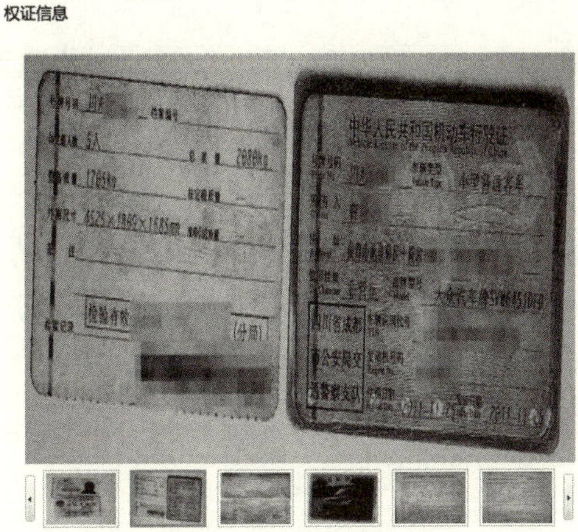

图 2–11

C. 担保能力存疑

投资之前，投资人可以在帮助中心中找到《债权流转协议书》的范本，这份《债权流转协议书》就是最终投资人要签署的合同。投标过程没有签约环节，投标结束后用户可以在“我的账户”中查看或下载最终合同。

前面已经多次提到，投资人在平台上投资的标的并非借款人发布的借款标，而是专业放款人转让的债权，因此最终签署的是债权流转协议而非借款合同。具体到合同内容，仍然可以发现两个问题：

担保人成都易贷非融资性担保有限公司承诺在借贷关系存续期间，当债务人不履行债务时，担保方承担连带保证履约责任。但这家担保公司不是融资性担保公司，担保资质存疑；而且从名称上看，该公司还很可能与平台本身存在关联。

（7）投资便捷性

易贷网拥有强大的线下团队，网站上的借款项目比较充沛。2014年9月上旬，平台每个工作日的平均发标数量集中在20至30个，单个项目金额从几万到百万不等。与部分平台在首页列出发标时间不同，易贷网在每日 10：00 左右公布发标预告，披露标的列表和部分标的信息。除此之外，平台偶尔还会在工作时间（9：30～17：30）之外随机发标。

在易贷理财账户可以进行自动投标设置，避免手工投标、抢标的烦恼，加上有发标预告，所以很多标的（尤其是金额较小的标的）经常会在 10 到 20 分钟内满标，虽不存在严重的抢标现象，但标的颇为紧俏。

（8）收益与回款

易贷理财按照投资收益（利息收入）的 1%～10% 收取管理费，该收入全部纳入风险准备金，用于坏账代偿或逾期垫付。这意味着平台将一部分成本转移到投资人身上，例如一个年化收益 15%、期限为 1 年的标的，假定管理费收取 5%，投资 1 万元的实际收益为 14.25%。

平台为此还设立了一套管理费优惠方案，投资人可以通过易贷网论坛积分、邀请用户积分和待回收利息积累总分，不同的分数享受不同的优惠信息。这种激励制度虽然可以理解，但可能会给投资人留下吝啬、刻板的印象。

（9）服务指标

平台为投资人默认设置了专属理财顾问，并设置更新顾问和投诉建议的按钮，投资人可以方便地进入该固定栏目寻找，不再需要在平台首页寻找客服按钮，也不会造成每次客服都换人的尴尬状况，能够给投资人带来私人服务的感觉。

⊙体验小结

易贷理财频道上线时间不长，在网站建设与网站运营上仍然存在不足，尤其是在新手指引和平台信息披露上，表现不尽如人意，最为明显的是标的分类出现了不一致的情况，且标的类型解释也不易找到。

平台在信息安全方面表现较好，但对资金安全不够重视，未设置二级账户进行资金托管，虽然公布实时的风险准备金，但却未经任何机构和组织审计和托管。在产品层面，易贷网的披露水平也较低，产品详情披露不细致，风控信息披露粗糙，多个披露文件模糊。另外，在担保问题上，可能存在关联企业担保的情况，非融资性担保公司的担保效力也不足。

除了以上两点，易贷网在投资体验中出现的一些民间玩法，影响了小分队对平台的印象。比如，平台“债权标”量较大，提升杠杆率和多米诺骨牌式风险。再如，小分队明明投资的是抵押标的，收到债权转让合同后才明白所投标的是一个由专业放贷人转让的标的，前后存在很大出入。

2.3 安心贷“1600 万房地产抵押，到期按月还款”

⊙体验平台 安心贷

⊙体验项目 1600 万房地产抵押，到期按月还款

⊙体验时间 2014 年 9 月 15 日

⊙验后真言 新手引导尽量设在重要且显眼的位置 / 你的项目名称是否给人凌乱感 / 投资奖励如果只是给钱就弱爆了 / 投资前至少要让投资人看到合同样本 / 还款保证金还是专款专用吧 / 不要低估收费不透明给投资人带来的负面印象 / 信用卡充值这招以后还是别用了 / 身份都还没验证就投资真的好么

⊙平台概况

安心贷成立于 2011 年 11 月，由君安信（北京）科技有限公司运营。成立之初，安心贷主要提供流转担保贷款，2013 年下半年，信用贷和抵押贷先后上线，2014 年年初抵押贷又新增了股权和高级车辆质押业务。另外，安心贷还提供周转贷，这类贷款仅适用于在安心贷上待收本息总额（除奖金外）超过 2000 元以上的特权用户投资人，用于短期周转。安心贷产品年化收益率集中在 11%～15%。

根据安心贷官方披露的数据估算，2014 年 1～12 月份平台的累积成交额超过 7.7 亿元。其中 12 月份的成交额约为 3937 万元，绝大部分集中于抵押贷款（占比超过 73%），12 月份共有 25853 笔投资，每笔投资额为 1523 元。

⊙大类体验指标评价

（1）网站交互

首页的借款列表（见图 2-12）仅显示了最近的 6 个借款标的，在此

列表下没有“查看更多”的按钮，如果想要查看所有借款标的，必须把页面滚回顶端，点击导航条中的“我要投资”，操作稍显不便。

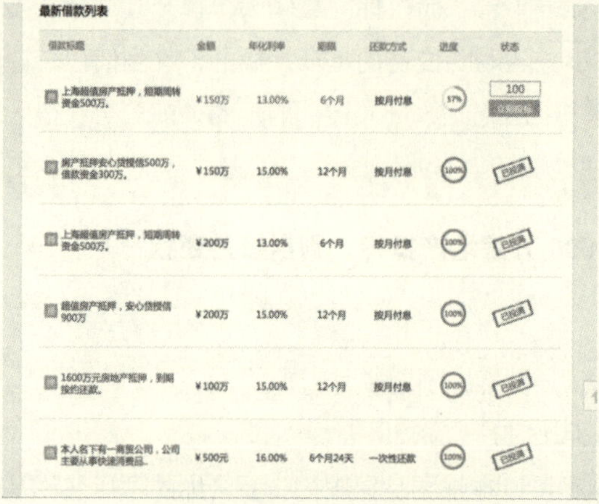

图 2-12

借款项目的名称设计比较随意。如图 2-12 所示，“上海超值房产抵押，短期周转资金 500 万”、“房产抵押安心贷授信 500 万，借款资金 300 万”、“1600 万房产抵押，到期按约还款”同为抵押借款标，项目名称的构成却存在很大差异，标的一提到了房产所在地，标的二强调的是授信金额，标的三忽然承诺按约还款，显得随意而混乱，容易让人感觉平台不够专业、严谨。

（2）新手引导 & 信息披露

A. 投资操作引导性不足

在安心贷首页找不到为投资人提供指引的常规链接，如“帮助中心”、“新手入门”。虽然“安心问答”、“安心社区”和导航栏下侧的“投资理财”、“安全保证”、“便捷贷款”、“数据透明”都包含了大量关于安心贷平台的信息，但对于操作的指引性较差（见图 2-13）。经过一番搜寻，小分队终于在页面最下方找到了“帮助中心”，其中有 11 个栏目，基本可以解答新手的疑问。

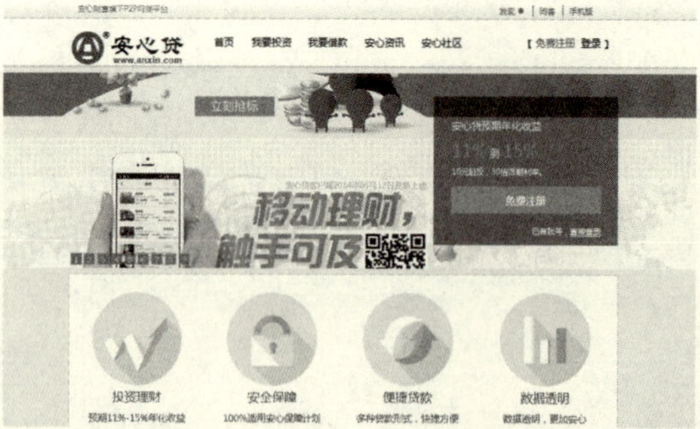

图 2-13

实际上，投资人想

要了解的内容平台都已经提供，但是忽视了新手的需求，没有在重要、显眼的位置对用户尤其是新手进行简捷、直接的引导。

B. 投资奖励的游戏化设计

小分队在体验时正遇上安心贷的“抢标当带头大哥”的活动（见图2-14）。活动规定：投资人在进行抵押贷项目投资时，如果成为第一位、最后一位或投资金额最高的投资人可分别获得“带头大哥”、“终结者”和“土豪”的称号（见图2-15），并得到30元的现金奖励。

图 2-14

图 2-15

这类活动将投资过程游戏化，增加了投资的趣味性，彰显平台的年轻气质。

(3)信息与资金安全

A. 保证金新角色：提供赎回服务

安心贷设立了提前赎回机制，用户在用现金投标（不含奖金）之后，在满标日开始第7日可以申请提前赎回债权，收回投资的本金。特权用户提前赎回未到期流转债权或抵押贷投资本金，将不能获得投资收益。一般用户提前赎回还要扣除一定的手续费。

安心贷用安心共享基金赎回申请用户未到期的债权并持有，债权到期后，本息也归入安心共享基金。这个设计虽然方便了用户，却带来了新问题：安心共享基金类似于其他平台的风险保障金，是为了提高平台抗风险能力设立的。现在这部分资金又被赋予提高流动性的职责，似乎违背了共享基金的概念，还会带来保障资金占用风险和暗箱操作风险，还是以专款专用为宜。

B. 信用卡充值显风险

小分队在充值过程中，发现安心贷提供借记卡和信用卡充值两种方式。信用卡投资真的好吗？这可就是向银行借钱来投资 P2P 啊。为了避免信用卡充值带来的各种风险，现在很多大平台已经不允许使用信用卡进行充值了。好在“信用卡充值”需要收取1%的充值费用而借记卡免费，可能会避免部分投资人使用信用卡充值（见图2-16）。但总体来说，信用卡充值仍然存在极大的风险，小分队建议取消。

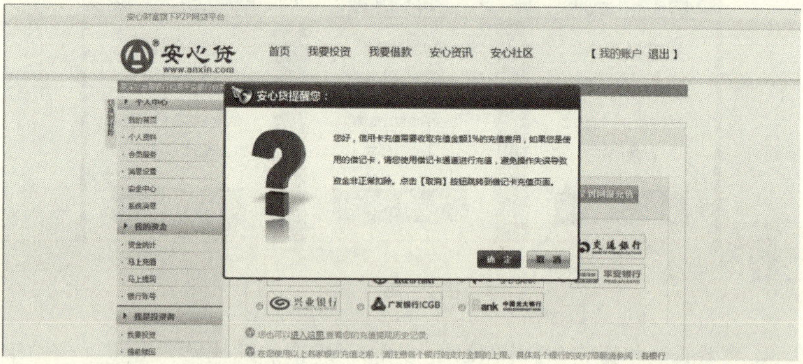

图 2–16

C. 无须身份验证存隐患

安心贷的个人中心设有安全中心，用户可以进行手机、邮箱和身份验证，但并不是必填项目。小分队在注册完成时，收到了如图2-17所示的“完成安全设置向导赢 10 元现金奖励”的提示，但点击后发现账户已经躺着 10 元了，当时就暂时忽略了安全设置。

图 2–17

但奇怪的是，小分队在其后的整个投资体验流程中，都未收到必须进行身份验证的提示，难免让人心生不安。如果小分队的账户被盗，小分队如何证明自己，如何追讨损失呢？

小分队在一月下旬重新登录安心贷时，系统才在事后提示进行各类验证（见图 2–18）。

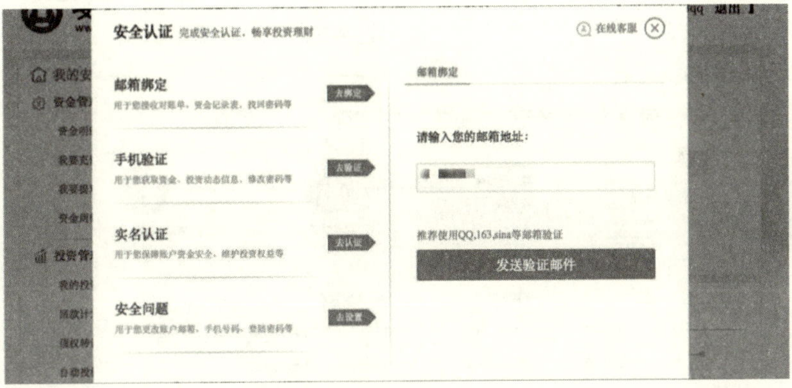

图 2–18

为了探测平台的不靠谱底线，小分队尝试提现操作，页面直接跳转至身份验证页面，这才稍微松了口气。不过，“身份认证将从您奖金余额或现金余额中扣除 5 元”！虽然不少平台也会默默地在管理费中扣取身份认证的费用，但这么赤“果果”说出来真的不会引起投资人的反感么？

（4）操作便捷度

安心贷平台为了提升投资体验，设置了一套会员体系，把用户划分为一般用户和特权用户，特权用户可以享有更低的服务费用、更快的提现时间和更全面的保障服务。这种差异化的服务很容易让普通投资人感觉自己正在遭受“不公正”待遇，比如在确认投标时，系统会提醒你当借款用户逾期时，普通会员保证本金，而特权会员保障本息。

那一般投资人如何才能成为特权会员呢？安心贷采取的并不是累积投资额门槛方式，而是需要直接购买。赤裸的会员收费体系会把新投资人对平台的好感一扫而空，尤其是当本息保障/本金保障这种关键的安全措施都设置了会员、非会员的差异时，平台在小分队心中留下的刻薄印象已经难以磨灭。

（5）产品丰富度

在产品丰富度上，安心贷表现较好，产品期限和还款方式都非常多样。最为重要的是，安心贷的债权转让门槛较低，且方便快捷。

在转让门槛上，只要转让本金不小于100元，债权处于正常还款状态，且持有30天或以上并且剩余时间大于30天的抵押贷债权均可进行转让。在转让操作上，用户只要打开“我的账户”下的债权转让，选择可转出的债权，一键点击“转让”，即可进入如图2-19所示页面。

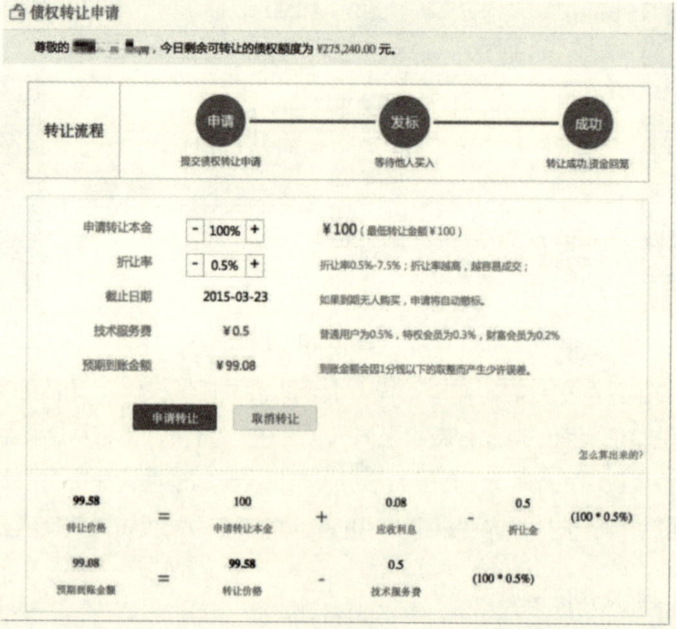

图 2-19

用户可输入转让本金和折让率，系统就会自动计算出技术服务费和预期到账金额，点击申请转让，只要5日之内受让完成，即转让成功，整个过程极为便捷。

（6）产品信息披露

A. 还款来源不明确

安心贷对标的信息的披露相对完善，但小分队心里还是有一些不安，仔细琢磨后发现原因在于平台未对借款人的还款来源进行披露，借款详情只强调了抵押物价值足够覆盖借款。但是如果出现逾期，处置房产还需要烦琐的步骤，也不是投资人和平台希望看到的结果。借款人拥有合理的还款来源才是投资人所期盼的，抵押物说到底只是最后一道迫不得已的防线。

B. 投资前未见合同样本怎能安心

小分队在整个投资过程中都未看到任何合同样本，甚至在点击下图中的“立即投标”后，系统没有签约过程，直接跳出投资成功，这速度简直让人措手不及（见图2-20）。

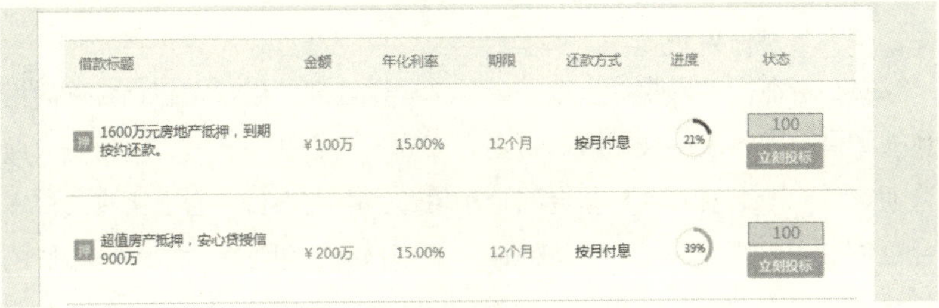

图 2-20

直到所投标的满标后，小分队才在个人中心查看到合同链接。现在越来越多的平台会在新手指引等板块长期提供合同样本供用户浏览，项目成功才披露合同的做法有点请君入瓮的感觉，会增加用户在投资过程中的疑虑。

而且，在借款合同的附件一中，提到该笔借款的类型属于“抵押贷B”，合同没有对该类型做任何解释，小分队试图在网站上寻找“抵押贷B”的解释，同样没有找到，显示平台的信息披露工作还存在粗疏之处。

C. 合同部分内容不够严谨

其中一个典型示例是借款合同提到:“如借入人到期未能如约还款,安心贷将根据安心共享基金的使用规则,向借出人代偿相应本金或本息。借出人同意在收到安心贷代偿本金或本息时签订债权转让书,将逾期贷款的债权转让给安心共享基金,并配合安心贷继续追讨逾期贷款。”

这段话最大的问题是安心共享基金只是一个资金账号,并不对应实体的个人或组织,它如何具有债权受让资格?在出现违约时,债权受让方到底是谁,是平台负责人、股东,还是平台的运营公司?这个问题不妨碍平台向投资人提供安全保障的诚意,作为法律文本却显得不够严谨。

(7)投资便捷性

安心贷的投标体验比较便捷,投资人在首页借款列表直接就可以投资,也可以在标的详情页面投资。标的详情页面还提供了“余额全部投出”、“把标投满”或投资固定金额等快捷投标按钮,相当实用。

相比之下,该页的收益计算器就显得不那么便捷,点击收益计算器,需要进入一个新的页面才能使用。

(8)收益与回款

安心贷在投资人收益上做了会员差异化处理,尽管安心贷宣称向投资人和借款人收取的技术服务费会全部放入安心共享基金,为投资人做逾期垫付,但当安心共享基金的金额超过当时安心贷平台上所有债权本金金额的10%时,安心贷有权将超出部分转出该账户,作为安心贷的收益。

安心贷的特权用户在投资保障和服务支持上都有额外的益处,但是需要花钱购买,购买本身又意味着实际的投资收益率反而可能会有所缩水,而具体的缩水程度又很难衡量,因为它与投资额度息息相关。

(9)服务指标

在项目借款详情页面,安心贷仅仅列出了审核项目,未告知具体的审核手段。小分队向客服进行了询问,客服对我们的诸多疑问非常耐心,但是却不够专业。客服一开始没理解“审核手段”是什么意思,经解释理解后,最终给予的回复是:“这些都是线下人员来做的,客服不是很清楚。”

⊙**体验小结**

小分队在安心贷平台的投资体验整体较差，除了一些细节设计，如快捷投标键和带头大哥的推广活动，其他内容都未给小分队带来正面的体验。

安心贷往往在重要环节暴露出问题。首先，是信息安全问题，小分队未经身份验证竟顺利完成投资。其次，是信息披露问题，项目本身的信息披露就不够充分，合同中关于逾期代偿的内容太过含糊及不合理，大大影响小分队对平台的信任。最后，平台在不少问题上表现激进，如将风险保证金用于债权的提前赎回，再如允许用户使用信用卡进行充值。

2.4 E速贷“资金周转［3］”

⊙**体验平台**　E速贷

⊙**体验项目**　资金周转［3］

⊙**体验时间**　2014年9月16日

⊙**验后真言**　无法兑现的承诺还是不要轻易说出口/没有任何数据让投资人该怎么相信借款企业有“稳定的营收”/抵押贷款至少要让投资人看到抵押登记资料吧/千万避免在投资过程中设置过多障碍/你的客服是否存在灌输式教育/你的另类保证金制度真的适用吗/平台的管理团队太神秘可能会降低投资人信任感哦

⊙**平台概况**

E速贷成立于2010年9月，已运行四年之久，是老牌P2P借贷平台。平台由广东汇融投资股份公司运营，该公司于2013年10月由惠州市速贷投资有限公司更名而来。E速贷以本地借贷为主，与巨顺担保公司合作，采用担保公司逾期垫付模式，但是逾期垫付规则与平台会员制度挂钩，不对所有投资人进行垫付。

E速贷借款标的有净值标、优质标、娱乐标和财富标四大类，其中优质标拥有优质抵押物或担保，财富标则为信用标。从标的具体比例上来说，净值标和财富标占多数，优质标次之，娱乐标目前已经鲜有出现。优质标是本次体验的主要对象，一般借款金额较大（数十万至数百万），期限从 2 个月到 10 个月不等，年化收益率较高，集中在 17%～21%。

根据平台官方披露的数据，2014 年 3～11 月份，平台的累积成交额超过 11 亿元。其中 11 月份的交易额为 1.52 亿元，当月优质标、净值标、娱乐标、财富标的贷款额占比分别为 37.56%、12.40%、3.27% 和 46.76%。

⊙大类体验指标评价

（1）网站交互

A. 帮助中心现操作性 bug

帮助中心是平台的重要功能，为投资新手必看。第一次到访 E 速贷的小分队也不例外，点击首页右上角的链接进入帮助中心。在“投资理财”部分，零壹小分队看到了有关资金安全的内容，其中第二条可谓至关重要——“网站在借款人逾期的情况下，通知巨顺担保垫付逾期金额，因此投资人的投资无任何资金风险，可以放心投资。相关内容请查阅《会员权限规则》”。其中的“会员权限规则”具有超级链接式样，明显可以点击，但是点击后毫无反应。

下滑页面至借款标收购债权规则，其中的“会员权限规则”按钮依然处于无效状态。只有点击页面左侧菜单栏的“会员规则”按钮，才能一睹“会员权限规则”的庐山真面目。

B. 借款详情中现叙述性 bug

小分队在浏览“资金周转［3］”标的详情（见图 2-21）时，一开始就被卡住了:“该集团立于 2001 年 6 月”，如此精练的表述必须脑补个“成”字方才感觉心情舒畅。后文的各段落首行有的缩进有的不缩进，挥洒自如，同样让人心醉。

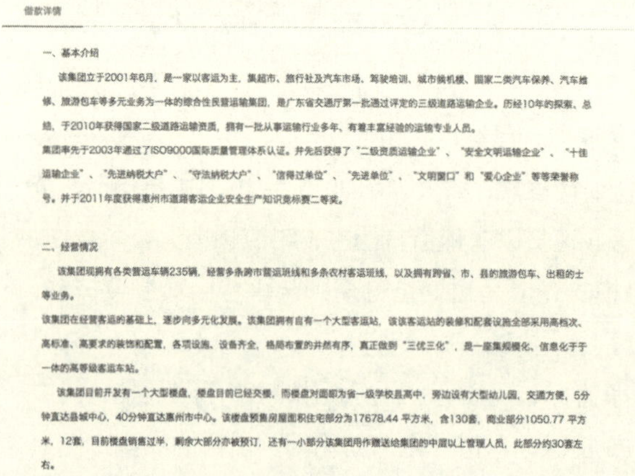
借款详情

一、基本介绍

该集团立于2001年6月，是一家以客运为主，集超市、旅行社及汽车市场、驾驶培训、城市候机楼、国家二类汽车保养、汽车维修、旅游包车等多元业务为一体的综合性民营运输集团，是广东省交通厅第一批通过评定的三级道路运输企业。历经10年的探索、总结，于2010年获得国家二级道路运输资质，拥有一批从事运输行业多年、有着丰富经验的运输专业人员。

集团率先于2003年通过了ISO9000国际质量管理体系认证。并先后获得了“二级资质运输企业”、“安全文明运输企业”、“十佳运输企业”、“先进纳税大户”、“守法纳税大户”、“信得过单位”、“先进单位”、“文明窗口”和“爱心企业”等等荣誉称号。并于2011年度获得惠州市道路客运企业安全生产知识竞标赛二等奖。

二、经营情况

该集团现拥有各类营运车辆235辆，经营多条跨市营运班线和多条农村客运班线，以及拥有跨省、市、县的旅游包车、出租的士等业务。

该集团在经营客运的基础上，逐步向多元化发展。该集团拥有自有一个大型客运站，该该客运站的装修和配套设施全部采用高档次、高标准、高要求的装饰和配置，各项设施、设备齐全，格局布置的井然有序，真正做到“三优三化”，是一座集规模化、信息化于于一体的高等级客运车站。

该集团目前开发有一个大型楼盘，楼盘目前已经交楼，而楼盘对面即为省一级学校县高中，旁边设有大型幼儿园，交通方便，5分钟直达县城中心，40分钟直达惠州市中心。该楼盘预售房屋面积住宅部分为17678.44 平方米，含130套，商业部分1050.77 平方米，12套，目前楼盘销售过半，剩余大部分亦被预订，还有一小部分该集团用作赠送给集团的中层以上管理人员，此部分约30套左右。

图 2-21

C. 借款标题命名过于随意

E 速贷的首页会列出最新的借款标的，却没有给出借款标题。还款方式前有“优”、“财”、“净”等标志，小分队不知道这些标记意味着什么，鼠标移上去也没有任何提示（见图 2–22）。只有进入“投资理财”页面，点击“新手帮助”下的“了解标的类型”，才能看到它们的含义。类型君，你隐藏得好深啊！

图 2–22

在“投资理财”页面，小分队终于看到了借款项目的标题，但是“安全标、谢谢支持”、“9 月 24 号还款”、“50000”、“资金周转［3］”、“提现前还”之类的标题还是让小分队感觉到一阵阵心塞，这也太生动活泼、彰显个性了吧，尤其是“资金周转［3］”中的“［3］”似乎饱含深意，导致小分队毫不犹豫地选择这个标的进行投资体验。

（2）新手引导 & 信息披露

A. 首页卡通化悬浮引导

进入 E 速贷首页时，小分队发现几乎无法看清楚平台的真实面貌，因为它几乎要被一个卡通化的无规则悬浮窗口完全遮住了，不细看的话还以为进入了一个网页游戏页面。悬浮窗口以橙色为主色调，跟 E 速贷网站的主色调蓝色形成了强烈对比，显得极为抢眼。虽然看起来有些繁杂，内容倒比较实用，小白们可以在注册前了解到平台上投资和借贷的基本要点，包括网站的最新活动（见图 2–23）。

图 2–23

点击右上角的“×”形按钮可以关闭悬浮窗（但是很不显眼啊，有“木”有？），网站还设置了 30 秒自动关闭的功能。但是只要重新进入首页，这个窗口就会出现，用户如果没有点耐心怕是要心生厌烦了。

B. 重要位置有误导性对比

图 2–24 右侧带有“免费注册”按钮的方块是固定栏目，不随幻灯片轮播，也就是说，每个投资人都必然会注意到这一内容。就在如此显眼的位置，E 速贷设置了平台收益与银行定期存款收益的对比，且只字不提风险，极易造成对投资人的误导。

图 2–24

（3）信息与资金安全

A. 投资人自助查询风险保证金

E 速贷也设置了风险保证金，但保证金来源却比较特殊，由第三方担保公司“巨顺担保”提供，金额为1000万。这笔保证金存放在工商银行，E速贷提供了实时查询通道。E速贷保障金透明化的做法值得肯定（尽管玩转工商银行的网银并不容易——需要找到合适的浏览器并下载相关安全控件之后才能进行查询，见图2-25）。

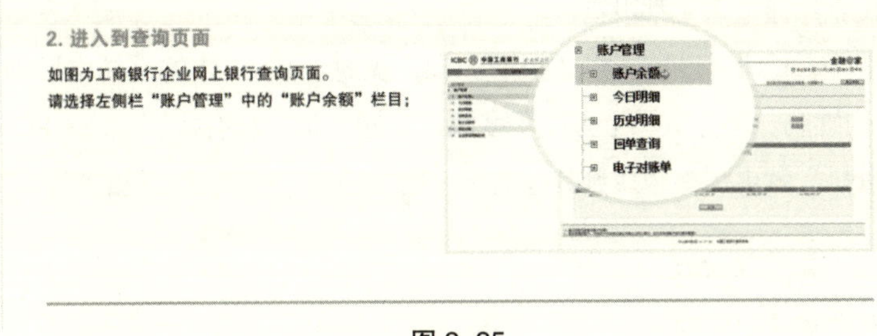

图 2-25

B. 风险保证金机制规定不够完善

E速贷的风险保证金规则是巨顺担保提供1000万元，每月垫付的资金从这笔保障金中提取，担保公司在下个月初补足1000万。设想一下，如果当月需要债权回购的资金超过1000万元，那剩余待回购的债权是否就不再回购，还是由下个月补足的保证金继续回购？规则对此并未清楚说明。

E速贷上项目的借款额度较高，一个月内少数几笔违约就可能击穿1000万元的保障范围，这种机制的安全性低于最低保证金，即当保证金的数额低于某个数值时就立即进行补足。

C. 论坛公布每日经营状况

E速贷的运营数据报告做到了每日公布，内容示例如图2-26所示。

2014年03月05日运营数据					
成交数据					
成功投资总额	¥2,439,026.00	成功投资笔数	338 笔	冻结保证金总额	¥40,000.00
成功借款总额	¥2,439,026.00	成功借款笔数	64 笔	借款奖励总额	¥0.00
成功还款总额	¥3,982,718.85	成功还款笔数	84 笔	网站垫付资金总额	¥25,670.62
平台收益					
成借款手续费总额	¥21,683.57	利息管理费总额	¥3,124.51	充值手续费总额	¥0.00
会员费总额	¥1,260.00				

图 2-26

这种极致透明的做法值得赞扬，但是公告的位置放在论坛中，不容易被投资人一眼看到，不如直接放在网站上到达率高。除此之外，逾期和坏账的相关数据未在每日报告中体现，是个遗憾。

D. 老团队的神秘作风

E 速贷对管理团队包括风险和技术团队的背景只字未提，保持神秘作风。网站上唯有两条关于平台管理团队的信息，一条是位于网站底部的平台董事长头像和关于平台理念的一段话，气势恢弘，不过关键问题是董事长竟然连个名儿都没留。

幸好，E 速贷设置了媒体报道一栏，从对于其 CEO 的采访中找到了 CEO 的姓名。小分队马上去问了度娘，遗憾的是，没有找到这位 CEO 的背景资料，就更别指望找到其他处于“隐身模式”的高管人员的资料了。

（4）操作便捷度

双渠道通知回款

E 速贷在操作便捷度上表现较好。在注册环节，用户需要输入邮箱、手机和用户名才能完成注册；在充值环节，E 速贷支持 20 家网银和两家三方支付进行充值；平台支持移动端进行提现和充值；个人账户功能分类设置合理，债权管理方便；用户在登录前无法查看借款人和风控的任何信息。在回款自动提醒上，E 速贷不仅通过站内信的方式进行提醒，用户每月还会收到 E 速贷发送的邮件，内含当月账单，资金状况一目了然（见图 2-27）。

e速贷
esudai.com
首页 我要投资 我要借款 我的账号 会员社区
尊敬的 您好!
以下是您在本平台的2014-10-01至2014-10-31 账单:

2014-10-01至2014-10-31 账单

待收笔数	待收总额	待收本金	待收利息	已收总额	已收本金	已收利息	已付利息管理费
0	¥0.00	¥0.00	¥0.00	¥1.68	¥0.00	¥1.68	¥0.13

e速贷网络借贷平台用户中心 敬启
此为自动发送邮件，请勿直接回复！如您有任何疑问，请点击联系我们>>
e速贷网络借贷平台用户中心 敬启

图 2-27

（5）产品丰富度

不支持债权转让

E 速贷在产品丰富度上表现较差，虽然平台债权期限和还款方式都较为丰富，期限从几天到几个月不等，还款方式分为月等额本息、月到期还本息、月还息到期还本 3 种。但平台目前还未设有理财计划产品，也缺少债权转让功能。

（6）产品信息披露

A. 还款来源披露不详细

借款详情未单独设置还款来源栏，小分队在“借款目的”中找到了借款人的还款来源（见图 2–28）。

三、借款目的

由于楼盘本身做了在建工程抵押给广发银行，但集团有意将一部分物业控制在自己手上，因此需要约2200万借还广发银行贷款，以此将一部分物业去办理房产证再向银行贷款，此为还款来源一。从集团提供的各项资料及多方了解，该集团的营运生意一直很稳定，现金流亦非常充足，足够还息还本。因此商定本次借款共十个月，并保留提前还款的准备。

图 2–28

按照小分队的粗浅理解，该项目的借款人就是上述某集团的负责人，他有楼盘抵押给了银行，要借 2200 万交给银行把楼盘赎出来，然后再拿赎回的楼盘去银行办理抵押贷款，从贷款中拿出一部分钱还这笔 2200 万的借款，类似于“赎楼贷”。

赎楼贷存在一定的操作风险，万一银行不批准该集团的抵押贷款，他就不能以贷还贷，因此平台给出了第二个还款保证：集团的稳定营收。小分队认为不能仅靠一个形容词“稳定”就证明了该集团的还款能力，应对集团过往的营业收入和盈利情况进行披露，并辅以权威资料（例如纳税证明），才能真正让投资人安心。

B. 抵押信息披露不全面

实际上，从该项目的基本信息看不出这是一笔抵押借款。在其风险控制的描述中，小分队发现了如图 2–29 所示内容。

四、风险控制方式

1、该集团提供旗下150台汽车办理抵押登记到我司指定人员名下。该部分价值约2500万。

2、该集团提供100%股权质押，且股东签订连带责任担保。股权质押的目的主要在于控制公司名下的资产，另外，由于广东省交通厅早于2009年8月就停发省内市际客运班车运力新增，对于目前还拥有多个市际客运牌照的该集团来说意味着短期内没有太多竞争对手会进入市场能和其匹敌。参考：http://dlys.gdcd.gov.cn/Link/2010/08/31a/news1.html。

3、该笔借款拟委托银行贷款，目的在于在信用报告上增加信用信息，约束借款人按时还本付息。

图 2–29

抵押品既包括 150 台汽车又包括 100% 的股权，可谓丰富。但在具体的抵押信息上，平台展示了“股权出质设立登记通知书”和股东签订的保证合同，却未展示车辆抵押的任何材料，只是轻淡地说了一句：“150 台汽车办理质押登记到我司指定人员名下”，是什么车没说，指定人员与“我司”是什么关系也不知道，未免过于粗糙了。

C. 垫付规则含混，可能产生误导

在 E 速贷上投资之前，小分队没找到任何借款合同样本。投资成功后，通过注册邮箱收到了居间借款合同。打开合同的第一要务就是查看逾期赔付规则，与此相关的合同第八条规定如图 2–30 所示。

第八条、丁方提供债权转让的受让义务：

丁方按照《附条件债权转让合同》约定提供债权转让服务，债权转让的范围则依据《e速贷用户手册》公布的标准为准，不同会员等级的债权转让范围不同。

图 2–30

其中丁方为广东巨顺信用担保公司（工商登记信息显示这是一家非融资性担保公司），这个名字小分队可不是第一次看到了，E 速贷的帮助中心—投资理财页面有如图 2–31 这么一段：

投资人的信息及资金安全

1、对于您在本网站注册认证等操作所提供的个人信息，将按照本网站的隐私规则予以保护。相关内容请查阅《隐私条款》；

2、网站在借款人逾期的情况下，通知巨顺担保垫付逾期金额，因此投资人的投资无任何资金风险，可以放心投资。相关内容请查阅《会员权限规则》。

3、为了您的资金安全，请您妥善保管您的登录密码和交易密码，两个密码尽量不要设置为一致。

图 2–31

这段描述很容易被理解为“因为有巨顺担保的垫付，任何投资人的投资均无任何风险”，大部分人可能根本就不会去看《会员权限规则》，直接投资去了。投资后忽然发现合同里写着“不同会员等级的债权转让范围不同”。那么不同会员等级的债权转让范围在哪里呢？

答案不在合同里，而在网站帮助中心的“会员规则”里（见图 2–32）。

会员权限规则

细项/会员类别	普通会员	VIP会员	VIP荣誉会员
每年会员费用	免费	180元	360元
发借款标	No	Yes	Yes
投月还息到期还本标	No	Yes	Yes
提前结标功能	No	No	Yes
巨顺担保收购债权本金（投标时）	50%	100%	100%
巨顺担保收购债权利息（投标时）	0%	100%	100%
借款标收购债权时效（投标时）	逾期15天	逾期第2天	逾期第2天
逾期罚息收入	0	4‰	4‰

图 2-32

规则显示：普通会员碰到坏账后只有一半的本金会被垫付，利息完全不垫付。面对这样的规定，小分队也只能对E速贷当初的那句“无任何资金风险”呵呵一声了。此外，合同中提到“担保方要按照《附条件债权转让合同》提供债权转让服务，债权转让的范围则依据《E速贷用户手册》”，小分队并未见到《附条件债权转让合同》;《E速贷用户手册》是否就是网站的“帮助中心”，因为缺乏明确的说明，小分队也不能确定。

（7）投资便捷性

A. 黑白名单个性化设置

如果某个借款人违约过，或者投资人在评估借款项目时觉得某人的信用不高，决定永远不向此人借款，该怎么办呢？E速贷提供了一个较为贴心的办法，在“借款详情”页面的借款人用户名右侧放置了一个“加为黑/白名单”的链接，点击后可以将此借款人添加到白名单或者黑名单中。添加完毕后，再次回到标的详情页面，会发现借款人的后侧出现“温馨提示：该用户在您的黑名单”。

B. 首次投标过程缺乏系统化引导

首次注册、充值后的用户在E速贷上投资时，首先会遇到“交易密码”的问题，但是提示输入交易密码的对话框又不提供设置交易密码的链接，在提交投资订单（当然这次提交不可能成功）后才会提示设置交易密码。

设置完交易密码，重复投资过程，系统又提醒没有进行手机、邮箱和身份验证。进行上述验证后第三次踏上投资征程，再次遇到障碍，系统提示小分队没有权限投资按月还息到期还本的标的，必须成为 VIP 会员或荣誉会员才可以。幸好小分队记得“个人中心”有提醒免费领取 VIP 会员的通知，领取了一年的 VIP 会员资格后，第四次投资尝试才最终成功。

在用户首次投资时，系统完全知道用户的所有缺失环节，如果设置一个向导引导用户一次性补足所有环节，而不是遇到一个问题就跳出投资流程一次去解决问题，投资体验将顺畅很多。尤其是某些类型的项目有会员资质要求，这应该在点击“立即投资”按钮时就告诉用户，不能让用户完成所有投资操作时才发现自己没有资格投资，心理挫败感会非常强烈。

C. 发标预告不贴首页只贴论坛

E 速贷会对所发标的进行预告，但所选之处并非平台首页而是论坛。如果不是 E 速贷的老用户，可能不会关注论坛，自然就错过了预告。

（8）收益与回款

A. 借款费用展示比较详细

E 速贷采用表格的方式，根据贷款类型、还款方式和借款期限对借款人管理费进行了详尽的披露。以小分队此次投资的“资金周转［3］”项目为例，从表中可以找到的相应管理费用为 5.0%。除此之外，E 速贷还公布了其他的相关费用，如图 2-33 所示。

借款人其他费用

现场考察费用	省内	申请额度*1%
	省外	申请额度*2%
办理抵押、公证		借款人自己承担评估、公证及抵押费用
保证金		1、优质标、净值标、娱乐标及财富标无须冻结保证金； 2、还清整笔借款后解冻保证金，用户可自行支配。
逾期费用	罚息	逾期金额*0.8%/天
	电话催收费用	逾期金额*0.2%/天
	上门催收费用	一线城市1000元/天/人，二线城市800元/天/人，三线城市为500元/天/人

注明：

1、上门催收费用为上门催收时才收取；

2、电话催收费用，在客户逾期三十天以上（即第三十一天）开始加收；

3、欠款人需要将逾期欠款本息、罚息、电话催收费用（如有）直接转账到本网站账户；上门催收费用可由工作人员收取现金。

图 2-33

美中不足的是，平台没有说明扣除这些费用之外，借款承担的借款利率是多少，是否就是给予投资人的名义投资利率。

B. VIP 会员费降低实际收益

用户注册时，可获得一年免费的 VIP 资格，一年之后，VIP 资格就要付费购买了，价格是 180 元 / 年，这个数目虽然不大，但即使用户投资 20.6% 的标的，1000 元一年的收益才 206 元，活生生地降低了 18% 的年化收益率，这对小额投资人来说是极为不划算的。

C. 收益率偏高，令人心生不安

以“资金周转［3］”项目为例（见图 2–34），虽然借款金额只有 100 万，但它其实是 1200 万元借款项目中的一个子项目，还有“资金周转［1］”、“资金周转［2］”等，一直到“资金周转［16］”，但使用的是同一套标的信息和借款人信息，不够细心的投资人很可能会忽略掉这些重要信息。

借款标题	借款人	期限	年利率/奖励	金额	还款方式	进度	
优 资金周转[4]	hzldongl	10个月	21.20%	¥1,000,000.00	月还息到期还本	100.00%	还款中
优 资金周转[3]	hzldongl	10个月	21.20%	¥1,000,000.00	月还息到期还本	100.00%	还款中
优 资金周转[2]	hzldongl	10个月	21.20%	¥1,000,000.00	月还息到期还本	100.00%	还款中
优 资金周转	hzldongl	10个月	21.20%	¥1,000,000.00	月还息到期还本	100.00%	还款中
优 资金周转[16]	hzldongl	10个月	20.16%	¥1,000,000.00	月还息到期还本	100.00%	还款中
优 资金周转[15]	hzldongl	10个月	20.16%	¥1,000,000.00	月还息到期还本	100.00%	还款中
优 资金周转[14]	hzldongl	10个月	20.16%	¥1,000,000.00	月还息到期还本	100.00%	还款中
优 资金周转[13]	hzldongl	10个月	20.16%	¥1,000,000.00	月还息到期还本	100.00%	还款中
优 资金周转[12]	hzldongl	10个月	20.16%	¥1,000,000.00	月还息到期还本	100.00%	还款中
优 资金周转[11]	hzldongl	10个月	20.16%	¥1,000,000.00	月还息到期还本	100.00%	还款中

图 2–34

这笔借款有 2500 万的车辆抵押和 1100 万的股权质押，按照一般的逻辑，这也算是一笔优质债权，但平台给出了 20.16% 的高收益，如果加上管理费和其他办理费用和隐性费用，借款人的综合成本可能接近年化 30%，还款负担非常重。而且“借款人信息”显示该借款人已经累计借款

2200 万，待还总额超过 2400 万（见图 2-35）。

标信息	借款人信息	还款信息	投标记录

资产详情

投资总额	￥0.00	借款总额	￥22,000,000.00	净值总额	￥-24,230,655.95
已还总额	￥1,376,399.64	待还总额	￥24,371,599.36	待收总额	￥0.00

图 2-35

在如此高的收益率之下，不少人还是把疑惑抛之脑后，从 9 月 15 日晚 7 点到 9 月 16 日上午 10 点半，有 168 位投资人进行了投标，有人甚至投资了 10 万元之多。

（9）服务指标

A. 客服耐心开展灌输式解释

小分队此次所投标的详情中，出现了“该笔借款拟委托银行贷款”这样一段话，小分队无法理解其意思，只能选择求助于客服。

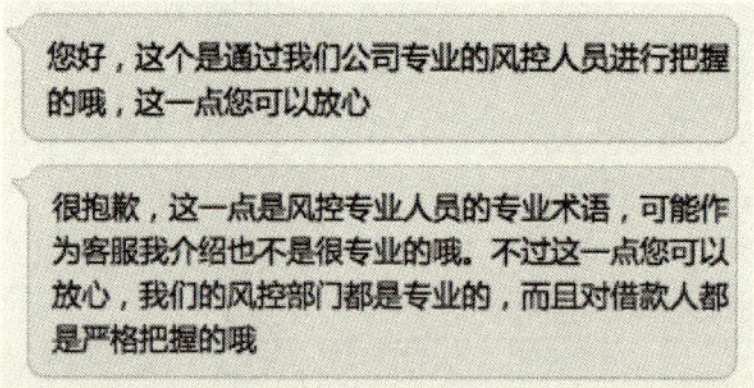

图 2-36

客服反应速度倒也挺快，也比较耐心。但是针对这个疑问客服并没有给出有效的回答。而是在不断地说服我相信他们风控人员的专业能力（见图 2-36）。

针对车辆抵押未进行相关文件披露的疑问时，客服也并未进行正面回答，同样是在向我陈述其风控团队的专业的流程（见图 2-37）。

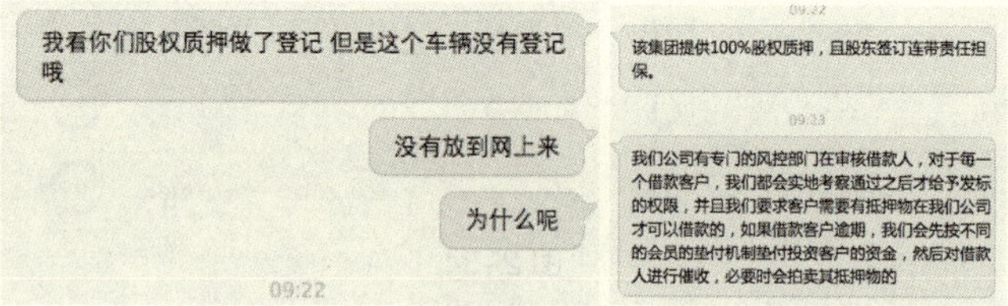

图 2-37

小分队在与客服对话的过程中，多次被客服的耐心和亲切打动，但是没有正面回复疑问，只是不断宣示其风控团队的专业性是个不争的事实，沟通的有效性较低。

B. 线下活动多样但局限于本地

E 速贷是广东省内较为老牌的平台，拥有不少老投资人。平台也会定期邀请投资人参加 E 速贷的线下活动，活动类型丰富多样，包括体育比赛、创业大赛、借款项目考察、平台相关庆典等活动，E 速贷也同时会整合行业内资源开展投资人座谈会等活动。但总体来说，其线下活动还只集中在广东本土甚至惠州本地，同时也并未形成定期类的线下活动。

⊙体验小结

E 速贷的投资体验较差，平台运营和信息披露都低于行业平均水平。在整个投资过程中，操作性和描述性 bug 频现，新手指引和帮助中心的设置不够合理，平台经营数据、保证金数据和平台管理团队披露不够到位，风控和借款人信息披露模糊，平台的收费体系和保证金规则都比较另类，且给用户带来苛刻的印象。

最为严重的问题是，网站在安全保障中“无任何资金风险”的宣传与最终合同出入很大，不同的会员体系，保障方式和垫付时间存在极大差异，普通会员甚至无法得到全额本金保障，这一点极大地遏制了新手投资人继续投资的意愿。

2.5 合力贷“工程施工资金周转四期之四”

⊙体验平台　合力贷

⊙体验项目　工程施工资金周转四期之四

⊙体验时间　2014 年 9 月 16 日

⊙验后真言　分级获取借款人信息已经超越小分队认知极限了 / 积分获取更详尽的借款人信息更是不能忍 / 以更为友好的方式呈现复杂信息是个不错的趋势 / 那些容易误导投资人的按钮和列表将极大地影响用户体验 / 可千万别拿征信系统随便忽悠投资人

⊙平台概况

合力贷成立于 2012 年，由合力贷（北京）科技有限公司运营，是一个典型的 O2O 平台，通与各类担保公司、小贷公司和投资公司合作实现借款和投资的对接。商铺制度是合力贷的一个特色，合力贷把与其合作的担保、小贷和投资公司以商铺的形式呈现，对商铺提供的服务和经营状况进行量化，帮助投资人评估“商铺”的质量。合力指数则是合力贷推出的一款实时统计、公布年化收益率、交易额和不良率的网页模块，投资人可以在其首页查看。

合力贷的标的类型分为信用标、助力标、足值抵押标、助农标、电商标、公益标几大类，其中足值抵押标占多数，合力贷目前的利率范围为 12%～24%，足值抵押标的利率集中在 16% 左右，借款期限较短，普遍为 6 个月以下。

据合力贷 2014 年发展报告，合力贷 2014 年新增成交总额为 34335.7 万元，其中足值抵押标占 62.58%，加权平均投资利率为 14.77%，97% 以上的标的期限集中在 6 个月以下。

⊙大类体验指标评价

（1）网站交互

合力贷借款项目标题右侧标有“抵”、“信”、“助”等字样，把鼠标放上去不会出现相关解释，进入项目详情页面，同样没有解释。小分队经过一番搜索，最终在页面底端的“使用说明 -> 借款技巧 -> 合力贷借款的操作流程”中才找到对借款类型的说明，不过到底哪个字样对应着哪类借款，还需要投资人自行脑补。

（2）新手指引 & 信息披露

A. 平台交易信息指数化披露

进入合力贷的首页，最吸引零壹小分队目光的就是位于首页幻灯片下方的合力指数（见图 2–38）。指数做到了月度数据的公布，包括年化收益率、交易额和不良率，可以通过折线图清楚地查看具体数据及趋势

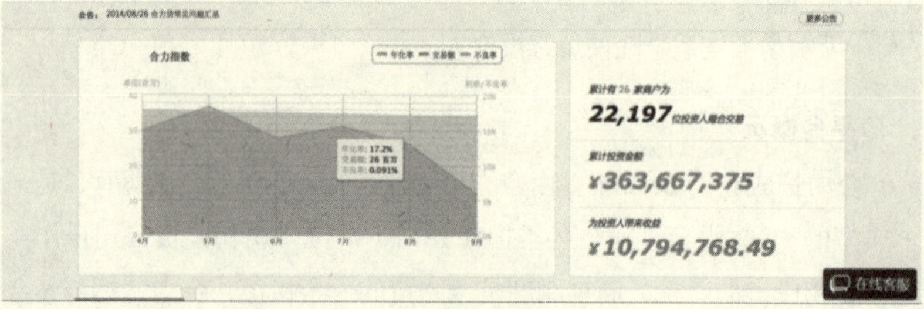

图 2–38

变化。但对于挑剔的小分队来说，不良率这词太扎眼了，是坏账率么，还是逾期率，计算依据是什么？要知道这可是 P2P 借贷行业最“神秘”的两个词啊，平台未给出任何官方解释。

B. 真能上征信系统吗

合力贷提供的合同中写道，借款人的预期记录将会记入包括人民银行公民征信系统在内的各类征信系统。但小分队目前并未听说 P2P 平台有接入央行征信系统的案例，这么重要的信息当然要一查究竟。可是在网络上搜索不到任何合力贷与央行征信系统扯上关系的信息。左思右想之下，小分队猜测唯一的可能是与合力贷合作“店铺”能够接入央行征信系统。

但是如果这个猜测属实的话，合力贷应该明确披露那些已经接入央行征信系统的店铺，因为无论是小贷公司还是担保公司，能接入的都是“符合条件的”，换句话说都是资质比较好的，对于吸引投资人是非常有利的；如果猜测不属实就另当别论了。

（3）信息与资金安全

新手指引中的代偿（垫付）部分规定：“逾期 30 天之后，所属商户进行代偿，担保本息的代偿当期本金和利息，担保本金的是代偿当期本金，无担保的是由投资人自行承担投资风险；逾期 90 天之后，所属商户进行清偿，担保本息、担保本金清偿本金。”

这一点，在零壹小分队投资完毕后收到的四方签订的借款协议（借款人、投资人、平台和商铺）中也有所描述。这些规则都说明：合力贷采取的是第三方的垫付规则，平台不需要设置相应的准备金。

不过，细心的零壹小分队在帮助中心的“借款人费用”栏（见图 2-39）中发现，合力贷的合作机构在店铺制下独立向借款人收取风险准备金，但是该风险准备金在合同中的垫付规则中并未被提及，而在平台上也未发现各个“店铺”公布风险准备金的情况，这使得风险准备金很容易成为各个店铺的“黑箱”，投资人根本无从了解和监督。

■借款人费用

■ **借款管理费**：根据借款金额，各合作机构按照一定比例按月收取，一般收费标准为0.2%-0.5%。

■ **风险准备金**：合力贷合作机构按照借款人的风险等级预先设置，一次性收取，费率范围为2%-5%。参考费率为：

风险等级	AA	A	B	C	D	E	HR
准备金标准	2%	2.5%	3%	3.5%	4%	5%	——

注意：可能产生的抵押、质押、公证、担保、其他评估等费用，由借款人直接向相关机构交纳。

提请借款人注意：除上述费用外，任何机构和个人不得收取任何借款相关费用，欢迎举报！

图 2-39

（4）操作便捷度

在投资人进行身份认证并登录前，无法查看借款人的具体信息和详细担保措施。为了获取这些信息，小分队进行了平台规定的“交易资格认证”。这项认证需要填写的真实姓名、身份证号、手机号码、手机验证码、注册目的和所在地址，均为必填项。尤其是合力贷的手机验证码为大小写字母与数字的组合，较为复杂，操作不便。多项输入内容和复杂的验证码很容易超过 1 分钟的短信获取时间，导致认证失败，必须重新来过。

（5）产品丰富度

小分队误打误撞进入债权转让页面，竟然发现了自己刚投资的一笔借款，难道这么快就可以转让债权了？流动性之高让小分队心跳加速。Let’s go，那就转转看，点击“转让”按钮，流程似乎并没有继续，而是自动跳转到个人中心的首页。

这是怎么回事，难道不可以转让吗？带着这个问题小分队查看了合同和帮助中心，最终在新手指引中发现合力贷规定债权持有 60 天才可进行转让。可是既然不允许转让，这笔新借款为什么又会出现在可转让列表中呢，小分队表示自己单纯的大脑已经屡次跟不上合力贷的节奏了……

（6）产品信息披露

A. 以积分换取更多借款披露信息

认证之后，小分队在拟投项目的详情页面最多看到了只有一张不甚清楚的身份证扫描件和极其简略的担保措施，似乎对于决策没什么大帮助。

更令小分队诧异的是，查看更多资料竟然需要积分来换取，积分的获取方式包括在合力贷的积分商场购物获取以及进行投资、借款、邀请好友等。小分队利用注册奖励的积分查看“更多信息”时，发现是一张名为“居住地”的扫描页，实际为户口本扫描页，但是图片很小，无法放大，几乎啥也看不清楚。

直到小分队投资完毕后，才看到了“相关资料”的全貌。但居住地和房产证明图片依然处于无法放大的状态，基本看不到具体内容，而借款协议也只披露了最后一页，房产证明也看不到相关的抵押信息。

这种分级获取借款人信息的方式真是超越了小分队的认知极限，为什么要给信息对称人为地设置障碍呢？即使辛辛苦苦获得了查看这些信息的权限，资料内容又是这么不清楚，难道是为了充分发挥互联网金融的娱乐精神吗？

B. 多维度图形呈现借款人信息

不过，合力贷的借款信息披露还是有很大亮点的。在投资体验过程中，一幅借款人信用多维度描述图吸引了小分队的目光。相比于一些平台只给出信用等级，合力贷用该图展示了借款人多维度的分数，并直观地呈现出来，帮助投资人快速了解借款人（见图 2-40）。

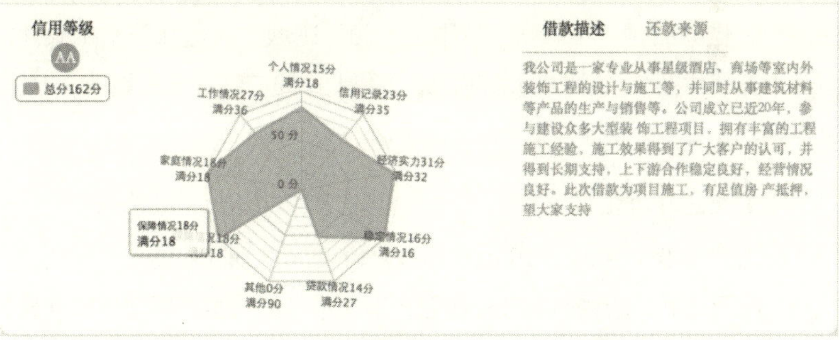

图 2-40

C. 业务员代替投资人成债权人

小分队投资后得到的协议约定：为了保障投资人的资金安全，借款人需要提供抵押、质押等担保，根据法律规定需要办理相关登记，而投资人自愿将本协议下的债权转移给丙方（合力贷）指定的债权受让人刘某

（有八卦潜质的小分队在网上扒出，刘某为合力贷的业务员），由刘某与借款人落实相关担保手续。借款人按照协议及线下已经签署的《债权转让确认书》相关约定向刘某履行还本付息义务，刘某按照本协议向投资人还款，由平台代收并直接向投资人支付。

因此，根据借款协议和《债权转让确认书》，投资人并非真正的债权人，合力贷的员工刘某才是！这对小分队来说打击有点大，明明已经投资了，竟然还不是债权人，能按时收到还款倒也罢，万一平台出现问题，小分队不是债权人，如何追偿呢？

（7）投资便捷性

A. 店铺评分制提供投资决策新标准

合力贷采用的店铺制度，对担保公司和小贷公司进行评分，评分指标包括综合魅力评分、服务评分、效率评分、平均年化率、逾期率、不良率等，投资人甚至可以在首页的项目分类中，直接将鼠标放在店铺名称上，就可以查看相关评分。评分制度一定程度上可反映合作小贷公司和担保公司的“历史声誉”，可以帮助投资人简化决策过程。

B. 产品筛选条件丰富

进入合力贷的首页，红色的主色调相当明朗，设计简洁。合力贷所提供的理财产品筛选条件丰富多样。一般平台仅仅会提供项目状态、担保类型、借款品种、年利率、期限、金额、还款方式这几类基本条件，但合力贷提供了更为多样的条件，诸如数十种的借款用途、地域、担保类型等，投资人可以进行更个性化的筛选。

（8）收益与回款

合力贷本身并未设有还款准备金，投资人遭遇逾期后，平台规定“逾期30天之后，所属商户进行代偿，担保本息的代偿当期本金和利息，担保本金的是代偿当期本金，无担保的由投资人自行承担投资风险”，30天后，这个速度的确不算太快，但好在小分队目前的回款都较为准确正常。

(9) 服务质量

A. 缺乏论坛等互动渠道

合力贷已经成立了四年之久，至今都未提供自有的论坛，也几乎从不举办线下的活动。仅有的一些平台活动也仅限于抽奖。总体来说，整个平台缺乏与投资人之间的活动。

B. 客服按钮悬浮设计可随时点击

合力贷的“在线客服”按钮采用了悬浮设计，无论页面如何滑动，按钮始终位于电脑屏幕的最下侧，投资人几乎不需要花费额外的时间进行查找，可以随时点击该按钮进入对话页面，非常方便。除此之外，合力贷的客服也依次被命名为小合、小力、小贷，令人倍感亲切。

⊙体验小结

小分队在合力贷上的体验一般，其在网站交互、新手引导、平台信息披露和操作便捷度上表现较好，整个页面设计较为简洁，偶尔会有一些小设计让小分队惊喜（如黑白名单的设计），凸显了平台网站建设和运营上具有一定水平。但在信息与资金安全上，优势就明显下降，尤其是在风险备用金上黑箱处理，不够透明。

另外，在产品信息披露上，合力贷以积分换取更多借款披露信息的规则，在行业内实属异类，也完全违背了互联网金融平等、开放、透明的理念。但值得欣慰的是，合同垫付规则较为清晰，但当小分队得知自己不是真正的债权人时，唯一的好感再次被抹杀。整体来看，平台不够透明，漠视投资人权益。

2.6 体验指标对比分析

在网站交互上，得益于此次体验的平台都运营时间较长，在交互设计上的表现不算太差，四家平台的得分相差无几。有的平台还尝试了一些新颖的交互设计，如安心贷的投资游戏化和E速贷的操作指引卡通化。但是包括易贷网、安心贷和E速贷在内的平台都存在借款列表设计方面的问题，如借款名称混乱、标的属性模糊、标的解释难找等。从整体上看，网站交互缺乏系统性的规划设计，只有零星的亮点（见表2-1）。

表 2-1

平台－产品	易贷网－曹女士大众途冠汽车抵押贷款16万元	安心贷–1600万房地产抵押，到期按月还款	E速贷－资金周转[3]	合力贷－工程施工资金周转四期之四
网站交互（9）	8	8	7	9
新手引导&信息披露（29）	12	22	16	22
信息与资金安全（50）	18	8	8	8
操作便捷度（16）	10	13	13	12
产品丰富度（9）	6	7	4	6
产品信息披露（45）	16	17	4	19
投资便捷性（19）	14	12	11	11
收益与回款（28）	26	26	25	24
服务指标（20）	15	11	11	11
合计（225）	125	124	99	122

在新手引导&信息披露上，安心贷和合力贷的得分明显高于易贷网和E速贷，主要原因在于，后两者在收益出现了明显的误导性对比，造成了扣分项。排除扣分项，4家平台在该项上的得分均不算高，其中某些平台存在一些共同问题，如平台标的类型说明不清晰，缺乏对高管信息的披露，项目信息披露不够持久。

在信息与资金安全上，易贷网得分高出其他平台8分之多，源于其对重要信息采用加密技术，且实时披露平台风险备付金，但未经审计或银行托管。其他3家除了在加密技术不作为外，还存在其他问题，如合力贷和E速贷对风险备付金完全保密，如安心贷认证不够严密，用户在身份认证前就可以完成投资。

在操作便捷度上，4家平台得分差距较小，但低于行业平均水平。主要原因在于，除了安心贷，其他3家平台未开设移动端（截至2014年9月份）；除了易贷网，其他3家平台用户登录前借款人信息披露不够完整，合力贷甚至有条件地对债权信息进行披露。

在产品丰富度上，4家平台得分差距较小，但同样低于行业平均水平，主要原因在于4家平台都未设理财计划类产品，且表现最差的E速贷甚至不支持债权转让。

在产品信息披露上，4家平台表现均不尽如人意，E速贷得分极低，仅有4分，主要原因在于其借款相关信息披露不充分、平台自身风控信息披露不充足、投资前不披露合同、相关的垫付保障措施不清晰。其他三个平台也存在着借款信息披露不充分、合同垫付规则不清晰的现象。除此之外，体验过程中还发现了一些不太合理的披露规则，如合力贷采用了平台积分换取更多借款信息的规则，与人们对P2P平台透明性的要求不符合。

在投资便捷性上，各个平台的得分有一定的差别，主要源于预告发标和定时发标规则。各平台也都有一些贴心的小功能，例如安心贷的快捷投标按钮和E速贷的黑白名单设置。除此之外，安心贷和E速贷还存在一个共同的特点：会员和非会员在投资便捷性上享受着差异化服务。

在收益与回款上，各个平台差距较小，主要差异体现在垫付时间上。易贷网和安心贷垫付及时，合力贷选在逾期30日时垫付，而E贷网选择逾期15日时垫付。

在服务指标上，各平台在服务速度上不相上下，但普遍存在服务质量较低的情况，表现为客服回复不专业或者进行灌输式宣传。得分稍高的易贷网，在社交网络分享和网站论坛的建设上表现出了极大的优势。

2.7 抵押类产品体验小结

以抵押类贷款为主的平台，大多兴起于民间，成立时间较早，多拥有强大的线下借款开发和抵押资产处置团队。但是小分队通过体验发现，所涉及的平台普遍存在以下几个问题：

首先，平台建设具有一定的经验，在交互设计和投资便捷性上常会出现一些亮点，但总体缺乏系统性的规划与设计。当然也存在部分平台疏于网站建设，投资列表名称设计混乱、产品类型说明难找、投资流程指引不流畅，甚至还存在不少的无效按钮或叙述性bug，显得极为不专业。

其次，不少在产品信息披露上，或多或少都存在披露不够完善或避重就轻的情况，常见的问题是强调借款人的资产状况，忽略还款来源，且资产状况缺乏有力证明，说服力较差，尤其是对抵押权人角色的设计与披露，普遍避实就虚，存在较大的法律隐患。另外，平台在一些核心问题的处理上过于冒险或业余，有些甚至完全违背了互联网平台和透明的初衷，如允许投资人使用信用卡充值，设置专业放贷人角色，将风险准备金用于债权回购，以积分换取更多借款披露信息等等。

再次，此类平台常常出现网站宣传与真实状况不一致问题：如平台宣称接入央行征信系统，经小分队查明并不属实；再如平台声称“无任何资金风险”，但最后却发现普通会员根本不享有本息保障；又如平台宣称借款人在平台上直接发布借款，收到合同后才发现是专业放贷人转让的债权。这些问题都极为不严谨，大有忽悠之嫌。

最后，以上平台存在另外一个普遍特征：设置会员制度，一些平台在风险保障上设置了会员等级，如特权会员享有本息保障，而普通会员享有全部或部分本金保障，这使得平台宣传的一致性很难保证，容易引起纠纷。会员制度在收费标准、投资便捷性甚至是信息披露程度上存在的差异，导致了复杂的投资决策过程与合同条款，无疑会严重影响普通投资人的利益，还可能会引起他们的抵触心理。

Internet Finance Transformers

第三章 担保类产品

3.1 产品简介

国内早期的 P2P 借贷产品是个人信用类贷款，风险较大，几乎完全依赖于投资人的“运气”。为了满足投资人的安全需求，2011 至 2012 年，不少平台开始推出担保贷款。担保贷款是由借款人或第三方依法提供担保而获得的贷款，可分为：保证贷款、抵押贷款和质押贷款。本书中将前二者归类到抵押类 P2P 产品，本章只对后者进行体验（以下称为“担保类 P2P 产品”）。

在担保类 P2P 产品设计中，提供担保的第三方机构通常是与平台合作的小贷公司、担保公司及其他合法担保主体，其中融资性担保公司担保效力最高。

担保类 P2P 产品的期限不一，有的较短（几个月），有的较长（可达数年），收益率集中于 12%～20%。由于担保方将在借款人违约时承担偿付责任，担保类 P2P 产品给投资人较强的“安全感”，直接导致 P2P 借贷行业的大爆发。目前，担保类产品促成了 P2P 借贷行业中超过 70% 的交易额，在企业和个人征信数据完善前，担保贷款将长期是互联网理财端最重要的资产类型，但这类产品也带来了巨大的担保风险。

对于担保类产品，零壹 P2P 体验小分队选取了 PPmoney、快速贷、金海贷和微金所 4 家平台进行体验和评价。

3.2 PPmoney“资金证明借款项目（13 期）ZJ1501161255”

⊙**体验平台**　PPmoney

⊙**体验项目**　资金证明借款项目（13 期）ZJ1501161255

⊙**体验时间**　2015 年 1 月 16 日

⊙**验后真言**　小控件何必设计得这么复杂 / 没有比视频更直观的新手指引方式了 / 收费封顶才算真厚道 / 每天都有定时短期高利新手项目，还担心他们不会投第一次？ / 提现手续费和债权转让费这么高 / 活动五花八门无所谓，礼物实实在在才靠谱

⊙平台概况

PPmoney 理财平台由广州万惠投资管理有限公司负责运营，于 2012 年 12 月 12 日正式上线运营，属于典型的 O2O 模式，平台项目来自有融资需求的中小微企业、小贷公司、典当行等。

截至 2014 年 12 月 31 日，PPmoney 总成交额超过 51 亿元。产品的年化收益率在 7%～18% 之间，多集中在 8%～15%，借款期限为 6～12 个月，平台上的绝大部分产品是与第三方机构合作推出的，分别以债权形式或者收益权形式呈现。

⊙投资流程体验

PPmoney 名称很特别，是行业内少有的使用全英文命名的平台，小分队第一次听到就印象深刻。进入网站，红蓝配色大气简洁，界面设计简约（见图 3-1）。

图 3-1

平台导航栏和其他平台不太一样，“企业理财”和“众筹频道”在其他平台上还没见过。“企业理财”是啥？难道 PPmoney 已经将触角伸向企业级投资了？带着好奇心，小分队将鼠标滑动到“企业理财”，跳出二级菜单“企余宝”，旁边配有注释“企业版余额宝”，原来它是个面向“企业用户”的货币基金产品。

继续浏览页面，小分队被首页右侧的快捷键吸引住了，这个抢眼

“我要抢标”是什么？点击后页面立即定位到首页“新手标”的提醒信息条，年化利率 20%，期限 15 天，还固定在 9:00、15:00、21:00 发布，收益高！期限短！时间确定！大家不抢才怪嘛，据小分队观察“新手标”满标速度很快，基本三个小时就满了（见图 3–2）。

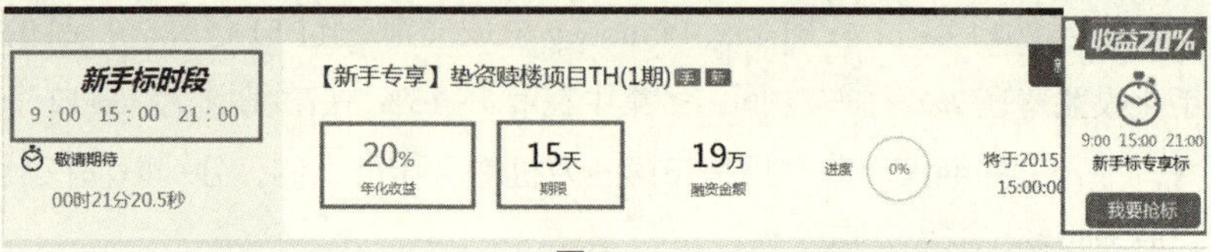

图 3–2

再往下看，惊喜一波接一波，“每日一抢，5 万元理财基金来袭”，虽然小分队还没弄明白是什么，但是见红包就抢已经成为习惯，果断点击“抢”！“已经抢完了，明日请早”，哎，没占到便宜（见图 3–3）。此时小分队好想弄清楚这个“理财基金大放送”到底是什么？但东找西找一通找，也没寻得任何相关的说明。不过鉴于活动提示说每天上午 9：30 都会有，而且注册用户每人每天都能领一次，小分队还是非常有出息地乖乖去注册了账号。

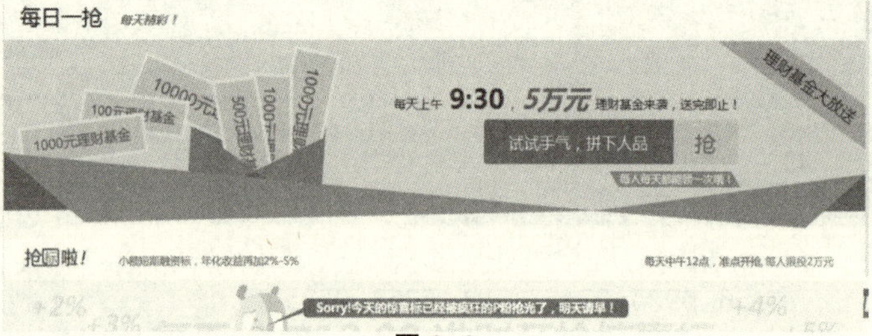

图 3–3

PPmoney 的注册流程非常简洁，只要填写手机号和密码，点击“同意协议并注册”，随后进行手机验证码获取和填写，即可完成注册环节。注册成功后，点击“个人理财”直接进入产品页面（见图 3–4）。

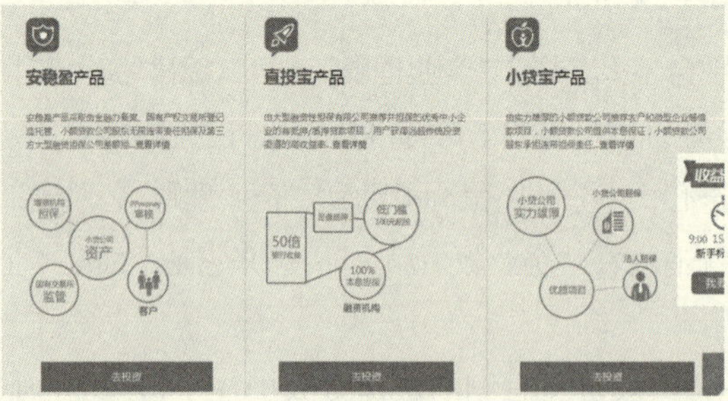

图 3–4

这个页面竟然是个“导航页”，给了3类产品的介绍。小分队仔细查看了各类产品的介绍后得知，“安稳盈”实际上是一个小贷债权包的收益权转让项目，“直投宝”是中小企业的有抵押/质押的担保贷款项目，“小贷宝”是小贷公司推荐并提供担保的小额贷款项目。在平台上，当日发标当日即满已是常态，多亏小分队眼疾手快，在“直投宝”中“抢”到了一个可投资的项目（见图3-5）。

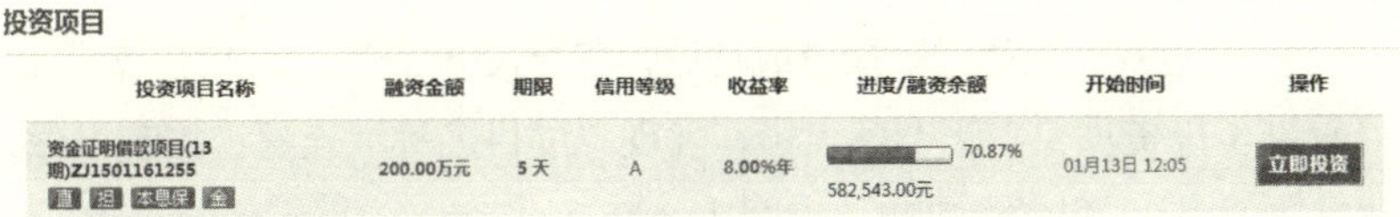
投资项目

投资项目名称	融资金额	期限	信用等级	收益率	进度/融资余额	开始时间	操作
资金证明借款项目(13期)ZJ1501161255 直 担 本息保 金	200.00万元	5天	A	8.00%年	70.87% 582,543.00元	01月13日 12:05	立即投资

图3-5

点击“立即投资”进入项目详情页面（见图3-6）。

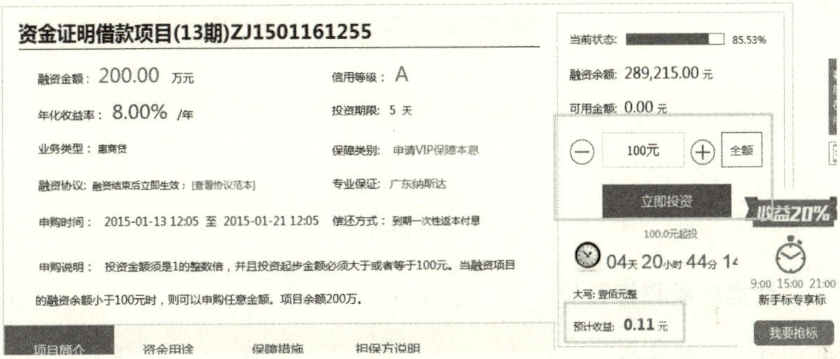

图3-6

借款金额200万，年化收益率8%，收益率不太高，继续看看项目风险情况。借款项目的右上角可以看到借款人的信用等级为“A”。借款期限5天，这么短的期限，应该是过桥资金。眼看就要满标了，小分队无法想那么多，先投了再说。

点击“立即投资”，系统提示先进行充值，小分队找到充值按钮，通过招商银行网银完成100元的充值。充值成功后，回到项目投资页面，再次点击“立即投资”，输入“100”元，样本合同也没给啊，继续确定，系统提示需再次确认投资（见图3-7），可还是没见合同，这二次确认是为啥呢？

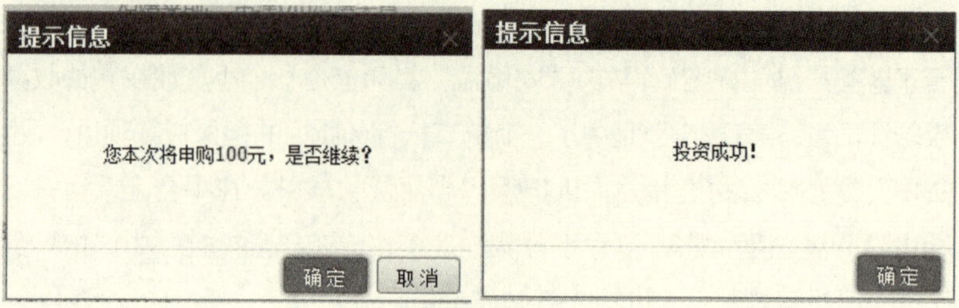

图 3–7

小分队点击“确定”，投资成功后，在个人中心“进行中的投资”栏目看到了投资项目。正准备点击，发现“项目名称”连超链接都没做，这完全不符小分队的预期嘛（见图 3–8）。

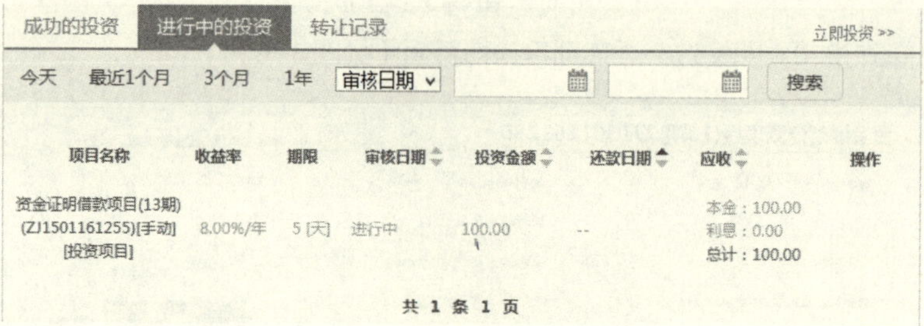

图 3–8

⊙大类体验指标评价

（1）网站交互

A. 不同页面导航栏内容不一致

投资过程中，小分队发现平台竟然出现了两种不同的导航栏。经过一番“调查”，是由于网站改版导致一些页面未进行同步更新，仍然沿用旧版。这算是网站运营中的一个重要差错，小分队对平台印象分分钟下滑。

首页导航栏内容如图 3–9 所示（新版本的菜单）。

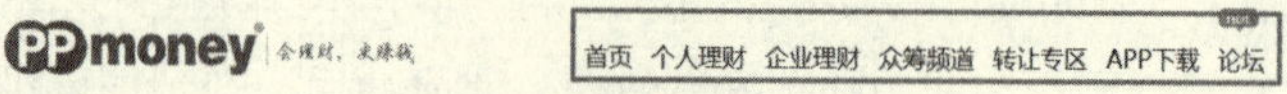

图 3–9

进入企业理财后的导航栏内容如图 3–10 所示（旧版本的菜单）。

图 3–10

B. 首页右侧悬浮快捷键显凌乱

首页右侧有多个控件，且大小和颜色不一，导致首页比较凌乱。上方的客服在线和手机二维码按钮较小，并做了隐藏设计，鼠标滑过才会展示；下方的“新手标专享标”按钮和回顶部按钮则较大，隐藏设计却没有了，明显干扰了阅读体验。另外，控件的显示还出现了明显的 bug，如图 3-11 中的“新手标专享标”已经被页面上的其他部分挡住。

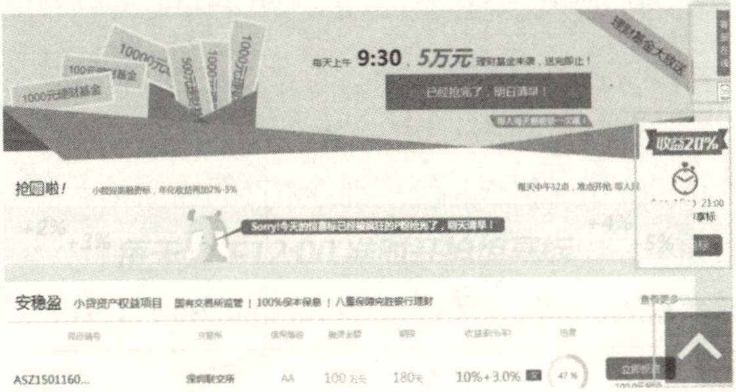

图 3-11

（2）新手引导

& 信息披露

A. 新手引导采用视频方式

打开 PPmoney 网站，页面中间偏右的位置，即可看到关于“新手指南”的视频。视频时长 2 分 43 秒，时间较短，方便用户尽快了解注册、认证、绑定银行卡以及充值流程，体验完爆[①]文字（见图 3-12）。

图 3-12

B. 新手标利率诱人

小分队第一次登录 PPmoney，就已被首页右侧的“新手标专享标”按钮所吸引。这些新手标期限短，利率相当诱人，小分队分分钟被平台

① 完爆即完胜的意思。

的大方气度感动了（见图 3–13）。

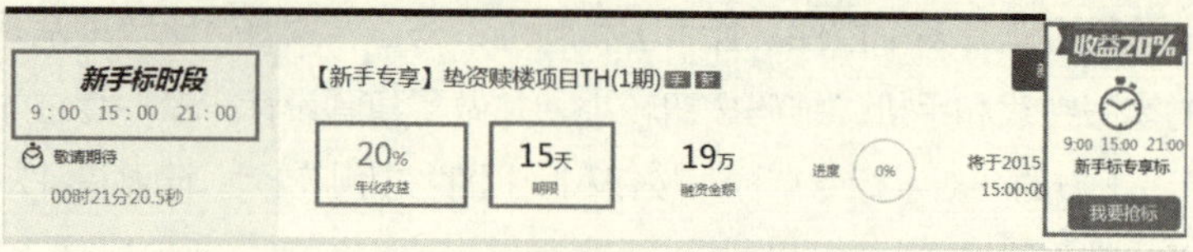

图 3–13

C. 资费规则太难寻

充值前，小分队试图了解平台的收费规则。通常，大部分平台会在充值页面下方提示相关规则，不过 PPmoney 充值页面的下方一片空白。看来小分队只能“自力更生”自行寻找。翻腾许久也没找到，询问客服后才知道收费规则被藏在“帮助中心 > 投资理财 > 投资准备”中。相较于“费用规则”、“收费规则”这样的标题，投资人对于“投资准备”这个标题实在不感冒，无法联想到标题下会放置收费规则。

D. 年报“报喜不报忧”

PPmoney 发布的半年报数据部分，主要针对投资端进行了分析，包括“注册人数”、“投资人数”、“成交量”和“每月累计收益”等。美中不足，报告中没有关于逾期及坏账的情况说明。虽然“报喜不报忧”已是不少平台的套路，但通过观察不难发现运营良好的平台已逐渐开始披露逾期情况，PPmoney 只字未提显得有失坦荡。

E. 公司信息披露还算充分

PPmoney 在“关于我们”中披露了公司相关证件，包括营业执照、机构代码证、税务登记证、ICP 备案主题信息 /ICP 备案网络信息等。

（3）信息与资金安全

A. 登录需手机验证

PPmoney 注册极为方便，只需输入手机号和密码即可。当然在保证极简的同时，PPmoney 也没有忽略账户安全性，无论在 PC 端、移动 APP 端还是微信端进行注册时，都必须进行手机验证，平台提供短信验证码和语音播报验证码两种验证方式。此外，PPmoney 还采用了加密传输技术并在网站首页展示了平台的权威安全认证。

B. 资金充值提现仅限一张卡

PPmoney 手机移动端只允许绑定一张卡进行充值、提现操作，网页端可以使用多张卡进行充值，但也只能设置一张卡绑定申请提现。

（4）操作便捷度

PPmoney 在移动理财方面做得非常贴心，除了常见的 ios 版、android 版手机 APP，还在微信端开发了相关功能，支持用户通过微信端完成投资。平台发布的投资习惯统计数据表明，约有 63% 的用户使用电脑 PC 端理财，31% 的用户使用移动 APP，6% 的用户使用移动微信端。

（5）产品丰富度

PPmoney 产品期限丰富，1 个月内、1 至 3 个月、7 至 8 个月分别约占总项目的 50%、25%、20%，此外还有少量 12 个月以上的项目；产品类型方面，平台提供活期和定期两种理财类型。活期理财包含日利宝和企余宝。定期理财包含加多宝、安稳盈、小贷宝、典当宝、直投宝等产品。此外，平台还提供了债权转让功能。

（6）产品信息披露

A. 担保公司介绍详尽

PPmoney 项目详情页显示借款由广东纳斯达担保，“广东纳斯达”做了超链接，用户可以直接点击进入，查看担保公司的营业执照、注册资本、融资性担保机构许可证等信息，《企业法人营业执照》中显示其注册资本为 2 亿。

B. 借款项目还款成功后自动删除

借款项目还款完毕后将不再显示在项目列表中（见图 3–14），投资人也无法在“个人中心”–“我的投资”中再查看到到期项目的投资记录。平台把投资人到期项目的投资记录隐藏掉，虽然不算什么大问题，但小分队还是觉得不舒服，就好像自己的一部分历史被抹去了一样。

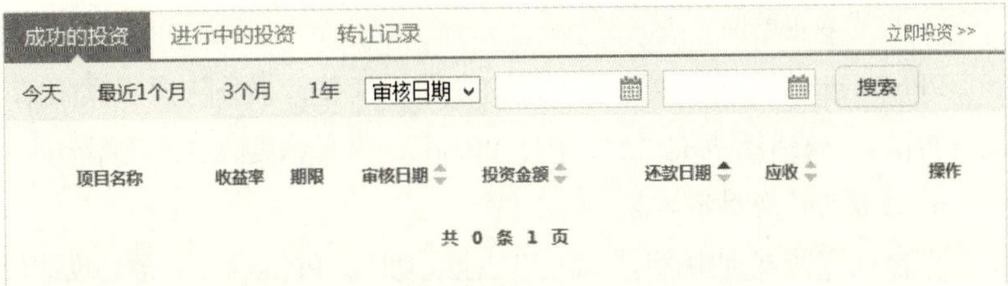

图 3–14

C. 担保人只承诺三日内代偿 VIP 投资人

直投宝项目的借款合同第二十九条规定："借款人逾期超过三天，担保人在担保范围内向 VIP 会员出借人代偿相关款项"。对于非 VIP 投资人，则要等担保方将款项催收回来或者合法处理抵押物折现后按比例兑付，不享受担保代偿服务。

顺便补充一下平台 VIP 会员的收费与权益：VIP 会员年费 180 元，唯一的权益是可享有项目逾期担保方三天内垫付的保障，非 VIP 会员不享有。

（7）投资便捷性

A. 债权持有满一个月即可转让

PPmoney 的债权转让规则规定投资人持有天数超过 30 天后可转让，每笔成功发布的转让项目，转让有效期为 72 小时，在有效的转让期内如果没能成功转让，可以再次提交转让申请。另外，距离债权到期日 3 日内（含 3 日），不可以发起债权转让申请。

小分队此次所投借款期限仅有 5 天，无法对转让流程进行体验，但感觉转让时间限制较为合理。

B. 投资过程缺乏充值引导

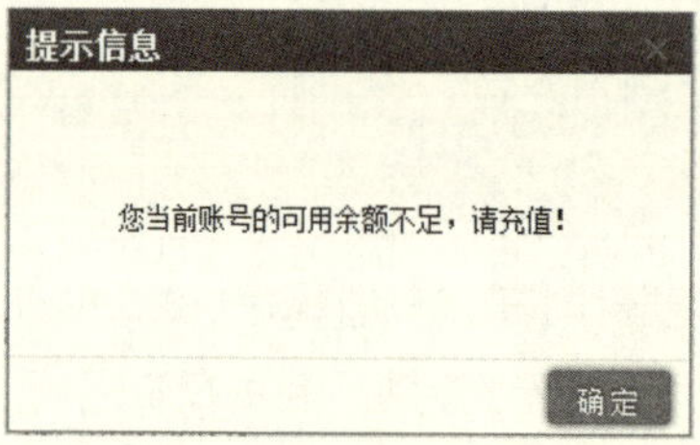

图 3-15

进行投资时，系统提示："您当前账号的可用余额不足，请充值！"点击确定按钮（见图 3-15）后，以为页面会直接跳转到充值页面，事实证明并非如此，最终只能默默地自己去找充值入口。整个投资操作引导不连贯。

（8）收益与回款

A. 投资费用略高

PPmoney 对投资人收取了 3 元的提现手续费，小分队揉了揉眼睛，没有看错。一般平台都是 2 元以内，PPmoney 为什么要收这么高呢？

B. 债权转让费用不厚道

平台在资费规则中表明，债权转让成功时，PPmoney 平台会收取债权出让方债权转让价格 × 0.5% 的手续费和出让方已收益金额 ×10% 作为服务费，不收取债权受让方任何费用。对于债权转让方，收费标准并不低。如某投资人投资安稳赢 5 万元，经过债权转让，平台收的转让费就高达 250 元。

实际上，其他平台的债权转让收费也有很多是 0.5%，但是与 PPmoney 不同的是，一般平台都会限定收费封顶金额，如 100 元封顶等，相比起来 PPmoney 的收费不够厚道。

C. 充值未投资竟还需缴费

小分队在 PPmoney 的平台上还发现了关于充值的“霸王条款”，如图 3–16 所示。

在充值 10 天内就申请提现的这部分资金，将收取 0.5% 作为资金托管费。看到这个条件，想起小分队刚刚投资的项目期限为 5 天。5 天后若没出现逾期，本金收益都会打到小分队账户中。但是小分队却要等到满足充值 10 天后才能提现，否则交这笔莫名其妙的资金托管费，实在不划算。

关于充值不投资提现规则更改的公告

时间：2015-01-18　文章来源：　[收藏本文] [返回首页]

尊敬的PPmoney用户:

大家好!为了提高用户充值到平台的资金流动性，平台对新用户关心的充值不投资提现的收费规则做出了调整，为了让大家更全面清晰了解此部分规则，现做详细的说明如下：

一、原定的“充值不投资，15天之内提现收取千分之五的资金服务费“现改为“充值10天内提现的资金，将收取千分之五的资金托管费”，2015年1月15日开始生效，具体以新的提现扣费规则实际上线时间为准。

举例1：假设“用户A”第一笔充值发生的时间是2015年2月1日，充值金额为10000元，在2015年2月1日至2015年2月10日期间，没有进行任何投资行为，而在此段期间选择提现，将产生千分之五的资金托管费费用。工式为：提现金额*0.005，具体实例如下：

日期	用户行为	金额	资金托管费
2015/2/1	充值	10000	
2015/2/2	提现	2000	2000*0.005=10

二、充值之日起10天内（含转入日利宝、企余宝）10天提现也将产生千分之五的资金托管费，2015年1月15日开始生效，具体以新的提现扣费规则实际上线时间为准。

举例2：假设“用户B”第一笔充值发生的时间是2015年2月1日，充值金额为10000元，在2015年2月1日至2015年2月10日期间，有过投资行为，但是投资的天数≤10天，而在此段期间选择提现，将产生千分之五的资金托管费费用。公式为：提现金额*0.005，具体实例如下：

日期	用户行为	金额	资金托管费
2015/2/1	充值	10000	
2015/2/2	投资	10000	
2015/2/3	回款（2015/2/2的投资回款）	10010	
2015/2/10	提现（2015/2/2的投资回款）	10010	10000*0.005

备注：例子中的投资行为可以为安稳盈、小贷宝、日利宝、企余宝等任何一个我们平台的理财产品。

图 3–16

（9）服务指标

A. 在线客服时常无回应

PPmoney 提供两种咨询方式：①网站首页上方的电话服务热线；②网站最右侧的“客服在线”，可以直接和在线客服进行咨询。小分队在体验时发现，电话客服响应较快捷，但在线咨询客服无论其头像是否点亮，都经常出现 10 分钟后才响应或根本就无人响应的情况。

B. 线上活动够实在

PPmoney 的论坛十分活跃（见图 3–17），平台发起的活动比较频繁，平台活动回馈的礼品含“金”量较足，如参加活动后送 50 元投资券、送话费、免费 VIP 会员等，都是小分队分分钟用得到的干货啊！

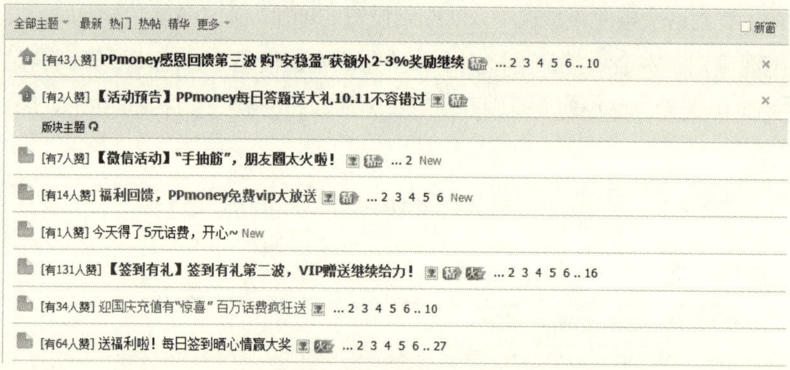

图 3–17

3.3 快速贷“贸易公司担保借款”

⊙**体验平台** 快速贷

⊙**体验项目** 贸易公司担保借款

⊙**体验时间** 2014 年 12 月 15 日

⊙**验后真言** QQ 群是把投资人组织起来的好方法 / 还款保障与还款来源不要混淆视听 / 平台与担保公司是关联企业，这事儿信息量貌似有点大 / 想要风险备用金垫付本息，必须办理年费 100 元的 VIP 会员，这样真的好吗 / 充值和提现均免费这是积德行善 / 团队信息披露无含金量 / 经常答非所问的在线客服让投资人去哪里哭诉啊

⊙平台概况

快速贷于 2012 年 7 月上线，隶属于惠州市恒基创业投资有限公司，平台上的借款项目以中小企业短期资金周转贷款为主，并由平台合作伙伴惠州市双基担保公司提供担保。项目借款期限一般在 12 个月内，年化收益率在 20% 左右。截止到 2014 年 12 月，平台累计成交额约 21 亿元，累计注册人数近 3 万人。

⊙大类体验指标评价

（1）网站交互

快速贷的借款列表简单直观，核心信息突出（见图 3–18）。小分队见过很多试图把所有的信息都搬到借款列表中展示的平台，也遇到很多随意设计借款列表的平台。不得不说，快速贷在列表设计上较为巧妙，标题简洁，当用户将鼠标滑到某列表上时，下方会实时展示还款方式等信息。鼠标滑走时这部分信息又隐藏收起，这一设计带动整个浏览体验非常流畅。

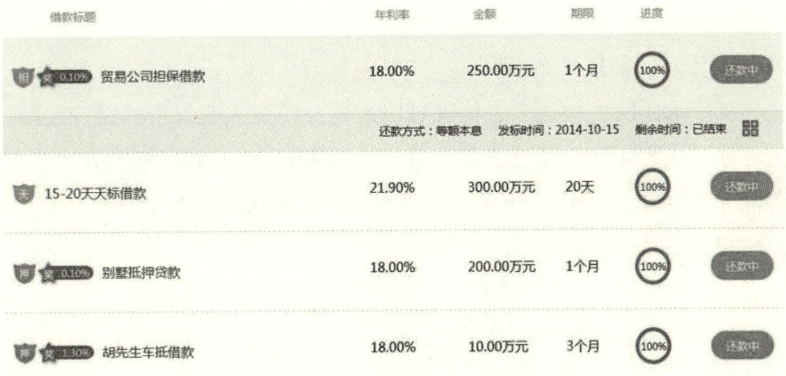

图 3–18

（2）新手引导 & 信息披露

A.“新手指引”实则是“关于我们”

快速贷的新手指引有些名不副实，内容是“什么是快速贷”、“为什么选择快速贷”、“快速贷的业绩”等与具体新手操作无关的内容，这部分内容放到“关于我们”中更恰当。平台也缺少对新投资人注册投资流程的真正指引。

B. 月报披露中断

快速贷的首页右上角功能栏设置了“月刊”按钮（见图 3-19），内容为平台每个月的统计数据，还包括项目逾期数量。但是该月刊只更新到 2013 年的 12 月，2014 年就停止更新了，原因是什么，小分队询问客服也没有得到答案。原来的透明作风很好呀，突然停止月报数据更新让小分队浮想联翩，难道平台出什么问题了？

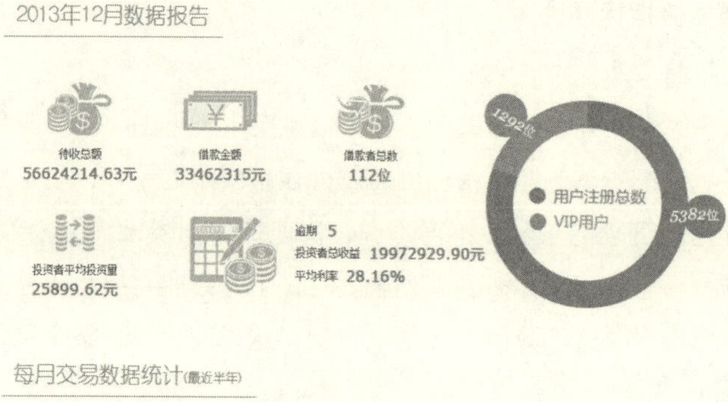

图 3-19

C. 团队披露背书效果不佳

在技术团队的披露上，快速贷没有提及负责人或骨干的过往经历，主要强调技术团队充满激情和活力，但“都具有电脑和网络的专业技术职称”这句话让人摸不着头脑（见图 3-20），具体是什么“职称”呢？

技术研发经理　陈[redacted]

充满激情和活力，扎实的计算机专业功底以及创新技术理念，致力于将恒基快速贷打造成专业稳健以及能顺应时下发展的平台，该带领的技术研发团队成员都具有电脑和网络的专业技术职称，对平台和网络进行后台维护操作，确保网络快速安全。

图 3-20

其他团队成员虽然也做了介绍，但有用信息量基本为零，例如对风控经理的介绍（见图 3-21）。

懂得金融政策和法律知识，熟悉银行信贷业务和风险控制的专业人员，精通投融资业务的调查、评估、审批、监管等风险管理过程，具有极强的风险分析和防控能力。

图 3-21

对行政认识经理的介绍（见图 3-22）。

负责贯彻公司领导指示。做好上下联络沟通工作，及时向领导反映情况、反馈信息；搞好各部门间相互配合、综合协调工作；对各项工作和计划的督办和检查。根据领导意图和公司发展战略，负责起草年度工作计划、年度工作总结和其他重要文稿，牵头或协助公司的规划研究。

图 3–22

小分队感觉，团队披露不应“别人有所以我们也要有”地做做样子，而应介绍各部门负责人的具体工作履历和成就，这样才能为平台有效背书。

D. 标的类型介绍不系统

快速贷共有 6 种标的类型，分别是“推荐标”、“净值标”、“天标”、“担保标”、“抵押标”、“秒标”，平台仅对“推荐标”、“担保标”、“抵押标”这三种类型的详细介绍提供便捷查看入口（见图 3–23），其他类型的标的介绍则散落在帮助中心的“其他问题”中，难以找到。实际上，对于投资新人所有的标的都是陌生的，平台应该系统全面地给予介绍，不要“厚此薄彼”嘛。

什么是推荐标？

推荐标借款标显示标记"推荐"，网站经过严格核查借款人资产负债情况，针对还款来源较为保障，还款能力充足的借款人设置推荐标。

什么是抵押标？

什么是担保标？

图 3–23

（3）信息与资金安全

平台在 2014 年 10 月发布了一条网站公告（见图 3–24），内容是平台增加了风险备用金 500 万。风险备用金的使用规则为：当借款人出现逾期或坏账，先由快速贷平台在逾期后的第 3 个工作日（例如借款 1 号到期，则 4 号进行垫付。如果中间遇到非工作日，则进行顺延），进行本金或者本息垫付。其中，VIP 会员享有本息全额垫付，非 VIP 会员只垫付 50% 本金。平台还给出风险备用金查询步骤，供投资人自行查询。

尊敬的快速贷用户们：

为提高平台抗风险能力，保障投资者资金安全。经过快速贷全体员工的努力，我们现已经增加风险备用金。

一路走来，感谢有你！虽然我们还有很多不完善的地方。但是，我们会不断改进和完善。感谢您对快速贷的支持和关注，感谢您一路的陪伴！

备用金具体查询方法如下：

网银查询：登录招商银行http://www.cmbchina.com/，选择“个人网银大众版”，下载“安全控件”，选择“一卡通”，填写开户地“惠州”、输入卡号“6226 0975 2015 3116”，输入查询密码112233（用户名及密码仅用于查询，请勿随意修改密码）---输入附加码提交即可。进入后，点击“账户管理”—“账户查询”即可查询。

图 3-24

（4）操作便捷度

平台在未登录状态只能查看到借款列表，想要进一步查看项目详细信息，必须要先注册登录。此外，快速贷不支持手机移动端投资理财。

（5）产品丰富度

快速贷的借款期限和还款方式都比较丰富。借款期限集中在 1 至 12 个月之间，还款方式包括等额本息、到期还本按天计息、到期还本还息三种。但没有提供理财计划和债权转让功能。

（6）产品信息披露

A. 还款保障与还款来源不能混为一谈

“借款人在国内外都有贸易往来，国内几家大品牌经销商，公司在惠州有几栋房产，惠州知名企业，法人及公司固定资产过亿，属临时采购周转，信用记录良好。”这是小分队在本次借款信息中看到的相关内容，意在证明借款人具有多项还款保障。

虽然借款人有房，但也可能已经抵押给银行；虽然有公司，公司的经营状况也未被披露。总之，这些保障条款看起来都不那么令人放心，借款目的也只是轻描淡写为临时采购周转。最为重要的是，借款信息中没有披露具体的还款来源，还款来源可是不能被所谓的还款保障所代替的。

B. 看清担保公司担保的对象

对于担保类借款项目，有不少投资人可能会觉得平台披露了担保函就安全了。小分队不得不提醒小伙伴们要擦亮眼镜，看清楚担保函的内

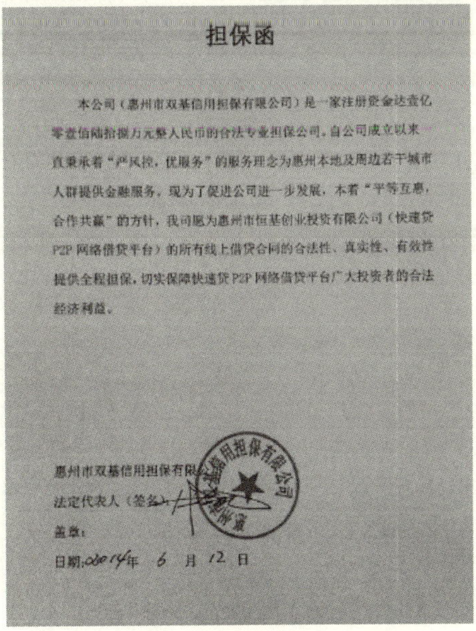

担保函

本公司（惠州市双基信用担保有限公司）是一家注册资金达壹亿零壹佰陆拾捌万元整人民币的合法专业担保公司。自公司成立以来一直秉承着“严风控，优服务”的服务理念为惠州本地及周边若干城市人群提供金融服务，现为了促进公司进一步发展，本着“平等互惠，合作共赢”的方针，我司愿为惠州市恒基创业投资有限公司（快速贷P2P网络借贷平台）的所有线上借贷合同的合法性、真实性、有效性提供全程担保，切实保障快速贷P2P网络借贷平台广大投资者的合法经济利益。

惠州市双基信用担保有限公司

法定代表人（签名）：

盖章：

日期：2014年 6 月 12 日

图 3–25

容（见图3-25）。呐，先看这次体验项目的担保函内容：“担保公司对平台上的借贷合同提供合法性、真实性、有效性的担保。”你发现没有，担保公司并没有说明对投资人本金和利息进行担保，所以千万别被误导了哟。

C. 平台与担保公司是关联企业

项目有担保，但是担保效力到底如何？机智的小分队查看了平台和担保公司背景，结果发现平台的法人竟然也是这个担保公司的法人，小分队担心，若平台或担保公司哪一家出现重大问题，作为关联公司的对方也难免陷入困境。

D. 合同逾期规则不够明确

借款合同规定，若借款人逾期，投资人同意将本协议对应的债权转让给平台。但没明确地写明，如借款人逾期平台究竟在何时进行代偿（见图3-26）。虽然平台公告中说明了当借款人出现逾期或坏账，先由平台在逾期后的第3个工作日进行本金或者本息垫付，毕竟这只是一条公告，体现到合同中才能更好地保护投资者，具有真正的法律效力。

11、甲方和乙方均同意，如乙方逾期当天仍未清偿借款本息,则甲方将本协议项下的债权转让给丙方；转让价格为不超过乙方逾期仍未偿还的借款本息（具体金额视甲方在 http://www.ksudai.com 网站的会员级别不同而有所不同）；丙方向甲方支付乙方逾期仍未偿还的本息即可取得甲方在本协议项下的债权，有权向乙方追收借款本金、利息、逾期罚息等；坏账风险由丙方承担，丙方依法清收所产生的费用由乙方承担。

图 3–26

（7）投资便捷性

快速贷的起投门槛是50元，不支持移动端投资，也无债权转让功能。但小分队在网站首页发现了贴心的发标预告，预告包含期限、金额、利率及奖励活动，较为直观。

（8）收益与回款

在充值提现费方面，快速贷比较优惠，充值不收手续费，充值未投标资金直接提现将收取千分之五的手续费，其他资金提现不收手续费（见图 3–27）。

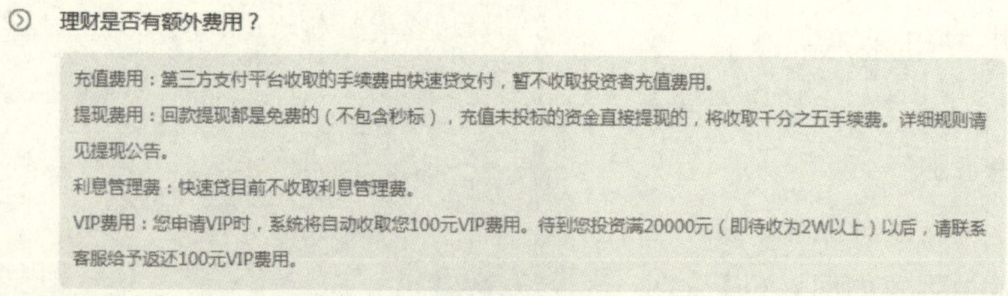
理财是否有额外费用？

充值费用：第三方支付平台收取的手续费由快速贷支付，暂不收取投资者充值费用。
提现费用：回款提现都是免费的（不包含秒标），充值未投标的资金直接提现的，将收取千分之五手续费。详细规则请见提现公告。
利息管理费：快速贷目前不收取利息管理费。
VIP费用：您申请VIP时，系统将自动收取您100元VIP费用。待到您投资满20000元（即待收为2W以上）以后，请联系客服给予返还100元VIP费用。

图 3–27

（9）服务指标

A. 强大的投资人 QQ 群

快速贷在首页上方设置了“官方群”按钮，非常便于投资人之间与平台客服进行互动。用户通过点击如下的群号，就可以直接跳转到 QQ 添加群页面，不需要手动输入群号进行查询、添加等操作。只需输入真实姓名和用户名方可通过验证（见图 3–28）。

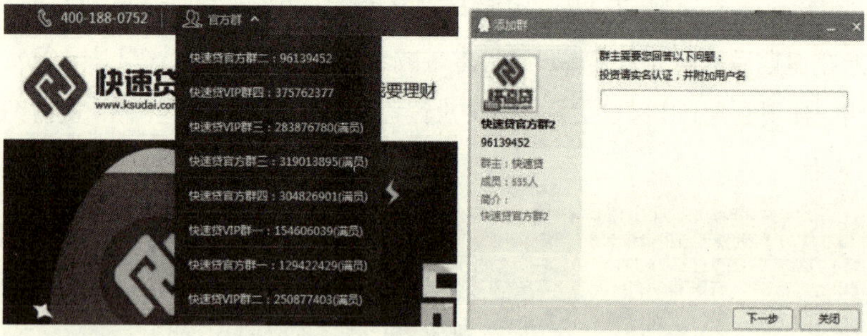

图 3–28

B. 客服专业性不足

快速贷的在线客服响应速度较快，服务时间覆盖到普通上班族的上下班时间（9:00～22:30），但是由于客服专业性的欠缺，导致咨询过程并不高效畅快。小分队在询问平台是否设有债权转让功能，客服的反馈却总是答非所问（见图3–29）。不仅此次询问，小分队问到其他问题时，客服也时常不直接回答问题，总是反复强调快速贷平台很安全，以及他们董事长是惠州市政协委员等不相干的内容。

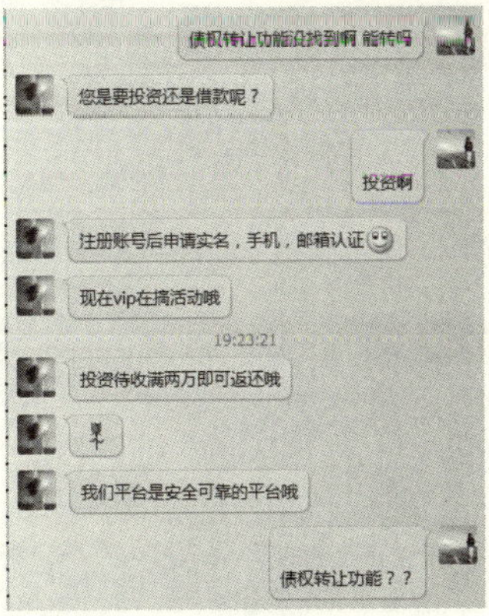

图 3–29

3.4 金海贷“华中知名家居品牌补充流动资金（3/10）”

⊙**体验平台**　金海贷

⊙**体验项目**　华中知名家居品牌补充流动资金（3/10）

⊙**体验时间**　2014 年 9 月 10 日

⊙**验后真言**　项目信息披露好详尽 / 平台客服这么专业老板知道吗 / 相关负责人都介绍了，为什么唯独没有提到技术负责人呢 / 为定时发标预告和自动投标的有效配合手动点赞 / 起息日是从发生投标行为当日就开始计算好给力 / 坦诚的客服最可爱

⊙**平台概况**

金海贷是深圳金海贷金融服务有限公司旗下的第三方互联网金融信息服务平台，注册资本 5000 万人民币，于 2013 年 3 月正式成立，2013 年 8 月正式上线。平台借款项目以企业短期资金周转为主，项目金额从几十万到几百万不等，借款期限集中在 4～6 个月，投资利率在 14%～18% 之间。截至 2014 年 12 月底，平台累计成交额约 10 亿元。

⊙**大类体验指标评价**

（1）网站交互

金海贷的 LOGO 由红、黄、蓝三色组成，网站的整体配色也主要使用三种颜色，风格比较清新，但首页的滚动图片颜色多样，“我要投资”、“新手指引”、“安全保障”等不同栏目的色调差别较大。

（2）新手引导 & 信息披露

A. 新手指引清晰

在首页的显著位置，投资人可以快速找到“新手指引”。点击进入后，平台通过图示介绍注册、认证、充值、投资、收益这五个步骤，指引简洁清晰（见图 3-30）。

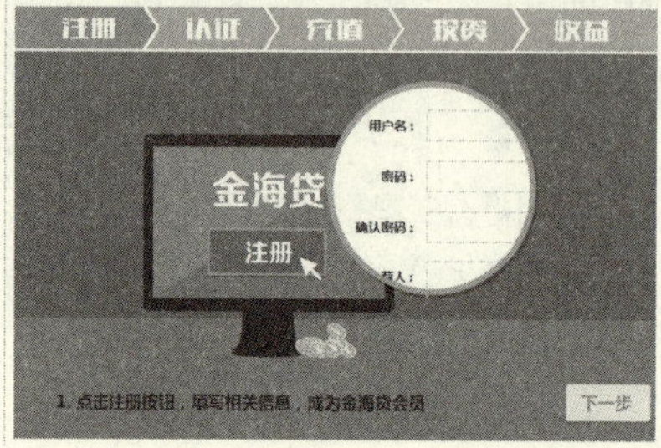

图 3-30

B. 披露专业风控团队

在平台管理团队的披露中，金海贷强调其风控团队由数位来自国有银行的资深信贷从业人士构成，声称依据银行风控标准进行严格审核及风险管控，给小分队增加了不少信心。

C.“保障方式”作为筛选条件

平台投资项目列表设有两项筛选条件，“投资期限”和“保障方式”，以保障方式进行产品分类小分队还是第一次看到（见图 3-31）。

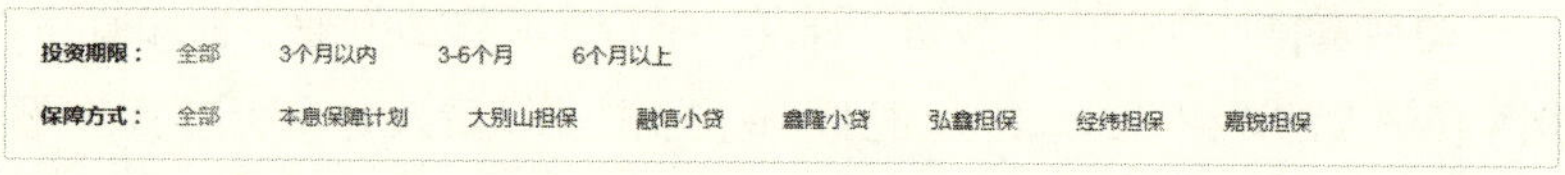

图 3-31

D. 第三方担保机构信息披露较详细

安全保障栏目介绍了平台合作的第三方担保机构的详细情况，包括注册资本、成立时间、金融资质牌照，与平台的合作协议等（见图 3-32）。

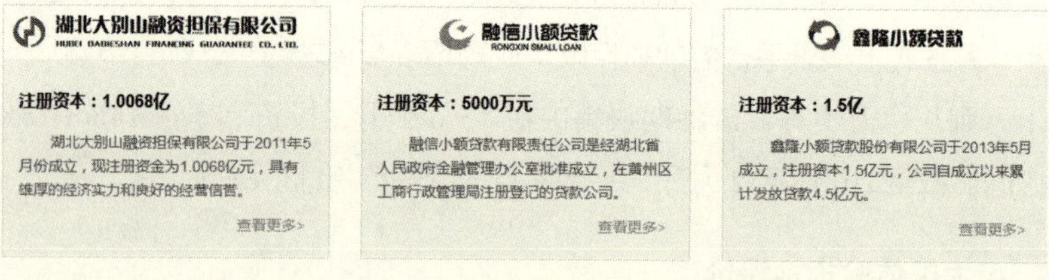

图 3-32

（3）信息与资金安全

A. 本息保障金计划

金海贷同时引入了本息保障金计划和第三方融资性担保机构保障，

承诺当投资人所投项目出现逾期、坏账时，投资人的本金及利息将在 7 个工作日内得到赔付。

B. 本息保障金监管

金海贷披露其与交通银行深圳竹子林支行签订《投融资平台本息保障金监管协议》，并于 2014 年 3 月 28 日起，将本息保障金存放在交行竹子林支行专户，同时由该行对此保障金进行监管，网站每月公布本息保障金的收支明细（见图 3-33）。

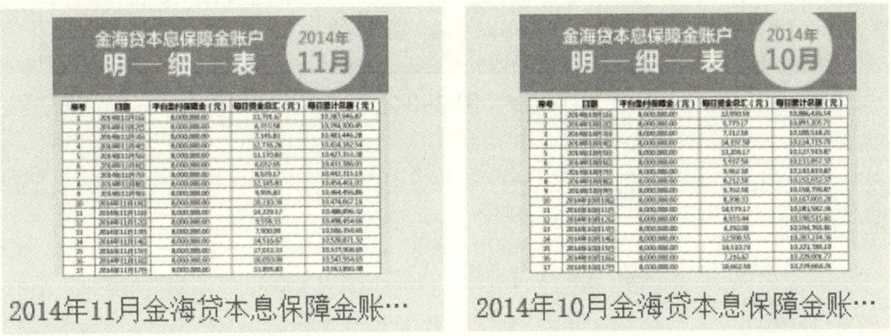

图 3-33

（4）操作便捷度

平台开发了手机移动端 APP，用户可以在 APP 上进行注册和投资操作。但用户只能在电脑 PC 端充值和提现，APP 上不支持。

（5）产品丰富度

平台支持多次债权转让。借款项目第一次进行债权转让时要满足三个条件：持有天数大于等于 30 天，债权剩余天数大于 7 天，债权未逾期。多次债权转让同样有三个规则：持有天数大于等于 7 天，债权剩余天数大于 7 天，债权未逾期。若转让过程中发生债权逾期，系统则会终止剩余债权的转让。

（6）产品信息披露

A. 项目信息披露较详尽

在项目信息中项目信息、借款企业信息、担保企业信息均做了详细的披露。项目信息包括对借款需求、还款来源、征信记录（见图 3-34）。

项目信息

项目名称：	华中知名家居品牌补充流动资金
借款金额：	本项目募资1000万元，分10期，每期募资100万元。
借款期限：	本项目借款期限为3个月。
借款用途：	借款企业近年不断拓展华中家居市场业务，已发展成为华中家居行业第一品牌；为了进一步加强华中家居市场业务拓展，需融资来补充短期资金流动性。
还款来源：	借 款企业母公司为成都龙头家居品牌，2011年成功进驻湖北红安经济技术开发区后开始成立湖北分公司（借款企业），一期投入资金1.5亿元，制造基地以及产 品展示大楼已建成；随着湖北家居产业城投入使用，2013年借款企业主营业务收入实现翻番，净利润为1308万元；2014年借款企业家居产业园区经营依然保持良好的发展势头，其营业收入能够充分确保该 借款的还款来源。
涉诉状况：	经全国法院被执行人信息查询系统、全国法院失信被执行人名单信息公布与查询平台及互联网搜索，未发现借款企业涉诉信息。
征信记录：	现场查验借款企业组织机构代码、营业执照、税务证、银行开户许可证、生产经营证照齐全，无不良征信。经委托会计师事务所查核该企业2013年度财务状况，显示有银行短期借款2000万元，最近一年无贷记卡逾期记录，未发现存在其他重大财务状况。

图 3–34

借款企业披露了其注册、经营及财务状况，内容翔实（见图 3–35）。

企业信息

成立时间：	2012年6月
注册资金：	1000万元
经营范围：	家居加工和销售，覆盖高中档的板式系列、实木系列、法式系列以及高端睡眠中心系列等全线产品。
经营状况：	借 款企业的湖北家居产业园基地总占地面积20万平米，目前已建成8万平米的生产制造基地，以及8万平米的产品展示大楼；至2013年12月31日，企业总资 产为1亿1799万元，净资产为5703万元；主营业务收入由2012年度的7035万元增长至1亿4682万元，同比增长108.7%。随着家居产业园 不断投入使用，2014年企业主营业务收入有望获得新的突破。

财务状况

2013年度财务状况（单位：元）					
项目	总资产	总负债	净资产	主营业务收入	净利润
金额	117,990,262.49	60,958,939.10	57,031,323.39	146,827,484.62	13,086,623.99

图 3–35

通过披露的信息可得知，该项目的担保公司是一家融资性担保机构，披露的融资性担保机构经营许可证，让小分队很安心。

B. 保证书图片不清晰

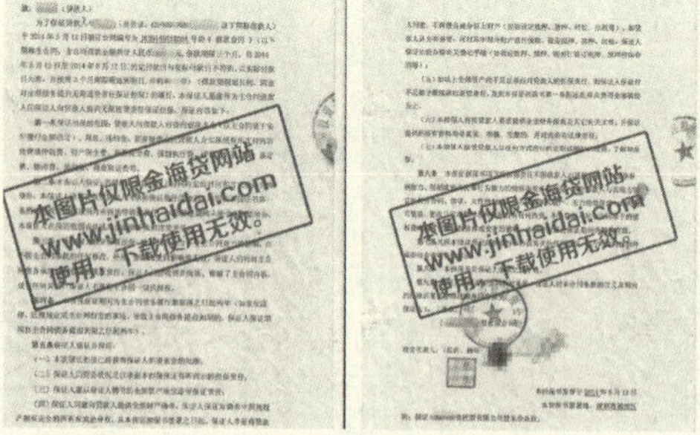

图 3–36

平台披露了一个保证担保书，但是图片非常不清晰，任小分队放大数倍也无法看清合同主体和内容，关键信息甚至盖章都做了模糊处理，故意不让用户看清楚披露有何意义呢，要看清具体内容才能令投资人安心呀（见图 3–36）。

（7）投资便捷性

A. 定时发标、预告发标和自动投标有效配合

金海贷除了在首页中部显著位置提示每日 11：15、14：15、17：00、20：00 的定时发标外，还提供“新标预告”功能，投资人可以提前得知借款项目的金额、利率及项目概况。考虑到有些客户可能会错过发标时间而抢不到心仪的项目，金海贷还开发了自动投标功能。

B. 投资实时显收益

投资人在输入投资金额时，可以在输入金额的下方实时看到相应的“预期收益”，是个贴心的小设计。

（8）收益与回款

投标当日即起息

金海贷当前的充值费是由网站垫付的，提现费每笔 1 元，充值后未投资的资金需额外收取千分之五的手续费。平台起息日是在用户发生投标行为当日起就开始计算，相较于其他平台的满标后起息更快捷给力，投资人不用担心投标后迟迟不满标而耽误了起息时间（见图 3–37）。

5、成功投资后什么时候可以开始计息？

从2014年3月26日开始已更改为当日投资当日计息。自用户发生投标行为之日起，所投的借款标超过1天及以上才满标的，其利息由金海贷平台补偿。在满标复审时，发放到您的金海贷电子账户。

图 3–37

（9）服务指标

金海贷的在线客服响应速度极快，专业性强。小分队在问及平台资金托管问题时，客服坦诚地回答“严格来说我们未实现资金托管”。实际上，大多数投资人都不是很清楚何为真正的资金托管，因此平台被问到此问题时，一般会顺势模糊作答。对于金海贷这样坦诚的客服，小分队相当地认可。

此外，金海贷还设置专属客服，专属客服仅服务于钻石等级的会员，小分队还是投资新人所以并没有体验到这项服务（见图 3–38）。

图 3–38

3.5 微金所“微周转银联保十三期”

⊙**体验平台**　微金所

⊙**体验项目**　微周转银联保十三期

⊙**体验时间**　2014 年 11 月 06 日

⊙**验后真言**　每日披露项目还款进展给投资人满满的安全感 / 频繁报错造成体验不佳导致很多用心都白费了 / 花点时间披露融资性担保机构许可证将事半功倍 / 手机控们最喜欢移动端理财 / 等到花儿都谢了，客服可以快点回复嘛

⊙平台概况

微金所成立于 2013 年，隶属中微（北京）信用管理有限公司。平台上的借款大部分用于企业经营周转。除此之外，平台上的资产类型还包括小额信贷资产、货币基金，票据资产等。借款期限集中在 4～6 个月，10 万以内的借款项目占总借款项目的 7 成多，平均年化利率在 8%～12%。据其官方公告的数据测算，截至 2014 年 12 月底，平台累计交易额已经突破 10 亿元，投资人数约为 4 万。

⊙大类体验指标评价

（1）网站交互

A. 异常提示频繁

小分队在进行注册、充值、认证的过程中处处“碰壁”。首先，在充值时，明明已经充值成功，可返回到微金所页面上却显示“抱歉，您没有成功充值！”，但银行又发来短信通知成功扣款了啊，惊得小分队急忙去查看微金所个人账户，好在钱已经躺在账户中，虚惊一场。

在邮箱认证时，这种状况再次发生了。认证后微金所发给小分队一封激活邮件，提示点击链接可以进行激活，但点进去网站就会报错“404，您访问的页面不存在！”，多次点击也是同样的异常提示，频繁出现的异常提醒让小分队对整个投资体验有些失望。

B. 网站风格偏文艺

微金所的 LOGO 由蓝色和黄色搭配而成，首页栏目布局比较清新，通过幻灯片轮播的内容来看，微金所整体偏向文艺浪漫风格（见图 3-39）。

图 3-39

C. 产品栏目有详细说明

微金所的投资列表包含“微投资”、“微小宝”、“微票宝”、“微转让”四个栏目，小分队在“常见问题”中找到了这四个栏目的详细说明，如产品的投资范围、收益方式、起投金额 / 投资上限、保障方式等。

（2）新手引导 & 信息披露

A. 新手指引名不副实

对于投资新人来说，平台的“新手指引”非常重要。微金所的新手指引主要展现平台理财的安全性及平台风投的可靠性，对于应有的新手操作步骤仅用“1 注册、2 实名认证、3 充值、4 投标”这样的引导，显然是远远不够的。

B. 每日披露还款公告

平台在最新动态的微金所头条栏目披露当日的项目还款情况，投资人可以在此查看所投项目的还款及逾期近况（见图 3-40）。

【微还款】今日共有六个项目成功按时还款（12.15）

2014-12-15

尊敬的微金所用户：　2014年12月15日共有六个项目已成功还款，具体情况如下：　【微周转-力天保八期】 本金：人民币3,000,000元 本项目向客户提供总收益

Read more →

【微还款】共有八个项目的还款公告（12.12）

2014-12-12

尊敬的微金所用户：　2014年12月12日共有五个项目已成功还款，具体情况如下：　【微周转-巾帼贷八期】 本金：人民币1,600,000元 本项目向客户提供总收

Read more →

图 3-40

（3）信息与资金安全

在微金所平台提现时，系统会自动发送动态验证码至投资人的手机，用户需要输入正确的“提现验证码”方可提现。

（4）操作便捷度

在充值方面，微金所仅支持银联在线这一种第三方支付渠道，但额外提供了 61 家银行的网银充值渠道。

（5）产品丰富度

平台支持等额本息、利随本清和按月付息到期还本三种方式，提供债权转让功能（规则是需持有债权 1 个月以上），但不支持多次转让。

（6）产品信息披露

A. 项目信息披露不足

微金所的借款项目基本信息仅有一项“借款用途说明”，小分队观察到该平台上发布的大部分借款项目在“借款用途说明”，其实是在描述借款企业基本信息（见图 3-41）。本次体验的项目并没有借款人 / 企业更详细的信息（如图文佐证的借款人信息或借款企业年报等），也没提及还款来源。

图 3–41

B. 披露担保公司信息

借款项目的安全保障部分披露了担保机构企业的基本信息，如法人营业执照等，在机构信息介绍中得知，该担保机构于 2011 年 3 月份取得了融资性担保公司经营许可证，但并没上传许可证图片，随后小分队在山东省工商局查到了该担保公司确实已取得融资性担保公司经营许可证，还是建议平台将此证件进行披露，以打消投资者疑虑。

C. 担保函内容披露完整

平台披露的担保函图片质量虽然不高，但并不影响用户看清楚上面的内容（见图 3–42）。担保函中写明，此借款项目是由该担保机构进行推荐，也愿意提供第三方信用保证，愿意为该借款项目提供 300 万的连带保证责任。

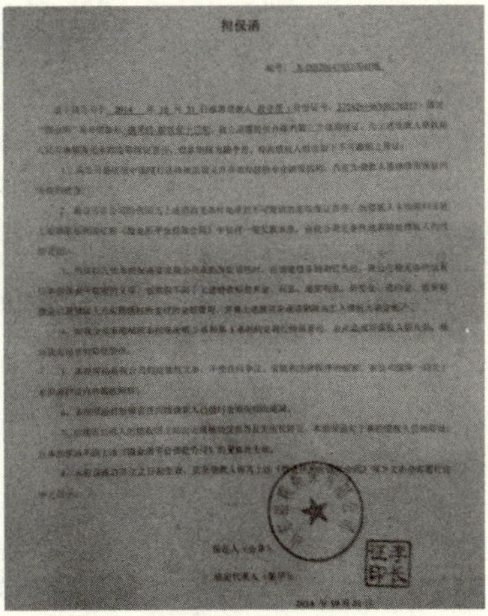
担保函

图 3–42

D. 风险准备金垫付时间不清晰

安全保障中关于准备金保障的时间没有明确说明，仅用“及时”这个词，不够明确（见图 3–43）。

3 准备金保障：

及时偿还的准备金保障：

微金所平台建立了风险准备金，一旦出现违约现象，由风险准备金及时先行垫付投资者本金利益，没有拖欠。

微金所平台构筑资金风险准备金，每一个借贷标的的上线，都意味着信贷服务商向微金所缴纳交易金额2%-10%比例的风险准备金，目前微金所要求信贷服务商缴纳的风险准备金比例在6%-7%左右，这比行业内的平均标准高出了近7倍。汇聚信贷服务商保证金的风险准备金，将在标的发生违约时，及时兑付本金至投资人，保证投资人的本金安全。

另外，微金所每年会根据交易的状况和评级的具体情况，计提风险准备金，还会在新的资本注入和增资扩股的时候将一部分股本金放入到风险准备金当中，与投资人们共担可能出现的风险。

图 3-43

（7）投资便捷性

微金所的投资门槛为 100 元，平台支持预告发标、预约投标。此外，平台还提供了移动端理财软件，包括安卓版和 iPhone 版，用户可以在手机端随时投标。

（8）收益与回款

平台将提现及收费规则放到了“常见问题”中，以问答的形式进行展示。充值免费，提现后续费 2 元。若投资人充值完毕后，未投资即申请提现，除收取“每笔提现操作 2 元”的转账费用外，还将收取未投资金额 3% 的通道结算手续费。

（9）服务指标

小分队在此次投资中，尝试了电话客服和在线客服两种咨询方式。电话客服专业度尚可，但响应速度是硬伤，巨慢。在线 QQ 客服响应速度同样巨慢，问一个问题经常要等十分钟以上才看到客服的反馈，极其考验小分队的耐心。

3.6 体验指标对比分析

网站交互方面，快速贷和金海贷得分最高，PPmoney 和微金所网站均出现了 bug（见表 3-1）。

表 3-1

平台－产品	PPmoney－资金证明借款项目（13期）ZJ1501161255	快速贷－贸易公司担保借款	金海贷－华中知名家居品牌补充流动资金（3/10）	微金所－微周转银联保十三期
网站交互（9）	7	9	9	7
新手引导 & 信息披露（29）	27	18	16	17
信息与资金安全（50）	18	17	20	8
操作便捷度（16）	14	8	15	14
产品丰富度（9）	8	3	6	9
产品信息披露（45）	25	11	14	11
投资便捷性（19）	12	14	15	14
收益与回款（28）	25	29	26	26
服务指标（20）	5	4	16	8
合计（225）	141	113	137	114

新手引导 & 信息披露方面，PPmoney 表现突出，平台的新手引导采用了新颖的视频形式，定期发布数据报告使平台更透明。快速贷和微金所的新手引导问题类似，在新手引导栏目中放置了大量的平台特点介绍，名不副实。金海贷得分最低，主要有三点原因：其一，缺少逾期信息公告；其二，无数据报告披露；其三，没设置新手体验标。

在信息与资金安全方面，金海贷表现最佳，主要由于平台每月定时公布风险备付金的数据情况。但遗憾的是，本次体验的四家平台均没有采用二级账号进行用户资金托管。

操作便捷度方面，快速贷垫底，其他三家整体表现相当。快速贷得分最低主要有两个原因：第一，平台不支持移动端。第二，借款项目信息需要登录后方能查看，不够便利。

在产品丰富度方面，微金所表现最佳，快速贷得分最低。快速贷垫底主要有两点原因：其一，没设计理财计划；其二，无债权转让功能。

产品信息披露方面上，PPmoney 得分遥遥领先，主要原因是其借款合同表达清晰、格式规范，逾期垫付规则做了披露说明，借款人也采用了实名制。

投资便捷性方面，金海贷表现最好，四家平台得分虽然相近，但特点差异显著。金海贷既有预告发标也有定时发标，其他三家平台都只设有其中一项。此外，PPmoney 欠缺项目筛选工具，金海贷缺少项目推荐。

收益与回款问题方面，四家平台差距不大，独具亮点的是快速贷不收取投资人充值费和提现费。

服务方面，金海贷的客服响应更灵敏，客户服务能力更优秀。快速贷和微金所在线客服响应时间平均在 5 ~ 10 分钟，PPmoney 的经常联系不上客服。

3.7 担保类产品体验小结

担保类产品的整体体验情况属于中等。本次体验的产品都由第三方担保机构提供担保，但是担保机构也有融资性和非融资性之分，一般来说，前者的保障能力更强一些。所以担保公司有无“融资性担保机构许可证”就比较重要，但一些项目未主动披露此项信息，小分队只好自己动手查询，非常不便，建议平台加强对融资性担保机构许可证的披露。

在体验担保类产品的过程中，小分队还发现，平台一般会将风险备付金规则放在网站的安全保障页面，而借款合同不写明启用风险备付金的具体条款。小分队要提醒大家，不在借款合同中说明规则，仅在网页上做出承诺，其法律效力可能存在较大问题，可惜这种现象已成为此类产品的“通病”。

此外，多数担保类产品借款合同的逾期条款比较模糊，缺乏对逾期后具体处理步骤（如垫付资金来源、垫付顺序、垫付具体时间等）的清晰描述。

值得欣慰的是，本次体验的四家主营担保类项目平台在整体功能及 UI 设计上比其他类别更成熟，网站几乎没有严重 bug，新手指引和帮助中心一应俱全。

Internet Finance Transformers

第四章 票据类产品

4.1 产品简介

票据是以无条件支付一定数额资金为基础效能的有价证券，它是按照法律规定的格式，载明收款人可于指定日期向付款人收取款项，并且可以流通转让的书面凭证。目前互联网端的理财票据类几乎都是银行承兑汇票。顾名思义，银行承兑汇票是由在承兑银行开立存款账户的存款人出票，向开户银行申请并经银行审查同意承兑的，保证在指定日期无条件支付确定的金额给收款人或持票人的票据。由于付款人是承兑银行，真实的银行承兑汇票普遍被认为是“零风险”的理财产品。

目前，P2P票据理财的主要模式是让融资者把持有未到期的银行承兑汇票质押给理财平台并托管于银行，承兑汇票到期，银行承兑资金给融资者，融资者以此资金向投资者支付本息。银行承兑汇票的最长期限为6个月，因此票据理财的期限一般为15～160天，收益一般为6%～7%。

4.2 金银猫“银企众赢融资项目7174期”

⊙体验平台　金银猫

⊙体验项目　银企众赢融资项目7174期

⊙体验时间　2014年12月30日

⊙验后真言　帮助中心没有具体产品介绍合理吗？/信息披露趋于隐蔽/不要和往期对比/客服热线繁忙/页面布局有些混乱

⊙平台概况

金银猫成立于2013年9月，由上海金银猫金融服务有限公司负责运营，是国内首家涉足P2P票据理财的平台。金银猫的理财产品主要有两类：一类是银行票据理财（银企众赢），一类是商业票据理财（商融保盈）。相比商业票据，金银猫的银行承兑汇票理财产品更为成熟，截至目前已经进行了8544期，而商票项目仅70多期。据金银猫的官方统计，截至小分队体验之日，金银猫累计购买订单16148单，累计还款6132期，累计收益约为2548万元。

⊙**投资流程体验**

一打开金银猫的网站，小分队就被这土豪金中国红闪瞎了眼，不过投资理财的事儿，喜庆点也没啥不好（见图 4–1）。

图 4–1

接着往下浏览，零壹理财小分队发现金银猫把产品分了“银行专区”、“银企众赢”和“商融保盈”三类，让小分队头疼的是，三类产品并没有明确的解释，初到贵宝地，真是有些无从下手。

票据业务对投资小白来说不是个容易理解的概念，所以小分队先找一下帮助中心看看产品到底是啥吧，页面下方使用帮助中解释了诸如保管、抵押、银承等金融术语，但未涉及金融猫产品的具体解释。

回到首页，选择“我要理财”，页面竟然没有跳转，小分队又点击了无数次，页面并没有被我的坚持打动，原来必须选择“我要理财”下的“银企众赢”或“商融保盈”中的一个才可以实现跳转，虽无大碍，但略不符合网民的正常使用习惯（见图 4–2）。

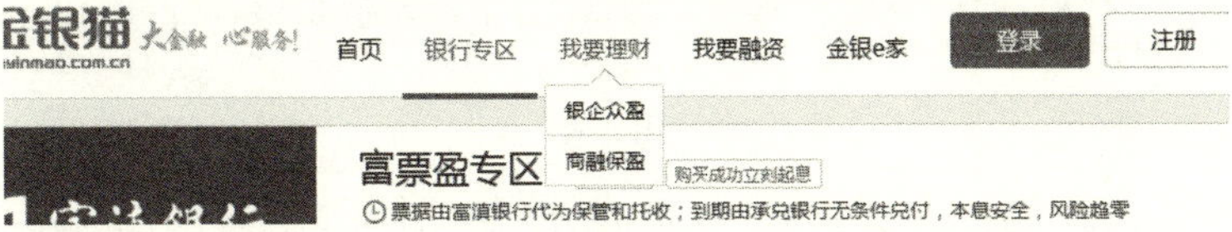

图 4–2

确认“银企众赢”小分队苦苦寻找的银行承兑汇票理财产品后，选择了其中的“银企众赢融资项目 7174 期”，由于小分队仅考虑投资 1 块钱对收益率也没啥可挑剔的，且目前仅有 3 个理财产品在售，小分队选择了由中国银行承兑的项目 7174 期。

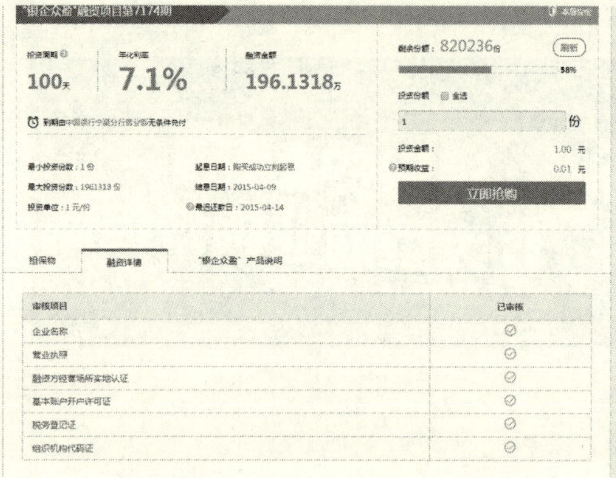

图 4–3

点击进入产品详情，基本信息中包括了投资期限、年化收益、融资金额、兑付银行、起息日、投资单位、投资进度，还有预期收益计算等，信息还算详尽（见图 4–3）。

基本信息下方有担保物的扫描件，但是仅承兑汇票的首页扫描并不能说明目前票据的背书关系，按照小分队的理解，最后一手被背书人才是该张银行承兑汇票的融资方。所以如果担保物不完整的披露出整个银行承兑汇票的转让背书关系，小分队也很难确实债权关系。同时，融资详情仅能说明金银猫对借款企业有信息的审核，如果能把这些信息公开给投资者，能使产品更透明化。

这里标的文案中对银企众赢产品做了解释（见图 4–4），之前小分队还在使用说明中寻找了半天，原来藏在项目介绍里面，害得小分队浪费了不少时间。

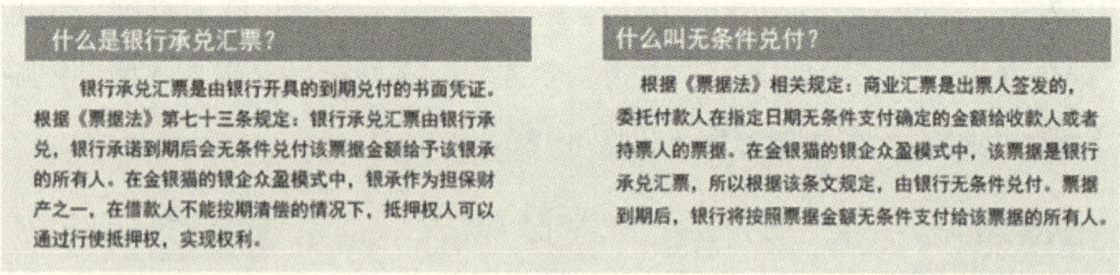

图 4–4

投资前当然需要先注册，金银猫的注册流程非常简单，手机号即为账号，接收短信验证即可完成注册。注册成功后，在投资金额处填写 1 份，下方会显示预期收益金额 0.01 元，小分队为了这点收益忙活了这么久也是蛮拼的，不过自动计算收益的功能还是值得点个赞。

在输入支付密码页面，平台自动勾选了《质押借款协议》和《委托协议》，一丝不苟的小分队还是仔细查看了两个协议（见图 4-5）。发现借款人的信息都用星号代替，证件号码栏、出借人栏都为空白，这就是传说的空白协议呀。所以目前的情况是，小分队无法获取借款人的任何信息，假设借款人出现了违约，金银猫是小分队唯一能够获取信息的地方。

质押借款协议

协议编号：<--协议编号--

甲方（出借人）：<--用户姓名-->
证件号码：<--证件号码-->
金银猫会员名：<--用户ID-->

乙方（借款人）：*************

营业执照号码：*******************
丙方：上海金银猫金融服务有限公司

鉴于：
（1）甲方已在金银猫注册，并承诺对本协议涉及的借款具有完全的支配能力，是其自有闲散资金，为其合法所得；并承诺其提供给丙方的信息是完全真实的；
（2）乙方已在金银猫注册，并承诺其提供给丙方的信息是完全真实的；
（3）丙方是拥有www.jinyinmao.com.cn网站（以下简称"金银猫"）的经营权，提供信用咨询，为交易提供信息服务；
（4）乙方有借款需求，甲方亦同意借款，双方有意成立借贷关系；
现各方经协商一致，达成如下条款：
一、借款基本信息
1.1产品/项目编号：Y1048710002；
1.2借款详细用途：*******************日常经营；

1.3借款本金数额：<--投资金额-->元；
1.4借款利息数额：<--投资利息-->元；年化利率：7.10%；
1.5借款期限：<--订单生成日期-->起至2015年04月09日止；
1.6还款日期：2015年04月14日。
二、还款资金来源
2.1还款资金来源：乙方自有资金，并以银行承兑凭证作为质押担保。
三、各方权利和义务
3.1甲方的权利和义务

图 4-5

出于对产品安全性的考虑，小分队拨打了金银猫的服务热线，想对借款协议空白一事儿问个究竟。但是几次都处于无法接通的状态，10 分钟后再次拨打，联系到了客服，询问为何现在没有承兑汇票背书，以及银行承兑后到底是给融资企业还是直接给金银猫。客服很耐心地解释道：没有背书披露是因为融资企业不愿透露更多自身信息，所以近期理财标的均没有再披露；关于承兑后的资金问题，客服强调，金银猫绝对不会触碰资金，就算借款人到期无法承兑，由于票据仍托管在银行，所以兑付问题投资者不用担心。

对于这个解释小分队并不是很满意，因为如果是借款人最终拿到承兑资金，直接归还给投资人，那么平台所谓的不触碰资金还说得过去，但如果是合作的票据公司买断了票据，那资金必然是由票据公司转给平台，平台再转给投资人（而在线下票据交易中，借款人一次性把票据卖给票据公司立刻拿到融资是主流），但是客服并未对票据的真实交易过程进行明确说明，到底采用哪种模式，小分队也搞不清楚。

小分队本来想借助投资人论坛来问问大家的看法，但是金银猫没有论坛，这么大一个疑团只能默默咽下了。好在投资 1 块钱不用想那么多，所以小分队还是下单了，确认支付密码后不到 2 秒钟，收到金银猫的短信提示。

投资结束后小分队回到账户页面，确认标的的进展情况。订单详情可以查看到借款协议，且委托人信息也把小分队的名字给填上去了，瞬间觉得自己有了法律地位，权益也应该能受到保障吧。

⊙大类指标体验评价

（1）网站交互

金银猫网站的主色调艳丽，好在设计比较简洁，还算是赏心悦目。网站首页的显著位置是“银企众赢”和“银行专区”专区，小分队到现在也没弄清楚这个“银行专区”到底和“银企众赢”产品的区别在哪里，产品分类的目的就是为了方便投资者选择最适合自己的产品，如果让选择变得困难的话，不如就不要分了。

（2）新手引导 & 信息披露

A. 新手指南图文呈现，易于理解

点击页面下方“关于金银猫”时才可以发现平台概况、模式介绍、联系方式、常见问题和新手指南的栏目。常见问题中列出了六大类主要问题，从名词解释到账户管理都叙述到位，易于理解。新手指南采用图文并茂的方式一步一步地向投资者说明从下单到查询的所有过程，清晰直观。

B. 网站信息披露不足

在平台介绍中虽说明了平台背景，但缺乏高管信息披露和风险提示。

（3）信息资金与安全

A. 实名认证搭配同卡进出

除了要求用户实名制以外，金银猫在充值和提现过程要求使用实名制下的同一张银行卡，同卡进出的好处在于可以有效预防资金被盗。除此之外，设置有独立的交易密码，更为账户增加了一层防护盾。

B. 资金托管语焉不详

平台采用第三方网银支付，金银猫在自己的安全描述中说“资金交易由第三方平台管理……”，但无法解释说明平台完全不会触碰资金的情况。

C. 加密传输可靠

平台支付页面使用 HTTPS 协议，首页有诚信网站认证证书。

（4）操作便捷度

A. 注册极为便捷

小分队仅仅只是验证了手机就完成了注册，相比需要填写用户名、邮箱、设置密码等操作的注册来说，真的是省了不少心呢。

B. 自动回款至银行

由于平台同卡进出的要求，票据理财产品到期后，本金加收益会自动返回至原投资银行卡，省去了用户的提现操作。

C. 移动端的宣传不到位

虽然金银猫已经开发了移动客户端来方便投资者投资，但遗憾的一点是，小分队却没在平台找到二维码扫描下载，移动端理财已是大势所趋，小分队认为既然已经开发了应用程序，必要的宣传还是要有的！

D. 登录前也可看到质押物信息

在浏览标的阶段，未登录可以与登录用户看到同样的标的信息，对于纯粹首次登录网站的浏览者，标的信息披露越详尽越能增加投资的吸引力。

（5）产品丰富度

银行承兑汇票类的理财产品的期限一般在 1~6 个月之间，虽说理财时间相对较短，但金银猫不支持债权转让，用户一旦投资了，就只能默默等候票据到期予以兑付了。

（6）产品信息披露

A. 信息披露度降低

早期金银猫披露的产品信息包括了借款企业名称和营业执照号码，而现在不再披露企业名称和营业执照编号了（见图 4-6）。

‘银企众盈融资项目第3158期’

银行审核项目	完成	备注
企业名称	✓	瑞安市[illegible]经营部
营业执照	✓	330381606284197
融资方经营场所实地认证	✓	
基本账户开户许可证	✓	
税务登记证	✓	
组织机构代码证	✓	

‘银企众盈融资项目第3444期’

审核项目	已审核
企业名称	✓
营业执照	✓
融资方经营场所实地认证	✓
基本账户开户许可证	✓
税务登记证	✓
组织机构代码证	✓

图 4-6

披露信息减少是从“银企众盈”第 3280 期开始的，其担保物（银行承兑汇票）的背书内容就再也没有披露出来了，也就是看不到最后持票人的信息。

B. 垫付规则不清晰

投资后看到的合同中，关于垫付规则有这么一条：“乙方（指借款者）如不能按时归还本、息，甲方（投资者）有权选择以质押汇票变现，或以拍卖、变现、兑现的价格优先受偿，实现职权……”虽然投资者有权质押汇票变现，但是未明确界定受偿时间。

（7）投资便捷性

超低的投资门槛（1 元）和“安全”标签让投资者十分青睐票据理财产品，导致平台常常出现标的秒满难求的状况。再加上平台投资功能还未完善，比如无固定发标时间、发标时间无预告、无自动理财工具等，投资者只能苦苦等待抢标。

（8）收益与回款

A. 没有任何额外费用

小分队在绑定银行卡时收取了 1.08 元的认证费，认证后归还给小分队。平台并没说明提现是否会产生额外费用，在咨询客服后得知，金银猫不会向投资者收取管理费、手续费、提现费等其他费用，听上去非常赞。在投入投资份数时，平台会自动计算预期收益，帮助理财者知晓自己的投资收益，且满标后立刻计息。

B. 收益及时，金额准确

虽然小分队投资的“银企众赢融资项目 7174 期”还未到期，但是根据早期投资的“银企众赢融资项目 3158 期”项目的回款时间来看，确实按照产品期限和项目中披露的回款时间准确地回款到了小分队的银行卡。

（9）服务指标

A. 客服电话难打通，专业性待提高

小分队尝试拨打热线电话，多次处于无法接通的状态。接通后，客服还算比较耐心，对一些基本问题解释到位，但是对于第三方支付直接汇入资金可能存在的问题没给小分队说明白，专业性还需要提高。

B. 无论坛交流渠道

现在越来越多的平台开发了投资人论坛，供投资人之间进行交流，更能给投资人和平台搭建一个互动沟通的桥梁，金银猫未提供论坛，小分队有些票据理财的问题就没人可问。

4.3 票据宝“票据宝－理财项目第 1738 期”

⊙**体验平台**　票据宝

⊙**体验项目**　票据宝－理财项目第 1738 期

⊙**体验时间**　2014 年 12 月 30 日

⊙**验后真言**　最重要的担保物在哪里 / 无确认或者支付密码令投资措手不及 / 真的不是余额宝 / 移动推广很卖力 / 要看质押物扫描件 / 自动理财工具好方便

⊙**平台概况**

票据宝成立于 2014 年 6 月，是由深圳市票据宝金融服务有限公司创立的票据理财平台，总部位于深圳。票据宝平台的理财产品均为银行承兑的票据产品，平台是由早期票据行业的垂直网站中国票据网和商业票据贴现信息综合服务商金融一网发展而来，票据资源较为丰富。产品收益在 6.38% 到 8% 之间，理财期限从 1 天到 180 天不等。

⊙大类体验指标评价

（1）网站交互

票据宝网站布局清晰，产品均为银行承兑汇票，所以无产品标签也不会让投资者迷惑。同时，整个投资流程颇为顺畅，未发现任何明显bug。

（2）新手引导 & 信息披露

A. 信息分类明确，导航置顶功能加分

票据宝把首页分成了 4 个区块，分别是产品特点描述、产品展示、APP 推广、合作机构信息，投资者可以根据自己的目的选择区块。网站的导航栏目固定在页面顶部，方便用户跳转。帮助中心的问题分了注册充值、资费疑问、安全管理、账号管理和投诉建议五大类，方便用户查找，且每个问题罗列详解，解答充分。

B. 首页广告有误导之嫌

票据宝首页的第一张 banner 图的广告语“票据宝下一个余额宝？”试图引导投资者把对余额宝的好感转移到票据宝上（见图 4–7）。但是余额宝和票据宝有实质性的区别，前者是有严格监管的货币基金产品，后者是基于民间票据融资的固定收益理财产品，两者风险相差很大，若是误导用户以为票据宝就是下一个余额宝的话，用户承担的风险该由谁来买单呢？

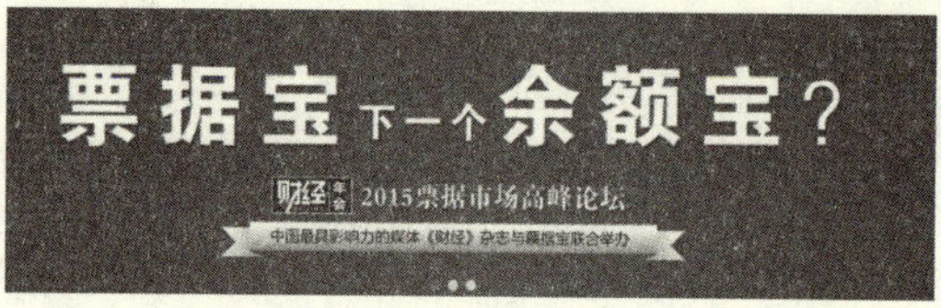

图 4–7

（3）信息与资金安全

A. 加密传输及诚信认证齐全

平台支付页面采用 HTTPS 协议进行加密传输，首页有诚信网站认证证书。

B. 没有实名要求还敢异卡进出资金

一开始小分队觉得投资过程无比顺畅，但后来才惊觉小分队并没有进行实名认证的操作。没有实名认证意味着小分队的债权人权益无法保障，若借款项目出现了什么差池，难道小分队要以一个平台虚拟用户名的身份去追索自己的权益吗？

不仅如此，平台允许资金进出的银行卡所属不同持卡人（见图4-8），若这种情况可能发生，辛辛苦苦攒的私房钱被老婆发现了就进了老婆的口袋，一家人出现这种情况就算了，倘若是账户被盗了，投资的钱可能就进入了盗贼的银行卡，小分队特别为资金安全担忧啊！

6. 我可以用我女儿的银行卡充值吗？

可以。票据宝平台允许用户充值与提现的银行卡不一致。

7. 提现账户审核好慢，或者二，三天都没有收到？

票据宝对提现的时间明确规定：1至3个工作日(国家节假日除外)之内到账。但目前为了提升用户体验，票据宝尽量提供满足用户当天（工作日）提现，第二天到账的服务，因此请会员认真填写相关资料和银行卡信息，避免提现出现延时情况。

图 4-8

C. 未设交易密码，账户安全性存在隐患

投资过程无须输入支付密码，虽说简化了操作步骤，但是却遗忘了用户对资金安全的看重远远超过与对简便步骤的要求。小分队确认投资还没有回过神儿来的时候，页面就提示小分队："恭喜您购买成功啦！"小分队是没有一点点防备，票据宝则是没有一丝丝顾虑，交易就这么完成了！真不知道有没有出现小伙伴无意点错就投标了的情况。

（4）操作便捷度

A. APP 端不支持充值

虽然平台已经开发了 APP 端的理财渠道，但是用户只能用现有的账户余额进行投资，不支持移动端的充值，用户不得不回到网页端进行操作，这无疑增加了用户的操作步骤的不便。不过可以看到 APP 端有"我要充值"的选项，可能该功能正在建设中，未来可以期待移动端实现充值。

B. 不支持债权转让

C. 提现门槛与投资门槛不一致

票据宝的投资门槛极低，1 元便可以进行投资理财，但是小分队申请提现的时候发现提现金额必须多于 100 元，那么投资 99 元以下的用户该怎么办呢！

（5）产品信息披露

A. 缺少质押物信息

在小分队看来，票据宝似乎是为懒人专门设计的理财门户。可能是为了达到懒人理财的目的，票据宝几乎没有披露产品的任何信息，包括质押物（银行承兑汇票）本身的扫描件。

B. 借款人信息未在标的基本信息页面呈现

借款人信息只能在投标成功后的借款合同中查看，借款用途也只是说用于合法的商业用途。如果在标的基本信息中就呈现借款人信息，可为用户的判断提供更多依据。

C. 投资后可见协议书，扫描件仍是谜

成功完成投标后，投资人可以看到委托协议书和质押借款协议书。查看两个协议书发现还是没有质押物扫描件，只有文字描述的担保物信息，导致投资者有理由怀疑平台发布的抵押物信息是否属实。

（6）投资便捷性

平台设置了固定发标时间和自动投标功能，投资者可在自动投标页面设置理财金额、利率、期限、账户资金等条件。

（7）收益与回款

A. 手续费已减免

平台在前期收取了投资人一定的提现和网站管理费用，但之后不久小分队就发现这些费用都取消了，点个赞。

B. 回款及时准确

在2015年2月6日，小分队收到回款短信提醒，登录网页，确认本息已入账到平台账户。小分队申请提现的第三天已经收到银行的入账信息提示，与平台对于提现时间（1~3个工作日）的承诺相符。

（8）服务指标

小分队拨通该票据宝的服务热线，客服服务态度很好，但是当问到为什么没有票据扫描件，以及为什么要收取网站管理费时，客服并不知道该如何应答，客服专业度有较大提升空间。平台也没有提供任何线上、线下投资人交流的渠道。

4.4 银票网"银票理财融资项目第 3406 期"

⊙体验平台 银票网

⊙体验项目 银票理财融资项目第 3406 期

⊙体验时间 2014 年 12 月 30 日

⊙验后真言 预约、预告发标让投资者不再担心错过好产品 / 抵押物真的全部可以查看到 / 标的未满时投资者还可以退款呢 / 客服专业性有待提升

⊙平台概况

银票网于 2014 年 8 月 8 日正式上线运营，是银票网（中国）有限公司推出的金融服务平台。银票网的产品收益在 6.8% ~ 12.6% 之间，理财期限从 1 天到 182 天不等。

⊙大类体验指标评价

（1）网站交互

银票网的栏目十分清晰，投资者可以很快找到目标产品进行购买。小分队登录银票网，发现银票网没有选择直接呈现产品列表，而是对平台和主营产品进行了介绍（见图 4–9 和图 4–10）。

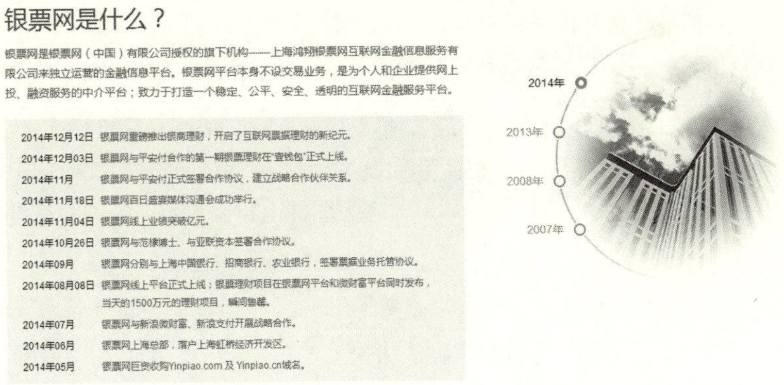

图 4–9

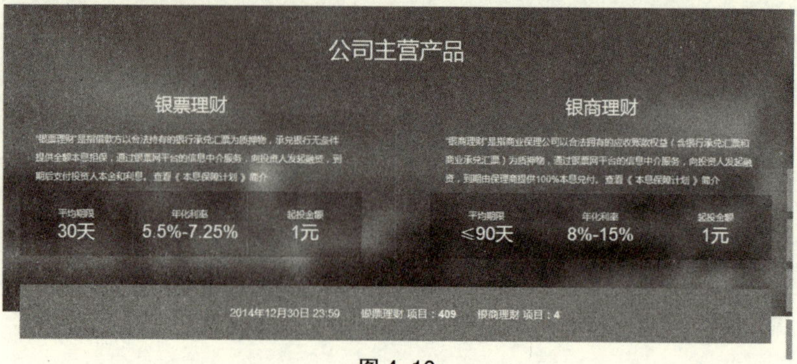

图 4–10

（2）新手指引 & 信息披露

A. 未设置新手指引

在首页的栏目引导中，仅仅可以看到“安全保障”说明，但是对于新手投资者最为关心的操作、资费、充值提现和产品说明等问题只字未提。

B. 有高管信息披露

银票网在“关于我们”的“管理团队”板块对其高管团队进行介绍，披露的信息简明扼要，有参考价值。

（3）信息与资金安全

A. 信息安全宣传存在 bug

图 4–11

银票网在每个页面的右下角都展示了信任联盟（见图 4–11）。鼠标移到信任联盟中的图标上时显示可点击，但是点击后无任何反应。

B. 两次投资确认，有独立交易密码

投资时，银票网共需两次确认所投资的项目详情，而且设立了单独的交易密码以提高账户安全。

C. 要求同卡充值提现

银票网要求资金同卡进出，与交易密码相配合，在防止资金被盗方面措施比较周全。

（4）操作便捷度

A. 支持大部分银行网银充值但缺少第三方支付渠道

银票网目前支持 8 家银行的企业网银充值和 19 家个人网银充值，但没有接入任何第三方支付渠道。

B. APP 支持充值但还需下载微博钱包

银票网的手机 APP 倒是支持第三方支付渠道，但是需要额外下载微博钱包。

（5）产品丰富度

在银票网投资金额满 1000 元以上，在到期 5 天前都可以转让（见图 4–12）。这点银票网倒真是与众不同，小分队遇到的票据理财平台中，很少提供这么贴心的债权转让服务。

温馨提示：
1.融资未满的项目在募集结束2个小时前的订单可以退款；
2.融资已满的项目在项目到期5天前并且投资金额满1000元以上的订单可以转让;

图 4–12

（6）信息披露

A. 银行承兑信息披露完整

投资之前小分队就可以查看质押的银行承兑汇票，包括所有的背书详情，如图 4–13 所示，该张银行承兑汇票总共背书了 2 次。同时，投资前就可以看到借款合同的样本、借款用途和还款来源。

B. 投资结束后未提供合同内容

但小分队在投资结束后竟然没有找到详细的《借款合同》或者《委托协议》，问及客服，客服好任性地回答说可以去公司考察。考察?! 小分队还没有土豪到专门从北京去福建银票网公司，只好作罢。

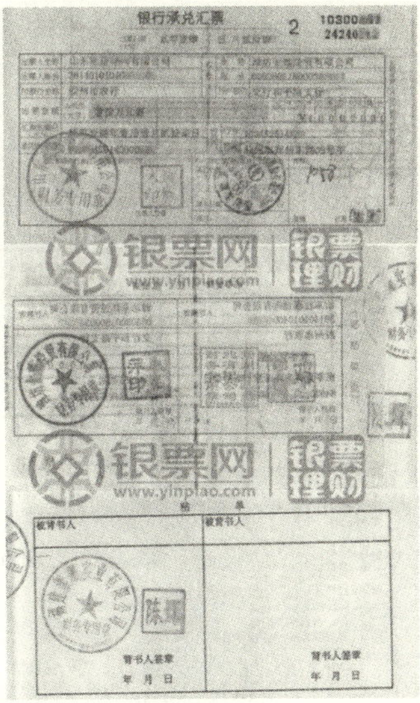

图 4–13

（7）投资便捷性

A. 投标倒计时搭配自动理财

平台不仅通知了理财产品发布的时间，还设有倒计时功能。同时，通过银票网的自动理财的服务，投资者可以根据产品期限、收益率和承兑银行的偏好选择适合自己的理财产品。

B. 募集结束前两小时退款允许

让小分队惊讶的是，银票网提供融资募集结束前两小时的退款服务，只需要填写退款原因并且输入交易密码即可。按常理来说，出现退款的情况不会太多，但银票网看似多此一举的操作实际很贴心，后悔药还是有备无患的好。

（8）收益与回款

A. 提现费用规则略复杂

平台不收取充值费和管理费，对于提现有一定的免费额度，平台给出了计算公式，但是感觉免费额度好复杂，小分队自己是没有计算出来（见图 4–14）。

温馨提示

1.免费提现额度=正常回款金额总和(包括本息)-提现到账金额-提现手续费

2.免手续费额度以外的按 0.5% 计算(最低1元,低于1元按1元收取)

3.提现金额低于100元：2元/笔,单笔提现最低10元

图 4–14

B. 有收益计算器

投标时输入投资金额，网页会自动显示未来收益。

C. 回款及时

2015 年 2 月 11 日，小分队收到回款短信，登录网站查，回款时间精确到了秒，及时准确（见图 4–15）。

我的投资项目 查看更多...　　最近交易　最近到期

订单编号	投资金额	预计收益	购买时间	到期时间	状态	操作
141231000106083102858 “银票理财”融资项目第3406期	1元	0.008元	2014-12-31 10:30:26	2015-02-11 23:59:59	已还款	详情
140828000106068103000 “银票理财”融资项目第3023期	1元	0.006元	2014-08-28 10:30:04	2014-09-27 23:59:59	已还款	详情

图 4–15

（9）服务指标

小分队拨打了银票网的客服热线，客服响应速度快，但是让小分队去公司考察的建议欠缺专业性。

4.5 体验指标对比分析

在网站交互上，三个平台几乎相同，无 bug。除了金银猫的“银行专区”和“银企众赢”界限稍微模糊外，其他两个平台栏目分类清晰，易于查找（见表 4-1）。

表 4-1

平台－产品	金银猫－银企众赢融资项目7174 期	票据宝－理财项目第 1738 期	银票网－银票理财融资项目第 3406 期
网站交互（9）	7	8	8
新手引导 & 信息披露（29）	12	3	5
信息与资金安全（50）	23	5	23
操作便捷度（16）	11	10	13
产品丰富度（9）	3	3	5
产品信息披露（45）	8	6	12
投资便捷性（19）	7	12	13
收益与回款（28）	25	25	23
服务指标（20）	4	1	3
合计（225）	101	73	107

在新手引导 & 信息披露上，金银猫分值最高，虽然没有高管披露和显著风险提示，但在新手引导方面很到位。票据宝得分最低，主要由于其使用余额宝的宣传语，误导投资者因此扣了 10 分。而银票网虽然披露了一定的高管信息，但是无新手指引和相应的资费说明，所以此项分值仍不理想。

在信息与资金安全上，除了票据宝，其他两个平台均有独立交易密码和严密的安全认证，不仅如此，两家平台资金要求同卡进出也为账户安全保驾护航。相反，票据宝除了加密传输，无其他信息与资金安全的防护。

在操作便捷度上，三个平台得分相当，特点却有所不同。票据宝目前无移动端投资，所以相比分值稍低。三家平台中仅银票网可进行债权转让，分值稍高。

在产品丰富度上，银票网是唯一有债权转让功能的平台。

从产品信息披露上来看，票据宝的分值比较低，主要原因是无抵押物详细信息、登录前抵押物信息不可见、还款来源不明确。金银猫的抵押物信息披露也不全面，比如票据的背书情况没有全部进行披露。所以对比之下，银票网背书情况完整，产品透明度较高。

从投资便捷性来看，除了金银猫外，其他两个平台都有预告发标和自动投标工具。

在收益与回款上，三个平台的相同点是起息日均少于三天，同时回款及时准确。金银猫、票据宝不收取任何投资费用，银票网收取部分提现手续费，所以得分稍低。

从服务指标分值来看，三个平台都不算理想。客服响应速度偏慢是金银猫的主要问题，而三个平台共同的问题在于客服专业知识不够，且没有设置投资人交流平台。

4.6 票据类产品体验小结

从产品上讲，票据理财平台起初受到追捧是因为投资者对银行承兑汇票安全度的认可，所以披露真实有效的票据抵押物的信息是非常有必要的。但是目前测评的三个平台的情况，大体反映了票据理财平台的两个共同问题：①票据抵押物信息披露不充分；②未采用第三方资金托管以保证用户的资金安全。

票据理财被认为是较为安全的资产类别，但是去年爆出的中汇在线事件凸显了此类产品的资金安全的问题，如真实借款人、票据质押权人、资金走向等都需要清晰披露。只有采用第三方资金托管、保证投资者知晓资金的真实去向，以及确定投资者是真正的质押权人才能切实保证投资者的权益。从这次的体验来看，票据理财作为最“安全”的 P2P 理财产品，还远远不能让投资人放心。

Internet
Finance
Transformers

第五章
保理类产品

5.1 产品简介

保理业务是卖方将其与买方订立的货物销售 / 服务合同所产生的应收账款转让给保理商而获取融资的业务，由保理商向卖方提供资金融通、买方资信评估、销售账户管理、信用风险担保、账款催收等一系列综合金融服务。

保理产品在 2014 年年中大举进入 P2P 理财领域，很多平台都已经在售卖保理产品。保理类 P2P 产品的操作一般是保理公司把一项保理业务（应收账款）的收益权通过 P2P 平台售卖给投资人及时获取回款，投资人按月收取本金和“利息”。

保理类 P2P 产品的年化收益率集中在 8%~12%，期限一般在 7 天到半年之间，属于风险和收益相对较低、期限较短的 P2P 理财产品。随着大量 P2P 借贷平台开始发力供应链金融，以应收款项、商业票据为主要载体的供应链融资产品预计在 2015 年将实现大幅度增长，保理类 P2P 产品将被更多的投资人了解和接受。

本节，小分队选择了积木盒子、旺财谷和众利网进行保理类 P2P 产品的体验。

5.2 积木盒子“企业经营贷（百拓科技）1072-70-1”

⊙**体验平台**　积木盒子

⊙**体验项目**　企业经营贷（百拓科技）1072-70-1

⊙**体验时间**　2014 年 9 月 17 日

⊙**验后真言**　小清新的风格吸引大批年轻投资者 / 增加新手指引和帮助中心做个贴心的理财平台吧 / 积木公益是增加投资人黏性的利器 / 引入第三方合作登录一定要点赞 / 事实证明投资者喜欢有规律有预告的发标 / 赶快增加第三方支付充值才是正经事 / 自动投标功能对投资者来说好贴心 / 采用第三方合同托管干得漂亮 / 在线客服的响应速度不能再慢下去了 / 线上线下活动热闹起来才是最大赢家

⊙平台概况

积木盒子隶属于北京乐融多源信息技术有限公司，于2013年8月开始运营。积木盒子以企业经营贷为主，房产周转贷、房产抵押贷和核心商圈贷为辅，还有诸如消费周转贷、车辆抵押贷、个人经营贷，融资租赁贷等产品群。

积木盒子官方披露的数据显示：截至2014年12月底，全年累计撮合贷款超过34.5亿元，累计投资422337笔，在贷余额17.78亿元。借款期限主要集中在6～24个月间，占借款总数量的73.5%。

⊙投资流程体验

图 5–1

积木盒子的LOGO由浅蓝色和橘黄色搭配组成，网站功能设计统一和谐，清新得不像是一个金融理财平台（见图5–1）。

首页导航由5部分构成，分别是“我要投资”、“新手专区”、“关于我们”、“积木公益”、“积木坛子”，小分队直接被“新手专区”和“积木公益”右侧的黄色提示数字吸引了注意力。

作为该平台的投资新人，的确应先看看“新手专区”的引导内容。本以为“新手专区”会包含对投资流程步骤的清晰引导，点开后却发现里面的两部分内容是新手任务和仅限新手投资的项目，前者包括注册、下载客户端、充值送礼包；后者期限较短，收益在10%上下。

真正意义的新手引导和帮助中心在哪里呢，小分队准备一会儿再找找看，顺着刚才的思路，继续看看“积木公益”到底是什么（见图5–2）。

图 5–2

浏览后小分队得知，积木公益的实质是公益类众筹，积木盒子借助自身的平台影响力，发起对贫困家庭孩子的资助项目——“寒门学子”。在介绍中，积木盒子承诺不会收取任何管理费，也表明公益项目对于资助人并没有任何回款，捐赠的是一份爱心。

对此，积木公益还特别开设了积木公益专属讨论区，在讨论区的置顶帖里，可以了解到该项目的具体实施计划、“寒门学子”产品设计介绍，包括被资助孩子的个人信息情况也分别在讨论区开帖展示。

小分队在讨论区看到很多人参与发言。其中有位投资人表示，将拿出今后每个月投资收益的 1% 进行捐赠。还有位投资人说，愿意通过付出一点爱心，让希望积少成多。更多的投资人发言希望积木盒子能够全程跟踪，不要做面子工程。

看到这里，小分队颇有感触，想必多数 P2P 平台都会遇到如何建立投资人黏性的问题，而积木盒子发起的这个公益众筹项目，就会直接给捐赠者带来价值认同，捐赠者借助积木盒子平台对某个贫困小朋友实施帮助，一般都会持续跟踪后续的情况，所以这个公益产品的设计是一种增强用户黏性的良好方式。

言归正传，小分队虽然没有在平台上找到新手引导，还是顺利完成了注册、登录和充值操作。平台支持第三方微博账号登录，小分队使用微博账号登录后，只需设置昵称和密码就注册登录成功了，十分便捷。

注册完成后，进入到充值流程。点击网页右上角进入“我的账户”，页面显示“P2P 账户”和“基金账户”，小分队在“P2P 账户”的右上角的详情中得到提示，需要开通第三方支付账户，随后点击“立即开通”后进入到汇付天下的注册页面。

汇付天下托管账户注册成功后，同样在“P2P 账户”的右上角的详情中，可以进行充值。积木盒子支持 11 家银行的网银支付，零壹 P2P 小分队选择招商银行网银支付，向账户中充值 100 元，页面中显示充值资金立即到账。

以上初次充值的过程中没有任何指引，小分队也只能靠“蒙”。随后，小分队选择了一款保理产品——“企业经营贷 1072-70-1”（见图 5-3），该项目计划借款 50 万元，借款期限 0.7 个月，借款年利率 8%。选择它的原因很简单，目前平台可投的项目仅此一个。积木盒子虽然不常出现一标难求的情况，但由于投资人众多，富裕项目也并不多，此次能够在可投标项目中找到一个保理类产品，小分队已经十分知足啦。

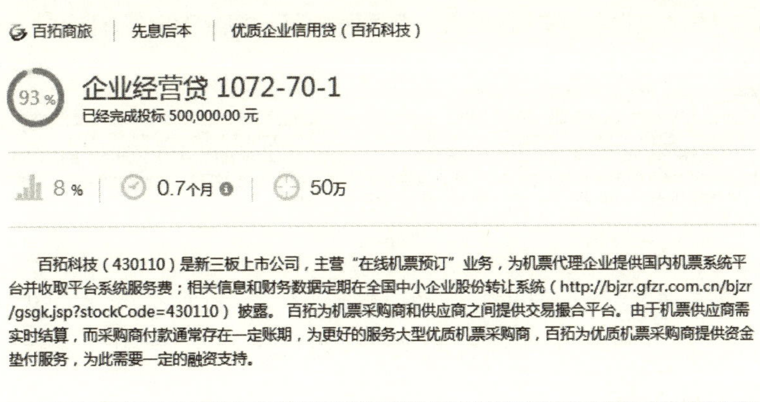

图 5-3

详细查看借款项目后，小分队输入 100 元投资金额，点击“确认投资”后弹出再次确认的页面，在该页面中包含了“借款协议”（见图 5–4）。

积木盒子 借款协议　　下载

合同编号：LR-JKHT-(2014)-0001072-70-1

本借款协议（“本协议”）以项目实际成交时间为签订日期

甲方(借款人)：　百拓商旅(北京)网络科技股份有限公司

甲方代理人：　田晓明

代理人积木盒子用户名：myglories

代理人身份证号码：610303197704073816

乙方（出借人）：

积木盒子用户名	出借金额	借款期限(月)	全部应收	投资确认日期
项目成交后才可查看				

丙方(居间平台服务商)：北京乐融多源信息技术有限公司

住所：　北京市朝阳区西大望路1号1号楼（温特莱中心写字楼A座）16层

图 5–4

下载协议后，小分队在借款协议的第六项“保证”条款中，找到了当借款人发生逾期时如何处理的步骤。若借款人逾期，积木盒子有权代表投资人向保证人发起担保请求，保证人需根据《保证担保确认函》中的约定进行代偿。若保证人也不履行代偿义务，积木盒子可动用其他可支配资金先行替保证人垫付代偿资金。其中“积木盒子可动用其他可支配资金”并没有具体指明是平台收取的各类风险保证金。此外，在该借款协议中，没有《保证担保确认函》具体内容。后来，小分队在项目页面的“相关文件”中看到两张《保证担保确认函》的截图（见图 5–5）。

六、保证

6.1 保证相关约定以保证人出具的《保证担保确认函》载明内容为准。

6.2 在甲方未按照本协议的约定按时、足额清偿任何一期借款利息或本金时，丙方有权代表乙方向保证人发起担保方清偿要求，要求保证人按照本协议的约定承担担保责任。保证人需要在债权期限届满日次日内，将代偿资金划转至丙方指定的监管账户，并授权丙方向乙方的积木盒子账户支付，以履行其在本协议下的担保责任。

6.3 乙方在此委托丙方代为提出代偿要求，即在出现保证人承担连带责任保证约定事由后，丙方有权代乙方向保证人提出履行担保责任、向乙方进行代偿的要求。此等情形下，保证人应依照约定履行义务，不得以主体是否适格为由进行抗辩。保证人怠于履行代偿义务情形下，丙方可动用其他可支配资金先行为保证人垫付代偿资金，此等垫付行为一经发生即视为保证人担保责任履行完毕，且对丙方承担代偿资金返还责任，丙方有权向保证人主张债权。

图 5–5

项目债权期限届满当日，小分队顺利收到了本金及收益。在网站的“我的账户”–“P2P 账户”–“我的债权”–“已回款”信息中可以看到详情（见图 5–6）。

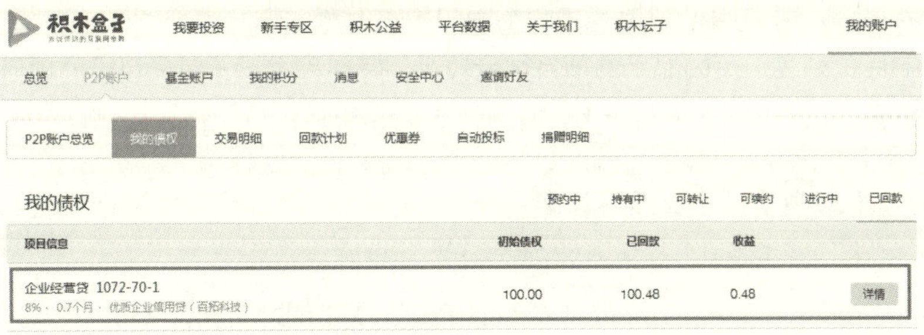

图 5–6

⊙大类体验指标评价

（1）网站交互

A. 网站清新脱俗简洁明快

积木盒子采用蓝色为主色调，呼应了 LOGO，以橙色和白色点缀。整个首页以灰色作为底色，首页去除了多余的内容，轮播幻灯片下，只留下了公告栏、推荐项目和债权转让项目，各板块是合计追求极简主义框架。

在重要信息，如项目状态、收益率以及项目进度上，平台运用了巧妙的设计进行强调。如收益率运用了颜色稍强的浅橙色进行标记，项目状态（立即投标、20：00 开放投标）则以蓝色、灰色的对比进行突出。

B. 项目筛选条件细致充足

积木盒子的投资项目筛选条件齐全，包含“项目状态”、“项目期限”、“项目收益”、“保障方式”、“项目类型”五大类，每个条件的区间设置细致，便于投资者快速定位心仪的项目（见图 5–7）。

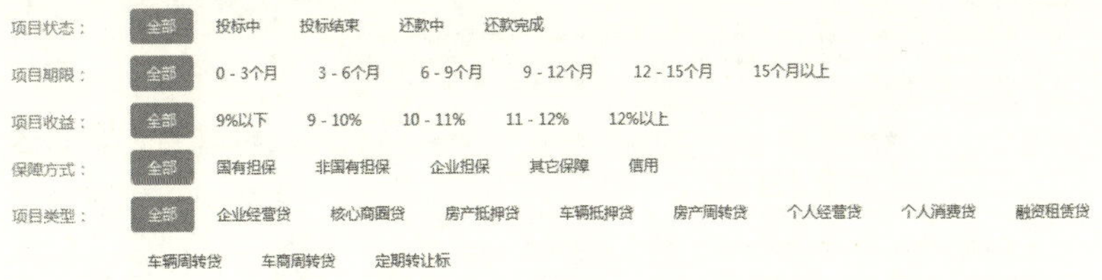

图 5–7

C. 卡片式项目列表显新颖

平台上所有的项目都采用了卡片式列表展示。小分队看多了平铺列表形式，突然间见到积木盒子不同的展示方式，顿时眼前一亮。不过，卡片式列表一页内显示的项目数量较少，好在积木盒子每天可投的项目不多，数量基本在一页之内，所以对投资的便捷度并没有不良影响。

(2)新手引导 & 信息披露

A.“新手指引”缺失、“帮助中心”难访问

小分队在网站上没找到“新手指引”或“帮助文档”等相关内容，求助于QQ在线客服后才得知，网站的确没有放“新手指引”，但网站实际设有“帮助中心”，命名为“常见问题”。这个“常见问题”栏目只能通过点击首页右侧的“在线客服”才能进入，访问路径不符合逻辑，怪不得小分队无法自行找到。

B.网站在“关于我们”中介绍了10位联合创始人及主要高管的背景信息

从这些人的履历中可得知，积木盒子的团队高管都在各行业从事多年相关工作，有丰富的经验。从以上人员入职积木盒子的时间也可以看出，目前积木盒子正在加强、丰富团队。

C.网站论坛专区的运营数据报告

积木盒子几乎每个月会发布一版平台运营数据报告。数据报告中包含累计交易额、还款中的项目数量、还款中的项目总金额及每类借款所占的交易金额。

D.逾期公告

积木盒子首页的最下方中部设有“还款公告”栏目，平台将在项目最后还款日当天发布还款情况。如遇项目逾期，还款公告中也会如实披露逾期项目代偿信息，图5-8为某笔逾期项

平台公告　还款公告　媒体报道

【代偿公告】项目114还款

2014-11-14

尊敬的积木盒子用户，

借款人应于今日偿还本金人民币**6,000,000.00元**，及最后一期利息人民币**57,998.94元**。在借款人完成**850,000**元本金和**57,998.94**元利息的充值后，网银U盾损坏，导致无法完成剩余款项的转账。事出意外，其保证人云南中铭融资担保公司为确保各位投资人能够实现权益在第一时间启动代偿，共代偿本金**5,150,000**元。借款人银行账户是公司企业账户，将于下周一去银行办理相关手续，将代偿的本金还给保证人云南中铭融资担保公司。

序号	项目名称	项目编号	借款金额	总收益
1	某木制家具及建材加工企业 经营用途贷款 第八期	114-1-8	2500000.00	286666.67
2	某木制家具及建材加工企业 经营用途贷款 第七期	114-1-7	500000.00	57637.39
3	某木制家具及建材加工企业 经营用途贷款 第六期	114-1-6	500000.00	58032.17
4	某木制家具及建材加工企业 经营用途贷款 第五期	114-1-5	500000.00	58276.42
5	某木制家具及建材加工企业 经营用途贷款 第四期	114-1-4	500000.00	58712.18
6	某木制家具及建材加工企业 经营用途贷款 第三期	114-1-3	500000.00	59050.37
7	某木制家具及建材加工企业 经营用途贷款 第二期	114-1-2	500000.00	59548.63
8	某木制家具及建材加工企业 经营用途贷款 第一期	114-1-1	500000.00	59892.42

图5-8

目的公告。

E. 有显著的风险提示

小分队在所有的体验平台上，还未见过直接在项目页面进行风险提醒的。而此次体验中，平台在投资栏目的上方设有风险提醒“盒子提醒您：投资有风险”，投资人还可以点击右方的“详情”按钮，页面移动至下方的“风控信息”栏目。

（3）信息与资金安全

A. 保证金数据披露细致有力

积木盒子每月都会通过平台公告披露平台运营数据，不同于其他平台，积木盒子对于贷款总额、还款中项目和在贷余额都选择一带而过，而是在保证金披露上下了不少功夫。

首先，积木盒子按照合作方担保的贷款分类（国有担保、非国有担保、企业担保、其他担保方式、信用保障）披露了合作机构机构及覆盖贷款余额。

随后，积木盒子披露了当月的担保保证金总额以及各机构，并公布了各合作方交纳的保证金金额，同时公布了由交通银行出具的资信证明。同时，积木盒子披露了最大合作机构云南中铭的经营状况，同样由交通银行出具。

除此之外，平台还会在公告栏发布“代偿公告”，披露未及时还款的项目名称、项目编号、未还金额、违约原因及罚息情况，数据极为透明。

B. 资金第三方支付托管

“托管”二字可见于各大 P2P 平台上，然而做到真正意义上第三方支付托管的为数不多。积木盒子则是其中一家。小分队完成网站账户的注册后，系统提示开通一个第三方支付账号。点击开通，页面跳转至第三方支付汇付天下的新用户注册页面。注册页面的最上方显示：您好，汇付天下是积木盒子的第三方支付及资金托管平台，在汇付平台上进行充值、取现、支付等操作，并保护您的资金安全。

整个设置流程较长：小分队先设置了汇付登录密码，在查看充值和个人账户信息时需要输入；再设置汇付交易密码，用于取现、充值、付款和绑卡；随后还要完善个人信息，包括真实姓名、身份证号、常用邮箱和手机号码，用于找回密码；最后还要阅读并同意《汇付托管账户开户协议》。点击确定后，汇付会自动生成汇付支付账号。

在充值时，系统会跳转至汇付天下，并自动填入账户，小分队输入密码和验证码即可完成登录，用户可以通过网银进行汇付账户的充值，小分队选择光大银行，通过手机进行支付，支付信息显示为：商户名称为汇付天下，二级商户为收银台专用。这和许多平台不太一样，其他平台只能通过网银或第三方支付直接充值，若选择网银，商户名称通常显示为一家第三方支付公司，二级账户为平台名称，实际上是转入了一个设于第三方支付的平台账户。

从协议内容来看，小分队在汇付天下开始的是一个设于积木盒子一级账户下的二级托管账户，账户内的资金独立于平台账户，托管账户中的资金变动完全基于小分队的个人指令，达到真正的第三方托管。

C. 首创合同第三方托管

就行业现状来说，证明借款事实存在的全部证据都由平台持有，包括线上电子合同、线下纸质合同和其他必要的文件。而更为合理的处理方式是将合同存放于可信的第三方托管机构，在发生纠纷时可以调用进行比对和鉴定。第三方托管的最大意义在于，避免平台非正常关闭时，投资人无法获得线上电子合同以外的其他证据，因为仅凭电子合同难以证明完整的借款事实，维权难度加大。

目前，积木盒子与提供在线法律产品和服务的电商平台绿狗法律网达成合作，进行合同的第三方托管。绿狗网作为独立第三方法律服务平台，组织专门的律师团队对融资项目的相关合同进行审查，确保合同真实存在且签署合法。项目融资完毕后，积木盒子会将项目文件移交到绿狗网，由绿狗网对与借款事实相关的证据进行托管，包括完整的电子协议、纸质合同原件、借款人身份证明文件、联系方式等等，实现由第三方持有交易证据直至合同履行完毕。平台非正常关闭后，未履行完毕的合同，绿狗网可提供相关的证据，作为投资人向融资人主张债权的依据，并在必要情况下协助投资人对接律师来启动法律程序。

积木盒子首页底部设有“合同托管查询”按钮，小分队点击后可以进入绿狗网证据托管平台，在首页选择 P2P 平台（目前只有一家积木盒子），并输入积木盒子账号和密码，即可查询到在平台所有投资相关的合同资料。

这一流程完善了积木盒子在运营过程中的标准化流程，对投资人更负责，在细节之处显示了平台的运营诚意。

(4)操作便捷度

积木盒子的移动端 APP 支持充值、提现、债权转让、合同查看诸多功能，页面简洁、清晰、好操作。

(5)产品丰富度

积木盒子的债权转让规则发布在平台公告中，不便于用户系统性寻找。投资人持有债权 24 小时后即可发起债权转让，债权转让只能折价，不能溢价，折价范围为本金的 20% 以内。针对每个债券均可发起多次债权转让，其中每个债券的前三次转让免收服务费（无论最终是否成交都算一次)，自第四次转让起需要收取债权转让管理费，费用为债权原值的千分之五。另外，还有三条规则，其一，距离还款日不足 30 天的债权不可以进行转让；其二，逾期中的债权不可转让；其三，单个债权必须全额转让，不可拆分转让。

(6)产品信息披露

A. 产品信息披露全面

积木盒子在借款项目的披露方面做得很全面，借款方基本信息、借款用途及还款来源都有明确的说明。

B. 披露担保函

平台对担保公司及担保合同也进行了图片披露。查看保证担保确认函时，小分队发现担保函中写着“保证人担保的主债权为债务人在北京乐融多源信息技术有限公司网站（http://www.jimubox.com）上 1072 号融资性项目下发生的借款，债务人拟最高额借款金额为人民币：700 万元（大写：柒佰万圆整)”，该项目的融资金额明明写着 50 万元，怎么担保确认函中却是 700 万元，通过咨询平台客服后得知，这个项目经过金额拆分。

C. 担保责任时间不够明确

借款合同中关于逾期履约的时间界定问题在 6.2 条“债权期限届满

日”有一些疑虑，究竟是指投资人的债权期限届满日还是这笔借款的债权期限届满日？若是指投资人的债券期满日次日，就相当于担保方会在逾期日次日履行担保责任；若是指这笔借款的债权期限届满日，就要看借款项目期限是多久了，当然担保方履行担保责任的开始时间更晚。

带着这个疑问小分队咨询了在线客服，客服耐心地解释了这里的“债权期限届满日”指的是投资人的债权期限届满日，对于小分队提出的“债权期限届满日”不够明确的问题，客服也谦逊地表示会与公司法务反馈一下，无论如何先给客服的好态度点个赞。

D.为不同的产品设计不同的保证金制度

积木盒子对不同的产品设计了不同的保证金要求，如“担保机构保证金”、“镑客保证金”、“核心企业保证金”等。平台表示，为保障投资人能第一时间实现债权，将依据对各方的考察与评估结果要求部分担保机构、积木镑客、部分核心企业缴纳一定比例、金额的保证金。

图 5-9 中的“风险互助金”是指积木盒子根据不同的产品设计要求融资人基于其融资金额的一定比例提取风险互助金，并由第三方进行监管。风险互助金制度是积木盒子整合融资人资源为投资人提供的附加还款保障，该笔资金系平台融资人之间建立的风险保障机制，在出现风险事项且担保公司及保证金均不能及时足额代偿的情形下触发启用，以确保投资人本金及收益可即时收回。

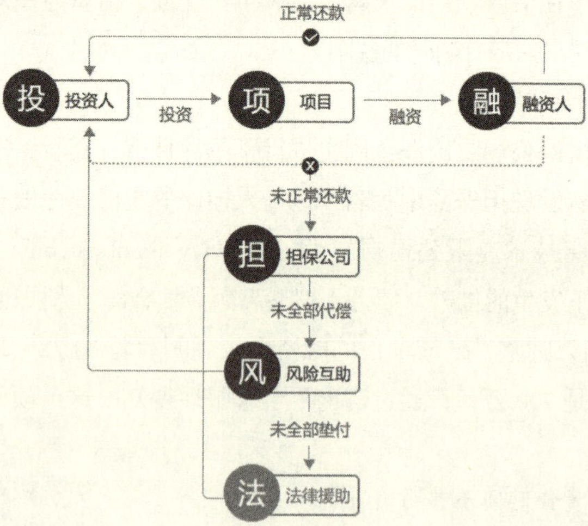

图 5-9

“法律援助”是指积木盒子在自有资金中提取一定额度设立的法律援助基金。如任一借款项目发生逾期并须启动法律程序时，积木盒子将启用该笔资金为投资人聘请专业律师，代表投资人启动法律程序解决争议，确保投资人在极端情况下能够及时行动、有效维权，最大限度地保护投资人的利益。

(7)投资便捷性

A. 预告发标与随机发标配合

积木盒子首页的“推荐项目”栏目后公布了每日定时发标的时间公告“上午 10 点，下午 1 点、4 点，晚上 8 点，其余时间和周末为随机发标”。此外，积木盒子还在论坛的“平台公告”栏目中发布借款项目具体信息的提前预告。

B. 自动投标筛选条件丰富

积木盒子为投资人提供自动投标功能，筛选条件包括投标金额、还款方式、借款期限、年化收益、担保公司和账户保留金额六项。投资人设置好预期的条件后，系统会实时自动匹配进行投资。自动投标功能可以有效地解决某些投资人无法实时关注平台发标及项目到期后资金站岗的问题。

(8)收益与回款

A. 投资次日开始起息

积木盒子的起息日由投资的次日开始计算，无论是否满标。另外，平台在充值时不收取投资人费用；提现每笔收取 1 元手续费，无上限。

B. 收益计算和收益展示功能有欠缺

积木盒子在投资项目中，设置了预期首页展示栏目，用户只需输入投资金额，便可实时显示收益，但是未设置收益的分期展示。同时，还设置了“全投”按钮，投入所有余额(见图 5-10)。

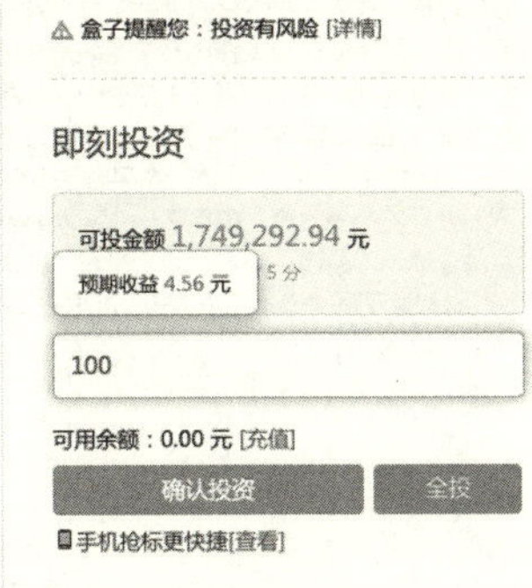

图 5-10

同时，积木盒子还设置了收益计算器，但却设置在页面底部，位置有些难找。点击收益计算器，跳转至一个新的页面，投资人需要手动设置计息方式、计算类型、投资金额、收益和期限，点击计算，才能显示出最终的预期收益（见图 5-11）。总体来看，收益计算器位置太过“偏僻”，起不到实投实用的效果，除此之外，收益计算器不能自动载入投资项目的各类数据，而是需要对照心仪的项目，逐个填入，再进行计算，不够方便。

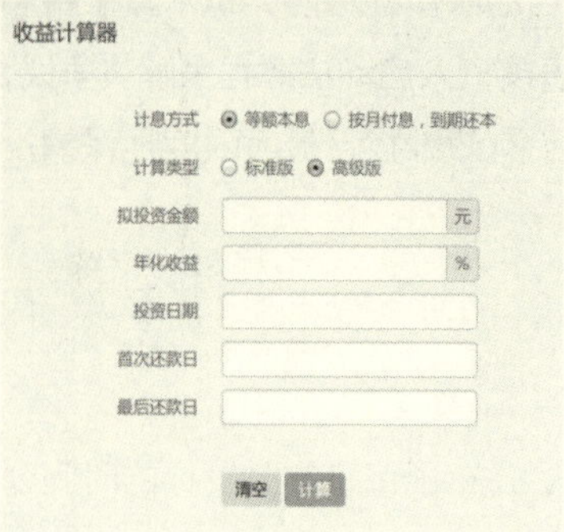

图 5-11

（9）服务指标

A. 积友观察团

积友观察团是积木盒子定期开展的投资人参观平台的线下活动。旨在让投资者近距离了解平台的组织结构、运营状况、风控标准等。本活动的最大亮点在于，参加活动的人员在活动结束后还要在论坛发布一篇《观察员报告》，将实地调查得知的情况及想法感受与论坛上更多的用户分享。具体活动展示在积木坛子（平台论坛）的积友邦下。图 5-12 是其中一份观察团报告的截图。

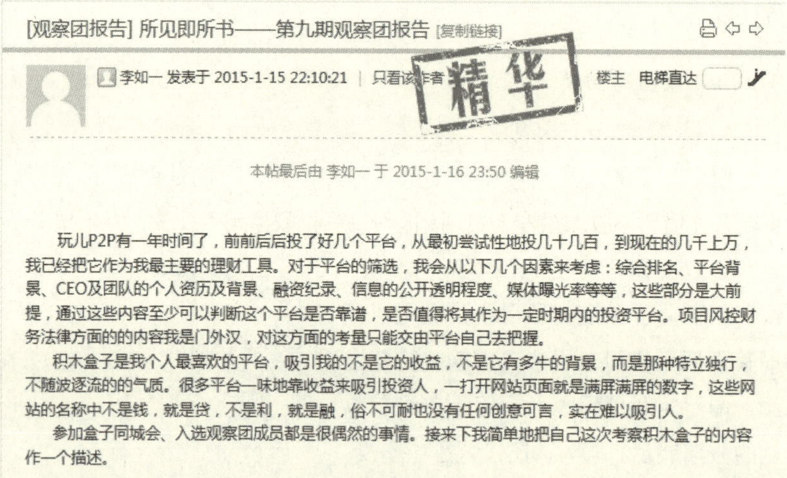
[观察团报告] 所见即所书——第九期观察团报告 [复制链接]

李如一 发表于 2015-1-15 22:10:21 | 只看该作者 精华 楼主 电梯直达

本帖最后由 李如一 于 2015-1-16 23:50 编辑

玩儿P2P有一年时间了，前前后后投了好几个平台，从最初尝试性地投几十几百，到现在的几千上万，我已经把它作为我最主要的理财工具。对于平台的筛选，我会从以下几个因素来考虑：综合排名、平台背景、CEO及团队的个人资历及背景、融资纪录、信息的公开透明程度、媒体曝光率等等，这些部分是大前提，通过这些内容至少可以判断这个平台是否靠谱，是否值得将其作为一定时期内的投资平台。项目风控财务法律方面的的内容我是门外汉，对这方面的考量只能交由平台自己去把握。

积木盒子是我个人最喜欢的平台，吸引我的不是它的收益，不是它有多牛的背景，而是那种特立独行，不随波逐流的的气质。很多平台一味地靠收益来吸引投资人，一打开网站页面就是满屏满屏的数字，这些网站的名称中不是钱，就是贷，不是利，就是融，俗不可耐也没有任何创意可言，实在难以吸引人。

参加盒子同城会、入选观察团成员都是很偶然的事情。接来下我简单地把自己这次考察积木盒子的内容作一个描述。

图 5-12

B. 论坛运营质量堪比主站

“积木坛子”是积木盒子的自有论坛，供积木盒子的投资人互动交流，且会频繁组织一些线上活动。而且据小分队观察，积木盒子论坛的活跃度很高，内容质量也较高，同时网站建设也比较注重用户体验和设计感。根据小分队的观察，互动最频繁的模块是“互动专区”下的“积友杂谈”，内容为天南海北一起侃大山，截止到目前已有近 5000 个主题，60000 个帖子。活跃度紧随其后的是“问题解答”下的“常见问题”，至今已有近 3000 个主题，20000 个帖子，这部分主要是新手、菜鸟和投资小白的入门学堂。另外，积木盒子也非常善于组织各类线上线下活动，积友们的响应很热烈。

如图 5-13 所示是论坛首页，界面设计简洁大气，右上角搜索栏处写到“搜索其实很简单”，这样的细节设计足以体现了团队诚意。整个论坛分为官方发布、互动专区、问题解答三大板块，每个板块都进行了清晰的分类，标题鲜明，没有多余的宣传用语，对小分队这类大脑整理障碍症来说，再方便不过了。

图 5-13

具体到论坛内容，官方小编发帖和回帖频率极高，小分队在体验当日查看了“平台公告”板块的帖子，从发布时间来看，在 9 月末和 10 月初，最低保持每两天一发的节奏。

其次，用户互动情况也较好。小分队于体验当日查看了互动专区的“积友杂谈”栏目，近日回帖数量 391 个。处于最上方的“【论坛公告】积木论坛积友守则”浏览数量高达 2252，回复数量 139。而且，从各帖的浏览数量和回复数量来看，也保持着较为合理的比例，从回复的内容来看，“托儿”的现象也不太多。

最后，论坛内容质量也相当高。“积友杂谈”中一篇“这两个项目，积木的风控真的有去现场调查么？”发帖网友为积木盒子的资深投资人，质疑了平台上两个项目尽职调查的真实性，有图有真相，也得到了一些网友的疑问甚至是声援（见图 5–14）。

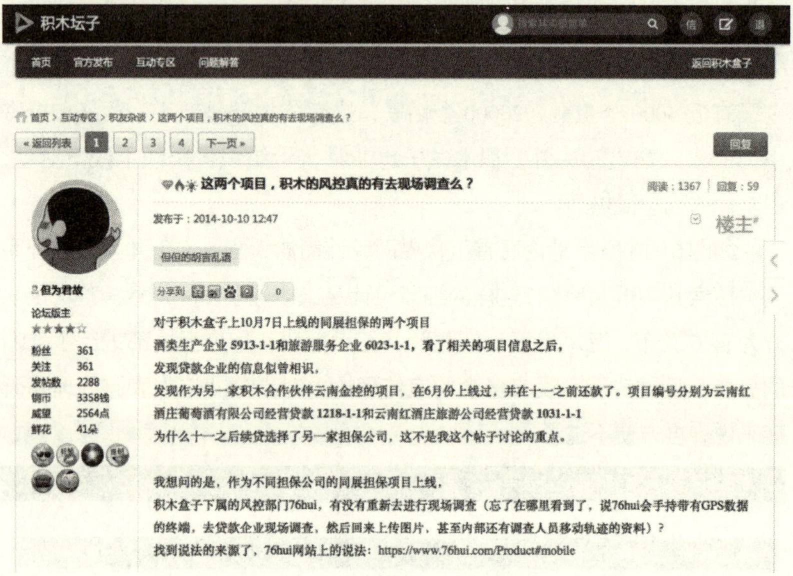

图 5–14

发帖时间为当日 12：47，当日 17：50 积木盒子客服给出回复，合理相对客观，有逻辑可循，回复也较为及时（见图 5–15）。

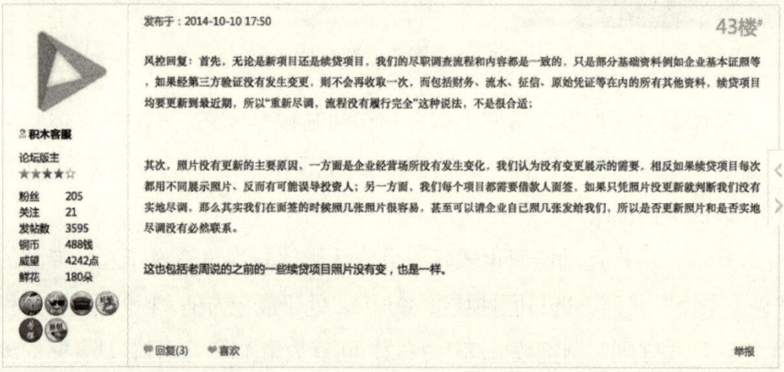

图 5–15

相比于不少平台疏于经营，让论坛沦为摆设，积木坛子的运营相当用心，能感受到平台对投资人的尊重，让小分队对平台的好感度不断飙升。

C.客服连接失败页面补充设置

想象一个情景，你在浏览网站的时候，突然对某个问题不解，这时候你向客服询问，但往往你可能根本没有注意当天是不是工作日，是不是已经过了客服工作时间，就点击了客户服务。这时候，就会出现无人应答或连接不上的情况。

针对这种情况，积木盒子专门设置了一个连接失败页面，页面不仅设有重试按钮，还给出了一些你可能遇到的常规问题。这一设置足以看出平台对客户服务的重视，这种方式至少可以减少用户的挫败和烦躁感。

D.善用社会化媒体进行营销

小分队在积木盒子首页顶部发现了“招财猫”按钮，名字听上去萌萌哒，点击进入，发现是一个“发红包”的活动营销页面，只要好友在注册时输入“招财码”即可获得10元现金红包。而当好友在30天内，完成首笔投资，小分队就可以收到10元现金券，如果好友这笔投资为5000元及以上，小分队可获得该笔投资0.1%年化，这笔投资为5万以上，奖励0.6%年化。

小分队只要点击该页面下方的“我要发红包”，完成登录就可以通过微信朋友圈、QQ聊天、QQ空间、新浪微博、豆瓣、腾讯微博等多种社会化媒体进行红包发送。除此之外，还可以通过最为传统的“短信”方式发放红包链接。

小分队尝试选择以QQ的方式发放红包，登录QQ选中要发送的好友，在对话框中粘贴红包链接，输入验证码后点击发送，好友即可收到链接。好友点击链接，页面就会跳转至自带“招财码”的注册页面。活动操作简单，奖励丰厚，利用熟人关系进行传播，此类分享式的营销不太会引起小分队的反感，如果收益高、体验好的话，小分队还是乐意分享给周围朋友的。

5.3 旺财谷“66号屈臣氏供货商应收账款保理项目”

⊙**体验平台** 旺财谷

⊙**体验项目** 66号屈臣氏供货商应收账款保理项目

⊙**体验时间** 2014年12月15日

⊙**验后真言** 新手指引与帮助中心内容详尽得令人感动/投资者更愿

意在投资前看到合同范本 / 千元级的起投金额让小额投资者敬而远之 / 充值渠道太单一可能让投资者不便哦 / 风险保障承诺不是说说而已 / 不要任性地让投资者联系不上你 / 论坛可以让投资者更了解你哟 / 有时间给网站设计个新潮的界面吧

⊙平台概况

旺财谷是由南京易投贷金融信息服务有限公司运营的互联网金融 P2P 平台，专注于应收账款融资与理财业务，于 2014 年 7 月正式上线。目前平台上绝大多数的借款项目都是应收账款保理项目，88% 的借款金额集中在 200 万之内，借款期限大多在 3 ~ 6 个月之间，年化投资收益率在 10% 左右。

据官方数据披露，截止到 2014 年 12 月底，旺财谷的成交额突破 1.35 亿元。

⊙大类体验指标评价

（1）网站交互

当鼠标滑过网站项目列表时，借款项目的底色由白色变为浅灰色进行突出显示，方便用户将视线聚焦在当前项目，这种细致的设计体现出平台的用心（见图 5–16）。

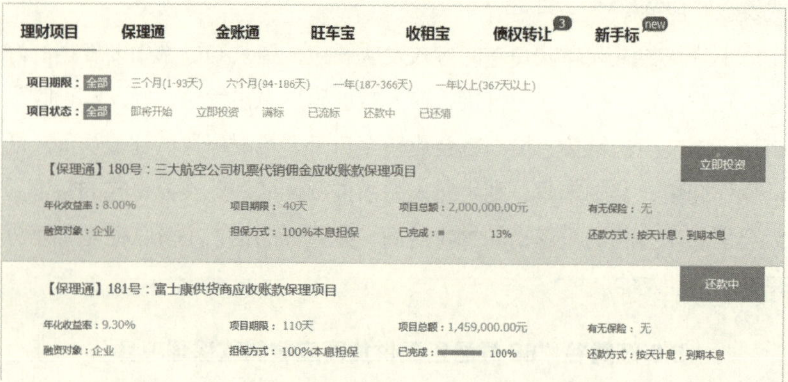

图 5–16

（2）新手引导 & 信息披露

A.“新手指引”操作截图指南

旺财谷首页的导航菜单即包含“新手指引”栏目，“新手指引”页分别对“注册指引”、“理财指引”、“提现指引”、“计息说明”和“注意事项”采用图文并茂的形式一步一步地展示给投资者（见图 5-17 和图 5-18），小分队看了很感动，不能更贴心了。

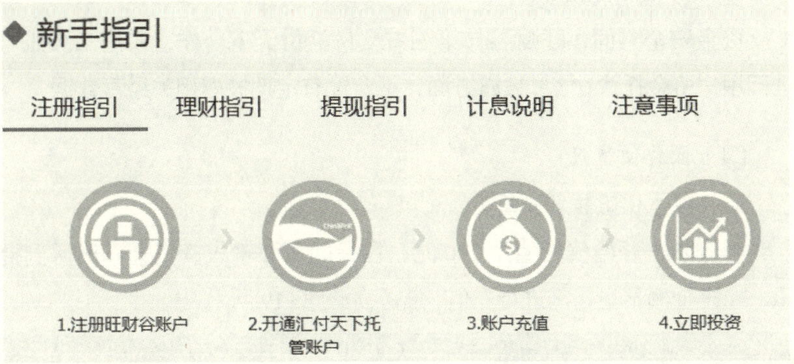

图 5–17

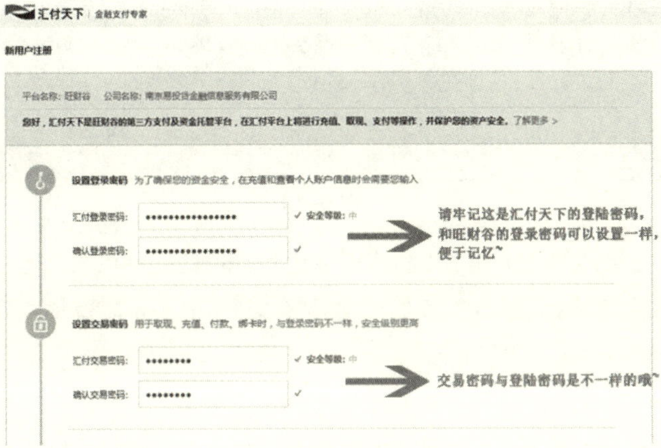

图 5–18

B.“帮助中心”信息丰富

旺财谷首页导航中的“理财帮手”实际上是“帮助中心”。具体内容包括“费用收取规则”、“保理业务知识”、“项目发标预告”，“网站名词解释”等，小分队的疑问和想了解的内容基本都已涵盖。平台集中展示帮助信息的方式非常便捷、实用。

C. 产品的类型及模式披露完整

旺财谷的理财产品包含“保理通”、“金账通”、“旺车宝”、“收租宝”、

“债权转让”和“新手标”六类。选择相应类型的产品，筛选条件的右侧会出现快捷链接，内容就是相应标的类型、交易模式的详细介绍。

（3）信息与资金安全

资金安全方面，旺财谷与第三方支付汇付天下合作，采用二级账号进行用户资金托管；信息披露方面，平台没有定期披露相关经营数据。

（4）操作便捷度

A. 快捷充值跳转功能缺失

小分队一开始仅充值了 100 元，在标的页面输入投资金额后得到提示，起投金额不足，需进行充值，提示如图 5-19 所示。

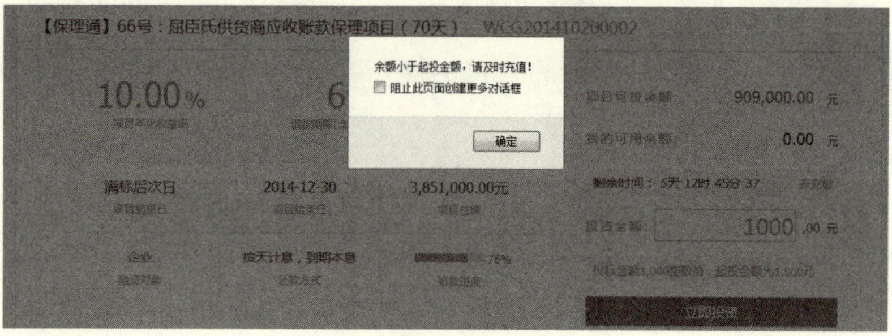

图 5-19

此时虽然弹出了提示投资者需要进行充值的提示页面，但并没有给出引导投资者投资进入充值的快捷链接。小分队只能默默地找到“账户中心”点击进入，进行充值。

B. 合同管理中心

旺财谷在账户中心提供了统一存放管理合同的栏目，投资人可以在此集中翻阅查看所投项目的合同文件。

（5）产品丰富度

平台提供债权转让功能，但债权只能转让一次。债权状态未逾期且持有满 20 天即可进行转让，平台收取转让金额的千分之三作为转让管理费，转让时，债权持有人可以折价处理，折价比例在 5% 之内。

（6）产品信息披露

A. 投资前看不到合同

旺财谷的借款项目的信息披露较为全面，用户在未登录前就可以看到这些信息，包含资金用途、还款来源等。不过，投资前用户无法看到借款合同。项目满标后，投资者可以在账户中心看到三份合同，分别是《借贷协议》、《出借方声明》和《委托借款书》。

B. 借款合同中无逾期垫付规则

借款合同中逾期还款部分，只说明若发生逾期，借款人除应向投资人支付本协议约定的借款本息外，还应自逾期之日起对全部剩余本息按0.1%/天向投资人支付罚息，直至借款人清偿全部借款本息为止。完全没有提到逾期垫付具体办法。

C. 风险保障到底谁来兜底

安全保障页面有一段文字介绍，介绍中写的风险保障由保险公司兜底，但在具体借款项目页面却看到由商业保理公司兜底，关键是合同中没有到保险公司或其他机构兜底的相关条款（见图 5-20）。小分队有些糊涂了。

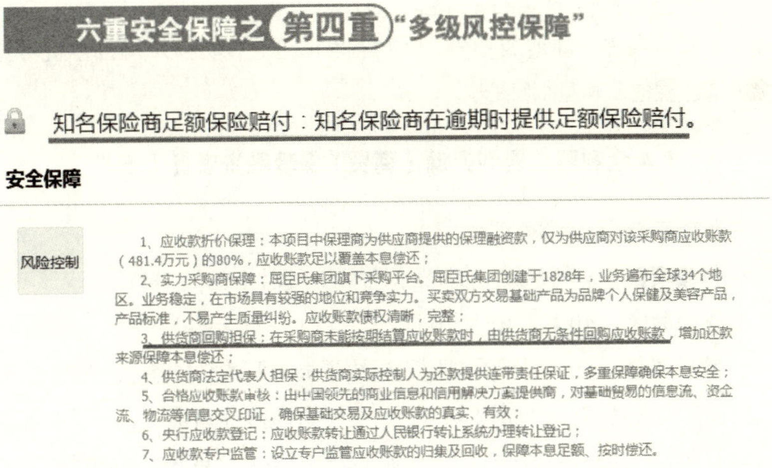
六重安全保障之第四重“多级风控保障”

知名保险商足额保险赔付：知名保险商在逾期时提供足额保险赔付。

安全保障

风险控制

1、应收款折价保理：本项目中保理商为供应商提供的保理融资款，仅为供应商对该采购商应收账款（481.4万元）的80%，应收账款足以覆盖本息偿还；

2、实力采购商保障：屈臣氏集团旗下采购平台。屈臣氏集团创建于1828年，业务遍布全球34个地区。业务稳定，在市场具有较强的地位和竞争实力。买卖双方交易基础产品为品牌个人保健及美容产品，产品标准，不易产生质量纠纷。应收账款债权清晰，完整；

3、供货商回购担保：在采购商未能按期结算应收账款时，由供货商无条件回购应收账款，增加还款来源保障本息偿还；

4、供货商法定代表人担保：供货商实际控制人为还款提供连带责任保证，多重保障确保本息安全；

5、合格应收账款审核：由中国领先的商业信息和信用解决方案提供商，对基础贸易的信息流、资金流、物流等信息交叉印证，确保基础交易及应收账款的真实、有效；

6、央行应收款登记：应收账款转让通过人民银行转让系统办理转让登记；

7、应收款专户监管：设立专户监管应收账款的归集及回收，保障本息足额、按时偿还。

图 5-20

随后通过拨打平台电话客服得知，平台上的一部分项目在保险公司上保险，另外一些项目没上保险，没上保险的项目则由保理公司来兜底或者是供货商提供回购担保。小分队还是有些许担忧，原因是客服以上回答的内容并没有在合同中体现。

（7）投资便捷性

A. 起投金额门槛过高

旺财谷的起投金额为1000元。P2P借贷平台的起投金额一般为100元、50元，甚至低到1元。面对上千元的投资门槛，小分队表示“压力山大”，有点跨不过去了呢。

B. 预告发标

用户通过点击首页最上方的发标预告可以实时查看预告发标信息。

（8）收益与回款

产品借款合同中没有提及逾期后的垫付规则，询问客服得到回复“平台不兜底，但对于每个项目都有多重还款来源，未出现过逾期，也不会出现逾期”，设定逾期规则的意义是确定若借款发生逾期，投资人有哪些保障、可采用哪些追讨措施。旺财谷承诺零逾期，真的会这样美好吗？小分队不禁要在这里打个问号。

（9）服务指标

小分队在平台注册成功后，旺财谷客服通过小分队填写的手机号直接申请加微信，感觉很贴心。

5.4 众利网“宏利万源（商贸）保理融资项目（五）”

⊙**体验平台** 众利网

⊙**体验项目** 宏利万源（商贸）保理融资项目（五）

⊙**体验时间** 2014年10月10日

⊙**验后真言** 首页属于黄金地段应放置最重要的功能信息 / 避免投资人资金站岗还是增加自动投标功能吧 / 平台不兜底也就罢了，好歹在借款合同中增加一些逾期条款吧 / 增加预告发标投资人会更开心 / 项目列表还是需要一些筛选条件才便于投资者定位 / 周末排个值班的客服好吗

⊙**平台概况**

众利网上线于2014年5月，隶属北京众利和乐信息科技有限公司。

众利网的产品均为保理融资项目，融资周期集中在 1~3 个月，年化投资收益率集中在 10% 左右。平台上的单笔融资金额基本在 100 万元以内，但会存在把一个高达几百万元的融资需求拆分成多个投资项目的情况。

⊙大类体验指标评价

（1）网站交互

A. 首页展示信息不够实用

网站首页“最新投资”滚动条正在循环显示用户的投资信息（见图 5–21），这种设计小分队不是很赞同。疑惑点在于循环展示的信息中既有几个小时前投资成功的，也有几天前投资成功的，若平台本意是希望展示用户投资的实时信息，表明网站上的投资很火热，那在循环显示的信息中就不要出现几天前的投资情况，这样很容易看出平台上的投资人数量不多，投资不频繁。实际上首页的关键位置，可以放置对投资人来说更为便利的发标预告信息。

图 5–21

（2）新手引导 & 信息披露

A. 新手指引清晰流畅，帮助中心贴心实用

对于初次投资的新人来讲，清晰的新手指引尤为重要，众利网的新手指引内容详细简洁。除了对投资流程的引导，平台还提供了针对投资成功后如何管理的相关引导，十分周到（见图 5–22）。

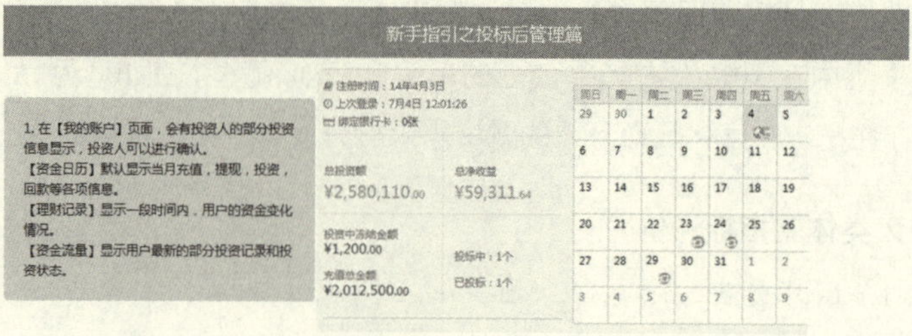

图 5-22

众利网是做保理资产的 P2P 借贷平台，其帮助文档中还特别解释了有关保理的基础概念，引导投资者理解保理借款项目的风险点。

B. 资费说明难以找到

小分队没有直接找到平台的资费说明。随后在两个栏目无意中找到资金充值提取的相关信息，第一个是新手指引充值篇的一个图片中；第二个是网站某篇的公告。

（3）信息与资金安全

资金安全方面，众利网与第三方支付汇付天下合作，采用二级账号进行用户资金托管；信息披露方面，平台没有定期披露相关经营数据，也没有设置风险备用金。

（4）操作便捷度

众利网规定，用户在工作日 17:30 之前申请的提现，当日审核完毕并预计于下一工作日 12:00 ~ 17:00 到账，否则在下个工作日审核并预计第三个工作日 12:00 ~ 17:00 到账。此外，平台还规定必须经投标回款后才能提现，禁止用户充值资金未投标就提现。

（5）产品丰富度

平台借款期限较短，大都在 1 ~ 3 个月之间。平台没有提供理财计划和债权转让功能。目前平台上发布的借款项目的保理机构都是“德融晟商业保利有限公司”。

（6）产品信息披露

A. 借款企业和保理公司披露完善

项目简介中主要介绍了该保理项目融资企业的情况，提供了较为齐全的融资企业的认证资料，包括开户许可证、法人营业执照、组织机构代码证、机构信用代码证、税务登记证照片资料。

众利网对保理公司与本项目融资贸公司的历史合作情况也进行了详细披露。平台表示已审查认证该笔借款项目的保理合同（保理合同与融资企业保理业务的真实性证明）、申请人承诺保证书（融资企业出具各资料的真实性保证文件）、尽职调查报告（保理公司对融资企业进行的各项尽职调查）、应收账款转让登记（保理公司与融资企业在央行征信体系的应收账款登记）、众利网保理融资借贷及服务协议（保理公司与众利网线下签署的借贷协议）、居间服务合同（保理公司与众利网签署的服务合同）。

B. 反担保风控措施

融资企业（北京宏利万源商贸有限公司）已为该笔应收账款签署回购承诺书，承诺若发生逾期，该公司将回购该笔应收账款，由北京天恒兆鑫科贸有限公司作为第三方担保人，签署了《到期付款承诺保证书》、《个人无限连带责任承诺书》承诺为融资企业（北京宏利万源商贸有限公司）提供担保，承诺若北京宏利万源商贸有限公司未按照《保理合同》约定还款的情况下，将无条件按照《保理合同》约定承担还款及相关费用并付违约金。

众利网还强调补充，平台已经审查认证了《回购承诺书》、《到期付款承诺书》、《个人无限连带责任承诺书》。

C. 应收账款抵押在央行进行登记

众利网的安全保障中第四条写道："众利网审核通过的融资项目，其应收账款抵押必须在央行征信系统（中登网 www.zhongdengwang.com）进行登记。其登记号及根据登记号查询的结果，众利网不但善尽审慎检查义务，并且在项目详细中也进行明确披露。以此杜绝虚假交易，保障投资人的资金安全。"小分队在浏览想投资的借款项目时，在"历史交易与当前交易"栏目中找到了债权在央行应收账款质押公示登记系统的登记号（01727173000215716559），随后在中登网上成功查询下载了登记表，如图 5-23 所示。

D. 合同中无逾期处理办法

借款合同中清楚地表明众利网仅作为居间服务方，不承担还款责任、连带责任、保证责任、赔偿责任。平台不兜底也可以，但是对于借款人

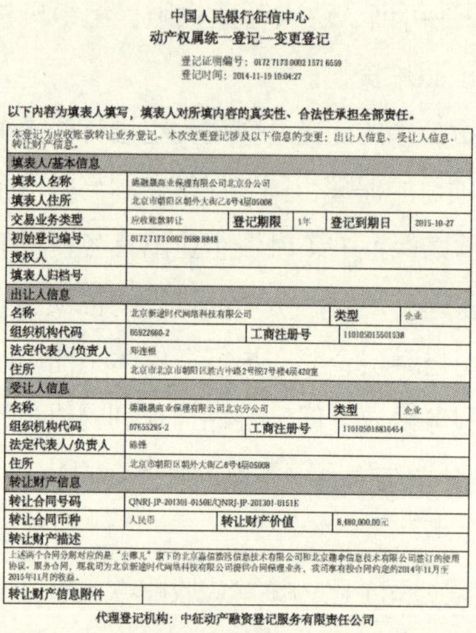

中国人民银行征信中心
动产权属统一登记—变更登记

登记证明编号：0172 7173 0002 1371 6559
登记时间：2014-11-19 10:04:27

以下内容为填表人填写，填表人对所填内容的真实性、合法性承担全部责任。

本登记为应收账款转让业务登记。本次变更登记涉及以下信息的变更：出让人信息、受让人信息、转让财产信息。					
填表人/基本信息					
填表人名称	德融晟商业保理有限公司北京分公司				
填表人住所	北京市朝阳区朝外大街乙6号4层05008				
交易业务类型	应收账款转让	登记期限	1年	登记到期日	2015-10-27
初始登记编号	0172 7173 0002 0988 8848				
授权人					
填表人归档号					
出让人信息					
名称	北京新途时代网络科技有限公司		类型	企业	
组织机构代码	06922660-2	工商注册号	110105015501538		
法定代表人/负责人	郑连彬				
住所	北京市北京市朝阳区酒仙桥中路2号院7号楼4层420室				
受让人信息					
名称	德融晟商业保理有限公司北京分公司		类型	企业	
组织机构代码	07655295-2	工商注册号	110105018816454		
法定代表人/负责人	路锋				
住所	北京市朝阳区朝外大街乙6号4层05008				
转让财产信息					
转让合同号码	QNRJ-JP-201301-0150E/QNRJ-JP-201301-0151E				
转让合同币种	人民币	转让财产价值	8,480,000.00元		
转让财产描述					
上述两个合同分别对应的是"去哪儿"旗下的北京趣信络远信息技术有限公司和北京趣拿信息技术有限公司签订的使用协议、服务合同，现我司为北京新途时代网络科技有限公司提供合同保理业务，我司享有该合同约定的2014年11月至2015年11月的收益。					
转让财产信息附件					

代理登记机构：中征动产融资登记服务有限责任公司

图 5-23

逾期或违约时的条款倒是写得清楚详尽些呀，否则怎么对得起投资者的信任呢。

（7）投资便捷性

A. 借款项目难定位

小分队在浏览众利网的借款项目时发现，借款列表无搜索功能也无任何信息筛选项，不便于用户进行项目精准定位。

列表随着鼠标往下滑动会自动加载后面的项目，无分页设计（见图 5-24）。小分队的体验感受并不好，这样的设计不适合这个环节，原因在于，列表中的借款名称基本是由借款公司名称加上第几期融资命名，这种命名方式使各个借款项目之间区分不明显。鼠标不停滚动展示大量相近的信息，很容易造成视觉疲劳。

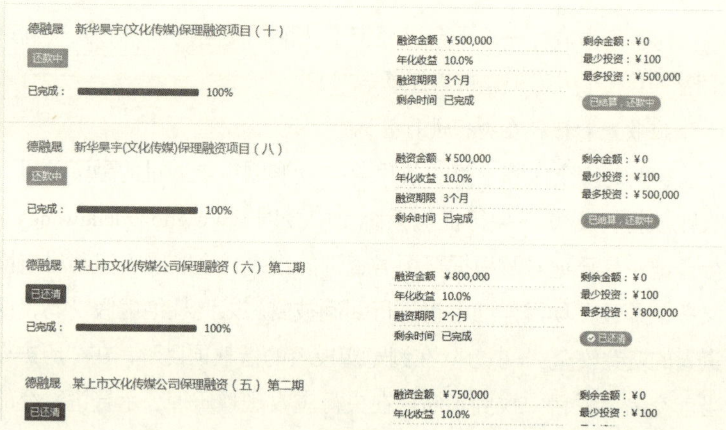

图 5-24

B. 别出心裁的资金日历

众利网别出心裁地做了账户资金日历，用户可以通过此功能一眼明了在哪天进行了哪些充值、提现、投资、投资回款等操作。

（8）收益与回款

与旺财谷相同，众利网不兜底，也无逾期垫付相关规则。

（9）服务指标

众利网没有开设论坛，从网站上也没有看到平台举办的任何线上或线下的交流活动，与投资者的交流渠道有所欠缺。

5.5 体验指标对比分析

网站交互方面，三家平台无论是网站色彩搭配、产品布局，还是页面响应速度方面均表现得很出色。众利网得分略低主要是因为平台首页循环显示的用户投资信息并不实用，网站首页是带给用户第一印象的关键页面，“寸土寸金”的位置可以放置更有价值的信息，如预告发标等（见表 5-1）。

表 5-1

平台 – 产品	积木盒子 – 企业经营贷（百拓科技）1072–70–1	旺财谷 –66 号屈臣氏供货商应收账款保理项目	众利网 – 宏利万源（商贸）保理融资项目（五）
网站交互（9）	9	9	8
新手引导 & 信息披露（29）	22	22	9
信息与资金安全（50）	40	33	33
操作便捷度（16）	14	14	11
产品丰富度（9）	7	6	4
产品信息披露（45）	40	13	16
投资便捷性（19）	14	9	8
收益与回款（28）	24	23	23
服务指标（20）	19	13	13
合计（225）	189	142	125

在新手引导 & 信息披露上，积木盒子和旺财谷得分相同却各有千秋。积木盒子缺少新手引导，帮助中心难以寻找，旺财谷网站则缺少显著的风险提示。众利网得分最低，差距主要体现在三点：第一，平台没有明确的资费说明；第二，缺少年报、月报或实时统计的数据信息；第三，首页右上方写着“30 倍活期存款收益，3.27 倍定期存款收益”，这样的收益对比可以写，但是相应的收益风险对比省略掉就涉嫌误导性宣传了。

信息与资金安全方面，积木盒子表现最突出，原因是积木盒子每个月都会公布业绩报告，报告中透明地披露风险保障金的实时数据。此外，三家平台都采用了第三方支付的二级账号资金管理体系，这是除了将资金全部托管于银行之外，目前最保险的方式。

在操作便捷度上，三个平台均实行 T+1（T 是工作日）到账机制。如今手机 APP 愈加普遍，P2P 借贷平台提供移动端 APP 作为补充已是大势所趋。众利网分数略低的主要原因是平台没有开发移动端 APP，积木盒子和旺财谷不仅提供了移动端 APP，还支持用户在移动端便捷地进行充值和提现操作。

在产品丰富度上，积木盒子的表现最佳，主要体现在两点：其一，项目还款方式较丰富，包含三种到期一次性还本付息、等额本息和先息后本；其二，债权转让手续费合理更方便快捷，每笔债权的前三次转让免费，持有债权 24 小时后即可发起转让，流动性更强。旺财谷也提供了债权转让功能，规定债权持有 20 天后方可进行转让，转让管理费用为千分之三，其收费和规则相比之下，没有积木盒子大方。众利网暂不提供债权转让功能。

产品信息披露方面，三家平台的得分真正地拉开了层次，积木盒子得分是旺财谷和众利网的 2～3 倍。旺财谷和众利网的共同问题有三点，第一，项目页面没有明显的风险提示信息；第二，合同没有采用数字认证；第三，合同中没有逾期的处理办法。此外，旺财谷在投资前看不到借款合同，众利网缺少还款来源和借款用途的披露，积木盒子的合同采用了 CFCA 和沃通认证。

投资便捷性方面，积木盒子表现较好。旺财谷的主要问题是 1000 元起投门槛过高。众利网的问题有两点：缺少自动投标和借款列表，未提供搜索筛选功能。

收益与回款上，三家平台的表现基本相当，但在起息日方面略有不同，积木盒子起息日为投资次日，时间最短；众利网起息日是满标当天；旺财谷起息日是满标的次日。

服务指标上，积木盒子分数略高的原因是平台的官方论坛及线下活动开展得有声有色。从整体上看，三家平台的在线客服响应速度平均都在 1 分钟之内，客服服务水平都很优秀。比较特别的是，旺财谷的在线客服是一个 QQ 群，群中的客服响应速度很快，在解答问题的同时，还会有群内其他投资人热心帮忙解答补充，这种客户服务方式的客服利用率可能更高，值得其他平台参考。

5.6 保理类产品体验小结

保理类 P2P 产品兴起于 2014 年，很多保理类 P2P 借贷平台应运而生，借助以往 P2P 借贷平台的设计经验，小分队发现这些新生的保理类平台整体的网站设计水准较高，功能俱全，表现出色。

但多数保理类借款产品存在产品信息披露不足的问题。保理类产品的本质是商业保理公司将其业务通过 P2P 借贷平台转让给投资者。在这种交易结构中，投资者需要了解的业务信息包括：①商业保理公司的实缴资本；②商业保理公司的历史业绩与现有业务规模；③保理业务所涉及的主要企业（包括应收方与应付方）介绍；④相关的贸易合同。这些信息可以让投资者知道商业保理公司的专业能力以及付款企业的偿付能力，从而辅助进行风险判断和投资决策。此外，由于公众对保理业务不太熟悉，建议平台可以将保理业务的流程做出详细介绍，让投资者能够更加容易理解投资项目的本质。

保理类 P2P 产品目前的规模并不大，但因为期限短、流动性强，且有真实贸易背景作为支撑，深受投资者的欢迎，2015 年预计会有更多的保理类资产出现在 P2P 借贷行业。

Internet Finance Transformers

第六章
融资租赁类产品

6.1 产品简介

融资租赁类产品是2014年前后兴起的新型P2P借贷项目。普资华企2013年7月发布了国内第一款融资租赁类P2P产品——华企通（PCCB-XY071801-一期），该产品的年化收益率为18%。而随着2014年P2P产品的火爆，爱投资、积木盒子、拾财贷等越来越多的平台开始杀入融资租赁行业，整体上来讲年化收益率也有所降低，截至2014年年底有融资租赁类P2P产品的平台已达到14个。

融资租赁是上世纪末在国内兴起的一种融资（担保）模式，融资方（承租人）向设备提供商（出租人）以设备使用报酬（或租金）作为持续偿还本息，获取设备一定期限使用权，在租期届满、租金支付完毕后，融资方（承租人）获得相应设备的所有权。而专业的融资租赁机构或保理银行则在其中担当融资服务角色。项目的实施过程，实际上是物权从出租人—融资租赁机构—承租人的转移过程，与目前部分有抵押贷款模式类似，但有抵押贷款不存在物权的转让，而融资租赁则是物权与资金流的逆向转让过程。

目前，P2P行业主要通过两种方式对接融资租赁资产：第一种是收益权转让模式，第二种是杠杆租赁业务对接模式。

在收益权转让模式中，对接的融资租赁类型主要是直租和售后回租。如果是直租，融资租赁公司向设备供应商购买设备，然后出租设备。融资租赁公司已经形成或者将要形成租金收益权。融资租赁公司为了避免非法集资之嫌，将融资租赁租金收益权转让给由平台设立的商业保理公司或者资产管理公司。商业保理公司或资产管理公司再通过P2P平台对投资人转让租金收益权，投资者再投资购买租金收益权。最后，承租人通过P2P平台向投资人按时支付租金。由于融资租赁业务的风险很大，因此平台一般会要求融资租赁公司在承租人无法支付租金时回购收益权并提前垫付。

在杠杆租赁业务对接模式中，首先融资租赁公司从P2P平台募集资金，资金额度是设备价格的60%~80%。投资人通过P2P平台投资，融资租赁公司获取资金。融资租赁公司自身再出20%~40%的资金购买设备出租给承租人。承租人按期付给融资租赁公司租金，融资租赁公司最后分配租金支付给投资者当作投资回报。这类模式同样需要融资租赁公司承诺回购设备。

一般来说，投资人在融资租赁类项目中，P2P 平台可能需要披露的信息包括：①承租人交予出租人（融资租赁公司）并通过审核的《项目建议书》和《可行性研究报告》；②承租人的工商登记证明和财务报表，验证公司真假并查看经营状况；③《租赁合同》，来查看融资租赁期限、保证金金额、是否保险、保险总金额，确认对接机制；④《起租确认函》，确认每一期支付租金的金额和支付租金的日期。

融资租赁业务的收益一般在 8%~17%，个别的融资租赁业务可以达到 20% 以上，收益率根据租赁物的不同而差别很大，收益过低的租赁业务虽风险低，但难以与 P2P 对接，目前的各 P2P 平台收益率存在差异，基本集中在 8%~15%。从期限上来看，租期过长的资产流动性较差，很难受到投资人的青睐，融资租赁类 P2P 产品（租金收益权转让项目）目前的期限都在 12 个月以下，以 3 个月到 6 个月居多。

小分队进行体验时（2014 年 9 月），有融资租赁类项目的平台有普资华企、爱投资、积木盒子、拾财贷、e 租宝 5 家。我们从中选择两家上线较早并运营成熟的平台：爱投资和积木盒子；同时又选择了两家上线不久，但专注于融资租赁类项目的普资华企和拾财贷。

6.2 爱投资“爱融租系列大型纺织企业设备直租（二期）”

⊙**体验平台**　爱投资

⊙**体验项目**　爱融租系列大型纺织企业设备直租（二期）

⊙**体验时间**　2014 年 8 月 29 日

⊙**验后真言**　普通投资人可不懂融资租赁模式和风险要先普及 / 与风险相关的数据可要给投资人解释清楚 / 资金托管这个词可不能随便乱用 / 合同加密下载显安全 / 用一个更酷的方式给客户展示他的资产吧 / 债权可快速且部分转让，可能会激发投资欲望哦 / 承诺的风控措施，可不能随随便便从合同中消失哦 / 说清代偿规则很重要，说清代偿顺序同样重要 / 回款速度提前是怎样一种体验 / 给你的投资人写封情书吧

⊙平台概况

爱投资于 2013 年 3 月 31 日上线，是国内首创 P2C 互联网金融交易

模式的平台，借款主体为企业，借款额度通常在 100 万以上，所融资金多用于满足企业的经营需求。爱投资通过与融资性担保公司、融资租赁公司合作，进行企业尽职调查，并设计了担保、反担保、回购等风控措施，投资收益率集中在 8%～15%。

目前平台有爱担保、爱融租和爱保理三类产品，其中爱融租和爱保理分别于 2014 年 5 月和 7 月上线，在此之前均为担保类产品。担保类产品以企业尽职调查、担保代偿和反担保作为风控的主要手段，爱融租和爱保理类产品，除了企业尽职调查和担保代偿外，还引入了收租权转让和保理公司到期回购两类风控措施。

截至 2014 年 12 月，爱投资累计投资总额达到 43.3 亿，其中于 2014 年 5 月 4 日正式上线的爱投资融资租赁项目累计投资额已达到 7875 万元。平台债权转让活跃，2014 年全年转让成功率达到 90.82%。爱投资将其融资租赁类产品分为应收租金转让和直租 / 回租项目两类，前者期限一般为 6 个月及以下，收益率为 11%，直租期限一般为 12 个月或 24 个月，收益率为 14%。

⊙投资流程体验

一进入爱投资，小分队就被首页抢眼的幻灯片吸引了：最灵活转让规则出台！小分队火速点击了“了解详细规则”（见图 6-1），果然规则足够灵活，持有 30 天即转让，支持部分转让和自主定价，这在其他平台上极为少见，也增加了小分队的投资信心。

图 6-1

往幻灯片下方看，创新工场、安全典范和新手引导，都是关于平台P2C模式、风控严密和投资新体验的宣传，但是好像凌乱了点儿。右侧的统计数据显示目前（2014年8月29日）网站投资总额近32亿元，投资人已赚取2.99亿，除此之外，爱投资将超过60家的合作机构列在首页底部。数字太振奋人心了，小分队火速点击网站右上角的注册按钮，加入投资人行列。

输入邮箱、用户名、密码、验证码并提交，系统提示注册成功，过程简短快捷。令人惊喜的是，系统还提示给小分队发了50元投资券，点击直接进入个人账户“我的投资券”，我的投资券下方竟然还设置了使用策略，用户“可设置在投资过程中，是否自动使用投资券”，小分队果断选择了“是，自动选择全部投资券”。设置完毕，小分队就安心前往首页找项目啦。爱投资首页设置了三类产品栏目（爱保理、爱担保和爱融租）和债权市场栏目。如图6–2所示，爱融租栏目就显示着最近即将上线的产品。

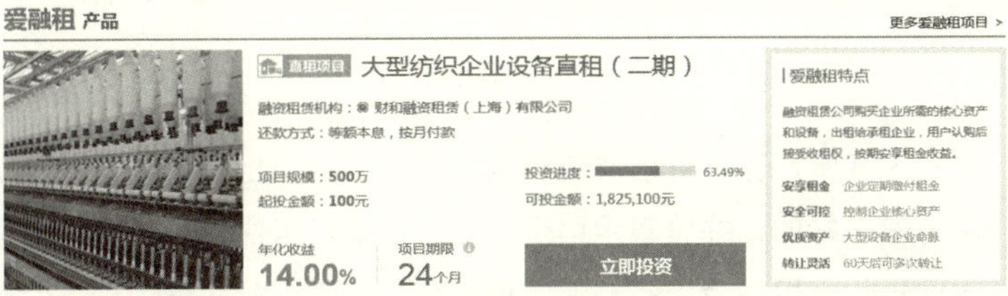

图 6–2

栏目右侧给出了产品的基本介绍，提醒投资人认购的是融资租赁公司转让的收租权。由于是首次接触该类产品，小分队还是不太明白。此时，发现导航栏中设置了“业务模式”栏目，二级菜单分别设置了爱担保模式、爱保理模式、爱融租模式和债权转让模式。小分队点击“爱融租模式”，进入如图6–3的模式介绍。

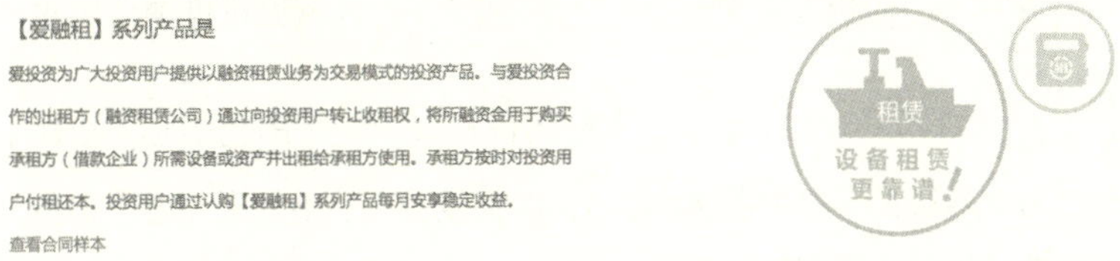

图 6–3

虽说读完了，但是从未了解融资租赁行业的小分队还是有些迷糊。爱投资显然考虑到了这一点，小分队在页面下方依次查看了【爱融租】的优势、【爱融租】的交易模式（回租和直租）、【爱融租】小知识、答疑解惑（常见问题解答）。

通过交易模式介绍，小分队明白了原来就是融资租赁公司与承租企业签订合同，租赁公司购买设备并享有所有权，随后将设备租给企业，企业按期付租金。而把这项业务（以直租租赁为例）放到爱投资上，则变成图 6-4 中的交易模式。

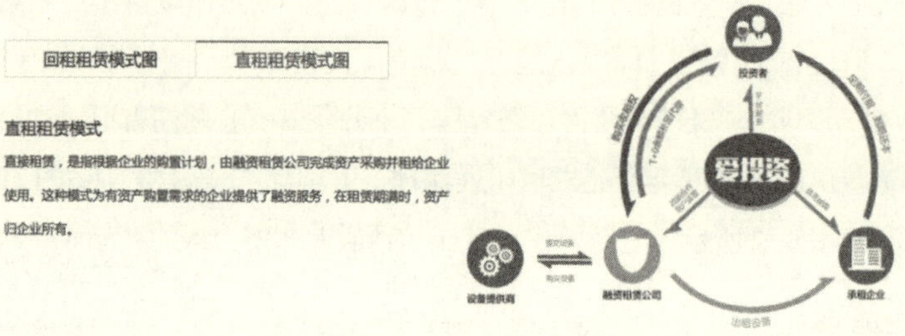

图 6-4

如图 6-4 所示，融资租赁公司与承租企业达成租赁业务后，爱投资在网站上发布标的，并披露承租企业信息，融资租赁公司通过爱投资向投资人出售收租权，爱投资与融资租赁公司设立银行共管账户，由承租企业按期向投资人支付租金。融资租赁公司承诺，承租企业违约时，进行 T+0 余额补足代偿。

小分队弄清了基本模式后，还在页面下方看到了“答疑解惑”栏目，爱投资设置了几个投资人极为关心的关键问题，如收益水平如何，投资合同是几方合同，付息方式如何，银行共管账户是什么意思。因此，小分队在未投资前，就已经知道合同的签署方：投资合同分两种，回租租赁包括投资人、出租方、承租方、爱投资四方，直接租赁再增加供货商一方。

于是，小分队点开了页面上方的合同样本，样本内容翔实，包括平台与投资人签署的《投资服务协议》，以及投资人、借款人和融资租赁公司签署的《借款及保证合同》。

随后，小分队在《投资服务协议》中找到了违约条款（见图 6-5）

时：在债务人发生违约时，先由平台使用风险保障金对投资人的应收款项进行垫付（逾期 7 日内），随后由担保机构清偿资产后对未清偿部分进行补足。啊？原来模式介绍中的 T+0，只是对垫付余额的补足，小分队还以为是 1 天内完成垫付呢。

第四条 风险保障金的使用

4.1 当债务人发生违约时，由乙方风险保障金专用基金先行进行债务人回款风险的共担，再由《借款协议》或其他融资协议项下的担保机构负责对债务人抵押质押的资产进行清偿，风险保障金规定如下：

风险保障金的提取比例由乙方根据债务人的整体违约状况进行设定，并有权进行适当的调整。

当发生项目逾期风险时，乙方将会在7个工作日内使用风险保障金对甲方的应收款项进行垫付。使用规则如下：

在风险保障金专用基金账户当前余额足以支付发生逾期的债务人项目的逾期本息时，由风险保障金专用基金账户将该违约债务人的全部逾期本息金额支付给甲方及其他融资方，甲方和其他融资方在各自对应的《借款协议》或其他融资协议下约定的本息回收情况将保持不变。在甲方得到风险保障金专用基金账户代偿本息后，该债务人其后所偿还的逾期款本息、罚息、违约金等相关权益归属风险保障金专用账户。

在风险保障金专用基金账户当前余额不足以支付发生逾期的债务人项目的逾期本息时，则该项目所有融资方按照各自对应的违约债务人的逾期本息金额占项目逾期本息总额的比例对风险保障金当前余额进行分配，不足部分由相关融资合同项下的担保机构进行赔付。

图 6–5

到此，严谨的小分队已经对产品设计和合同内容有了基本的把握，随后点击首页爱融租项目右侧的“更多爱融租项目”，进入项目列表页面，平台给投资人设有多项筛选条件：项目状态、项目期限、项目收益和项目规模。但事实上，这些标的往往很快满标，可以进行投资的最多只有最新上线一个，筛选条件根本派不上用场啊。随后小分队点击了还可以投资的“大型纺织企业设备直租（二期）”（见图 6–6）。

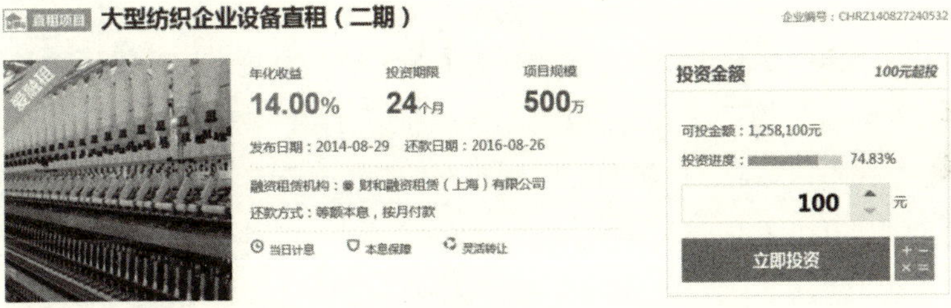

图 6–6

项目名称左侧标有直租项目，下方是基本的项目介绍：项目规模 500 万，还款方式为等额本息按月付款、起投金额 100 元，年化收益为 14%，项目期限较长为 2 年（如果不是为了体验，小分队怕是不会投了），最下方还承诺了当日计息，即 8 月 29 日开始计息，那么第一个还款日即为 9 月 29 日。除了这些基本信息外，还列出了“融资租赁机构：财和融资租赁（上海）有限公司”，鼠标移至机构名称则显示：融资租赁公司提供本息全额代偿。小分队还点击了融资租赁公司名称，进入如图 6–7 所示页面。

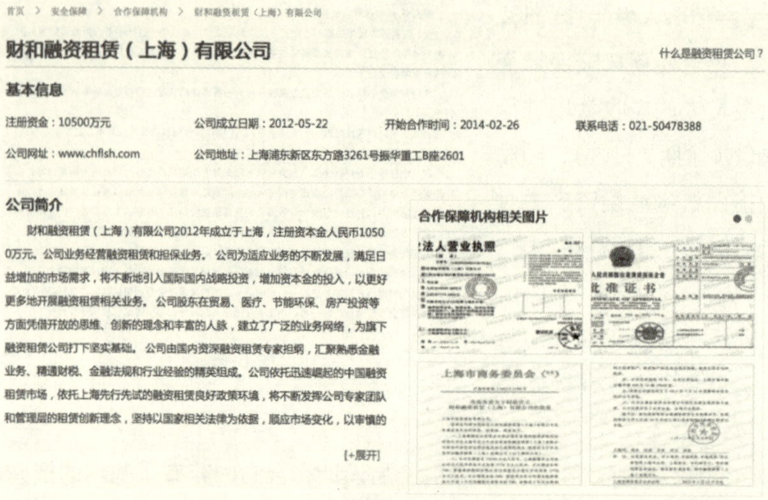

图 6–7

该页面对爱投资合作机构财和融资租赁（上海）有限公司进行了详细的披露，并以图片形式呈现了企业法人营业执照、台港澳侨投资企业批准证书、上海市商务委员会关于同意设立财和融资租赁（上海）有限公司的批复以及平台与其签订的战略合作协议，但是协议只披露了封面和尾页部分内容。

除了以上信息，小分队还在下方看到了合作数据，还披露了财和与平台合作项目的基本状况：12 个项目正在进行中，总额 6080 万；在平台存放的风险保障金，总额 116.8 万；已结清项目 2 个（期），总额 2000 万；代偿项目 0 个（期），总额 0 元。从数据来看，保障金对项目总额（本金 + 收益）的风险覆盖率达到 1.57%，下方还列出了财和租赁期内项目和结清项目的链接，用户可点击查看。

确定了租赁公司的实力和背景，小分队重新回到了项目页面，发现平台对承租企业也进行了披露。在基本信息下方，平台设有项目描述、企业信息、融租详情、投资记录和项目咨询，具体内容极为详尽。比如项目描述栏目就给出了项目基本介绍、资金用途和还款来源。

项目描述中，介绍了承租企业的基本状况（并未披露具体名称）和具体的业务，并说明了由于业务发展，企业需要承租 30 台 ET420 转杯纺纱机，净值 4500 万，承租企业自付 30%，即 1350 万，财和融资租赁（上海）有限公司支付 315 万，剩余 2835 万通过平台融资。而本项目的总额只有

500万，怪不得项目名称为“大型纺织企业设备直租（二期）”，小分队还真在后来查到了一期（金额100万）。类似情况也常常出现在其他平台，但爱投资不像有些平台选择故意回避，而是大方说明。

更令人惊喜的是，平台还给出了详尽的还款来源：第一，还款来源为承租企业营业收入，且给出了2013年和2014上半年的收入及利润情况，但很遗憾的是没有披露经过审计的年报，小分队只能选择相信这些数据；第二，还款来源小分队觉得有些牵强，因为无论是租赁公司享有的所有权和厂家提供的回购承诺都只是风控手段，而不能算作还款来源。果然，小分队在下方的“风险控制措施”中再次看到了这些内容。

紧接着还款来源，披露了企业信息，包括企业背景、营业范围和经营状况，多与以上内容有重复。不过，令人欣慰的是，平台在右侧披露了大量企业相关图片（包括企业执照、机构代码证、税务登记证和厂房照片）和出租物图片。

在随后的融租详情栏，还公布了融资租赁机构简介、共管账户银行（交通银行）、共管账户账号（3100★★★★★★★★★★★★6616）、平台出具的出租物评估意见、风险控制措施和涉诉信息。

从风险控制措施中，小分队得知了以下几项：1. 设备生产厂家提供回购承诺，逾期后第一时间代企业归还租金，并回购租赁物；2. 承租企业实际控制人及其配偶承担无限连带责任；3. 融资租赁公司承担100%还款责任；4. 爱投资贷前严密审核，并制定严格的贷后监管方案。这部分内容告诉小分队，项目可能涉及的合同：借款合同、厂家回购承诺，融资租赁公司保障合同，还有实际控制人还款保障合同。

小分队鉴定项目基本靠谱，正式进入投资流程，输入100，点击“立即投资”，系统提示完成充值。在充值前，系统又提示完成进行实名认证、手机认证和支付密码设置。完成后，重返充值，爱投资支持21家网银支付和2家第三方支付（连连支付和财付通）三种充值方式，小分队选择网银，发现充值至第三方支付平台盛付通，但并未标明设置了二级账户。

完成充值后，重新进入点击投资，可进入确认页面，系统给出了确认项目信息栏、确认投资金额栏、确认投资回报栏、确认积分回报栏，还需要输入支付密码和验证码，并同意《投资合同范本》，随后小分队点击了“确认投资”按钮。约5秒后，申请就完成受理，系统提示投资成功，并给出“用户中心”链接，查看交易记录。至此，小分队在爱投资上的投资体验结束，之后几个月也回款正常。

⊙大类体验指标评价

（1）网站交互

A. 首页栏目设置合理便捷

爱投资以红黑两色作为平台主色调，呼应品牌LOGO，整体风格统一。在导航栏的设计上，尤其是投资产品的分类，用户只要点击投资产品，即可出现二级菜单栏：爱保理产品、爱担保产品、爱融租产品和债权市场。点击后，即可进入分类产品页面。除此之外，如体验流程中所示，首页也按照产品分类设置了投资栏目，点击即可进入对应页面，浏览起来相当便捷。

B. 产品栏目设计简洁醒目

爱投资在项目列表的设计上，简洁醒目，名称直观且易于记忆。如图6–8所示，首先，产品列表，图文搭配，相比于纯粹的文字列表更丰富、舒心；其次，产品列表使用绿色标签对产品类型进行标记，醒目清晰，易于区分；最后，产品名称一律采用“承租企业类型＋模式类型（应收账款转让或者直租／回租项目）”的方式，未混入字母和数字，比较直观，易于记忆。

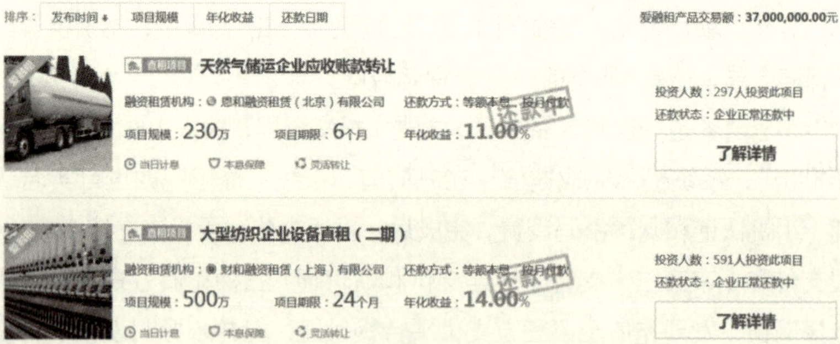

图6–8

（2）新手引导 & 信息披露

A. 操作指引设计直观便捷

爱投资的新手指引和帮助中心并未出现在导航栏，但是用户很容易在网站顶部右上角找到。点击进入新手指引，爱投资采用动画方式展示整个投资流程，并在每一步都设置了快捷入口，用户可以随时进行注册等。

帮助中心的设置也非常直观，爱投资对用户的疑问进行功能分类，用户随时可以点击左侧栏目进入相应页面。同时，右侧也按照投资流程、常见服务、新功能对问题进行分类，用户可直接点击按钮查看，极大地缩短了用户查找的时间。

B. 业务模式和产品介绍详尽

爱投资导航栏中设有“平台模式”栏目，点击后会出现一个二级菜单，包含：爱担保模式、爱保理模式、爱融租模式、债权转让模式。

如小分队在体验中所示，用户可以在对应的模式介绍页面，内容较为全面，包括产品介绍、产品优势、所涉及的行业小知识、产品交易设计、常见问题答疑，还辅以图片介绍，并给出了每类产品的合同样本。

爱投资对模式的介绍相当完备，甚至该签署哪些合同，涉及的合同方，都给予了披露。如此下来，用户基本上可以清晰把握每类产品的设计原理及风控模式。

C. 经营数据页面出现误导性对比

在爱投资首页，用户可以看到统计数据入口，平台在该页面披露了平台的各类经营数据，动态显示每月的用户投资总额，还给出了用户平均投资金额，投资金额占比（如 1 万以下的投资人投资总额占平台交易额的 33.7%）、投资笔数占比（如只投资一笔投资人所投总额占平台总交易额的 44.18%）、平台合作机构数量、平台投资人属性相关数据。

很遗憾，关于逾期和垫付的数据，平台并未披露。更令人遗憾的是，平台在资金转让数据的左侧进行了收益对比，将银行活期、银行一年定期、宝宝们和爱投资进行了对比，不仅忽略了风险差异，也并未给出统计数据的时间，不严谨的同时，也极具误导性（见图 6-9）。

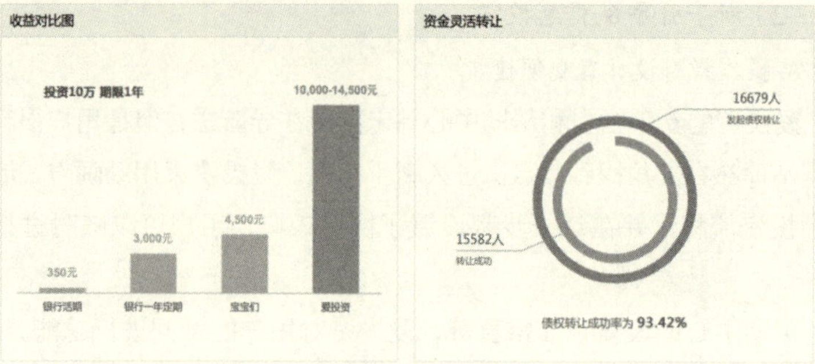

图 6–9

（3）信息与资金安全

A. 保证金风险覆盖率易误导

平台公布了本项目合作机构财和融资租赁（上海）有限公司的在存风险保障金 116.8 万元，以及正在进行的项目总额 6080 万元。

除此之外，平台还给出了各项目链接，经小分队查询，平台目前处于租赁期的项目有 12 个，其中期限为 24 个月的有 8 个，融资总额为 3680 万，期限为 12 个月的有 4 个，融资总额为 2400 万，所有项目的年化收益率均为 14%。

由于租赁公司承诺本息代偿，所以租赁公司所承担的真正代偿压力应该是：本金 6080 万加上利息 1366.4 万，共计 7446.4 万元。因此其保证金的风险覆盖率仅为 1.57%。而如果仅用项目总额来算的话，则为 1.92%。

B. 资金托管定义不明确

小分队在充值过程中，充值页面下方给出温馨提示：“2. 您的账户资金将由第三方平台托管。”（见图 6–10）但是从小分队的充值流程来看，系统并未要求设置托管账号密码，显然，这不是第三方支付下的二级账户托管。

温馨提示：

1. 您充值的资金若未投资就提现，第三方支付公司会收取您提现金额的0.5%作为转账费用。
2. 您的账户资金将由第三方平台托管。
3. 为了您的资金安全，请您在充值前完成手机绑定，身份认证及支付密码设置。
4. 爱投资严禁信用卡充值、套现等行为，一经发现将予以处罚，包括但不限于：限制收款、冻结账户、永久停止服务，并会影响银行征信记录。
5. 充值过程遇到问题，请联系客服，400-600-4300

图 6–10

随后，小分队又在个人账户－安全设置－实名认证右方发现了《委托收付资金协议》按钮，点击查看，才发现这里说的托管，是由北京华富世通投资管理总公司进行的，仅是对投资人的资金安全负责。

C.共管账户约束租赁公司

在爱融租项目中，平台专门在银行开设了平台与融资租赁公司共管的账号。关于共管账户的定义，小分队在投资后收到的合同《爱投资—融资租赁服务协议》中也有描述：指乙方（财和融资租赁有限公司）根据要求开设的银行账户，该账户由乙、丁（爱投资）双方共同监管。甲方（投资人）的投资款经委托支付通道转入该账户后，由乙、丁双方共同操作将该笔款项转入丙方（承租人）指定的账户中。

本质上说，共管账户是资金从投资人流入承租人手中的中间站。但从小分队的充值流程来看，投资人的投资资金最初仍然要先打入爱投资账户，随后再进入该共管账户，最终约束的是融资租赁公司不能随意动用该笔资金，为投资用户资金安全把关，对平台的约束不大。

D.合同加密下载显安全

投资成功后，小分队进入个人账户，在投资记录中找到了已投的项目“大型纺织企业设备直租（二期）”，在名称下方设置了“下载合同”按钮，并在按钮右方提示“初始密码为身份证后8位”，这是什么意思？

点击后，合同一片灰色，并显示“此文稿受密码保护 请在下面输入密码”，小分队输入身份证后8位才得以查看，且每次打开合同，都需要输入，让人安全感倍增。

（4）操作便捷度

爱投资在操作便捷度上表现优异，注册流程短，支持合作登录；支持21家银行和2家三方支付充值，渠道多样；支持移动端充值和提现；提现快捷，当日17：30前申请，次日打款；登录前可以看到基本信息，但相关图片需登录查看。

尤其在债权管理和回款通知上，爱投资表现较好。在个人账户－投资管理中，用户按照日历表格式查看个人还款计划和本月的还款明细。除此之外，用户还可以在个人账户主页，看到未来数月的还款走势图和还款计划列表，都以环状图和折线图的方式表示出来，对数字不敏感的投资人也可以轻松 GET。

（5）产品丰富度

爱投资的债权转让规则极为灵活，且收费较低（卖家需支付成交份额 0.5% 的手续费），平台债权转让市场活跃。爱投资的转让规则的突破在于，所有产品持有 30 天后都可转让且可多次转让，可以实现部分转让（100 元起），转让申请期 3 日内可随时取消，转让人可在转让金基础上自由定价。如此灵活的变现手段，小分队就可以大胆投资一些期限较长的项目啦，比如此次 2 年期的直租项目。

更为贴心的是，爱投资在首页“业务模式”下设置了债权转让模式，用户直接点击后就可以清晰了解债权转让规则，还可以查看债权转让涉及的合同条款，包括原债权人与新债权人签订的《债权转让协议》，原债权人与平台签订的《投资服务协议》，原债权人、债务人和担保方签订的《借款及保证合同》，披露内容翔实充分。

（6）产品信息披露

A. 合同有明显的风险提示

在爱融租模式介绍页面，设有投资人与平台签订的《投资服务协议》样本，不仅对双方的权利义务和风险保障金的使用进行了披露，还专门设有风险提示条款，对产品中可能涉及的政策风险、信用风险和不可抗力造成的风险进行了明示（见图 6-11）。

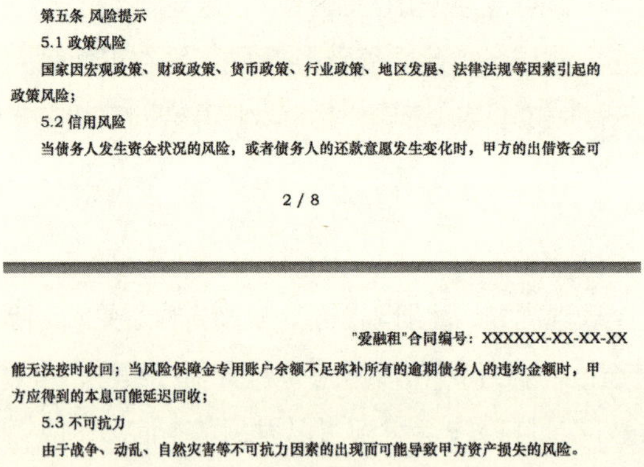
第五条 风险提示
5.1 政策风险
国家因宏观政策、财政政策、货币政策、行业政策、地区发展、法律法规等因素引起的政策风险；
5.2 信用风险
当债务人发生资金状况的风险，或者债务人的还款意愿发生变化时，甲方的出借资金可
2 / 8
"爱融租"合同编号：XXXXXX-XX-XX-XX
能无法按时收回；当风险保障金专用账户余额不足弥补所有的逾期债务人的违约金额时，甲方应得到的本息可能延迟回收；
5.3 不可抗力
由于战争、动乱、自然灾害等不可抗力因素的出现而可能导致甲方资产损失的风险。

图 6-11

B. 还款保证说服力不够

小分队在“项目描述 - 还款来源”看到平台对第一还款来源的陈述如下：“本项目第一还款来源为承租企业营业收入，承租企业经营稳定，现金流充实。2013 年主营业务收入 17290 万，净利润 2466 万；2014 年截

至6月底，主营业务收入较上年度环比增加10%，净利润环比增加50%；预计2014年全年主营业务收入超过2亿元，实现净利润2700万元，能够完全覆盖每年应偿还租金总额。”

如投资流程中所说，以上可以看作还款来源，但是其下方的风控手段则不可看作还款来源。另外，关于企业营业收入的披露，缺少财务报表的披露，说服力不够充分。

除此之外，一个问题需要投资人注意。如项目介绍所述，该承租企业在平台上的项目总额高达2835万元，而不是项目中的500万元，加上利息，企业还款压力将果断突破2700万元。但好在目前仅发布了两期项目共600万，期限均为2年，粗略估计每年需还款384万，利润可以覆盖。但要警惕，平台是否在一年内发布余下的2235万。

C. 合作融资租赁公司背景披露翔实

爱融租项目本质上并不是平台所说的直租项目，而更像是杠杆租赁项目。杠杆租赁的本质是介于承租人、出租人及贷款人间的三边协定；是由出租人（租赁公司）本身拿出部分资金，然后加上贷款人提供的资金，以便购买承租人所欲使用的资产，并交由承租人使用；而承租人使用租赁资产后，应定期支付租赁费用。通常出租人仅提供其中20%~40%的资金，贷款人则提供60%~80%的资金。租赁公司既是出租人又是借资人，既要收取租金又要支付债务。这种融资租赁形式由于租赁收益一般大于借款成本支出，出租人借款购物出租可获得财务杠杆利益，故被称为杠杆租赁。

那么，和小分队一样的投资人实际上是如上所述的贷款人。但爱融租产品在设计中，则以收租权转让的方式进行描述，也就是说融资租赁公司需要先与承租人达成融资租赁合作，签署相关合同，租赁公司转让收租权。

融资租赁公司在产品交易设计中起到至关重要的作用。首先，融资租赁公司要对项目进行前期的评估，对承租企业进行审核，对风险进行定价；其次，融资租赁公司需要为借款提供连带保证责任和代偿责任。因此，投资人需要了解融资租赁公司的实力。

如体验过程所示，平台对融资租赁公司的状况给予了非常详尽的披露，包括基本注册信息和相关执照及文件的披露。同时，还披露了租赁公司交纳给平台的保证金总额，投资人可以对其代偿压力有清晰的认知。

D. 风险保障金的代偿规则不充分

如下是小分队在爱融租模式页面看到的合同样本《投资服务协议》，由平台与投资人签署，阐述了风险保障金的垫付规则。并对余额不足的状况给出了细则：在风险保障金专用基金账户当前余额不足以支付发生逾期的债务人项目的逾期本息时，则该项目所有融资方按照各自对应的违约债务人的逾期本息金额占项目逾期本息总额的比例对风险保障金当前余额进行分配，不足部分由相关融资合同项下的担保机构进行赔付。

但小分队在客服处得到了更为细致的使用规则（见图 6-12），余额不足时，应该先垫付利息再垫付本金，这一点在以上的协议中没有完全披露。

爱投资客服005 18:11:06
逾期期间会动用风险保证金对投资人利息先进行代偿
爱投资客服005 18:11:40
如果利息代偿后有剩余风险保证金，那么会对投资人一部分本金进行代偿
爱投资客服005 18:13:22
已经很久没有收到您的讯息，您还有其他需要我服务的么?

图 6-12

E. 厂商回购代偿规则未予披露

爱投资在模式介绍中提到，如果是直租项目，投资合同会涉及如图 6-13 所示的几方。

Q 【爱融租】的投资合同是几方合同？

A 【爱融租】投资合同分两种，回租租赁包括投资人、出租方、承租方、爱投资四方，直接租赁再增加供货商一方

图 6-13

而此次小分队恰好投资的是直租项目，但在收到的合同中，并没有看到供货商的影子。只在项目描述中看到了两处与供货商相关的内容。

首先，在项目描述 - 风险控制措施中，平台披露：转杯纺纱机的设备生产厂家提供回购承诺。在企业逾期的情况下，第一时间代企业归还每期租金，并回购上述租赁物，回购的价值不低于承租人未支付的租赁物租金总额，直至款项完全结清。这里提到，承租人逾期，厂家会第一时间代偿租金，但是在上面的合同样本《投资服务协议》中，平台可是要现在第一时间先于其他担保方垫付的，与该处宣传的不一致。

另外，在融租详情 - 出租物图片中披露了 2 份合同：一个是厂商与融

资租赁公司签署的购买合同，另一个是厂商与融资租赁公司签署的融资租赁合作协议。但是合同上布满了爱投资标签，难以看清，而且融资租赁合作协议只披露了一部分，合同的第 2、3 页并未披露，仅有的内容只说明了，该批设备是融资租赁公司从厂商处购买，并由厂商推荐承租人，经由财和审核同意后出租，财和享有租赁物的所有权和收租权，其他的一些关键信息被隐藏。也就是说，在上述披露内容中，小分队根本找不到厂商的回购承诺。更为重要的是，小分队投资后收到的《爱投资—融资租赁服务协议》只是 4 方合同，不涉及厂商（见图 6–14）。

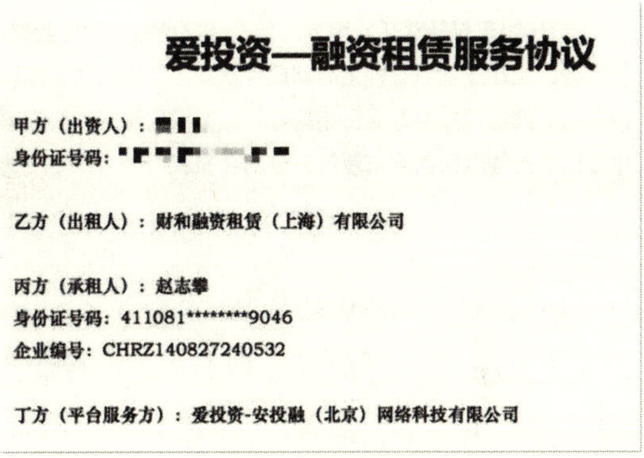

爱投资—融资租赁服务协议

甲方（出资人）：[redacted]
身份证号码：[redacted]

乙方（出租人）：财和融资租赁（上海）有限公司

丙方（承租人）：赵志攀
身份证号码：411081********9046
企业编号：CHRZ140827240532

丁方（平台服务方）：爱投资-安投融（北京）网络科技有限公司

图 6–14

F. 租赁公司代偿规则前后不一致

当小分队回头看逾期代偿的问题时，情况变得极为复杂。平台、供货商与融资租赁公司的还款责任先后不够明确。

首先在《投资服务协议》中，平台是这样说的："当债务人发生违约时，由乙方风险保障金专用基金先行进行债务人回款风险的共担，再由《借款协议》或其他融资协议项下的担保机构负责对债务人抵押质押的资产进行清偿。……当发生项目逾期风险时，乙方将会在 7 个工作日内使用风险保障金对甲方的应收款项进行垫付。"约定平台先于各担保方进行代偿，此处较为明确。

在《借款及保证合同》中规定："4.1 丙方（融资租赁公司）为本合同项下借款的本金以及利息承担不可撤销的连带保证责任。如乙方（债务人）未按照约定期限向甲方支付利息，则丙方应当在本合同约定支付利息当日向甲方支付利息。如借款期限届满乙方未按照约定偿还甲方本金，丙方应当于债权期限届满后 10 个工作日内按照本合同约定向甲方（债权人）偿还借款本金。如丙方未按约定履行代偿义务，则应当向甲方按日支付借款本金的万分之五作为违约金。”

而在投资后，小分队只收到了《爱投资－融资租赁服务协议》，合同样本中的《投资服务协议》在注册的同时已经签署，但是由投资人、债务人和担保人签署的《借款保证合同》却不见了。而《爱投资－融资租赁服务协议》中的规定如图 6-15（其中乙方为融资租赁公司）所示。

3.10 收租权转让后，丙方未能按期、足额支付租金的，乙方应履行本协议项下的付款义务，应在还款当日补足当期应付款。乙方违约的，应以需要补足的金额为基数，按日万分之五的比例向甲方支付违约金；乙方按约履行本协议项下的全部还款义务的，有权向甲方请求无偿赎回丙方未履行部分的收租权。

图 6-15

这里的规定和《借款及保证合同》中的完全不一样，无论是时间和垫付内容。时间上，前者是 10 日内，后者是当日；内容上，前者是先垫付利息再垫付本金，后者是当期应付款。再加上，之前项目详情中提到的厂商第一时间垫付，小分队实在感觉混乱啊。

（7）投资便捷性

A. 投资前设有回报确认栏

小分队在点击投资前，系统给出确认项目信息栏和确认投资金额栏，前者包括项目名称、企业编号、年化收益、还款方式、起息日期和最终还款日期的确认，后者包括用户名、真实姓名、资金账户余额、投资金额、投资后余额的确认。在投资金额右方，还设有“修改”按钮，用户可以随时点击修改投资金额。最为重要的是，还给出了确认投资回报栏，起息日期、计息天数及还款日期、应收本息，一目了然。

B. 收益计算器设计直观

很多平台都设计了投资计算器，但是爱投资的计算器绝对是小分队用过的最好用，真的不是做广告，呐，有图为证（见图 6-16）。直接在投资金额栏目中输入所投金额，点击“立即投资”按钮右侧的收益计算按钮，没有跳页，会自动显示总收益，还会自动跳出还款列表，简洁直观。

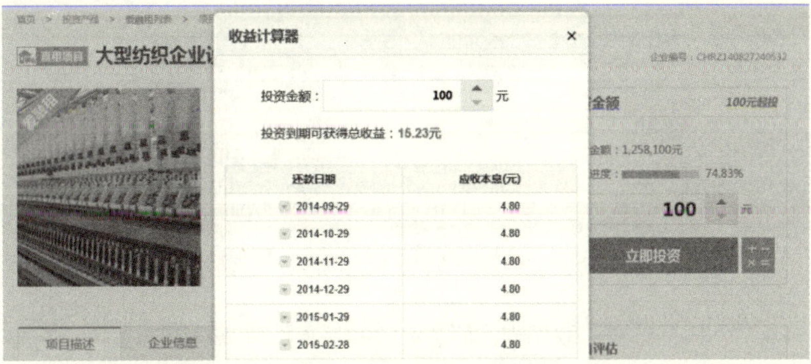

图 6–16

（8）收益与回款

在投资确认栏中，小分队得知自己未来 2 年的还款日期是每月 29 日，投资当日开始计息。而且，从小分队过去几个月的还款记录来看，每月的还款都非常及时，甚至有一个月还款超前，小分队甚为感动。

（9）服务指标

A. 项目咨询和互动入口主动答疑

在其论坛上开设了项目讨论区，平台上每个项目都设有单独的讨论区，活跃度较高。同时，平台还在项目描述－项目咨询下，设置了“前往项目讨论区”“前往投资经验区”的链接，投资人可以直接点击进入网站论坛进行直接咨询，网站的项目发布员会对问题进行及时的回复，还可以查看其他投资人的相关讨论。

B. CEO 给投资人写“情书”

爱投资的官方论坛爱论坛相当活跃，也常常开展一些诸如抽奖、竞猜、抢答、游戏等互动活动，而爱投资 CEO 王博注重与投资人之间的互动，小分队在论坛中多次看到 CEO 写给投资人的“情书”。

“经常有用户说，爱投资又土又倔，和互联网的小清新总是不沾边，就像个木讷的理科生，不浪漫不时髦，用一句话总结起来就是：一点也不炫。听到这种评价，我是喜忧参半”，没有 CEO 口中常见的官话套话，听起来不能更真实了，瞬间拉近了与投资人的距离（见图 6–17）。

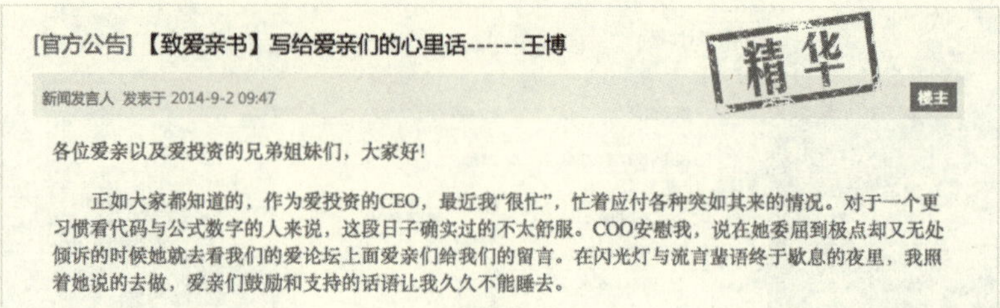
[官方公告] 【致爱亲书】写给爱亲们的心里话------王博

精华

新闻发言人 发表于 2014-9-2 09:47 楼主

各位爱亲以及爱投资的兄弟姐妹们，大家好!

正如大家都知道的，作为爱投资的CEO，最近我"很忙"，忙着应付各种突如其来的情况。对于一个更习惯看代码与公式数字的人来说，这段日子确实过的不太舒服。COO安慰我，说在她委屈到极点却又无处倾诉的时候她就去看我们的爱论坛上面爱亲们给我们的留言。在闪光灯与流言蜚语终于歇息的夜里，我照着她说的去做，爱亲们鼓励和支持的话语让我久久不能睡去。

图 6–17

小分队再随意摘取几句，都是浓浓的暖男作风：“明天，爱投资将搬至在北京中关村的全新办公地点，随时欢迎大家前来‘暖房’，爱投资全家人，都在这里，期待大家的到来。 :)”

当然除了 CEO 的情书，爱投资也常常举办线上和线下活动。“i 开放日”是爱投资定期举办的线下活动，以每月一次的频率进行，会邀请投资人、媒体、业内人士来参加。爱投资对该活动的重视程度很高，每次的活动都会有公司的高管出席，并在论坛和微博上进行图文直播。

⊙体验小结

在爱投资平台上的投资体验非常好，平台层面的网站交互、信息安全、投资便捷、服务指标都堪称完美。网站在浏览和操作体验上极为用心，客服专业性也极高，响应速度极快，且对业务非常熟悉。资金安全上，平台也做到了行业平均水平，只是目前还未使用二级托管账户进行托管，风险保障金未经审计或由银行发布报告。在产品层面，产品信息披露也较为完善，无论是在承租人还是融资租赁公司上，都给予较为详尽的披露。

但平台出现了 2 个扣分项，影响了体验效果。一方面是在数据统计页面，出现了误导性对比；另一方面是在风控手段上，投资前后的合同出现了垫付规则不一致的地方，项目详情中承诺的厂商垫付，也未出现在最终的合同中。

6.3 积木盒子“上海同岳租赁牵引车 / 半挂车（等额本息）4126–1–1”

⊙体验平台 积木盒子

⊙体验项目 上海同岳租赁牵引车 / 半挂车（等额本息）4126–1–1

⊙体验时间 2014 年 9 月 15 日

⊙**验后真言**　尽量让你的首页看起来简约而不简单 / 投资框旁边设有风险提示用户会怎么想？ / 学习积木盒子怎样披露风险保障金 / 原来第三方二级托管账户长这样 / 用户的合同同样需要第三方托管 / 发标前在论坛中透露给老用户，黏性就来了 / 债权转让规则前后不一致 / 项目页面说不完的风控，放在论坛中是个不错的选择 / 为借款人的融资状况设置一个专门的页面吧 / 合同披露，扫描得越清晰越可信 / 堪比主站的论坛，用心程度绝对打动投资人 / 学习滴滴发红包是个不错的营销手段

⊙**大类体验指标评价**[①]

（1）产品丰富度

在项目信息下，小分队查看到“债权转让”栏，显示为“此项目将在投标完成 3 个月后才允许债权转让”，意味着这笔债权持有超过 3 个月后即可转让。

但随后，小分队在官方 Q&A 的帖子中，看到的回答是“暂不支持债权转让，如有变动会另行通知”。此话的意思是不能转让？这下彻底弄不明白了，到底是能转还是不能转呢？

当小分队投资完毕并收到合同时候，发现个人账户中，合同链接的右方显示“禁止转让”，合同内容也并未涉及转让问题（见图 6–18）。

项目信息	初始债权	已转出	已回款	待回款	当前持有
上海同岳租赁牵引车/半挂车（等额本息） 4126-1-1 [413772] 利率：10% 期限：4 个月	100.00	0.00	0.00	102.09	10

图 6–18

（2）产品信息披露

A. 设置项目补充信息入口

在项目详情中，除了项目的基本信息（收益率 10%，期限 4 个月，总额为 30.93%），还披露融资租赁公司状况、交易模式和风控流程，同岳租赁通过平台将应收账款转让给投资人，还款来源为承租企业每月支付的租金。在租赁合同期间，同岳通过为租赁物加装 GPS 等方式，对其进行必要控制。同时，同岳不可撤销地承诺对其出让的应收租金债权承担回

① 列出了已有数据的指标。

购义务，如果承租人不能按期支付租金，融资租赁公司将按约定在 T+5 内回购投资人持有的尚未履行的全部债权（见图 6–19）。

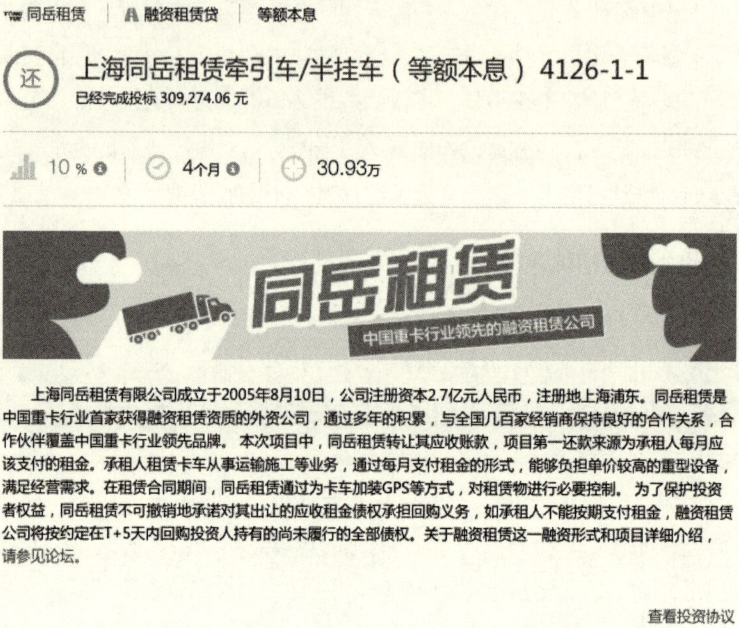

图 6–19

在介绍的结尾，平台提示“关于融资租赁这一融资形式和项目详细介绍，请参见论坛”，小分队点击后，页面跳转至积木盒子的论坛“互动专区 – 项目讨论 – 融资租赁贷”板块。

小编在此板块专门开设了“同岳租赁产品介绍”的帖子，投资人可以在这里看到同岳租赁产品介绍，并以图文形式呈现了项目交易模式设计。

同时，还设置了同岳项目 Q&A，回答诸如：什么是融资租赁？融资租赁市场现在是一个什么样的状况？什么是融资租赁贷，还款方式是什么？为什么融资租赁贷的项目总额不是一个整数？是否支持债权转让？同岳租赁对承租人车辆有什么控制措施？如果承租人没有按时交租金，怎么办？同岳租赁的保障措施有哪些？相比于其他融资产品，融资租赁有哪些优势或劣势？同岳回购的效力有多大？为什么是 T+5 天才回购？

问题设置相当多，基本考虑到了小分队所想到的一些问题，及可能存在疑问的地方，而小编给予的回答也相当专业和详尽（见图 6–20）。

9 同岳租赁的保障措施有那些?

融资租赁贷的产品都拥有以下特殊保障措施:

(1) 债权转让方不可撤销的回购承诺，当承租人逾期，同岳租赁在T+5日内回购该债权

(2) 回购方保证金制度：回购方按照应收债权转让价款金额的一定比例向积木盒子交纳保证金

此外，还有风险互助金、法律援助基金保障，多重保障体系。

10 相比其他融资产品，融资租赁有哪些优势或劣势?

我们一般要求融资租赁项目上线前已在线下顺利履行过几期（承租期一共6个月的例外），这样承租人履约能力有一定的历史数据可查，债权质量相对更安全；劣势：与其他债权转让项目一样，存在债权被多次转让的风险，这里我们以合同来约束。

图 6–20

在项目详情的最下方，平台设置了“项目讨论”一栏，用户可以点击“前往项目讨论区”，页面跳转至积木坛子中的“项目讨论 - 融资租赁贷 - 上海同岳租赁牵引车 / 半挂车（等额本息）4126-1-1”板块，在此，投资人可以查看其他人的项目讨论，也可以提出疑问和参与讨论。

以上的入口设计，意图在于让投资人更透彻地理解产品，打消投资过程中的疑虑，把无法在项目详情这个有限版面表达的内容放在论坛中，且内容质量极高，击中核心问题，并非面子工程。

B. 借款人融资历史一览

积木盒子在项目页面设置了项目信息、风控信息、相关文件、还款计划和项目历程。小分队在浏览过程中，发现项目信息下的实际债务人（承租人）和收款方（融资租赁公司）右侧设置了灰色按钮“所有融资项目”。

点击实际债务人右侧的按钮，页面跳转，显示了该承租人在平台上的融资历史，包括所有融资项目的列表及项目状态。点击收款方右侧按钮，则显示了上海同岳租赁所有的融资项目和融资概况，如图6–21所示。

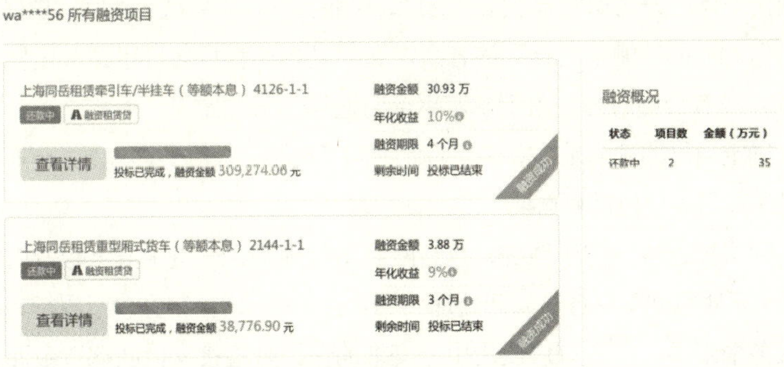

图 6–21

这样的设置极为贴心，方便查询借款人和合作机构在平台上的借贷状况、还款压力和垫付压力，对该项目风险的把握度更高。

C. 披露合同全面且极为清晰

在上方的项目详情中，小分队了解到自己受让的是同岳对承租人的收租权，也就是说该项目是以已存在的融资租赁业务为前提的。除此之外，同岳还承诺在5日内回购。因此，在投资前，相关的融资租赁合同和回购合同就应该签署完毕，并予以披露。

正如小分队所想，两个重要的合同，由同岳租赁签署的回购承诺函，及承租人与同岳签署的融资租赁合同，在项目详情中都给予了披露，且扫描件是小分队见过的最为清晰的，再也不用眯着眼睛贴着屏幕去看了。

具体到披露内容，回购承诺披露完整，且条款与网站公开宣传的一致。租赁合同虽未将合同披露完整，但披露了核心的信息，包括合同首尾页中的签署方、租赁物描述表和应付款项明细表。

D. 合同垫付规则极为清晰

投资后，小分队收到的合同为甲方同岳租赁（应收账款出让人）、乙方（应收账款受让人）和丙方平台签署的《应收账款转让协议》。且合同中的乙方是受让人的集合，小分队可以清晰地看到其他投资人的用户名、受让应收款数额、应收账款到期日、预期收益和投资确认日期。

合同中，融资租赁公司在保障措施中承诺：3.2 如承租人未能及时偿还任何应付款项（包括但不限于租金、违约金、损害赔偿金）的，将在逾期之日起5日内回购承租人尚未履行的全部应收账款债权。甲方应在应收账款还款期限届满日5日内，将回购资金划转至丙方指定的监管账户，并授权丙方向乙方的积木盒子账户支付，以履行其在本协议下的回购责任。

但此处的“逾期之日”该怎么定义？是指还款日当日还是次日？合同中并没有给出解释。由于多家平台对逾期之日的定义不一样，小分队不太确定自己的理解是否有误，为此询问了客服，得到的回复是：逾期日就是还款日，已过就算逾期。

解决掉这唯一的小瑕疵，重新回到垫付规则，一旦甲方（融资租赁公司）不履行回购义务该如何处理？积木盒子的承诺：甲方怠于履行其回购义务情形下，丙方有权使用甲方交纳的保证金直接支付回购资金而无须甲方另行同意。一旦保证金不足以支付呢？积木盒子的承诺：保证金不足以支付回购资金的，丙方可使用可支配资金先行代为垫付回购资金，丙方有权基于垫付行为向甲方主张债权。总体来说，积木盒子在合同中描述的垫付规则较为严谨和清晰。

⊙体验小结

小分队此次在积木盒子上投资体验堪称完美，积木盒子在平台和产品层面都做到了极致透明，并给予了便捷和流畅的投资流程。最令人惊喜的是，平台在资金上给予投资人足够的安全感，积木盒子采用了二级账户对资金进行托管，并定期公布由银行发布的风险保障金报告，同时还与在线证据托管平台绿狗网合作，进行合同托管。

6.4 普资华企“限时抢购 PCCB130099”

⊙体验平台 普资华企

⊙体验项目 限时抢购 PCCB130099

⊙体验时间 2014 年 9 月 3 日

⊙验后真言 不要在你的网站首页使用过多色系 / 最好起一些让普通投资人易于理解的产品名称 / 平台只保留最近 10 个项目，这持久性是不是太差了点 / 既然让投资人自助查询，就应主动披露查询所需信息

⊙平台概况

普资华企金融互联网信息服务平台于 2014 年 5 月正式上线，运营方为上海江泊投资管理有限公司出资设立的全资子公司上海普资金融信息服务有限公司，注册资金 3000 万元，也是国内首家以融资租赁项目为资金流向的互联网金融平台。

目前，普资华企提供 3 类产品：限时标、e 言九鼎、华企通，三者在利率和期限上略有差别。首先，投资门槛不同，分别为 100、1000 和 10000 元起，限时标和 e 言九鼎分别对应新手和小额投资人、有固定资金流动需求并有中长期投资理念的投资人。平台设有每月付息到期还本、每月等额本息两种回款方式。平台整体收益率集中在 14% ~ 15%。

⊙大类体验指标评价

（1）网站交互

A. 网站整体风格不协调

图 6-22

小分队首次登录普资华企，首页设计就给人一种凌乱感。为了呼应LOGO颜色，网站使用红色和蓝色作为主色调（见图6-22）。不过，从实际的色彩应用上，普资华企除了深色调的红蓝两色，还应用了浅色调的蓝、绿、黄，以及橙色。尤其是三类产品的展示区，使用了红绿橙三种浅色系颜色，与上方的蓝绿形成强烈对比，令人颇有眼花缭乱之感。

进入具体的项目详情页面，主色调变为红色、绿色和橙色，这3种配色给人严重的焦虑感，但好在也没有其他颜色了，但问题是着色太杂，除了有些字体用的是红色外，其他红色用色多达6处，左侧广告图片中就有4处使用了红色，橙色用色也多达4处。如此一来，3种颜色显得杂乱无章，3种深色调没有主次，没有层次感（见图6-23）。小分队真心建议普资华企在网站建设上花更多的心血，请个好一点的美工。

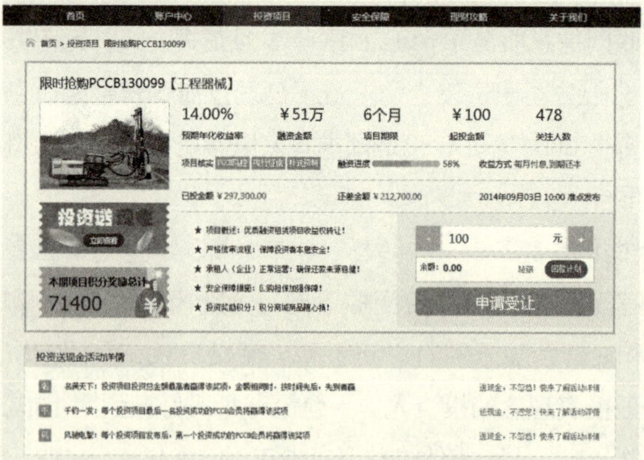

图 6-23

B. 产品类别名称不直观

普资华企页面被切割成很多块，产品列表不显眼，设有限时标、e 言九鼎、华企通 3 类产品展示区（见图 6–24）。从展示区的标题，小分队很难辨认产品的具体属性，从首页展示信息，只能看出收益率的差别。

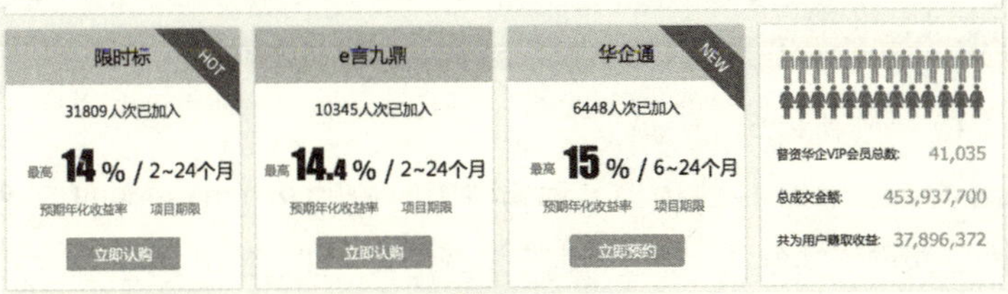

图 6–24

随后，小分队在帮助中心找到产品介绍，三款产品的介绍分别为：大中型投资项目，100 元起投；储蓄罐可用，享受收益再升级；专业、安全、高效的投资项目。解释确实用了不少笔墨，但并未透彻地说明三种产品的特征和区别在哪里，尤其是风险特征，几乎没有涉及。所以，小分队似乎还是只能以起投金额大小、收益方式和年化收益多少来做区分。

（2）新手引导 & 信息披露

点击首页导航条中的“投资项目”，页面跳转至投资列表页面。但列表只在一个页面上显示最近十个投资标的，这意味着你过往的投资项目可能会从普资华企的网站上消失，找不到原始资料。果然，小分队 10 月初前往个人账户查找所投项目，发现只能查看合同，无法查看原始的标的详情页面。

小分队对此特地咨询了客服，客服表示因为页面显示问题，过往的标的都已经无法显示，相关的资料普资华企后台会有存档。标的过多小分队可以理解，但只能显示 10 个历史标的页面未免也太少了。

（3）信息与资金安全

普资华企在信息与资金安全上表现一般。在信息安全上，网站未对重要信息设置加密传输，也并未强制用户设置高强度和独立交易密码，小分队已完成投资才发现自己还未进行身份认证。在资金安全上，平台规定账户只能绑定一张银行卡，可实现同卡进出，在体验时还未采用二级账号进行用户资金托管。

在小分队之后的充值体验中，发现资金充入的是第三方支付账号。由于平台只支持3家第三方支付渠道（支付宝、财付通、国付宝），小分队选择了支付宝，随后系统给出了一个支付二维码，小分队使用手机支付宝钱包扫描二维码，发现直接充值至母公司上海江泊投资管理有限公司的支付宝账号。

（4）操作便捷度

小分队此次所投的项目名称为“限时抢购PCCB130099【工程器械】”，页面详情分项目概述、客户调查记录、征信状况、还款能力、资料查阅、项目风险分析和安全保障措施6块，对项目进行披露。但是，中间“资料查阅”一行显得不那么顺畅，“您需要登录或注册后才能看到此信息”，此信息到底是什么呢？小分队不得而知，只能注册登录。

注册后，重新回到页面，一排滚动的文件替代了原来的空白位置。小分队一一查看，融资租赁合同以及企业尽职调查涉及的相关资料都在此处披露，内容至关重要。

（5）产品丰富度

作为专注于融资租赁行业的P2P平台，普资华企的项目量较为充足，且产品期限丰富，涵盖范围从2个月到24个月，另外，还款方式也较为多样，部分项目是等额本息，其他是每月付息到期还本。但体验当月，平台还不支持债权转让功能。

（6）产品信息披露

A. 标的相关合同披露全面清晰

从项目详情处，小分队得知该项目的交易流程：某融资租赁股份有限公司先与承租人达成租赁业务，形成融资租赁收益权，随后将收益权转让给上海信於资产管理有限公司，该公司通过平台向投资人转让其中的一部分，而小分队就成为其中一个受让人。

项目风控流程描述如下，上海信於资产管理有限公司承担回购担保责任，承租人及其配偶承担代偿担保责任。债务人逾期未足额还本息超过2个工作日，由甲方（上海信於资产管理有限公司）对不足额部分予以垫付，详情见图6-25最终合同内容。

第三条 甲方声明

3.1 甲方转让之债权系合法、真实的。

3.2 本息来源于债务人的还款，若债务人逾期未足额偿还本息超过2个工作日的，由甲方对不足额部分予以垫付，自乙方收到代偿款项之日起，则甲方因垫付产生的债权及相关权益（包括但不限于违约金等）由甲方享有。

图 6–25

其次，设备经销商提供租赁申请及不可撤销回购担保责任，提供租金代付责任（债务人逾期三期以内，设备厂商 / 经销商垫付逾期租金；三期以上，保证金将被没收，设备厂商 / 经销商垫付逾期租金，且对标的物进行回购）。除此之外，融资租赁公司提供最后回购担保，若债务人及其担保人与设备经销商都发生逾期、坏账情况，融资租赁先行向投资人还款，再处置标的物，但并未说明具体时间（见图 6–26）。

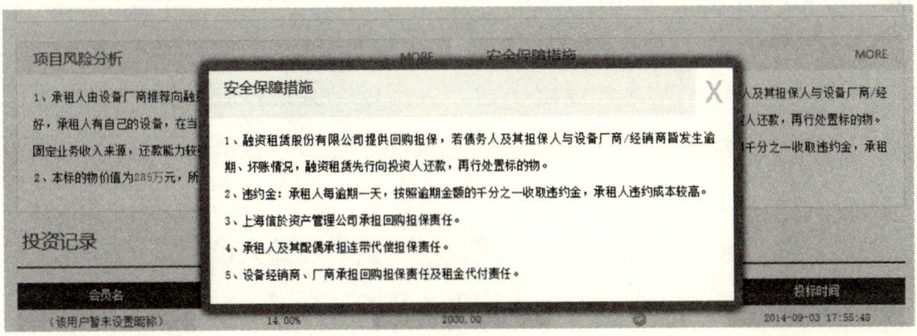

图 6–26

从整个流转过程来看，涉及的重要资料包括器械购买合同、融资租赁合同、设备经销商签署的回购承诺函以及上海信於资产管理有限公司签署的回购承诺函。以上的这些文件都在“资料查阅”栏都给予了披露，且垫付规则清晰。除此之外，还披露了工程设备保险单和购买的增值税发票。

在投资后，小分队也收到了《债权转让合同》以及由上海信於资

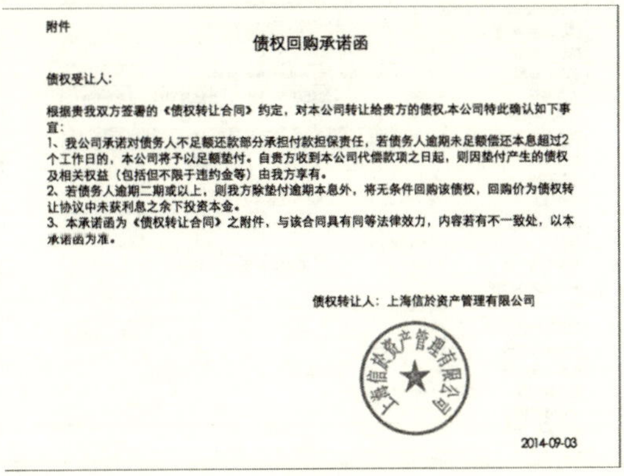
附件

债权回购承诺函

债权受让人：

根据贵我双方签署的《债权转让合同》约定，对本公司转让给贵方的债权,本公司特此确认如下事宜：

1、我公司承诺对债务人不足额还款部分承担付款担保责任，若债务人逾期未足额偿还本息超过2个工作日的，本公司将予以足额垫付。自贵方收到本公司代偿款项之日起，则因垫付产生的债权及相关权益（包括但不限于违约金等）由我方享有。

2、若债务人逾期二期或以上，则我方除垫付逾期本息外，将无条件回购该债权，回购价为债权转让协议中未获利息之余下投资本金。

3、本承诺函为《债权转让合同》之附件，与该合同具有同等法律效力，内容若有不一致处，以本承诺函为准。

债权转让人：上海信於资产管理有限公司

上海信於资产管理有限公司

2014-09-03

图 6–27

产管理有限公司签署的回购承诺函（见图 6–27）。如果非要吹毛求疵的话，只能说对受让人及承诺回购方上海信於资产管理有限公司披露过少，在资质上未能给予太多信息。

B. 央行征信系统查询只是说说而已吗

“国内唯一可通过央行征信系统查询项目公示的投资平台”，无论在网站上还是在普资华企的任何一篇新闻中，小分队几乎都会看到这句话。这句话有两层意思：普资华企的项目建立在已有的融资租赁业务上，且业务真实性可以查证。

可是作为投资人，应该怎么查询呢？小分队可是从来都没有登录过央行征信系统的网站，好在普资华企在项目详情下项目核实的右侧设置了按钮“央行征信”，点击即可看到教程：首先要打开中国人民银行征信中心，随后点击“中证动产融资统一登记平台”，随后，进入中登网中证资产融资（权属）统一登记平台，点击证明验证按钮，输入设备登记编号，点击查询图标，选中初始登记文件，输入验证码，点击下载即可完成。

小分队按照教程登录了中登网，发现只需要输入设备登记编号就可以查询相关信息了，但是投资人该怎么获取这个设备登记编号呢？小分队就此事询问了客服，客服表示需要工作人员来提供，可在线咨询或者电话咨询。

小分队在客服处咨询出相关的编号，登录中登网进行查询，即可看到如图 6–28 的“中国人民银行征信中心 租赁登记证明 – 初始登记”，查询过程虽然快捷，但可能多数投资人都不知道还需要获取编号，且只能通过工作人员获取。

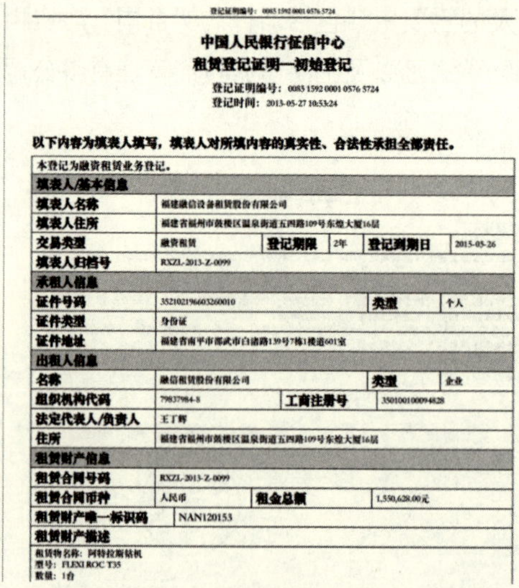
登记证明编号：0085 1592 0001 0576 5724

中国人民银行征信中心
租赁登记证明—初始登记

登记证明编号：0085 1592 0001 0576 5724
登记时间：2013-05-27 10:53:24

以下内容为填表人填写，填表人对所填内容的真实性、合法性承担全部责任。

本登记为融资租赁业务登记。					
填表人/基本信息					
填表人名称	福建融信设备租赁股份有限公司				
填表人住所	福建省福州市鼓楼区温泉街道五四路109号东煌大厦16层				
交易类型	融资租赁	登记期限	2年	登记到期日	2015-05-26
填表人归档号	RXZL-2013-Z-0099				
承租人信息					
证件号码	352102196603260010	类型	个人		
证件类型	身份证				
证件地址	福建省南平市邵武市白渚路139号7栋1楼道601室				
出租人信息					
名称	融信租赁股份有限公司	类型	企业		
组织机构代码	79837984-8	工商注册号	350100100094828		
法定代表人/负责人	王丁辉				
住所	福建省福州市鼓楼区温泉街道五四路109号东煌大厦16层				
租赁财产信息					
租赁合同号码	RXZL-2013-Z-0099				
租赁合同币种	人民币	租金总额	1,550,628.00元		
租赁财产唯一标识码	NAN120153				
租赁财产描述					
租赁物名称：阿特拉斯钻机 型号：FLEXI ROC T35 数量：1台					

图 6–28

（7）投资便捷性

小分队每次登录个

人账户，都会在理财专区看到最新可以“立即投资”和“立即预约”的项目。点击“可以预约”的项目，项目基本信息中会标出发布预告如“2014 年 10 月 12 日 14：00 发布”，而此时项目投资栏显示的是“设置自动投资”。保证账户金额超过预定最低投资金额的资金，点击确认提交即可完成自动投标设置，系统还会自动抵扣投资券。但如果标量不足，排队人数过多，无法完成投资，就可能造成充值资金长期站岗，若要提现，还会损失一笔提现费用。

（8）收益与回款

如今，大部分的 P2P 平台都收取提现费用，但也有平台对充值未投资的金额提现收费，对已回款的本息提现免费。相比之下，普资华企就显得非常大方，小分队在帮助中心－项目说明－资费说明中发现，对“取现”的收费标准是“暂不收取”（见图 6-29）。

序号	分类	服务项目	收费标准
1	VIP会员	专属客服，专享服务	300元，活动期间暂不收取
2	充值	PCCB账户充值	暂不收取
3	取现	PCCB账户余额取现	暂不收取

图 6-29

但是在帮助中心－常见问题中又看到了关于“提现是否收取手续费？”的回答：为贯彻实施国家发布《预防信用卡套现规定》提现金额仅可用于投资，未投资金额提现需 15 个工作日！未投资金额 15 日内提现，将会收取您提现金额的 1% 作为手续费。不是不收费么？怎么又变了！这一点也在提现操作中得到印证，前后说法的不一致让人空欢喜一场。但是抛开宣传上的误导，15 个工作日之后未投资金额提现免手续费，这样的举措还是比其他很多平台大方很多的。

（9）服务指标

P2P 平台还开了电商平台！这是普资华企的策略。在普资华企平台，用户可以通过投资奖励、激活邮箱、身份验证、绑定银行卡、网站签到、邀请好友、APP 签到、2014 七夕照片墙活动先声夺人奖、普资债权转让积分等多种方式获得积分。小分队在首次投资了 100 块之后，如约获得了 14 积分，投资成功后，可在账户中心的奖励领取中心领取。

14 积分能买什么？小分队满心欢喜地进入了积分商城，品类繁多，琳琅满目。可以兑换的商品非常多，其中有些还非常实用，如数码用品、包包、手机话费等。

但是当小分队看到换购准则的时候，发现这只是一个为土豪而设计的游戏规则。“会员账户积分总额满 10000 积分即可在商城下单”(见图 6–30)，小分队投资 100 块获得 14 积分，如果只按照这一种方式获取积分，总投资额需要超过 7 万元，才能够换购。这门槛似乎过高了一些。

一. 下单发货时间说明

1. 实物商品：会员在下单确认之后将在七个工作日之内将货物发出。
2. 虚拟商品：会员在下单确认之后将在两个工作日之内充值到指定号码。
3. 所有积分商城的商品下单确认后，不可取消或更改（虚拟商品不填写号码则充值默认号码，不可更改）。
4. 会员账户积分总额满10000积分即可在商城下单，换购心仪商品
5. 每单换购商品总额满10000积分即可享受包邮（未满需支付运费1200积分，虚拟商品除外）

图 6–30

网站还有一些获取更多积分的机会，就是成为 VIP 会员，而成为 VIP 需要交纳 300 元的费用。显然，这也是一个只适用于土豪的游戏规则。

⊙体验小结

在此次体验中，普资华企留给小分队的印象是在金融方面的风控和信息披露做得极为到位，但是在网站建设和网站安全上就显得相对薄弱。这一点在管理团队的信息披露上也有所体现，团队所披露的八位高管中，仅有一位曾经在互联网行业有从业经验。

6.5 拾财贷“湖北国中融资租赁提供全额债权回购本金保障 140004 项目”

⊙体验平台 拾财贷

⊙体验项目 湖北国中融资租赁提供全额债权回购本金保障 140004 项目

⊙体验时间 2014 年 8 月 14 日

⊙验后真言 借款标题千万不要长到让人不想看 / 银行托管不可随意乱用 / 转让都不收费，还怕转让市场不活跃么

⊙平台概况

拾财贷于2014年3月22日正式上线，是东亮集团旗下东亮拾财贷（厦门）资产管理有限公司运营的个人对企业（类金融机构、央企、地方国企及大型民营企业）的P2B网络理财投资服务平台。

据官方介绍，拾财贷的项目债权均由央企、地方国企、类金融机构（小额贷款及融资租赁公司）及大型民营企业提供，并承诺不可撤销100%债权回购本金保障，由本息盾（厦门）金融信息服务有限公司受让债权，随后将收益债权转让给拾财贷平台上的投资人，并签署不可撤销全额债权回购的本息担保保函，而本息盾实际上为拾财贷旗下公司。

⊙大类体验指标评价

（1）网站交互

下图是首页的借款项目列表，整体缺乏设计感，更为重要的是项目标题冗长，看起来较为杂乱，其项目名称通常在前面用括号强调项目优惠信息，甚至有的后面也会加上括号，表明“经财主代表实地考察验证”，信息量很大，很难抓到重点，且严重拉低了列表美观程度（见图6-31）。

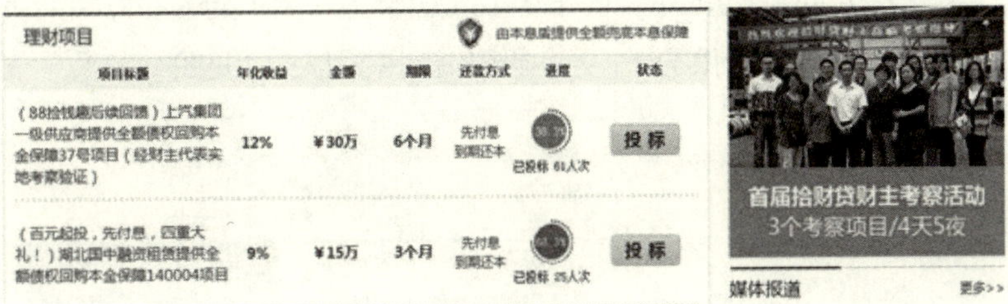

图6-31

（2）新手指引 & 信息披露

A. 显要位置出现误导性对比

进入拾财贷网站后，可以在多处显要位置看到“2倍余额宝收益”，如图6-32左上角LOGO的右侧，以及幻灯片免费注册按钮的上方，还引入了银行活期收益的对比。

图 6-32

除此之外，在新手指引页面，小分队看到了产品优势介绍“通过拾财贷，您可以将闲散资金以债券交易的方式出借给债权转让机构。企业（项目发布方）并获得 2 倍余额宝的收益”。 平台忽略了银行活期存款、货币基金产品与 P2P 产品间的风险差异，多处进行不恰当的对比，容易误导投资人。

B. 指引清晰且内容实用

拾财贷在新手指引和帮助中心上设置清晰，用户可在导航栏轻松找到新手指引和常见问题，页面底部同样设置了常见问题按钮。除此之外，在首页“理财项目”上方还提供了一个更为显眼的新手指引入口（见图 6–33）。

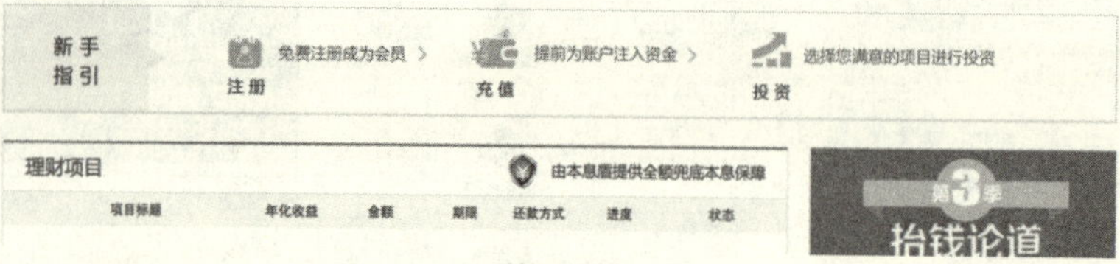

图 6–33

指引页面分别对平台的项目风险审核、债权保障措施、资金监管、全额兜底保障进行了介绍，以图文搭配的形式介绍了拾财贷的运行原理和平台特色，内容较为详尽。

最让小分队印象深刻的是，在债权保障措施部分，平台就详细列举了每个环节应该签署的相应协议，如第三方担保需要签署协议担保企业无限连带责任担保保函、实际控制人及各股东无限连带责任担保保函，回购保障要签订债权回购承诺书（本息保障承诺函）。并于最上方设置了按钮“债权保障法律文本”，点击后可以查看所有的协议范本，类似的指引内容设计相当实用。

（3）资金与信息安全

A. 安全认证不够严密

小分队在注册完毕后，系统并未强制进行安全认证，甚至在充值和投资结束时，平台都未提醒进行实名认证和手机认证。

B. 银行资金托管存夸大嫌疑

拾财贷的平台上反复提到“银行资金托管”，但小分队听过的有银行托管的少之又少。在标的详情页面，小分队看到了如图 6–34 所示的内容。

资金托管：所有资金直接进入第三方托管银行账户，拾财贷被禁止触碰
（什么是银行资金托管账户）
开户行：招商银行股份有限公司厦门分行营业部
账　号：5929 0246 5710 801

图 6–34

为了确定这到底是什么托管，小分队点击了链接“什么是银行资金账户托管”，进入了如下的“资金监管”页面，从图 6–35 可以得知，平台所谓的银行托管只是在银行设立了资金监管账户，承诺专款专用，完全独立于自有资金。

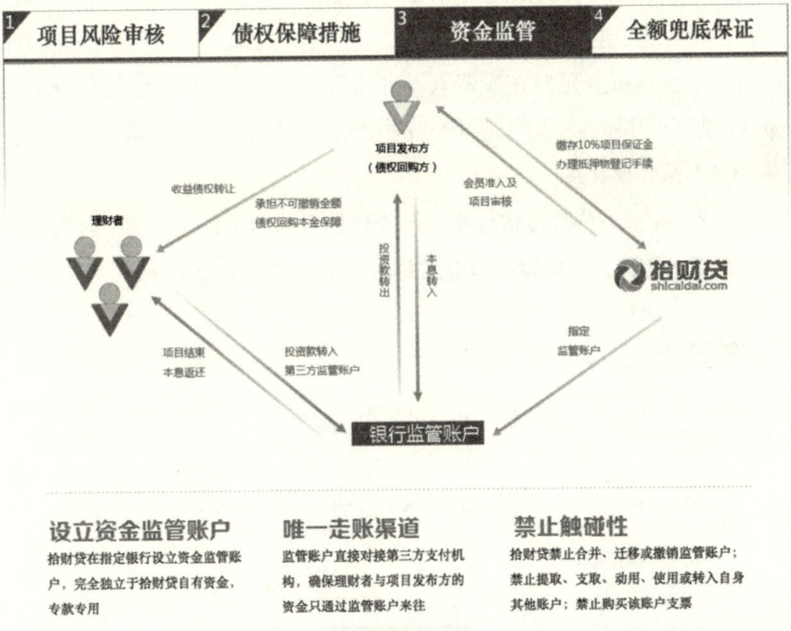

图 6–35

在“唯一走账渠道”中，小分队还发现监管账户直接对接第三方支付机构，这是如何对接的呢？小分队在随后的充值过程中找到了答案。小分队此次选择的是财付通充值，显示交易对方为“拾财贷”，小分队猜测这多半是拾财贷开立的第三方支付账户。

随后，小分队又在网站找到了由拾财贷（甲方）与债权转让企业（乙方）签署的《资金托管协议》，内容没有完全披露，小分队在协议第二条中看到了关键内容：“a）甲乙双方一直同意以甲方的名义按照相关法律法规规定在第三方托管银行营业机构……”这意味着该账户是以拾财贷名义开立的账户，而且这个协议和银行根本没有关系。

为了弄清问题，小分队询问了客服，客服给出的回复如下：我们在招商银行厦门分行营业厅开立了托管账户，大家通过第三方支付平台进来的资金直接进入托管账户，托管行只接受事先提供的项目发布方（小贷及融资租赁机构）的账户信息，在满标后定向付给项目发布方。拾财贷不能碰托管账户里的资金，拾财贷只是记录数据。

从解释来看，小分队猜想投资人的资金先是进入拾财贷开立的第三方支付账户，随后转入银行托管账户（实际上应该称作监管账户）。那在资金从第三方支付账户转到银行“托管”账户之前，拾财贷如何能够保证自己不触碰资金呢？在投资人没有二级账户，资金仍需经拾财贷第三方支付账户归集的情况下，宣传“资金托管在银行”有夸大嫌疑。

（4）操作便捷度

图 6-36 是小分队投资结束时，收到的合同清单，包含 7 个合同，合同披露极为相近，而拾财贷也非常贴心地设有“下载全套合同”按钮。

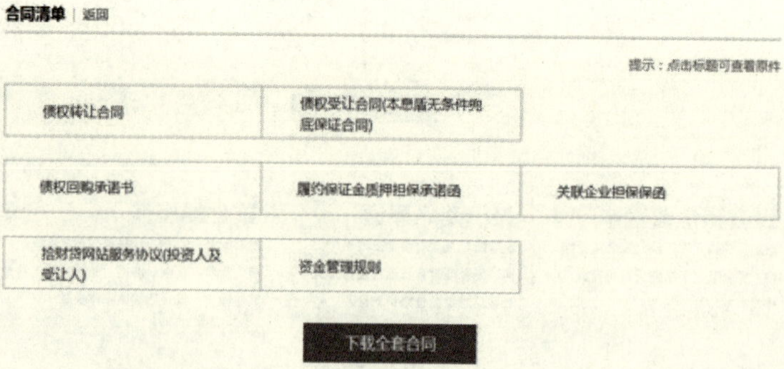

图 6-36

（5）产品丰富度

拾财贷的转让机制极为灵活，用户可以通过在网站挂牌实现债权转让，挂牌出售的时间是 3 天，3 天内成功转让的资金直接进入用户在拾财贷所注册的虚拟账户，可以用于认购其他理财产品或者申请提现。申请转让时，转让额最低 100 元，无最高额限制，无次数限制，支持部分或全部转让，且不收取任何费用。

（6）产品信息披露

A.2 亿风险准备金来源为注册资本金

“本息盾全额兜底”，被视为平台的主要风控措施。平台在宣传中，声称本息盾设立了 2 亿元的风险准备金，但是小分队并未寻找到这 2 亿元准备金的来源（见图 6–37）。随后，小分队点击了其下方的“查看相关资质文件”，试图寻找到风险准备金来源。

图 6–37

从内容上来看，本息盾只提供了营业执照、组织机构的代码证、税务登记证、开户许可证和机构信用代码证等企业相关资料。随后，小分队发现本息盾所指的 2 亿元风险准备金指的是“本息盾”的实缴注册资本，企业资料下方的验资报告即为会计师事务所为本息盾所提供的实缴注册资本验资报告。

B. 项目合同披露全面

拾财贷在小分队此次所投的项目详情页面说明了债权来源、资金用途、还款来源、湖北国中融资租赁有限公司的简介以及标的风险防范措施。从项目详情得知，该项目实际是本息盾受让原债权人国中融资租赁有限公司的租金债权，随后再通过平台转让给投资人。对于融资租赁公司与本息盾已经形成的转让，平台做了完整的信息披露。

公布了原始债权方已经签署的文件，包括本息盾与原始债权方湖北国中之间的有关协议、湖北国中与承租人之间的付款凭证、湖北国中的债权回购承诺书、履约保证金质押担保承诺函、自然人担保保函和关联企业担保保函，披露极为充分。除此之外，还公布了项目发布企业本息盾的资料，包括营业执照、税务登记证书、本息盾税负登记证书、组织机构代码证、本息盾银行开户许可证、本息盾验资报告等；原始债权方湖北国中的企业资料也被披露，如公司营业执照、税务登记证书、组织机构代码证、公司内部照片。

在标的生效之后，小分队收到的合同也多达 7 份。文件下载后为压缩文件，解压后有“关联企业担保函”、“履约保证金质押担保承诺函”、“债权回购承诺书”、“拾财贷网站服务协议（投资人及受让人）”、“债权受让合同（本息盾无条件兜底保证合同）”、“债权转让合同”、“资金管理规则”共 7 类文件。

C. 通过债权回购兜底

无论是平台风控手段披露，还是在项目详情的信息披露中，平台都强调租金债权转让方本息盾的 2 亿风险准备金和 100% 本息保障（即全额兜底保证，见图 6–38）。

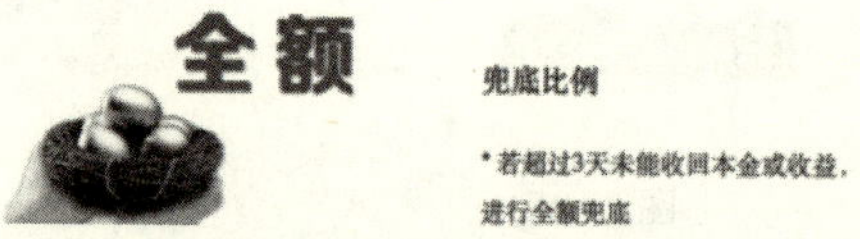

图 6–38

那本息盾到底怎么兜底呢？在本息保障页面，本息盾承诺，若超过 3 天未能收回本金或收益，本息盾将立即启动兜底制度进行兜底，并给出了本息盾全额兜底保证合同（见图 6–39）。

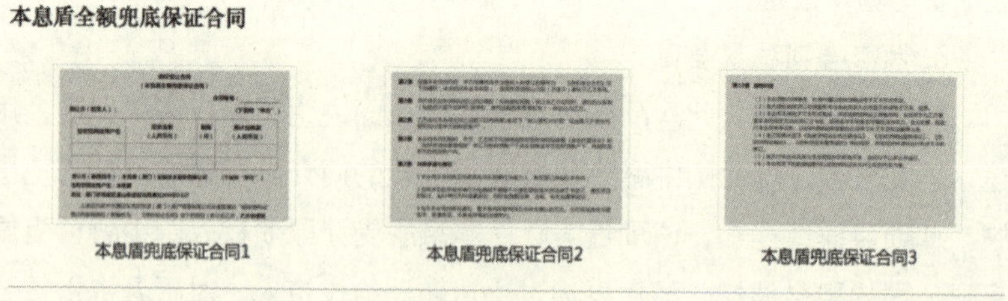

图 6–39

本次所投的项目，小分队也在兜底政策栏中看到债权受让合同范本，即本息盾全额兜底保证合同。点开合同，可以看到出现逾期时拾财贷通过本息盾回购投资人的债权实现兜底（见图 6-40）。

债权受让合同

（本息盾全额兜底保证合同）

合同编号：

转让方（投资人）： **（以下简称“甲方”）**

拾财贷网站用户名	投资金额（人民币元）	期限（月）	累计应收款（人民币元）

受让方（新债权方）：本息盾（厦门）金融技术服务有限公司 **（以下简称“乙方”）**

拾财贷网站用户名：本息盾

地址：厦门市湖里区金山街道后坑西潘社308号D327

上述双方就甲方通过东亮拾财贷（厦门）资产管理有限公司运营管理的“拾财贷网站”受让的逾期债权（即编号为 《债权转让合同》项下的债权）转让给乙方，**乙方自愿受让甲方债权本金及收益**，现经双方平等协商一致，订立本合同，以资信守：

图 6-40

D. 平台信息披露标准不一

小分队此次所投项目的合同披露较为完整，但在浏览其他项目的时候，发现有些项目对企业资质的披露并没那么透明，除了国中融资租赁和嘉实融资租赁公司作为原始债权方的项目是完整披露，其他企业如“上汽集团某一级供应商”、“全国最大食用菌生产企业”、“中国工程企业龙头之一”等企业信息都没有完全披露，小分队无法得知这些企业的具体性质与规模。

（7）投资便捷性

拾财贷在投资便捷性上的表现一般，首先，平台未设置固定发标时间，也没有任何的发标预告，还缺乏自动投标工具，产品辅助工具中也仅有收益计算器等常见工具，无太多亮点。

（8）收益与回款

A. 投资资金不收提现费

目前大多数平台不收取充值费用，但始终没有放弃提现收费权。对比下来，拾财贷在提现费用上就显得更为大气慷慨。小分队从平台公告得知，自2014年8月29日起，拾财贷对充值并有投资的资金提供免提现手续费服务。

B.满标生效时间过久

在小分队的整个体验过程中，最不满意的就是满标速度，投标时间为2014年8月14日14时17分，当小分队于次日17时19再次登录个人中心时，发现项目仍处于“正在投标的投资”栏目下，而项目状态为“全部通过”，但标的还未生效计息（见图6-41）。

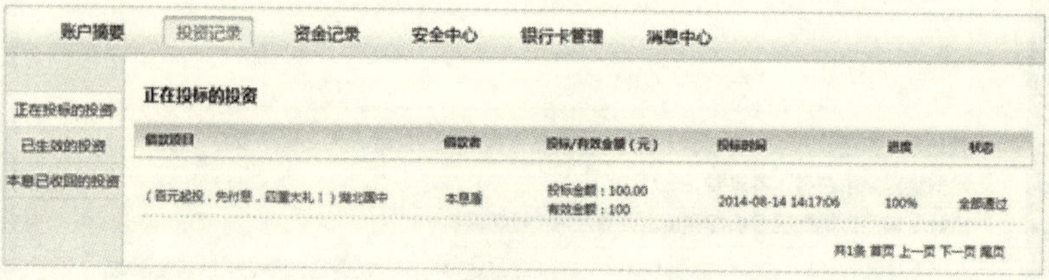

图6–41

在项目详情中，平台可是清清楚楚地标明“次日计息”，并解释“认购后第二日开始计算收益，无论此项目是否售罄”。最终小分队在8月16日的13：59分才开始生效，由于项目是先付息，到期还本，生效后的7分钟左右，小分队收到了本息盾转来的2.25元利息（见图6–42）。

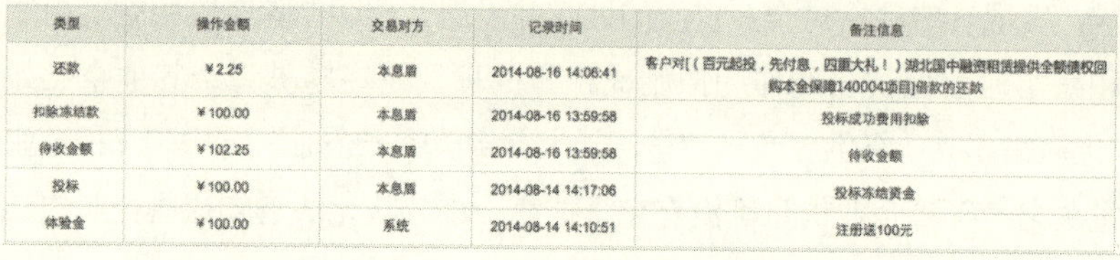

类型	操作金额	交易对方	记录时间	备注信息
还款	¥2.25	本息盾	2014-08-16 14:06:41	客户对[（百元起投，先付息，四重大礼！）湖北国中融资租赁提供全额债权回购本金保障140004项目]借款的还款
扣除冻结款	¥100.00	本息盾	2014-08-16 13:59:58	投标成功费用扣除
待收金额	¥102.25	本息盾	2014-08-16 13:59:58	待收金额
投标	¥100.00	本息盾	2014-08-14 14:17:06	投标冻结资金
体验金	¥100.00	系统	2014-08-14 14:10:51	注册送100元

图6–42

（9）服务指标

拾财贷的客服响应速度和服务能力基本上达到了行业平均水平，但平台未设官方论坛，投资人之间、投资人与管理团队间缺乏基本的交流渠道。

⊙体验小结

拾财贷的体验时间较早，平台成立较晚，在体验过程中，能够明显感到平台的建设和运营还极为不成熟，平台的多项得分（尤其是在信息与资金安全、操作便捷度和投资便捷性上）都低于行业平均水平。在项目交易结构设计上，拾财贷交代得较为清晰，易于理解，对各环节相关合同披露得较为完整，但平台夸大了银行托管措施，造成了扣分项，给平台体验带来了负面影响。

6.6 体验指标对比分析

在网站交互上，爱投资和积木盒子得到了满分，而普资华企和拾财贷网站建设能力稍弱，都出现了整体风格不统一，栏目设计较为杂乱的问题（见表 6-1）。

表 6-1

平台 – 产品	爱投资 – 爱融租系列大型纺织企业设备直租（二期）	积木盒子 – 上海同岳租赁牵引车 / 半挂车（等额本息）4126-1-1	普资华企 – 限时抢购 PCCB130099	拾财贷 – 湖北国中融资租赁提供全额债权回购本金保障 140004 项目
网站交互（9）	9	9	7	8
新手引导 & 信息披露（29）	18	28	17	5
信息与资金安全（50）	18	40	18	9
操作便捷度（16）	15	13	14	12
产品丰富度（9）	6	0	3	7
产品信息披露（45）	28	44	26	30
投资便捷性（19）	14	17	15	10
收益与回款（28）	26	26	26	27
服务指标（20）	18	20	14	12
合计（225）	152	197	140	120

在新手引导和信息披露上，积木盒子表现出众，除了逾期信息披露

外，其他项都得了满分。老平台爱投资和新平台普资华企表现次之，爱投资引导合理，信息披露较为完整，但缺乏逾期信息披露和风险提醒，首页还出现了较为明显的误导性对比，成为扣分项，普资华企同样因为逾期信息披露、风险提醒和披露信息不持久的问题排在积木盒子之后；拾财贷在新手引导和信息披露上整体表现较好，但在首页多处显要位置出现误导性对比宣传，扣分严重。

在信息与资金安全方面，积木盒子以40分遥遥领先，主要原因在于其采用了二级账户对用户资金进行托管，并每月公布经由银行证明的风险保障金数据。爱投资与普资华企表现一般，均取得18分，两者都未采用任何资金托管手段，爱投资虽公布保障金数据，但未经审计和证明，普资华企支持提现同卡进出，但安全认证不够严密，对保障金只字未提。得分最低的拾财贷则只采用了加密传输、不够安全的身份认证和独立交易密码。

在操作便捷度上，四家平台表现不相上下，拾财贷因体验时（2014年8月）未上线移动端，在分数上处于劣势。

在产品丰富度上，爱投资与拾财贷表现较好，主要原因在于两个平台在转让规则的设计上极为灵活。普资华企体验时不支持债权转让，表现次之。而积木盒子在此项中取得0分，主要原因在于体验时，平台只发布了两款融资租赁类产品，期限和还款方式单一，无法进行转让，抢标情况也较为严重。

在产品信息披露上，积木盒子以44分取得第一，最为突出的是平台直接在投资键旁设有风险提示按钮；爱投资和普资华企表现不相上下，爱投资出现了租赁公司前后代偿不一致的问题，且最终合同缺乏厂商的回购承诺，普资华企则缺乏对债权转让方的信息披露；拾财贷的项目信息披露较为全面。

在投资便捷性上，积木盒子、普资华企和爱投资表现差距较小。其中，得分最高的积木盒子在发标预告上下足了功夫，通过平台、手机APP和论坛等三种渠道预告发表，基本固定每日的发标时间。普资华企则设置了自动投标功能，且用户只需充值最低投资限额即可享受该服务。相比之下，拾财贷在投资便捷性上的表现不尽如人意，主要体现在预告发标和自动投标功能的缺位。

收益与回款上，平台的表现较为均衡，由于回款准确及时，都承诺7日内垫付，四个平台的得分普遍较高。主要区别在于：除了拾财贷外，其他平台都是次日起息；同样是除了拾财贷，其他平台都收取提现费用。

在服务指标上，老平台积木盒子和爱投资表现较好，而新平台普资华企和拾财贷则在社交分享和线下活动上有所欠缺。

6.7 融资租赁类产品体验小结

从最终得分来看，运营较为成熟的平台在最终得分上要高于两个新成立的平台，其中积木盒子遥遥领先，其在新手指引与信息披露、信息与资金安全和产品信息披露上优势明显，都得益于积木盒子较好的网站运营水平和极致透明的平台态度。同样是老平台，爱投资因为在信息与资金安全和产品信息披露上，做得不够到位，得分稍逊。

而普资华企和拾财贷作为专注于融资租赁行业的P2P平台，其产品信息披露中的某些地方得分甚至高于老平台，源于新平台专注于细分行业，对行业内的交易流程和风险管理都较为熟悉，对产品和风险的理解力甚至更胜一筹，如普资华企增加了中国人民银行征信中心的租赁信息查询入口。

最后，由于大部分投资人对融资租赁业务较为陌生，加之此类产品本身设计较为复杂，不如直接借贷项目清晰，导致多数投资人对该类项目的风险认知不足，谨慎投资人甚至需要花费大量时间研究。所以，建议平台在行业普及、产品设计说明和风控手段解析上，投入足够的时间和精力。在体验过程中，爱投资在这方面表现得最好，平台甚至对合同涉及的哪几方都清楚地告诉了投资人，做法值得肯定和学习。

Internet

Finance

Transformers

第七章

典当类产品

7.1 产品简介

典当类 P2P 产品同样是于 2014 年涌现的新型产品类型，最早推出典当类 P2P 产品的是来自广州的 P2P 平台新联在线，该平台通过与典当行合作，将其已形成的融资业务对接到平台上的投资人，实现已有典当债权的流转。随后，同样是来自广州的平台 PPmoney 通过与其母公司广东太平洋资产管理公司及深圳联合产权交易所合作，推出了典当资产收益权产品：典当行提供典当资产包，并于交易所挂牌上市，随后由太平洋资管公司买断，通过 PPmoney 将资产收益权转让给投资人，并设置了第三方担保及回购担保进行增信。

传统的典当业务属于典型的抵押或质押贷款业务，典当行接受的抵押物可以是房产、汽车、贵金属、名表、珠宝以及其他民用品（包括名牌包、高价数码产品等），但是目前抵押的最多的是房产与汽车。2013 年的行业数据显示，房地产典当占所有业务的 53.2%，动产典当占 28.3%，财产权利典当占 18.5%。当然对于典当类 P2P 产品一定是绝当的抵押物（《典当管理办法》中第 25、26 条规定）。

由于典当行受制于注册资本，通过对接 P2P 平台可以突破这一限制。目前国内只有四家平台向投资人出售典当类的 P2P 产品。此次小分队挑选了目前涉及的典当类资产的三个平台，分别是花果金融、第一 P2P 和典金所进行典当类 P2P 产品的投资体验。

7.2 花果金融“中恒信典当 4 号 B 期”

⊙**体验平台**　花果金融

⊙**体验项目**　中恒信典当 4 号 B 期

⊙**体验时间**　2015 年 1 月 23 日

⊙**验后真言**　合同不应该留有空白处 / 独立第三方账户托管说到做到 / 不要强制开通便捷支付 / 合作方的信息披露没有比你更详细的了 / 一对一的 QQ 临时窗口比电话更有效 / 支付密码到底谁设置了

⊙平台概况

花果金融于 2014 年 1 月 2 日上线，并于当年 5 月联合中国银联旗下的联动优势实现第三方资金托管。截至 2015 年 1 月底，花果金融累计成交金额超过 6 亿元，平均投资收益率约为 13.96%。

目前，花果金融提供的项目类型较为多样，包括以下 4 类：担保贷款类项目、小微贷款类项目、融资租赁租金收益权转让类项目、供应链应收账款收益权转让类项目。本次体验的典当类产品属于债权转让项目，单笔融资多为几十万元。

⊙投资流程体验

小分队第一次听到花果金融时，不知道是不是脑洞过大，脑海里竟然出现了齐天大圣和它成群的猴孙们，虽不知名字从何而来，倒确实做到了让人过目不忘。进入平台首页可不是猴范儿，十分文艺，嗯，似乎还有些互联网圈常说的情怀（见图 7–1）。

“我在花果挣了 3400 元，送自己一次旅行，那里真美。”

“我在花果挣了 9000 元，带媳妇血拼，媳妇真美。”

“我在花果金融挣了 5000 元，为妞妞买了教育基金，闺女真美。”

你看，无论是单身、情侣、还是已婚者都在拿着在花果上的 P2P 理财回报过着幸福生活呢，小分队完全抵挡不住这种有爱的桥段啊！对于这种营销中的情怀牌小分队虽然见得不少，不过还是萌生了小期待。

图 7–1

小分队首先要寻找的就是新手指引栏目，过程没那么顺利，千辛万苦在“关于我们”的二级菜单下找到了相关栏目“投资人指引”。

不过花果金融倒是在“关于我们”栏目中，把大体的问题都做了很详尽的回答，诸如安全保障问题、手续费、样本合同、协议等，常见问题一应俱全，基本解答了小分队的疑问。

能够解答小分队这种 P2P 投资“砖家”所有投资疑问的平台真的不多，冲着这点，对花果金融的好感度瞬间上升了。同样，花果的注册流程也相当规范，投资前可以查看注册协议和服务协议，条款明确。

注册并完成邮箱验证成功后，小分队发现竟然需要重新登录，登录后首页右上方出现提示“您还没有开通第三方托管账户，点击开通”。据小分队了解，有了真正的第三方托管，平台就不会有机会挪动投资人的钱了，难道花果说的第三方账户指的就是它？

小分队赶紧点击开通，跳转页面左边的栏目再次普及了什么是第三方托管及种种优势。不过，“资金管理更加严格，第三方托管账户中的资金仅可以向对应的用户实名银行卡和项目借款人转账，避免了网贷平台进行资金错配，用赤字账户掩盖风险。”虽然听起来专业，但是，到底什么是资金错配，什么是赤字账户，小分队真的不懂啊，感觉这解释还不够接地气。

再往下看，资金托管方是联动优势由中国移动和中国联通成立，这样的背景介绍一下，小分队放心了不少。在下方的流程图中，小分队的确没有发现平台的介入，但是其中的“标的账户”，也没弄明白是哪里来的。不过联动优势还是给小分队很大的信息，输入所要求信息后，点击绑定，系统提示（见图 7–2）。

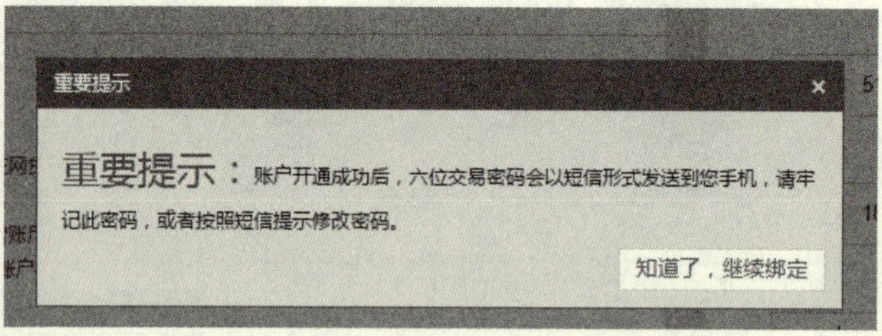

图 7–2

这密码为什么不能直接自己设置啊？这不是给人添堵么……不过都

已经到这一步了，还是先绑定吧！

这么大一个 SORRY 又是闹哪样（见图 7–3）？还没等小分队回过神来，页面又跳转到了花果金融的首页，小分队还收到如图 7–4 的短信。

图 7–3

“联动优势 U 付支付密码不变”，小分队根本不记得设置过交易密码啊！“重要提示”中说的六位交易密码在哪里？小分队机智地觉得不应该选择重置密码，查看到平台中“我的账户”进行查看，先充值试一试。点击充值，跳转到网银支付。

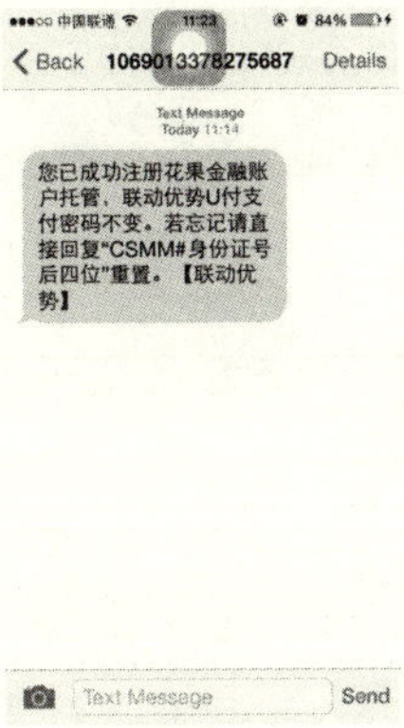

图 7–4

充值成功后，小分队点击导航条中的“项目列表”，典当类产品被命名为“XX 典当 XXXX 号”，非常好认，不过典当类没有被单独放在项目类型中，而是被归类到“小微贷款”中。

期限仅 47 天，年利率 11%，还有 2% 的红包拿，筹资已经 99%，小分队最终选中了“中恒信典当 4 号 B 期”，并以飞人的速度点进项目中确认详情，速度太快，没点上项目，倒是点上了典当公司名称，进去发现真有惊喜（见图 7–5）！

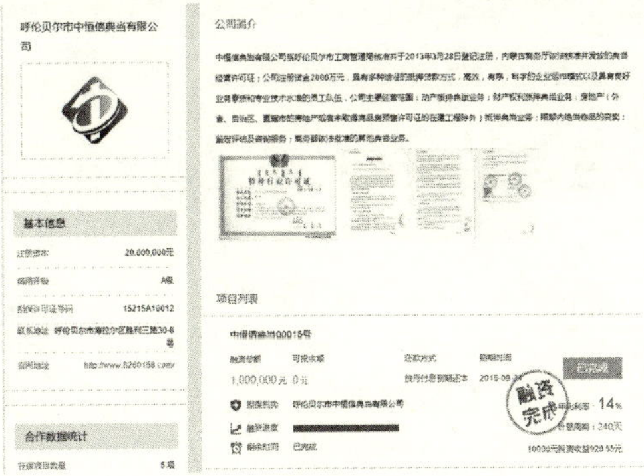

图 7–5

花果金融披露了合作典当公司的注册资本、信用评级、担保许可证号等基本信息，甚至还有联系地址和官网地址，这可给小分队省去不少去百度百科的时间。投资人还可以在简介下方查看到典当公司的行业许可证以及其与花果金融签订的战略协议全文！是全文哦！

除此之外，下方合作历史项目和相关数据（见图 7–6），小分队看到中恒信已经与平台合作完成了多期项目，相信这次选择问题也不大。

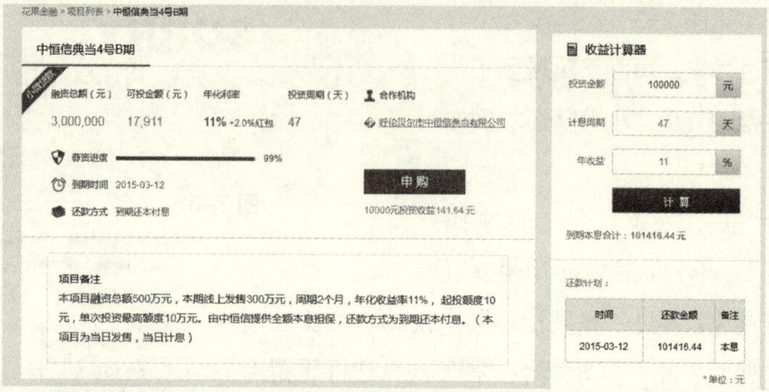

图 7–6

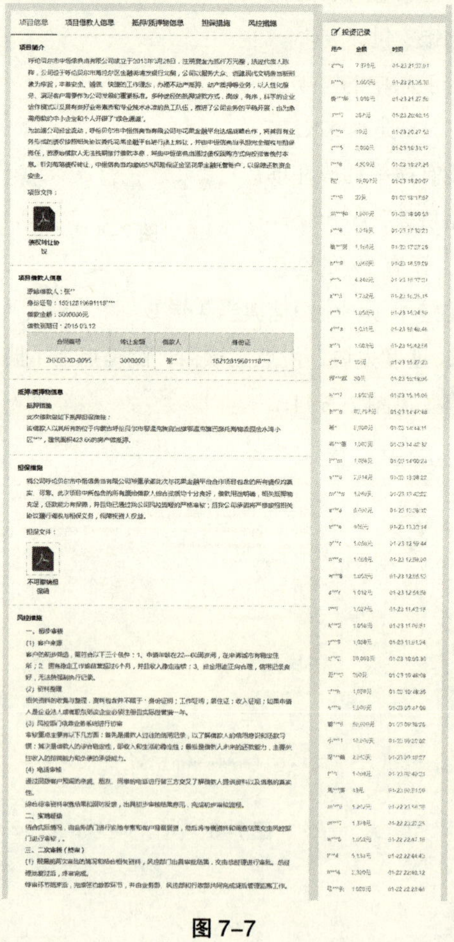

图 7–7

迅速回到刚才看上的项目中，扫描了项目信息（见图 7–7），页面呈现信息非常多，包括项目信息、项目借款人信息、抵押 / 质押物信息、担保措施、风控措施。虽然内容非常多，但分类清晰，而且下图中的栏目导航可以随时点击进入相关的部分。

在项目简介和担保措施栏中，平台还添加了两个 PDF 文件《债权转让协议》和《不可撤销担保函》，这可不是简单的摆件，都可以点击并查看，文件以悬浮窗口的形式呈现，查看完毕可直接点击关闭按钮，不会出现页面的跳转。

小分队仔细查看这两份文件，发现了两个问题。首先，最初小分队以为《债权转让协议》是一个协议范本，因为项目简介中提到“为加速公司资金流动，呼伦贝尔市中恒信典当有限公司与花果金融平台达成战略合作，将其自有业务形成的债权按照相关协议委托花果金融平台进行线上转让”，小分队的理解是中恒信通过平台把已有的债权转让给某个花果金融上的投资人。

往后看，小分队却发现这份债权转让协议是一份已经完成签署的协议，协议双方是中恒信和姓“艾”的个人，协议中将其称为“受让人或受让人代表”，小分队这才明白，这份债权不是直接转让，而是先由中恒信转让给“专业受让人”（小分队姑且先给他起个名儿），再由专业受让人转让给平台投资人。虽然流程有些绕，但是从法律角度并没有问题。看完这么详细的披露后，小分队没有犹豫，准备斥资10元申购（见图7-8）。

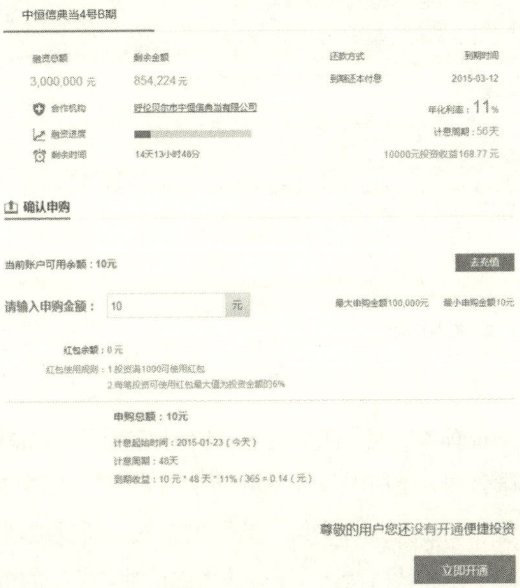

图 7–8

真心要投资怎么会出现这么多的坎坷！这个步骤小分队又被告知必须开通便捷投资！为了快速投资，还是开通一下吧。

页面跳转，出现免密投资功能的简介。简介中说到了三点：第一，开通后，以后的投资不用再输入第三方支付平台的交易密码。小分队疑虑，虽然简化了密码操作，但是账户安全如何保障呢？第二点中说道，就算开通后债权转让和提现仍然需要密码，这是在坑我么？说好的免密呢？而且，更让小分队不满的是第三点，从来没有设置过第三方平台的交易密码，这里开通免密又需要输入第三方支付的交易密码，或是要求重置密码，这到底要为难小分队到何时，花果金融你到底要闹哪样？

心里小小焦躁的火苗急需扑灭啊，不管密码了，先开通，反正要有问题花果一定是全责，点击立即开通，结果发现还是要重置密码，想简分队选择了“支付密码”右侧的“修改或重置支付密码方法”，进行充值，劳心劳力，累啊！

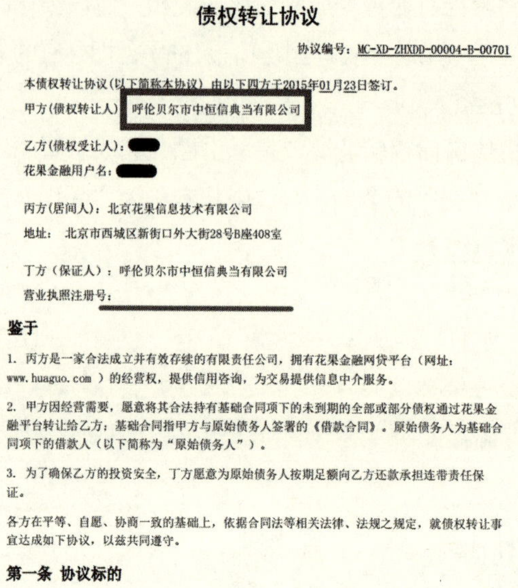

债权转让协议

协议编号：MC-XD-ZHXDD-00004-B-00701

本债权转让协议(以下简称本协议）由以下四方于2015年01月23日签订。

甲方(债权转让人) 呼伦贝尔市中恒信典当有限公司

乙方(债权受让人)：[redacted]

花果金融用户名：[redacted]

丙方(居间人)：北京花果信息技术有限公司

地址： 北京市西城区新街口外大街28号B座408室

丁方（保证人）：呼伦贝尔市中恒信典当有限公司

营业执照注册号：

鉴于

1. 丙方是一家合法成立并有效存续的有限责任公司，拥有花果金融网贷平台（网址：www.huaguo.com ）的经营权，提供信用咨询，为交易提供信息中介服务。

2. 甲方因经营需要，愿意将其合法持有基础合同项下的未到期的全部或部分债权通过花果金融平台转让给乙方：基础合同指甲方与原始债务人签署的《借款合同》。原始债务人为基础合同项下的借款人（以下简称为“原始债务人”）。

3. 为了确保乙方的投资安全，丁方愿意为原始债务人按期足额向乙方还款承担连带责任保证。

各方在平等、自愿、协商一致的基础上，依据合同法等相关法律、法规之规定，就债权转让事宜达成如下协议，以兹共同遵守。

第一条 协议标的

图 7-9

修改密码之后重新操作，投资完成后，系统自动跳转到个人账户，此时小分队已经可以下载相关的合同了（见图 7-9）。

小分队仔细审核了此债权转让合同，合同条款粗略看上去似乎没有任何的问题，但是细细查看才发现了两个问题：①债权转让人居然是呼伦贝尔市中恒信典当有限公司，之前小分队明明记得之前项目介绍中 PDF 债权转让协议中写过，债权受让人是一个姓“艾”的个人，所以按理来说，这份债权转让协议的甲方（债权转让人）应该为这位姓“艾”的个人，而不是中恒信典当有限公司，这样中恒信典当才能作为保证人（丁方）出现在此债权转让协议合同中。②为什么典当公司的营业执照注册号没有填写，留空在这里该不会是忘了吧？

撇开以上两点问题，“债权转让协议”中的垫付条款则非常清晰，如图 7-10 所示 7.4 条承诺如果债务人逾期，呼伦贝尔市中恒信典当有限公司在接到通知后 5 个工作日内将代偿金划转至投资人托管账户，代偿金还包括本金和利息。

第七条 保证责任

7.1 债权转让完成后，原始债务人应根据基础合同的约定，按时足额的向乙方履行还款义务。为确保原始债务人的上述还款顺利实现，丁方同意为原始债务人向乙方提供连带责任保证。

7.2 保证担保的范围包括乙方受让债权的本金、利息、违约金，以及乙方为实现债权支付的其他费用（包括但不限于诉讼费、律师费、公证费、鉴定费、差旅费等）。

7.3 保证期间为自基础合同项下债务履行期限届满之日起两年；债务提前到期的，保证期间为自债务提前到期之日起两年。

7.4 在原始债务人未按时、足额清偿任意一期借款本金及利息时，乙方同意授权丙方代表乙方向丁方发出代偿通知，要求丁方依协议约定承担保证责任。丁方须在接到通知后5个工作日内，履行其相应担保义务，将代偿资金（包括但不限于借款本金、利息等）划转至乙方第三方托管账户，以履行其相应保证责任。

图 7–10

针对合同债权人问题，本想找个一对一的客服问问情况，但是找遍网站也只看到 QQ 群，就不能有个 QQ 临时的对话窗口吗，这样多方便用户沟通，小分队真的是加了太多的 QQ 群了，每天 QQ 闹腾得很，不想再加群。客服热线的时间也只有朝九到晚六，现在也不在工作时间了，闹心啊，还是等明天再询问吧。

⊙大类体验指标评价

（1）网站交互

A. bug 坏了清新温暖的投资体验

花果金融网站页面整体清新温暖，随处可见年轻、爱情、家庭等元素，是小分队喜欢的调性，第一印象非常好。但是从注册开始，一直就 bug 不断，先是在托管账户注册跳转时出现 bug，虽没有直接影响到投资，但是使得之后的流程复杂化，小分队难免对花果金融有些小失望，就像逛淘宝一样，差评永远比好评更让人印象深刻。建议花果金融能够及时测试、发现并修复这些破坏了好体验的 bug。

B. 产品命名规律清晰

花果金融的产品命名规律清晰，以“债权推荐方名称 + 序号 + 期数”为命名框架，不仅投资人能够快速识别产品类型，而且凸显了产品设计的标准化，避免了不少平台常出现的命名随意、混乱的情况。除此之外，花果金融上的产品均以块状呈现，左上角以红蓝标志区分不同标的类型，诸如投资状态、可投资金、收益、期限等重要元素也都清晰呈现，产品栏目设计合理美观（见图 7–11）。

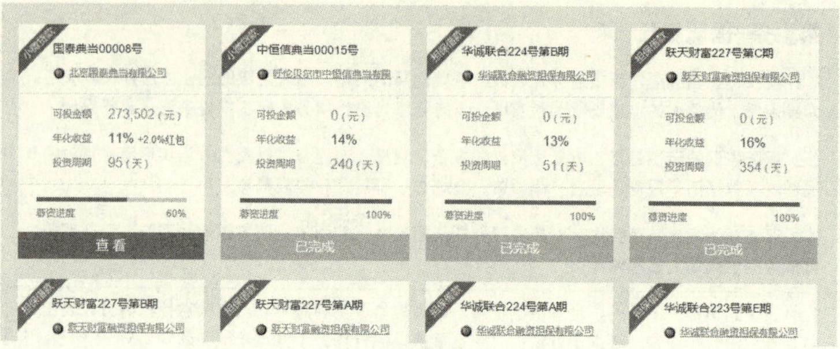

图 7-11

（2）新手指引 & 信息披露

A. 投资指引设置存逻辑问题

虽然花果金融在“关于我们”中把常见问题都列举出来，其中包括了费用、资金安全等投资人最为关心的问题，但小分队在体验过程中却发现了一个问题设置中的逻辑错误。“如何投资”一栏，点击进入，期待看到的是一个清晰的投资流程示意图。不过实际内容却回答了投资金额限制、投资为什么会失效、利息什么时候开始算等问题，与小分队想象得不太一样，小分队觉得这些内容归纳在一般问题之下较为合适，或者重新设置个标题如“投资相关”。

B. 定期公布运营数据

花果金融成立时间有一年，每月公布自己的运营数据（见图 7-12）。定期公布运营数据，一定程度上可以帮助投资者了解平台的状况，增加投资信心。

月度数据统计：

	当月项目借款总额	项目回款总额	项目应收本息总额	项目完成度
2015年2月	43,429,153.00元	3,755,484.07元	49,332,210.59元	7.61%
2015年1月	42,851,771.00元	12,860,769.38元	48,515,790.51元	26.51%
2014年12月	39,532,184.62元	13,931,160.93元	44,160,500.82元	31.55%
2014年11月	43,791,513.19元	8,143,831.16元	48,789,607.78元	16.70%
2014年10月	26,019,447.04元	7,714,071.11元	28,778,767.25元	26.81%

查看更多

图 7-12

（3）信息与资金安全

A. 技术安全背景深厚

花果金融采用的是HTTPS加密传输，连首页都采用的是加密传输。同时其高级技术团队经验十分耀眼，从网站披露的信息中可以看到，两位高级开发经理分别在NEC、微软、甲骨文等担任过要职。

B. 资金隔离账户安全但免密功能安全性须加之说明

花果金融采用了联动优势的资金托管账户系统，但是，对于平台开通的第三方支付免密功能，虽然可能初衷是为了简化投资者的操作，但是免密是如何保障账户安全的呢？平台宜加以清晰说明。

（4）操作便捷度

A. 充值渠道单一且密码设置步骤恼人

在小分队向第三方联动优势的独立托管账号进行充值时，发现仅支持网银支付。不仅如此，在注册联动优势账号的时候不曾要求设置交易密码，却无端生出了重置密码等不必要的操作，用尽投资者的耐心。

B. 暂不支持移动端

C. 投资步骤需简化

花果金融没有优选理财计划，这让小分队这种“懒癌”患者不太适应。小分队从充值到投资一共花了三步，分别是：①通过联动优势充值；②开通快捷投资功能；③投资。中间的开通快捷投资功能虽然对后续投资比较有利，但是所有新的花果投资人都无法逃过这一步，拉长了整个投资流程。

（5）产品信息披露

A. 债权转让关系不清晰

小分队投资中发现，投资前的债权转让协议中的债权受让人是姓“艾”的个人，而投资结束后的债权转让合同中的债权转让人却是花果金融，前后不一致是为何？艾某怎么被花果金融取代了？债权转让的人到底是花果金融还是艾某？平台应对其中债权关系进行重新梳理，给予投资者明确的、前后一致的合同内容。

B. 透明度适中 细节问题还需要提升

以小分队此次投资的“中恒信典当4号B期”为例，标的详情页面披露的信息非常多，包括了与中恒信典当的债权转让协议和中恒信典当的不可撤销担保函，还有非常详细的风控流程描述。在小分队看来，标的基本信息是必不可少的，而协议内容和抵押物信息才是产品透明度的体现。但是，在查看抵押物信息时，小分队发现了一个小问题，如图7-13所示。

抵押/质押物信息

抵押措施

此次借款做如下抵押担保措施：

该借款人以其所有的位于内蒙古呼伦贝尔市鄂温克族自治旗鄂温克旗巴彦托海物流园金水湾小区****，建筑面积423.66的房产做抵押。

图 7-13

小分队看到了最后一句话“建筑面积 423.66 的房产做抵押”。还是加一个面积单位吧，是平方米的还好，万一是平方厘米呢？虽然觉得不会用平方厘米去说建筑面积，但是这点小细节，别要让投资者有疑问才好。既然说明了抵押物，披露出抵押物的照片更能提高抵押物的透明度。还有一个问题就是投资流程中提到的，合同中营业注册号空白没有填写。除此之外，没有披露担保物的价值，似乎有点缺失啊！

虽然这些问题存在，花果金融的产品透明度还是较高，但是细节还有很多提升的空间。比如，花果金融目前没有披露房产抵押的相关文件，这些文件都可以增加产品透明度。

C. 应当告知投资者债权拆分发标情况

小分队发现，所投资的“中恒信典当 4 号 B 期”项目实际是为一个总融资额度为 500 万的项目拆分为 A、B 两个项目中的其中一个。对于一般投资者而言，很难从标的名称判断出标的是否为拆分后的项目。项目拆分发标，会在一定程度上使投资者对项目风险预估不准确。最初投资时，投资者会片面地理解为自己投资的项目是 300 万的标的，其抵押物为一座 400 多平方米的房子。这样投资者心里的预计是 400 多平方米的房子抵押借款 300 万，应是属于低风险投资，但事实并非如此。因此，小分队觉得平台有义务把项目拆分情况向投资者说明清楚。

D. 叙述详尽的风控流程

在项目介绍的主页的第五个栏目“风控措施”中，分步骤说明了平台风控的过程及操作。

（6）投资便捷性

A. VIP 实时赎回

花果金融设置一个机器人用户，当用户进行赎回时，这个机器人用户将自动购买用户的债权，同时将该转让挂到转让市场。机器人用户账户内的资金目前为 100 万，其实质是花果金融的私募基金，可以满足不同用户对资金流动性的要求。

B. 无自动投标和预告发标

（7）收益与回款

A. 费用计算合理

除了债权转让相关费用，花果金融不收取投资者的充值、提现费用，而且即日起息，在收费上的表现可谓“仁至义尽”。想到仅用 10 元投资后，还能取回 10 元，不禁泪流满面。小分队以前体验的平台中，投资 100 元后，投资结束提现时还要收取我们 5 元的手续费。

B. 承诺逾期七日内垫付

小分队投资的典当类资产是由某典当有限公司担保，所以平台在“投资人指引”中有叙述到“若债务人逾期未归还款项，则担保机构会在七个工作日内代为向投资人偿付该笔逾期的应还本息。”能承诺七日内垫付的平台，可是十分厚道呀！

C. 回款及时准确

小分队于 2015 年 3 月 12 日收到了平台方的回款，金额、时间都准确无误。

（8）服务指标

A. QQ 群无法替代在线客服

小分队在投资过程中，想详细询问关于垫付条款的问题。小分队最先想到的是 QQ 客服，但是没想到花果金融竟没有设置一对一的客服，只给了几个 QQ 群。根据小分队的经验，QQ 群重在投资人交流，人多闹腾，很难满足咨询需求。再看看全国服务热线，9 点 ~18 点，现在可是下班时间啊，只能暂时作罢了。小分队强烈建议花果金融设置一对一的

QQ 客服临时窗口，行业标配不可无啊。

B. 客服熟悉流程但专业有待提高

在 QQ 咨询无果的情况下，小分队第二天拨通了花果金融的客服热线，虽然客服对业务流程比较熟悉，但是专业能力还有待提高。对产品的风险也比较了解，与其他平台客服一样，客服不断地给我强调他们的保障措施非常安全，没有风险。反复强调还不如说出个原因一二三，让人信服。同时，客服回答不出来为啥要开通快捷投资的最根本的原因；也回答不出来，万一典当行无法垫付逾期本息，投资者的投资如何得到保障。花果金融的客服虽然回答不上来这些问题，但是却一直强调自己的安全，与其合作的典当行的资历非常好等。显得专业性欠缺了一些。

C. 论坛起名别出心裁，用户较为活跃

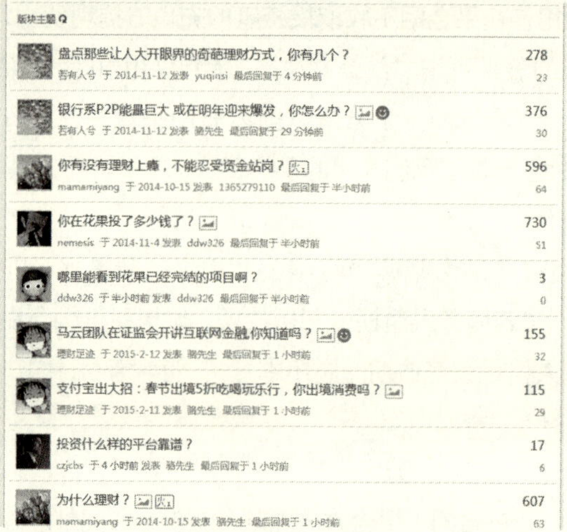

图 7-14

花果金融的论坛板块取名为“南天门”、“蟠桃会”、“花果山”、“藏经阁”等《西游记》素材，十分吸引投资者眼球，增加用户参与的欲望。进入投资理财板块“花果山”可以看到虽然帖子发布时间多为 2014 年 11 月左右，但是近期仍有不少的回复（见图 7-14）。

7.3 网信理财（第一 P2P）“易典通 1 号 050-1”

⊙**体验平台** 网信理财（第一 P2P）

⊙**体验项目** 易典通 1 号 050-1

⊙**体验时间** 2014 年 12 月 2 号

⊙**验后真言** 充值到第三方支付公司做何解释 / 典当物照片你在哪里？ / 提前预告下资产发布时间蹲守好辛苦 / 产品介绍请补充 / 想要和其他投资人交流一下 / 网络客服成本更低呢

⊙平台概况

网信理财又名第一 P2P，是网信金融旗下的 P2P 借贷平台。网信理财平台的产品类型丰富，几乎涵盖了现有的所有资产类型，产品包括车辆和房屋抵押贷款、典当类资产、应收账款类资产、融资租赁资产。网信理财是第一家开发出典当类资产的 P2P 平台，其典当类资产仅有 236 项，是平台中数量较少的项目类别。平台整体年化收益率集中在 8%～13%，其中典当类产品集中在8.5%～11%，期限普遍较短，多为1个月至3个月，根据网信理财 2014 年 12 月官方网站披露，其注册人数已达到 119.7 万人次，用户总收益 10444 万元，但并未披露累计成交额。

⊙大类体验指标评价

（1）网站交互

进入网信理财的首页，没有过多的板块设置，Banner 条下方即为标的分类，引导栏目分类明确，小分队几乎可以直奔主题，选择心仪标的产品。

（2）新手指引 & 信息披露

产品介绍比较混乱

由于对网信理财的产品太不熟悉，为了了解首页产融贷、应收贷、典当贷、租上租等产品分类的具体含义，小分队尝试点击了右上角“新手指南”页面下的“产品介绍”，但是产品介绍下的却没有小分队关心的“典当贷”的任何内容。

在产品介绍页面，仅出现了房贷、产融贷、车贷三类产品介绍，对于典当、应收账款、租金收益类资产只字未提。而且房贷和车贷的介绍中也出现了与首页标的分类无法匹配的状况。

（3）信息与资金安全

A. 资金没有第三方独立账户隔离保护

在进入真正的充值流程（见图 7-15）后，网信理财在窗口左上角标出“资金托管平台”，小分队实在没在流程中看到任何与托管相关的内容。在充值成功后，小分队收到发自银行的付款短信，这才发现，收款方是一家第三方支付公司——上海盛付通电子商务有限公司，据小分队了解，这家支付公司暂时可没有提供真正的资金托管服务哦，这词可不能乱用来糊弄投资人呢。

图 7-15

B. 实名认证配合资金同卡进出

C. 个人账户页面无加密传输

在网信理财的投资过程中才发现，仅限于支付页面才有加密传输HTTPS，但是个人账户页面不仅有用户的身份信息，还有银行卡信息，这里没有加密传输真的合理么？

D. 无独立交易密码

当用户选中投资的标的后，投资步骤真的可谓是一气呵成，无须用户填写任何的密码，页面自动跳转至投资成功。倘若个人账户信息不慎泄露，那么是不是任何人都可以进行投资操作了。

（4）操作便捷度

A. 注册信息繁杂

网信理财的注册流程共三步，实际上在设置账户环节，小分队已经有些不耐烦了，需要填入的信息非常之多，用户名、登录密码、邮箱、图形验证码、手机号、短信验证码，几乎是其他平台两倍的量。不少平台已经取消了用户名设置，自动使用手机号码来代替，缩短注册流程成为了行业内趋势，而网信理财反而是越弄越复杂。

B. 支持移动端且移动端充值提现便捷度优于 PC 端

（5）产品信息披露

A. 标的信息披露粗糙

网信理财标的信息披露看似较多，但是缺乏很多的重要信息。如图 7–16，网信理财披露了详细的融资方信息，但是也没有提供相关的证书等，以文字表述为主。除此之外，资产信息仅以“债务人杜某以其名下价值 850 万的纪念币进行质押典当，获得典当行 500 万的当金，折当率 58.82%，即本次转让的债权”完成描述。

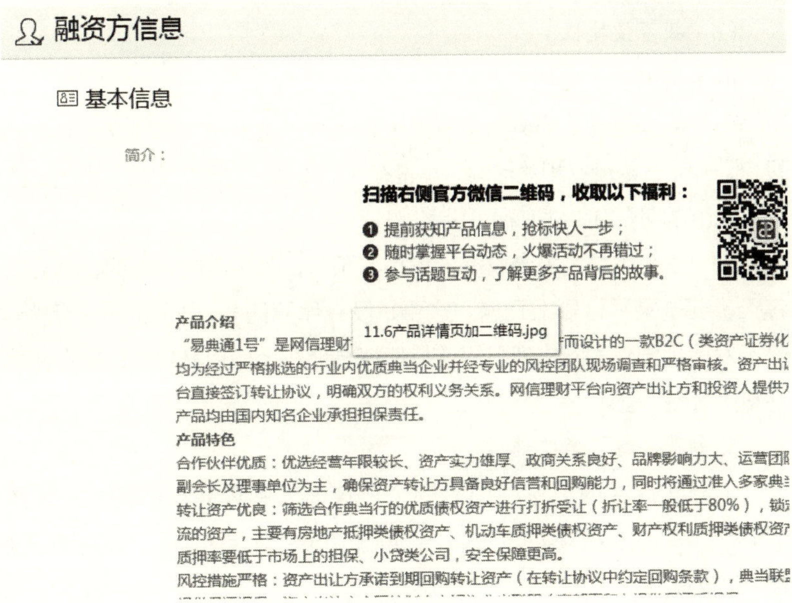

图 7–16

这里仅文字说明了典当资产，价值 850 万的纪念币到底有多少，什么样子，好歹来个抵押物照片让小分队长长见识呀，审核记录也仅是标示已验证（见图 7–17），小分队该怎么信呢？

图 7–17

总体来说，网信理财标的信息披露极为粗糙，仅以文字描述，无凭无证。而且对债权的信息描述就仅仅一句话而已，缺少当物或抵押物的照片和相关认证。

B. 合同披露全面

在标的信息中，小分队还看到了投资所要签订的四个合同，包括债权转让合同、保证合同、受让方咨询服务协议和债权回购通知。

所有的合同都在投资前完整披露给投资人，也使得债权关系更为清晰。

（6）投资便捷性

A. 标荒还不设发标预告

由于网信理财上的典当类资产十分稀缺，小分队几次前来想要尝试投资，却始终是没有相关标的。早早存入的 100 元在账户中放了很久，蹲守了一个星期左右，才有标可投。

更为不爽的是，平台没有设置标的预告，为了不错过标的，小分队每天都要登录平台刷上几遍。这要是没有体验任务，谁还那么折腾啊。除了发标预告外，网信理财不支持债权转让和余额理财功能，投资便捷性整体表现不佳。

B. 缺少一键签署按钮

小分队此次的投资标的有四个协议需要阅读并点击同意（见图 7–18）。每个都点击真的蛮累的，实际上完全可以合四为一，投资者一键即可完成签约。

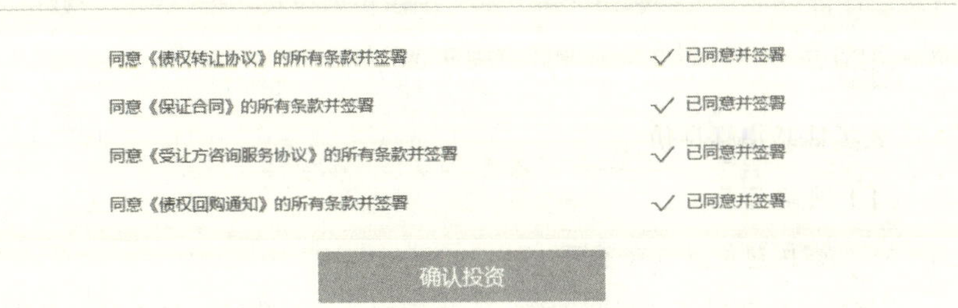

图 7–18

（7）服务指标

小分队拨打了网信理财的客服，客服比较友好，而且业务流程也清晰，但是不了解产品的具体风险是什么，平台如何承担这些风险。客服强调母公司的实力，说明其标的受母公司保护很安全。客服的态度无可挑剔，其业务能力中规中矩。

网信理财完全没有提供投资者交流的渠道，没有论坛，创始人也不和投资者交流。若出现疑问只能电话联系客服了。

7.4 典金所“典车通 SDZZZS0004”

⊙**体验平台** 典金所

⊙**体验项目** 典车通 SDZZZS0004

⊙**体验时间** 2015 年 1 月 22 号

⊙**验后真言** 引导栏设置不合乎常规 / 投资确认不需要输入密码真的安全吗？ / 引导栏一级选项和二级选项的功能可否优化一下 / 不想再跳转到个人账户页面 / 有个功能叫自动跳转 / 合同还款方式与项目介绍不一致，显得含糊 / 标的信息须解释清楚 / 投资人保障不足 / 公告发标内容不性感 / 资金去向投资人得知道啊

⊙**平台概况**

典金所于 2014 年 8 月上线，是国内第一家垂直典当类的 P2P 平台。其标的年化收益在 12% ~ 18% 之间，典当资产来自国有典当行，并对借款业务进行风控和担保，典金所区别其他 P2P 平台的设计是，每一笔业

务典当行都会率先进行领投，剩下部分由投资人投资。据平台官方数据，截至 2015 年 1 月，累计交易额已达到 973.5 万元。

⊙大类体验指标评价

（1）网站交互

A. 投资按钮位置与众不同

“首页 / 我要投资 / 我要借款 / 新手指引 / 关于我们”是小分队最常见到的导航条按钮设置，登录和个人账户按钮通常被放置在页面右上角，与导航条按钮区分开来。但典金所的按钮位置不走寻常路，放在导航栏的尾端，小分队一时还真难以适应（见图 7–19）。

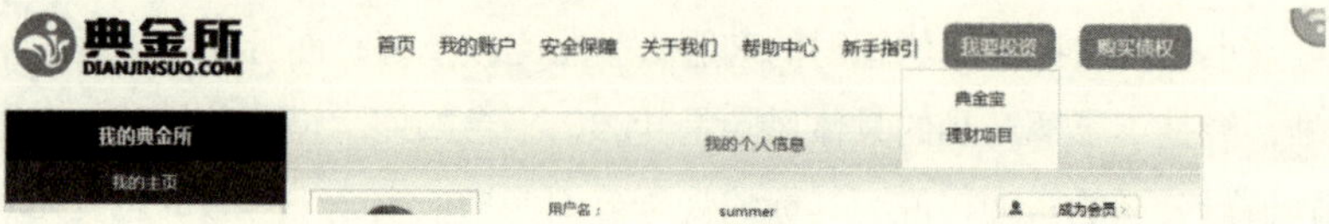

图 7–19

小分队直接点击导航条右侧的“我要投资”，页面竟然跳转至个人账户，研究一番后，小分队才发现必须选择“我要投资”下方的二级选项（典金宝或者理财项目）才可以进入到产品页面。

总体来看，典金所使用了一套非常规的功能布局体系，投资人往往需要花费更多的时间去学习并熟悉页面。而且，按钮“我要投资”的设计逻辑存在明显的不合理性。

B. 按钮名称设置不清晰

刚进入首页，小分队就来了疑问：这“我要投资”和“购买债权”区别何在？投资 P2P 本质上就是购买了一份债权啊，到底有什么不一样呢？点击看看！

“暂无记录”（见图 7–20），典金所已经不能让人更失望了。从有限的内容，小分队推断“购买债权”下是债权转让页面，但是却没有一笔在转让的债权，可能还没开通吧，哎，感觉又被调戏了，没开通就别乱设按钮啊！

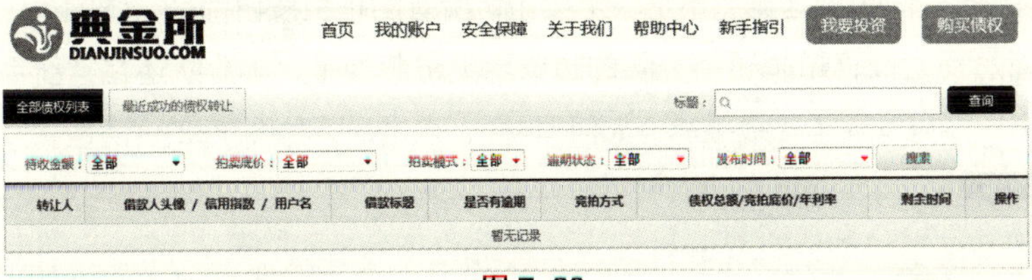

图 7-20

除了这些栏目引导有不符合逻辑的缺陷，再加上点击右上角的用户名，进入的页面也不是我的账户，而是“投标中的借款”。

C. 关键环节出现 bug

出现 bug 可以原谅，但是在关键环节出现，就不对了。这不，小分队刚点击完立即投标，刷新页面，便出现如图 7-21 所示画面。

图 7-21

想象一下，刚完成投资，就出现这个页面，该作何感想？我到底投成功了么？我的钱到底去哪里了？这绝对是在逗小分队啊！

（2）新手指引 & 信息披露

A. 新手指引设计简陋

投资人可以在首页导航条中轻松找到“新手指引”（见图 7-22），但是用起来似乎就不那么顺手了。直接点击“新手按钮”。

投资人可以看到简单的投资引导，看起来还像模像样吧，看完点击“立

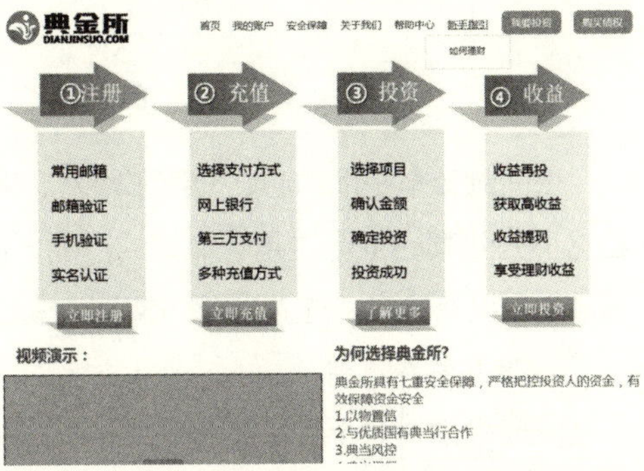

图 7-22

即注册”，没想到这竟然不是一个按钮，所有的指引按钮都是一张图……这简陋程度简直超越了小分队的想象。更奇葩的是，小分队还在“新手指引”下方发现了二级菜单“如何理财”，点击后，如图 7-23 所示。

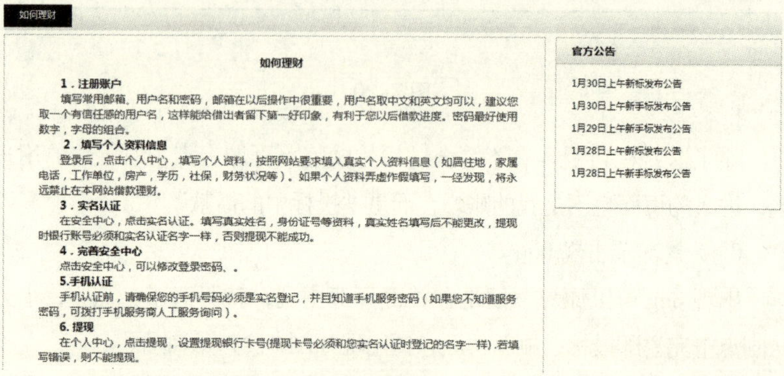

图 7-23

风格和上一张完全不一样嘛，而且这“如何理财”和前面的这张图有什么区别呢，小分队实在是没明白设置这个二级菜单的意图何在啊！

B. 缺少大量引导按钮设置

除了上方简陋的新手引导按钮设置外，小分队还在多处发现，典金所没有进行引导按钮的设置。如典金所把产品分为典金宝和最新投资项目两个栏目，小分队点击典金宝旁边的“什么是点金宝”（见图 7-24）。

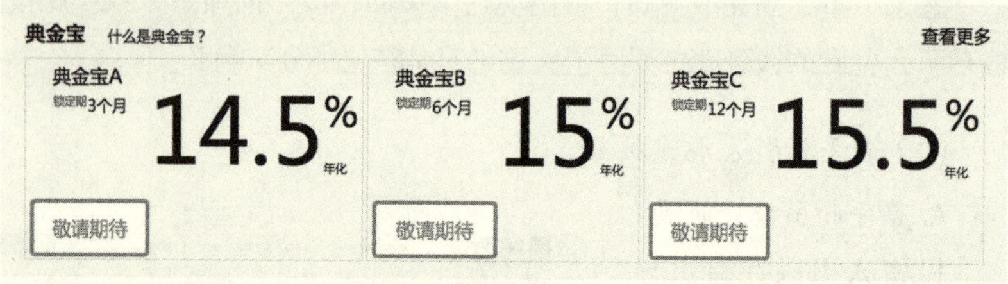

图 7-24

页面跳转至帮助中心，介绍了收益、发布时间、安全性等很多问题，虽然小分队真心觉得这是个靠谱的产品，但是典金所实在不够贴心，页面最后也没有给出“进入投资”或者“马上投资”等快捷键。

C. 信息解释不够

按理来说，对于初次投资平台的人来说，寻找新手帮助，是可以解决掉基础性的大部分疑问，并且跟随解释和流程介绍，可以顺利地进行投资。但是平台的帮助信息不够充分，比如出现在标的前的“实地”、“天”等标记，典金所就完全没有解释到底是什么意思。这些基础信息的不完全，会使投资者对平台不够了解，也相应增加了客服的负担。

（3）信息与资金安全

平台未实现加密传输。

（4）操作便捷度

A. 注册流程太长

典金所的注册流程，真正让小分队感受到了什么叫作用户体验差啊。从注册开始，就要输入这么多信息，还要自己想用户名（见图 7–25），这不是故意累人嘛！

图 7–25

辛辛苦苦注册完毕后，页面竟然没有实现跳转自动登录，而是跳出一个简陋的提示框，要求小分队重新登录！

更奇葩的是，小分队重新登录后，进入的却不是平台首页，而是个人账户页面。小分队又重回首页，这样的操作真的不是在浪费时间吗？

B. 移动端投资急切需要开发

典金所不支持移动端，这让小分队有点难以接受，毕竟手机端是让投资者更加便捷投资的一个渠道。

（5）产品信息披露

A. 新手标信息缺失严重

小分队浏览了典金所的标的信息，发现多数标的信息披露较为全面，借款人的身份信息和抵押物的实地照片都被披露，但是新手标的状况却令人大跌眼镜。

小分队本打算投资个新手标的，期限短，回钱快，但是当小分队查看详情的时候发现，所有的信息中均写道“新手体验标，只能使用体验金投资”（见图 7-26），新手标虽属特殊标，但是信息披露水平也不能只有这种程度啊。

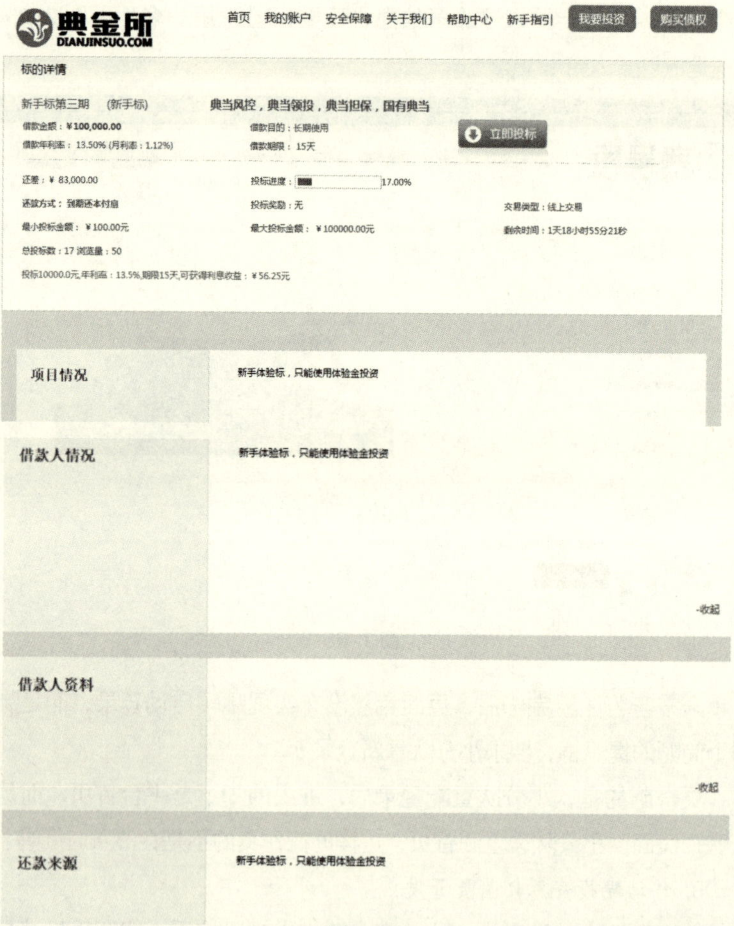

图 7-26

B. 标的信息披露可以更好

图 7-27 是小分队最终看中的典车通项目，平台披露了借款人的基本情况和个人资料，但是机智小分队没有发现还款来源。另外，“资料审核”一栏给了小分队极大的信心，你看，连汽车备用钥匙、个人征信、水电煤费账单、抵押情况说明等等，都没有逃过平台审核之手。

但是，下方的“担保资料和合作协议”又让小分队失望了一把。审核了那么多项内容，却只披露了身份证、车辆登记证、汽车行驶证及汽车照片四项信息，标题中的“合作协议”丝毫没被披露，而小分队可是亲眼在资料审核中看到了“借款承诺书”、“共同还款承诺书”，这让小分队怎么信呢？何不披露出来呢，只是拍张照片的事情嘛。

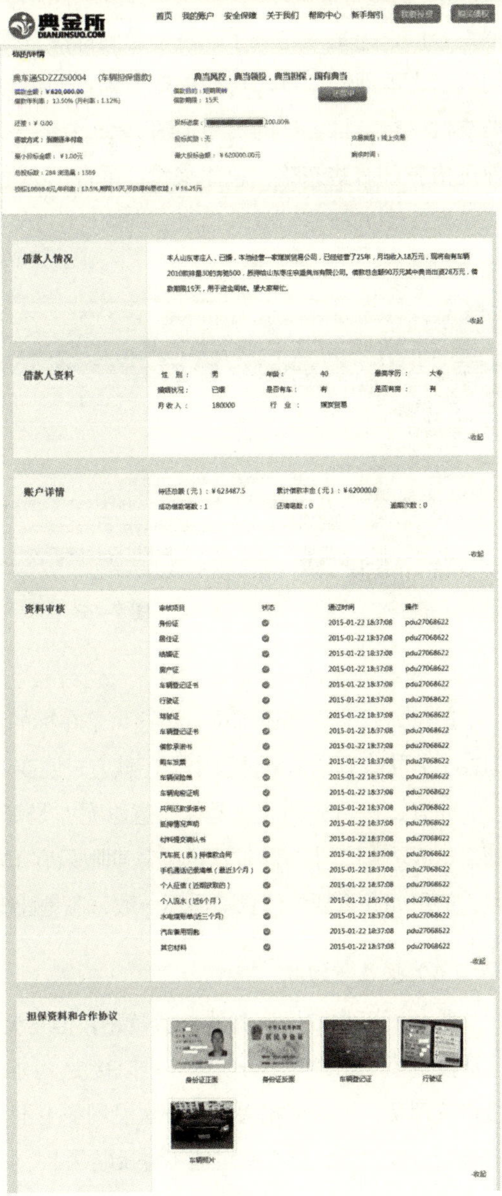

图 7-27

C. 投资前缺少合同样本 实际合同中对投资人保护不足

小分队在标的浏览和投资过程中，都没有看到合同和合同样本，就更别谈查看具体条款了。终于，在投资完成中，小分队在个人中心看了最终合同，但是问题来了，整个合同都没有提及，如果借款人出现逾期时投资人的保障条款。合同中花了大量的篇幅说明如果借款人出现逾期要支付平台各种各样的费用（图 7-28 为部分截图）。但是对于投资人的保证措施却有些忽略。总体来看，平台不会垫付，同时，采取的措施也仅是向投资人披露借款人信息、向媒体公开、调查诉讼等方式，略显单薄无力啊！

酬。
2、借入方和管理方协商一致可以调整平台成交服务费，无需经过贷出方同意。
第四条 违约责任
1、合同各方均应严格履行合同义务，非经各方协商一致或依照本协议约定，任何一方不得解除本协议。
2、任何一方违约，违约方应承担因违约使得其他各方产生的费用和损失，包括但不限于调查、诉讼费、律师费等，应由违约方承担。如违约方为借入方的，贷出方有权立即解除本协议，并要求借入方立即偿还未偿还的本金、利息、逾期罚息、违约金等。如本协议提前解除时，借入方在网站的账户里有任何余款，管理方有权按照本协议第四条第3项的清偿顺序将借入方的余款用于清偿，并要求借入方支付因此产生的相关费用。
3、借入方的每期还款均应按照如下顺序清偿：
（1）逾期罚息以及违约金；
（2）平台逾期催收费；
（3）拖欠的利息；
（4）拖欠的本金；
（5）正常的利息；
（6）正常的本金；
（7）根据本协议产生的其他全部费用；
4、借入方应严格履行还款义务，如借入方违约，则应按照下述条款向贷出方支付违约金。
违约金= 未付本金 * 0.0005 *逾期天数
5、借入方应严格履行还款义务，如借入方逾期还款超过3天，管理方将收取平台逾期催收费作为网站电话提醒和催收服务的费用。
平台逾期催收费最低50元，最高为借款本金的1%。
6、如果借入方逾期支付任何一期还款超过60天，本协议项下的全部借款本息提前到期，借入方应立即清偿本协议下尚未偿付的全部本金、利息、逾期罚息、违约金及根据本协议产生的其他全部费用。
7、如果借入方逾期支付任何一期还款超过60天，平台方有权将借入方的"逾期记录"记入平台方逾期黑名单系统，平台方不承担任何法律责任。
8、如果借入方逾期支付任何一期还款超过60天，平台方有权将借入方违约失信的相关信息在媒体披露，平台方不承担任何责任。
9、在借入方还清全部本金、利息、逾期罚息、违约金之前，逾期罚息、违约金的计算不停止。

图 7-28

D. 还款方式约定前后不一致

还款方式为到期还本付息，这可是在标的详情中清清楚楚写出来的。但在小分队收到的借款协议中，还款方式说变就变，变成按月分期。

而且，按月分期到底是什么意思呢？是等额本息？还是按期付息到期还本呢？虽然小分队这次的借款期限只有 15 天，不同还款方式影响不大，但是如此重要的信息前后不一致，还是让小分队有些震惊的。

（6）收益与回款

典金所不收取投资者的充值费用，但是要收取 0.3% 的提现手续费。这让投资了 1 元钱的小分队内心难以接受。同时，还要从利息中扣除 10% 投资管理费，这扣来扣去，小分队没剩多少了，1 块钱都给平台得了。投资金额过少的话，真心有可能不赚反赔啊！

（7）服务指标

平台目前没有使用加密传输，小分队致电客服询问情况，客服很快就接了电话。小分队问他们如何保障信息安全，结果客服回答不出。小分队又连续问了几个关于如何投资的问题，比如平台的投资流程是什么，客服还能从容应对。但是客服无法解释为什么在借款合同中没有典当行的垫付条款，只是一再强调平台的安全。

7.5 体验指标对比分析

在网站交互上，网信理财得分较高，主要由于其网站操作过程中没有出现任何的 bug，且产品栏目设置也较为清楚。相反，花果金融和典金所都有 bug 出现，而典金所栏目设置极为不明了（见表 7-1）。

表 7-1

平台 – 产品	花果金融 – 中恒信典当 4 号 B 期	网信理财（第一 P2P）– 易典通 1 号 050-1	典金所 – 典车通 SDZZZS0004
网站交互（9）	7	8	5
新手引导 & 信息披露（29）	18	11	5
信息与资金安全（50）	43	16	15
操作便捷度（16）	10	9	7
产品丰富度（9）	6	3	1
产品信息披露（45）	3	10	2
投资便捷性（19）	9	6	7
收益与回款（28）	26	25	23
服务指标（20）	12	5	8
合计（225）	134	93	73

从新手引导 & 信息披露上来看，典金所由于新手引导说明指导性不强，无标的类型说明导致得分偏低。花果金融分值最高主要归因于其新手引导适用性强，有效地帮助用户解决问题，同时，定期披露业绩报告，也为其加分。

就信息与资金安全而言，花果金融是三家平台中唯一一个真正的使用了第三方支付二级托管账户的平台，实现了账户安全隔离，这使其在资金安全上远远高于其他两个平台。不仅如此，从首页到支付页面都设置加密传输，也为花果金融锦上添花。对比而言，网信理财仅部分页面设置有加密传输，而典金所在加密传输方面还急需建设。

在产品丰富度上，造成分数差别的主要原因在于是否有债权转让。目前三个平台中仅有花果金融有债权转让的产品。

就产品信息披露上而言，花果金融是三个平台中披露信息最全面的，但仍有细节需完善，比如增加典当物品照片（如果是房产则可以是房产证等证件的披露），但是花果金融此项得分不太理想，主要由于投资前后的债权关系不同，投资前看到的是姓“艾”的个人，而投资后的合同看到的却是某典当公司，前后的不一致让花果金融被重重地扣了 10 分。典金所不仅信息披露粗糙，如投资前未披露相关的合同、协议甚至是合同样本，且新手标的信息披露与其他标的之间存在极大的落差，为什么新手标的就不能披露项目信息了呢，希望可以同样对待。不单如此，合同还款方式与网站披露的还款方式不一致，也致使了平台的扣分。所以对比之下，虽然网信理财在信息披露上作风太为粗犷，但却没有任何的扣分项。值得一提的是，花果金融采用了电子签名。

在投资便捷性上，网信理财由于没有预告发布时间，且所投资标的资产较少，以至于投资者长时间都没有办法选中心仪的标的，花了大量的时间等待标的，造成投资便捷性不佳。花果金融的 VIP 实时赎回功能为其加分。

在收益与回款上，三个平台收益回款时间及时，花果金融在此项得分最高，主要是因为明确的垫付规则。网信理财得分也不错，是因为不收取任何投资费用。典金所也算是目前少有的还在收取用户投资管理费的平台了，直接影响了投资人收益。

在服务指标上，三个平台的客服质量无太大差别，但花果金融的论坛有声有色，获得加分。

7.6 典当类产品体验小结

首先，典当类资产的实质是短期抵押贷款，如果抵押品真实有效且评估价值无任何问题，此类资产的安全度相对较高。所以当物的评估方——也就是典当公司的资质就成了重要的风险把控点，也是投资者考量典当类 P2P 理财产品安全性的最重要因素。因此，要提高投资人与借款人之间的信息对称程度，最重要之处在于如实披露合作典当机构的信息，花果金融在这方面下的功夫较多，诚意较足。

其次，适当展露典当物的图片信息对于投资人了解还款保障也有较大的帮助作用。目前的典当物如房产、汽车、珠宝、纪念币等等物品均不难通过拍照的方式呈现，有凭有证才可更有效地传达借款人或合作典当机构的可信性，但是各个平台都做得不够好，改进空间较大。

最后，典当类产品因为额外涉及典当机构，产品的设计比较复杂，小分队体验的三家平台就分别采用了三种不同的操作流程。投资人并不容易明确自己与平台、典当行、原始借款人（出典人）之间的债权债务关系，因此，单独就典当类产品的借贷流程进行详细解释，而不是笼统地与其他类资产一概而论，是相关平台在信息披露时也应着重考虑的问题。

Internet
Finance
Transformers

第八章
大学生分期类产品

8.1 产品简介

大学生分期类 P2P 产品是 2014 年涌现出来的新类型，产品均来于自在校大学生的分期消费，这类产品的单笔借款金额一般在数千元，借款期限多在 1 年内，投资人年化收益从 10%～20% 不等。

此类产品的运作模式是把 P2P 借贷平台、有消费需求的大学生、电商和平台投资人四方对接。大学生在电商平台选好待购物品，把链接交至 P2P 借贷平台。平台代为购买后，根据大学生选择的金额和期数制订分期计划，将该笔贷款作为理财产品在平台上发布，供投资人进行投资。

大学生分期类产品的实质是购买 P2P 理财产品的投资人将钱借给有消费需求的大学生，大学生分期支付本金和利息，平台则从中赚取管理费或利差。在理财端，分期类 P2P 平台也经常与其他 P2P 平台进行合作，将借款项目发布在其他流量较大的平台上。

目前经营大学生分期类产品的平台不在少数，零壹 P2P 体验小分队从中选择了“自给自足”（同时独立经营贷款端和投资端）的四家平台好又贷、信通袋、趣分期和速溶 360 进行此类产品的体验。

8.2 好又贷“【乐分期】金融理财宝第四十二期 20150119”

⊙**体验平台** 好又贷

⊙**体验项目** 【乐分期】金融理财宝第四十二期 20150119

⊙**体验时间** 2015 年 1 月 17 日

⊙**验后真言** 债权转让功能不可或缺 / 新手指引还是直接明了些吧 / 只强调平台安全没有说服力，多披露平台数据才是王道 / 支付宝充值居然被归为线下充值？ / 千万注意借款合同描述中的错别字

⊙**平台概况**

好又贷 P2P 借贷平台隶属于广东好又贷互联网信息服务有限公司，于 2014 年 3 月成立。平台号称是国内首家由上市公司参股提供担保的 P2P 借贷平台。

好又贷的借款端产品并不局限于校园分期，还包括“净值借款”和

“羊城贷”，前者以投资人在好又贷的投资净资产（待收本息）作为担保，借款额度不超过净值资产的70%。后者限广州行政区域内需要汽车、房产、货物等实物抵押，由好又贷及合作担保机构实地考察审批后的贷款项目。

截止到2014年12月底，平台累计成交额约1.4亿元。

⊙投资流程体验

好又贷的首页设计与大部分P2P借贷平台类似，但LOGO和页面配色稍显陈旧（见图8-1）。首页使用大篇幅强调平台的安全性，也是多数平台的常用手法。

图 8-1

大致浏览完首页后，小分队开始寻找“新手指引”的标签，结果未遂。迷茫之际发现首页右上角的“好又贷学堂”，这里才是“新手指引”和“帮助中心”。学习完毕，根据指引注册成功后，页面提示需验证身份证后方能投资。注册完毕后，继续进入充值流程，好又贷提供了连连支付和国付宝两个第三方支付渠道。此外，小分队又在页面中发现一个极为诡异的充值方式——“线下充值”（见图8-2）。

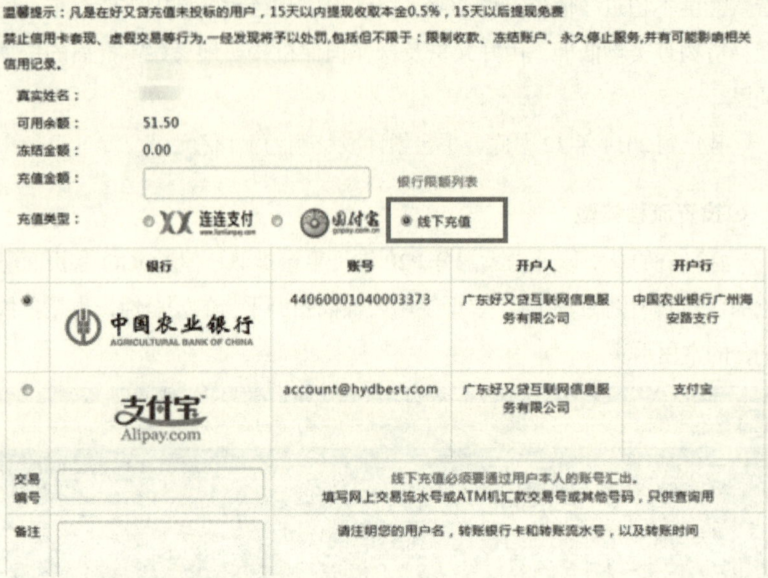

图 8-2

这个“线下充值”实在是颠覆了小分队的三观。用户可以选择直接打钱到好又贷平台的农行账户，还可以直接转账到好又贷的支付宝账号。支付宝转账也叫线下充值？支付宝官方没有接入平台，也不用这么曲线救国吧。陷入惊愕的小分队并没有忘记今天的主要任务。赶紧换频道，开始投资吧！

小分队这次要体验的是大学生分期类产品，于是挑选了一个乐分期的借款项目（见图 8-3）。

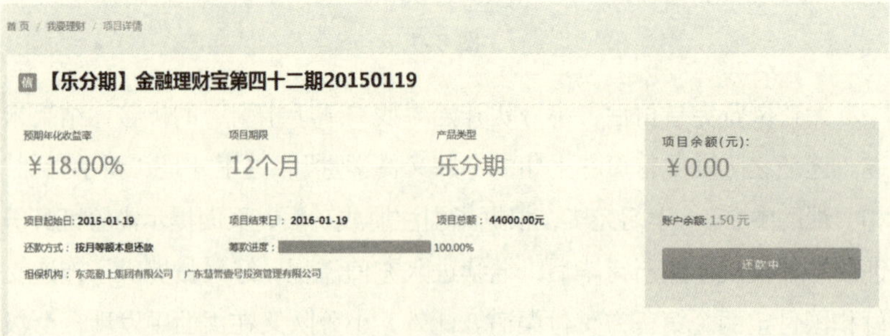

图 8-3

借款金额 44000 元，期限 12 个月，年化收益率 18%，这在行业里算是高收益了。再往下看，咦，原来大学生分期不是纯粹的信用贷款，还设有担保机构，不过经小分队查证后发现这两家公司都不是融资性担保公司，担保效力值得商榷。

继续往下看，小分队才看明白这 44000 元的借款是一个债权包，打包了多笔大学生贷款，平台披露的借款人信息极为有限（见图 8-4）。

预算有限的小分队输入 50 元“巨资”，点击“立即投资”，弹出一个确认对话框，对话框内没有给出合同样本。再次确定，投资成功！不到 10 分钟项目就已满标，小分队这时才舒了一口气，心想着 50 元在一年后能够变成 59 元，还真点小激动呢！

序号	姓名	身份证	借款理由	借款金额	借款期限
1	王 **	41282419******7731	借款到省外旅游	3000	12
2	吴 **	44088219******613X	部分借款买手机	2000	12
3	窦 **	45098119******391X	部分借款考驾照	3000	12
4	焦 **	23230219******2115	借款到西藏旅游	2000	12
5	焦 **	41282419******2614	部分借款苹果笔记本	3000	12
6	李 *	33028119******0019	报英语培训班	3000	12
7	磨 **	45212319******0456	部分借款买手机	3000	12
8	张 *	37132319******0816	部分借款考驾照	4000	12
9	阿丽 ****	65280119******0527	参加新东方假期培训	4000	12
10	孔 **	44132219******4000	购买单反相机	3000	12
11	罗 **	41112219******009X	借款到省外旅游	3000	12
12	黄 *	44098119******2854	借款到省外旅游	2500	12
13	陈 **	46000419******0019	部分借款买手机	3500	12
14	罗 *	43060219******5535	借款到省外旅游	3000	12
15	胡 **	37010419******4517	参加动漫培训班	2000	12

图 8-4

⊙大类体验指标评价

（1）网站交互

A. 网站前后内容不一致

在安全保障的页面，好又贷呈现的是本金保障，结果在叙述中（图 8-5 中框出部分），又是本金安全，又是本息保障，到底以哪个为准呢？一会还是看看借款合同中有没有提到吧。

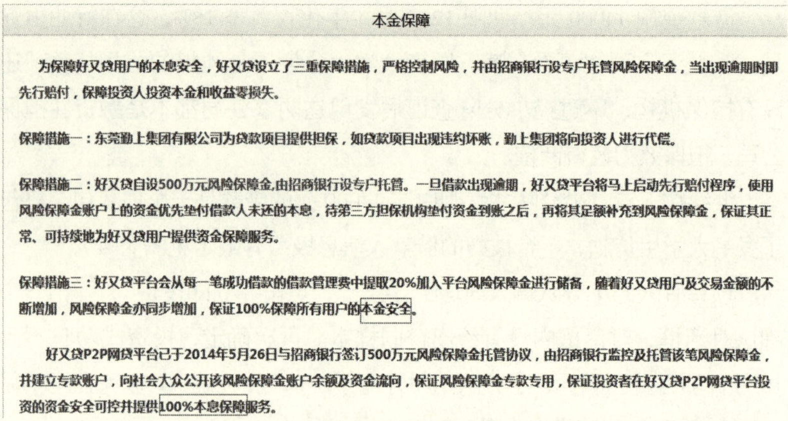

本金保障

为保障好又贷用户的本息安全，好又贷设立了三重保障措施，严格控制风险，并由招商银行设专户托管风险保障金，当出现逾期时即先行赔付，保障投资人投资本金和收益零损失。

保障措施一：东莞勤上集团有限公司为贷款项目提供担保，如贷款项目出现违约坏账，勤上集团将向投资人进行代偿。

保障措施二：好又贷自设500万元风险保障金,由招商银行设专户托管。一旦借款出现逾期，好又贷平台将马上启动先行赔付程序，使用风险保障金账户上的资金优先垫付借款人未还的本息，待第三方担保机构垫付资金到账之后，再将其足额补充到风险保障金，保证其正常、可持续地为好又贷用户提供资金保障服务。

保障措施三：好又贷平台会从每一笔成功借款的借款管理费中提取20%加入平台风险保障金进行储备，随着好又贷用户及交易金额的不断增加，风险保障金亦同步增加，保证100%保障所有用户的本金安全。

好又贷P2P网贷平台已于2014年5月26日与招商银行签订500万元风险保障金托管协议，由招商银行监控及托管该笔风险保障金，并建立专款账户，向社会大众公开该风险保障金账户余额及资金流向，保证风险保障金专款专用，保证投资者在好又贷P2P网贷平台投资的资金安全可控并提供100%本息保障服务。

图 8–5

B. 产品属性归类混乱

本次投资借款项目的风控意见中清楚地写着借款人将房产抵押给了好又贷，这明明是个抵押类贷款嘛，怎么借款标的标题旁边居然写的是信用标（见图 8–6），小分队分分钟错乱了。

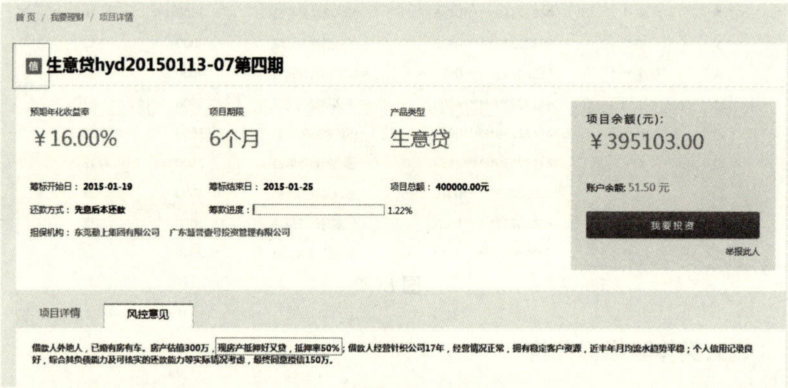

图 8–6

C. 合同中出现低级错误

让人大跌眼镜的是，借款合同中第四条担保及责任部分出现明显文字描述错误（见图 8–7），借款合同中出现此类低级错误，实在令人感觉平台不够细致用心。

第四条 担保及服务

（1）担保人同意为借入方按时清偿借款本金、利息、逾期罚息、违约金等承担连带保证责任。

（2）担保人的担保范围包括但不仅限于借入方向贷出方借款所形成下的全部债务本金、利息、逾期利息、罚息、违约金、损害赔偿金以及诉讼费、仲裁费、财产保全费、律师费、执行费、评估费、执行费、拍买费、公告费、送达费、手续费等债权人实现债务的费用。

（3）担保人向贷出方承担连带责任保证。若本协议下有多位担保人的，每个位担保人对本协议项下保证范围承担100%连带责任保证。

（4）针对本协议每位单个担保人，无论贷出方对本协议项下的债权是否拥有其他担保（包括但不仅限于保证、质押、抵押），不论上述其他担保何时成立、是否有效、贷出方是否向其他担保人提出权利主张，也不论是否有第三方同意承担协议项下的全部或部分债务，担保人在本合同项下的担保责任均不因此减免，管理方作为贷出方委托代理人，均可直接要求各保证人依照本协议约定在其保证范围内承担担保责任，各担保人将不提出任何异议。

（5）担保期限为自本协议约定的借入方履行债务期限届满之日起二年。借款协议展期的，以展期后所确定的协议最终履行期日为届满之日。

（6）担保人根据本协议规定履行担保责任后，贷出方在本协议项下的所有权利视为已经得到满足和实现，贷出方在协议所享受的全部权利，包括但不限于对本金、收益、逾期罚息、违约金和抵(质)押物处置权等所享有权利，均由担保人享有，担保人可以向借款人进行追偿，贷出方应提供合理及必要的协助。

图 8–7

（2）新手引导 & 信息披露

A. 新手引导不直接

对于投资小白，新手引导是必看内容。小分队在好又贷网站中找了许久“新手引导”、“帮助中心”类似的字眼，却一无所获。最后才发现，右上角的“好又贷学堂”其实就是新手引导和帮助中心。既然要给予引导，何必搞得这么隐晦呢，爽快点直说嘛。

B. 三层保障措施

本息保障内容中描述了好又贷设立的三重保障措施（见图 8–8）。这段描述逻辑略乱，处女座的小分队实在忍不了，重新捋顺一下平台意思：第一层保障，平台从每一笔成功借款的借款管理费中提取 20% 作为临时风险拨备金，一旦项目出现逾期会先从临时风险拨备金内为投资人垫付本息，当临时风险拨备金无法覆盖逾期时，启动第二层保障，好又贷自

保障措施一：东莞勤上集团有限公司为部分贷款项目提供担保，如贷款项目出现违约坏账，勤上集团将向投资人进行代偿。

保障措施二：好又贷自设500万元风险准备金,由招商银行设专户托管。一旦借款出现逾期，好又贷平台将马上启动先行赔付程序，使用风险准备金账户上的资金优先垫付借款人未还的本息，待第三方担保机构垫付资金到账之后，再将其足额补充到风险准备金，保证其正常、可持续地为好又贷用户提供资金保障服务。

保障措施三：为了快速实现“先行赔付”，好又贷平台会从每一笔成功借款的借款管理费中提取20%作为临时风险拨备金，一旦出现逾期我们会先从临时风险拨备金内为投资人垫付本息，一旦逾期追回就会重新追加到临时风险拨备金内。而当临时风险拨备金无法覆盖逾期时，会开始动用托管在招行的500万风险准备金履行“先行赔付”承诺。一旦逾期款重新收回，会优选补充风险准备金至500万余额，然后多余资金再补充至日常运作的临时风险拨备金内。

图 8–8

设的500万元风险保障金。第三层保障，东莞勤上集团有限公司为部分贷款项目提供担保，若出现违约坏账，勤上集团将向投资人进行代偿。

C. 首页0风险误导宣传

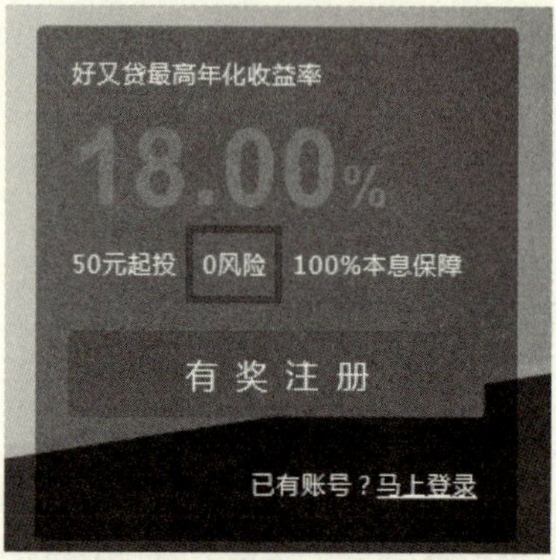

图8-9

好又贷在首页宣传“0风险”(见图8-9)并不可靠，这样误导性的宣传小分队十分不赞成。虽然上面提到了平台的三层保障，却覆盖不了所有状况，P2P投资是有风险的。

（3）信息与资金安全

新手学堂的“好又贷隐私规则”中规定了个人资料披露的问题。规定中提到“鉴于技术限制，本网站不能确保您的全部隐私通讯及其他个人资料不同通过本隐私规则中未列明的途径泄露出去”，这意味着什么呢？如果客户的资料被平台泄露出去，平台极可能会以技术原因为由推脱责任，这个条款的设置足够霸道狡猾呀。

（4）操作便捷度

充值方面，好又贷提供的渠道较丰富，支持16家网银和连连支付、国付通2家第三方支付平台；投资管理方面，平台提供“导出excel”功能，用户可以将借款记录一键下载到本地存根。

（5）产品丰富度

好又贷未提供债权转让功能，也没有理财计划产品；平台设有等额本息和按月付息到期还本两种还款方式。

（6）产品信息披露

A. 借款信息披露中规中矩

小分队此次投资的是一个分期消费类的债权包，好又贷披露了债权包中每笔借款的借款用途、借款金额和借款期限，但是借款人的相关信息披露略少，仅包含借款人姓氏、部分身份证号码、借款理由，借款金额及期限，缺少还款来源，借款人学校等重要信息。

B. 风控披露略笼统

项目描述和风险控制中，好又贷只披露了较为笼统的常规风控手段，对投资人进行风险判断实际帮助意义不大，如风险控制的第一条“借款人信息保证真实有效，完成身份证、学生证、学籍信息、家庭地址，亲友联系方式相关认证。”这些内容究竟有没有认证仅凭这样一句并不能有效证明。此类借款项目披露的信息均不够全面，这是个普遍存在的问题。

C. 担保部分略浮夸

该借款项目由两家公司担保，而平台多次在项目描述中提到“多家实力机构联合提供消费金融担保”，深觉有些夸大。而且小分队在合同中看到的这两家担保机构均不是融资性担保公司。

D. 逾期垫付条款清晰

借款合同的贷出方的权利和义务中第六条这样规定：“如借入方还款不足约定本金、利息、逾期罚息、违约金的，管理方将通过托管在托管银行的风险备付金提供先行赔付服务，即只要风险备付金余额大于还款金额，无论借入方是否按期归还本息，管理方将以风险备付金代借入方向贷出方还款付息，贷出方均可以按时收到全部应收本息，贷款方收到有关本息后，即视同已将有关债权转让给管理方。”条款中规定了发生逾期后平台通过风险准备金先行赔付，略有遗憾的是，没有写明先行赔付的时间点。

（7）投资便捷性

平台在借款列表上方提供了收益计算器，用户可以输入投资金额、期限、利率，选择还款方式计算总利息、总收益。

（8）收益与回款

好又贷平台投标当日就开始起息。平台不收充值费，对于已投标的资金免收提现费。对于充值未投标的资金，15 天以内提现收取本金的千分之五，最低 5 元每笔，15 天以后提现免费。

（9）服务指标

A. 客服态度良好但服务能力有限

电话客服的接通速度很快，很热情，但是服务能力不足，多次出现不懂平台术语的情况。

B. QQ 在线客服无法直接连接

好又贷的 QQ 在线客服需要提交添加好友申请，客服同意添加后才能发起咨询，小分队多次添加均无反应，无奈只能求助电话客服。

8.3 信通袋“【生活分期】生活周转”

⊙**体验平台** 信通袋

⊙**体验项目** 【生活分期】生活周转

⊙**体验时间** 2014 年 11 月 02 日

⊙**验后真言** 产品属性分类模糊 / 翠绿色尽显小清新风 / 风险保证金的规则最好体现在借款合同中 / 汇付天下二级账户托管让投资人资金更安全 / 多披露一些平台经营数据吧 / 投资成功后却无借款合同？ / 在线客服非常重要，形同虚设很可惜 / 充值时扣费提示很贴心

⊙**平台概况**

信通袋是专注于大学生分期闭环服务的互联网理财分期平台，是贵州国信通电子商务有限公司旗下网站，于 2014 年 7 月份内测，9 月份正式上线。信通袋平台上的借款主要是来自于大学生培训、旅游、购物、租房和日常生活等方面的分期需求，每笔借款在 1000 元到 6000 元，借款项目由平台合作的担保机构进行担保，信通袋每笔大学生分期借款年化利率在 8%～20% 之间，理财期限 1～18 个月。据其官网公布的数据，信通袋 11 月份的出借总金额约为 136.7 万元，平均年化收益率为 17.62%。12 月份的金额则增长了 247%，达到 338.8 万元，其中资金周转占比达 48.9%，年化收益率为 17.49%。

⊙**大类体验指标评价**

（1）网站交互

A. 平台风格清新

首页整体颜色为翠绿色，风格走小清新路线（见图 8-10）。首页右上角分别有“帮助中心”和“新手指引”，“帮助中心”包括常用问题及名词解释。“新手指引”主要包含信通袋的投资流程介绍。

B. 产品属性归类模糊

信通袋的分期类贷款项目分成“助学贷”、“购物贷”、“旅游贷”、“生活贷”四类。虽设有四类，据小分队观察，目前平台发布的理财项目全部属于“生活分期”类，并且借款列表中标着“生活分期”的借款项目居然还包含“旅游类”、“购物类”、“助学类”贷款，小分队完全被绕蒙，平台对贷款项目的属性欠缺适当的解释或归类。

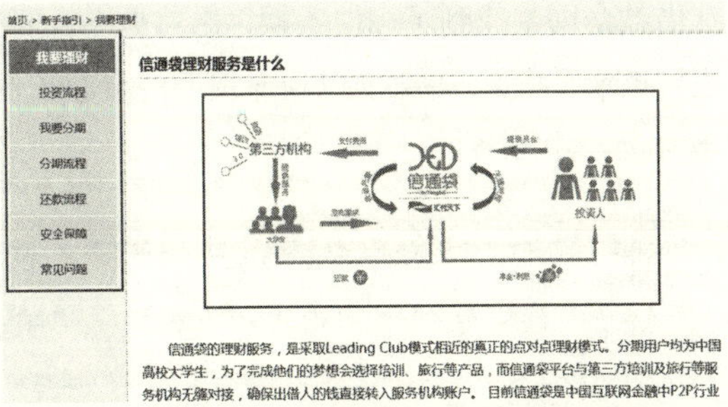

图 8-10

（2）新手引导 & 信息披露

A. 曝光逾期名单

信通袋披露了逾期名单，分为逾期待还款和逾期已还款两个名单列表。披露的信息包含借款人姓氏、身份证部分号码、学校、专业、逾期天数和逾期总额。

B. 借款额度超过信用额度

小分队随意查看某个借款项目详情时，看到了一个明显不合逻辑的现象。如图 8-11，借款项目信用信息中明明写着方同学的信用额度为 1000 元，为什么借款金额可以达到 1100 元呢？这样授信额度不就超过信用额度了吗？

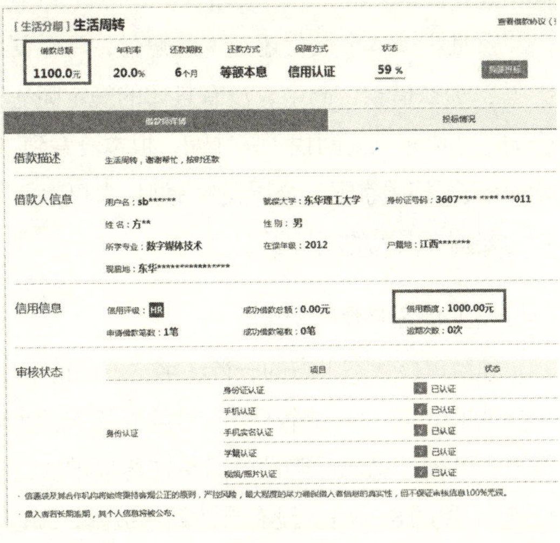

小分队猜想，也许平台在发布借款时，需

图 8-11

提前收取借款人100元的服务费，所以多了那100元。随后机智的小分队在借款合同中找到了相关条款，果然是平台要先从借款人的借款本金中直接扣除手续费，借款人实际拿到手的金额低于借款金额（见图8-12）。

第五条 借款居间服务费

1. 居间服务费是指因居间服务人为借款人与出借人提供交易信息、信用咨询、评估、还款提醒、账户管理、还款特殊情况沟通等系列相关服务而由借款人与出借人分别支付给居间服务人的报酬。

2. 借款人同意在借款成功时根据借款类型的不同向居间服务人支付人民币[ ]元作为居间服务费，此笔费用借款人委托居间服务人在借款成功时从借款本金中直接扣除。

3. 借款人同意在借款成功时向居间服务人支付人民币[ ]元作为账户管理费用，此笔费用借款人委托居间服务人在借款成功时从借款本金中直接扣除。

4. 出借人同意在借款成功后按月向居间服务人支付本次借款所得利息的[ ]%作为居间服务费，此笔费用出借人委托居间服务人在借款人支付借款利息时从利息中直接扣除。

图8-12

C. 合同中无逾期垫付承诺

帮助中心的风险保障计划（见图8-13）承诺“如逾期60日则视为坏账，平台将会把100%本金赔付”，投资者需看好，若借款人逾期超过60天，平台会进行“本金赔付”，不是“本息赔付”。

信通袋

—100%—
本金保障计划

100%投资风险保障计划

与第三方担保公司一起，为您的投资保驾护航！基于大数据的风控系统，将从全方位控制风险，精细到注册痕迹等细节把控。信通袋平台承诺，如逾期60日则视为坏账，将会把100%本金赔付给理财用户。

图8-13

暂且不谈本金赔付还是本息赔付，写在帮助中心的规则具有法律效力吗？那么借款合同中有没有具体的规定呢？带着疑虑的小分队在借款合同范本中来来回回找了好几遍，根本没看到“保障计划”、“垫付”、“逾期60天”相关字眼。合同没有写明，则无据可依，所谓保障计划的法律效力要画上很大的问号了。

（3）信息与资金安全

项目审核状态下方的一行红字“不保证审核信息100%无误”吸引了小分队的注意。平台除了公布借款人的就读大学、专业、性别、在读年级外，其他信息均已隐藏，只是在各项审核信息状态栏中简单说明“已认证”（见图8-14）。没有具体图片披露，却还不保证信息准确，让投资者如何判断呢？

审核状态

	项目	状态
身份认证	身份证认证	√ 已认证
	手机认证	√ 已认证
	手机实名认证	√ 已认证
	学籍认证	√ 已认证
	视频/照片认证	√ 已认证

· 信通贷及其合作机构将始终秉持客观公正的原则，严控风险，最大程度的尽力确保借入者信息的真实性，但不保证审核信息100%无误。

· 借入者若长期逾期，其个人信息将被公布。

图 8–14

（4）操作便捷度

在充值方面，信通贷仅支持银联支付。输入充值金额时，网页实时显示充值手续费金额和最终到账金额。

（5）产品丰富度

信通贷的借款项目期限较为丰富，1～18 个月之间，年化利率在 8%～20% 之间，借款金额在 1000～6000 元。此外，信通贷未提供债权转让功能，也没有理财计划产品。

（6）产品信息披露

投资前网站提供借款合同范本，但投资人投资成功后竟拿不到借款合同，真是个无法理解的奇怪现象，客服解释说他们正在研发这样的功能。试问一个 P2P 借贷平台连借款合同都没研发好还敢上线运营？缺少有效的借款合同，投资人的权益如何保障？

（7）投资便捷性

A. 二级账户托管

在信通袋上进行投资，需要经过注册、建立托管账户（认证）、充值、投资四个环节。其中的注册流程比大部分平台多了一步“设置托管账号”，由于信通袋与第三方支付汇付天下合作，使用二级账号体系对用户资金进行管理。采用这种方式资金安全度更高，在很大程度上防止了平台私自动用客户资金。

B. 充值扣费金额实时显示

信通袋支持 25 家银行在线充值，涵盖范围广。更为贴心的是，用户在进行充值的时候，只需输入充值金额，下方会自动显示扣除的手续费金额和最终到账金额，用户不用费心地到处寻找收费规则再自行计算。

C. 个人中心数据集中展示

用户“个人中心”的首页将用户投资相关信息整理汇集显示在同一区域中（见图 8–15），投资人一眼就可以知道自己的账户数据情况。

分期总额: 0 元	已还本息: 0 元	待还本息: 0 元
理财总额: 50 元	待收本金: 0 元	待收利息: 0 元
充值总额: 50.92 元	已收利息: 10 元	已领红包: 0 元
提现总额: 0 元	收益总额: 10 元	投资笔数: 1 笔

图 8–15

（8）收益与回款

在信通袋充值时会收取充入金额的 1.5‰或 2.5‰作为转账费用（工、农、建、招、民生、中信按充值费率的 1.5‰，其余银行按充值费率的 2.5‰）。

（9）服务指标

信通袋首页最下方提供了四种联系方式：“新浪微博”、“微信”、“腾讯微博”、“在线客服”。前三项几乎无法进行实时咨询，小分队点击“在线客服”后页面报错（见图 8–16）。最终只能拨打客服电话咨询。

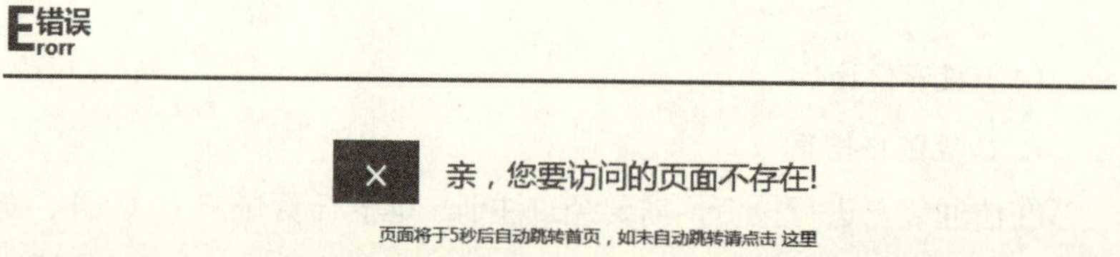

图 8–16

8.4 趣分期“购买 LG G Tablet 8.3 Full HD IPS 8”

⊙**体验平台**　趣分期

⊙**体验项目**　购买 LG G Tablet 8.3 Full HD IPS 8

⊙**体验时间**　2014 年 09 月 11 日

⊙**验后真言** bug 太多了你们老板知道吗 / 新手引导与帮助中心不可混淆 / 联系上客服比找个女朋友还难 / 投资成功后借款合同哪去了 / 请大大方方地说出投资起息日好吗 / 保障金托管是个噱头，根本忽悠不到细心的投资人哦

⊙**平台概况**

趣分期购物于 2014 年 3 月 21 日启动，趣分期理财则于 2014 年 6 月 11 日上线，并于 2014 年 11 月初更名为分期盒子。趣分期一端对接电商，另一端对接投资人。学生申请消费贷款，平台通过电话及线下对贷款学生信用审核，审核通过即在分期盒子上发布购物借款标，投资满标后，借款学生按月偿还本息。

目前，趣分期对接的主要是 3C 产品，平台的收入来自借款人的管理费，其主要风控手段是设立风险备用金进行垫付。趣分期除了对接自己的理财端，也将学生借款作为优质债权提供给其他 P2P 平台，如积木盒子。

⊙**大类体验指标评价**

（1）网站交互

小分队在浏览产品时，遇到不少操作性和描述性 bug。例如注册成功后，系统提示可以进行个人信息认证，若暂时不想认证可“先跳过”，小分队根据提示点击“先跳过”后网页却无任何反应，最终小分队被逼迫得只好点击页面上“趣分期”超链接才得以离开此页面。

此外，《趣分期投资服务协议》的合同范本中有一句话内容为“按照本协议第 7.6 条规定”（见图 8–17），小分队通读整个借款协议，根本没有发现 7.6 条的存在，难道闹鬼啦。

委托授权

甲方在此同意并确认，授权丙方作为其代理人，代理其行使其在本协议项下之各项权利，包括归集乙方（或其他主体代乙方）偿付的借款本息、按照本协议第7.6条规定宣布乙方未偿本息全部到期、按照向乙方进行借款的违约提醒及催收工作，包括但不限于电话通知、上门通知、发律师函、对乙方提起诉讼等。丙方可以委托其他主体进行前述借款的违约提醒和催收工作。

图 8–17

（2）新手引导 & 信息披露

趣分期网站设计简单，页面元素不多，很容易在显要位置找到“新手指引”。小分队在浏览时发现了一个奇怪现象，点击“新手指引”却进

入到“帮助中心”页面。

经过这么多体验平台的洗礼，小分队深觉“新手指引”和“帮助中心”不是一个概念，“新手指引”是对新用户做一些基本使用步骤的指引，目的在于让新用户快速熟悉并适应操作，而“帮助中心”是解答用户在使用过程中可能遇到的一些疑问，内容更为详尽，需站在用户的角度，将常见的产品概念和流程问题解释清楚，两者均不可或缺。

（3）信息与资金安全

趣分期宣称保障金已经银行托管，同时披露了账户资金金额变动报告，“银行托管保障金”至少需要保障平台对保障金专款专用，并与自有资金隔离。但从这一报告的内容来看，农行北京北四环支行仅对资金实际进出情况出具报告，但未提及对账户中的资金性质和用途，更不用提保证“专款专用”、“与自由资金隔离”了。

（4）产品信息披露

A. 还款来源欠缺

借款项目详情中介绍了借款人姓氏、就读学校、专业，借款用途等信息，趣分期还公布了线下审核内容，涵盖身份证、学生证、父母联系方式、家庭住址、QQ 账号、微信账号等。众所周知，学生群体普遍没有稳定的收入来源，即使有还款意愿，但很难保证还款能力，平台对借款人的还款来源只字未提。

B. 投资成功后看不到借款合同

小分队在进行投资前可以看到《趣分期投资服务协议》范本。投资完成后，小分队满心期待可以在投资记录中看到信息完整的借款协议，结果并没有，那发生违约借款小分队要找谁去啊？没有合同找警察叔叔也没用啊，真的好心塞。

（5）投资便捷性

目前平台在力推投资人使用支付宝进行充值，小分队虽不明所以，但也深感支付宝充值更便捷。此外，平台还支持信用卡充值，单笔金额限制在 500 元，小分队并不赞同平台允许投资人使用信用卡进行投资（见图 8-18）。

（6）收益与回款

A. 起息日规则只能询问客服

平台网站及合同中对起息日规则没有具体说明，平台又未披露借款合同，起息日信息无从得知，最后通过咨询电话客服才得到客服的口头回答“一般情况下是满标当天开始起息”。起息日的问题关系到投资人的收益，平台理应主动披露。

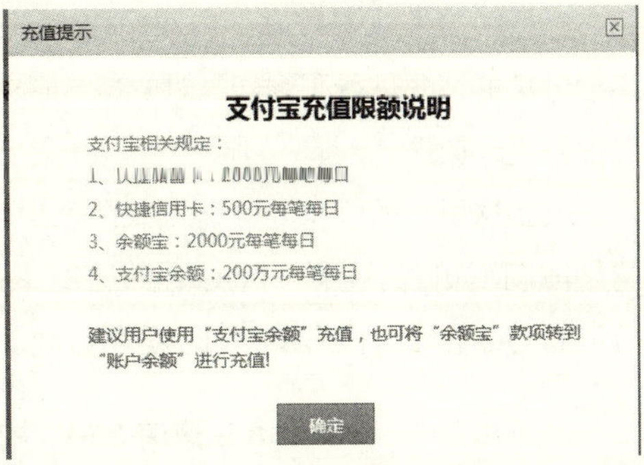

图 8–18

B. 实时收益小贴士

小分队在投资页面填写金额时，点击右侧的“计算收益”，页面下方即刻显示红色文字提示相应的预期收益（见图 8–19），这种展示方式更直观。

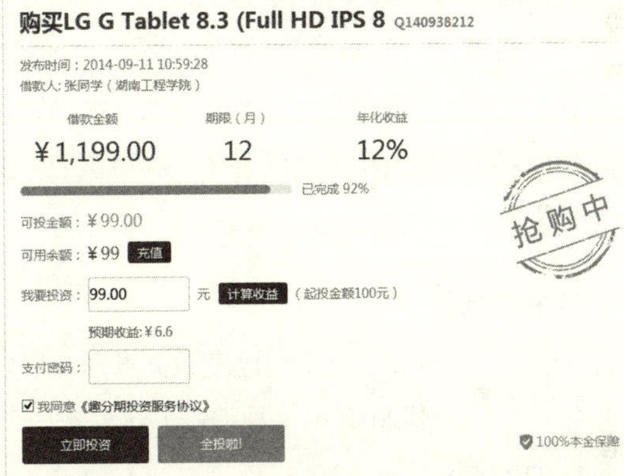

图 8–19

（7）服务指标

电话客服状况百出，QQ 在线客服连接不上

电话客服状况百出，QQ 在线客服连接不上。趣分期提供了两种咨询方式，分别是电话客服和在线客服，服务时间均从早上 9：30 到晚上 10：00。

经过一周的电话客服咨询，小分队发现趣分期的服务效率非常之低，前三天均未拨通，第四天虽打通，但接电话的并不是理财端客服，所以无法提供咨询，机智的小分队问他是否可以帮忙转接到理财端客服，得到的答复是没有转接功能，最终要求小分队留下联系方式，等待理财端客服回拨，但截至目前已经时隔三周，没有任何回复。

由于小分队在投资过程中确实遇到一些问题，所以只能不依不饶地拨打客服电话，终于，在第五天上午，成功“抓”到了一个理财端客服，好在客服的专业水平较高，咨询过程比较顺畅。咨询最后，小分队对打不通电话的情况进行了询问，对方表示平台电话客服系统确实存在问题，以后会更改加强。

读到这里，你可能觉得小分队的这段电话咨询“旅程”艰辛满满了，可是你们不知道小分队的 QQ 在线咨询“旅程”更加绝望。至今为止趣分期的 QQ 客服都没有搭理过小分队一次。

8.5 速溶 360“购物”

⊙**体验平台**　速溶 360

⊙**体验项目**　购物

⊙**体验时间**　2014 年 10 月 24 日

⊙**验后真言**　如此重要的担保公司也能疏忽写错？/咱能好好地设计下平台风格和功能逻辑吗/没开放的功能请置灰/充值也要收费会吓跑投资人的/对借款人和项目信息多一层审核吧，出现脏话就不美好了/客服是摆设么？完全没回应

⊙平台概况

速溶 360 隶属于上海科巴度数据管理有限公司和上海银涛金融信息服务有限公司，于 2013 年 4 月正式上线，是一个为高学历人群提供信用服务的 P2P 借贷平台。

速溶 360 单笔借款额度较低，大多在 3000 元以下。平台宣称其担保服务和赔付责任由入驻速溶 360 平台的第三方担保公司来承担，则根据借款学生的信用等级及地域、学校规模等多重因素，有选择性地提供不同的担保服务方案。

⊙大类体验指标评价

（1）网站交互

A. 网站风格太奇葩

登录到速溶 360 的主页（见图 8-20），小分队被惊到了。网站画面设计非常诡（难）异（看）。好吧，换个角度，网页不好看但是好用才最关键，继续往下看看“内在”吧。

图 8-20

B. 栏目设计不合理

平台的很多功能设计令小分队疑惑，例如，小分队在首页导航中看到了“信用成长”一栏，好奇点击进入，里面内容是一些用户致平台的感谢信，这和信用成长有什么关系呢？

另外，小分队还在导航中发现了另外一个栏目“返利网”，点击进入页面就报错，如图 8-21。此处友情提示一下，若功能暂时不开放，可以选择置灰，让用户无法点击即可。

http://fanli.surong360.com is close!

please click enter http://www.surong360.com

图 8-21

C. 用户登录后无法返回首页

进入平台的个人账户后，没有任何跳回首页的按钮或链接，即使点击页面左上角的网站 LOGO 也无法跳转，令小分队只能关掉该页重新输入网址。

(2) 新手引导 & 信息披露

对于新手来说，清晰的新手引导十分重要，点开速溶 360 的“新手必读”却只能看到一些流程性的文字描述，而且新手引导内容居然没有投资端只有借款端。

(3) 信息与资金安全

个人中心的资金记录列表中显示“业务”、“业务 ID”两个字段。首先，对投资者来讲这两个信息完全无用（见图 8-22）。其次，“业务 ID”有很大的可能是网站数据库中的 ID 直接带出来的，这么明显的问题平台置之不理，信息安全方面令人不敢放心。

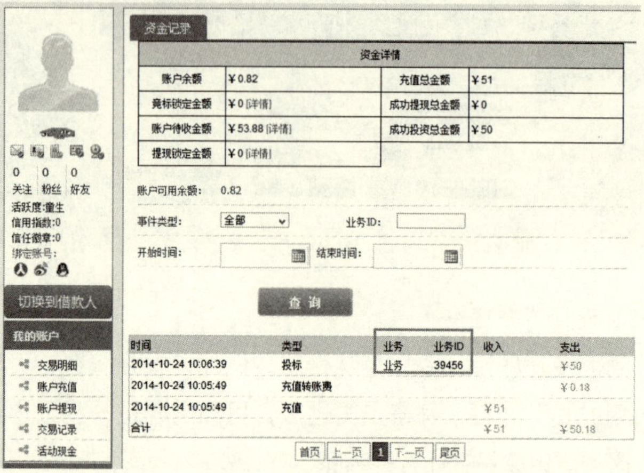

图 8–22

（4）操作便捷度

速溶 360 支持使用其他账号登录，如新浪微博、人人网、腾讯 QQ。此外用户登录前，只能在交易大厅看到滚动的借款列表，借款项目的具体内容无法查看。

（5）产品信息披露

A. 未登录前“我要借款”和“我要投资”无响应

用户未进行登录时，“我要借款”和“我要投资”按钮没有任何响应，这种无效的操作体验令小分队非常不舒畅。

B. 投资成功后借款人实名披露

速溶 360 借款项目的详细信息描述较少，只能看到借款人的学校、年龄、性别、所在地等。投资成功后，该页面显示了借款人的真实姓名，其他同类平台一般不会公布借款人全名，速溶 360 在这一点有所突破。

C. 担保公司写错

借款项目中写着由“上海银都融资担保租赁有限公司”担保。小分队一看到这个名字就觉得非常可疑，融资担保租赁公司是什么？从未听说过这种复合命名的企业。为了防止是自己孤陋寡闻而错怪速溶 360，小分队火速进入上海工商局企业注册信息查询官网，输入“上海银都融资担保租赁有限公司”，结果页面提示没有此公司。但机智的小分队查到了“上海银都融资担保有限公司”（见图 8-23）。难道是速溶 360 打错了字？小分队内心存疑。

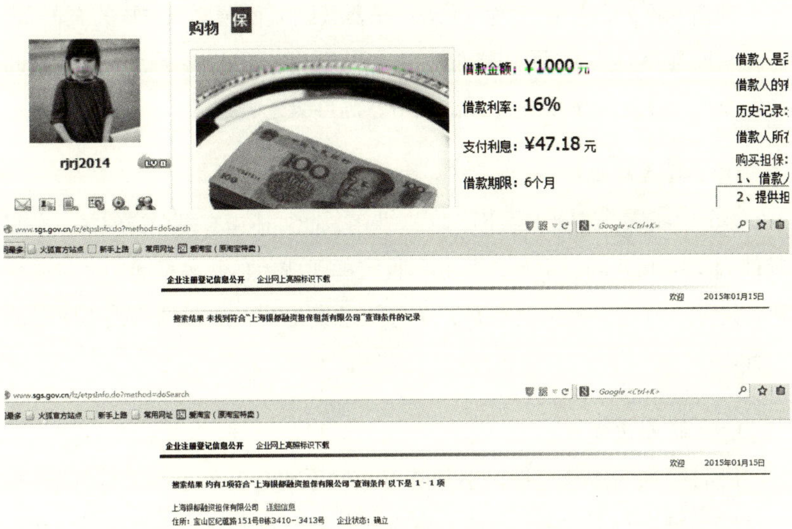

图 8-23

D. 用户随意命名，平台把控不足

在浏览借款项目时，小分队看到一些很不雅的用户名（见图 8-24），不同于论坛或者社区类网站，目前 P2P 借贷作为一种金融理财平台，应保持相对严肃的态度，不雅的命名可能会影响投资人对平台的印象和体验，是否需要对用户名进行审核值得平台考虑。

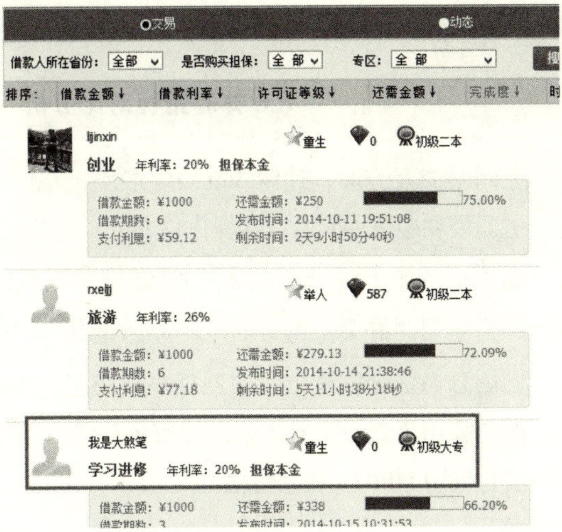

图 8-24

（6）投资便捷性

在速溶 360 进行充值，输入金额后页面即时显示扣除手续费后的实际到账金额，这样的展示方式对投资者来讲非常实用。

速溶 360 的起投金额为 50 元，需要缴纳充值金额 0.35% 的充值费。若无实时显示到账金额的小功能，小分队很可能只充 50 元，直到投资时才能发现可用金额不足 50，无法投资，需再次充值。

（7）收益与回款

速溶 360 菜单充值和提现均收取费用，此外还设有投标管理费。参照其他同类别 P2P 借贷平台，多数只收取提现费用，最多再增加个充值费用。速溶 360 连投标都要收费，小分队还真是第一次遇到这么不厚道的设计。

（8）服务指标

历时两周的体验过程，小分队五次联系 QQ 在线客服无任何响应，咨询的问题均石沉大海，每次 QQ 客服的回复都是“当前有超过 100 人正在排队”，小分队很恼火，这样的回复方式缺乏互动性和实时性，如果客户在咨询时得到回复的是具体排队名次可能会感觉平台更靠谱。

经历屡屡失败后，小分队情不自禁地怀疑：会不会根本没有客户服务？“当前有超过 100 人正在排队”也许只是一句固定的回复语？

8.6 体验指标对比分析

在网站交互方面，速溶 360 表现最差，整体风格及色彩搭配缺乏新意。信通袋和趣分期网站存在操作性 bug（见表 8–1）。

新手引导 & 信息披露方面，信通袋表现最佳，披露逾期情况值得其他平台学习。好又贷得分最低的原因是存在“0 风险”误导性宣传。

在信息与资金安全上，信通袋表现突出，主要原因是平台与汇付天下合作，采用了二级账号体系进行资金托管。速溶 360 表现不尽如人意，网站没有采用 HPPTS 加密传输。

表 8-1

平台－产品	好又贷－【乐分期】金融理财宝第四十二期20150119	信通袋－【生活分期】生活周转	趣分期－购买LG G Tablet 8.3 Full HD IPS 8	速溶360－购物
网站交互（9）	5	7	5	2
新手引导 & 信息披露（29）	1	13	9	8
信息与资金安全（50）	11	31	8	5
操作便捷度（16）	12	11	12	9
产品丰富度（9）	4	4	4	4
产品信息披露（45）	8	9	7	7
投资便捷性（19）	11	10	9	7
收益与回款（28）	25	25	25	22
服务指标（20）	12	6	–6	–7
合计（225）	88	116	73	57

操作便捷度方面，四个平台差异不大，均无移动端。好又贷分数最低的原因是平台需登录后才能看到借款项目信息，浏览信息不方便。

产品丰富度上，四个平台得分完全相同，均无理财计划和债权转让功能。

产品信息披露上，四个平台都表现平平。信通袋和趣分期在投资前可以看到借款合同范本，但在投资成功，均无借款合同。好又贷和速溶360投资后可以看到借款人全名。

投资便捷性方面，好又贷表现上佳，主要体现在以下两点：其一，有自动投标功能；其二，借款列表设置了筛选功能。信通袋设有产品推荐栏和定时发标功能。

收益与回款方面，好又贷、信通袋和趣分期表现相对均衡，得分相同。速溶360得分垫底，原因有两点：第一，网站上无逾期垫付相关说明。第二，平台收费相对过高。

在服务指标方面，好又贷一枝独秀得分最高，原因是其电话客服响应时间和服务质量高。趣分期和速溶360情况实在不尽如人意，客服经常连线不成功。

8.7 大学生分期类产品体验小结

大学生分期平台大多成立于2014年，小分队本次体验的四家平台网站在诸多方面表现不够“成熟”，如不披露年报或实时统计信息、均未开发手机移动端APP、无理财计划和债权转让功能、借款项目缺少还款来源、未开设供投资者和平台交流的论坛功能等均为普遍存在的问题。其中，网站频现bug成了该类产品的“重灾区”，甚至有平台还出现功能设计逻辑不通等严重问题，完善空间很大。大学生分期类借款项目的借款金额集中在千元级别，由于借款金额略少，投资多个项目操作较烦琐，自动投标功能可以帮客户简化投资流程，该功能在此类平台上更显价值。

从市场前景来看，预计大学生分期消费类资产规模将继续扩大。目前，传统金融对大学生群体服务覆盖率小，大学生分期消费市场潜力较大。此外，大学生分期类产品的借款利率一般高达30%以上，而投资端收益集中在8%~13%之间，利差空间充足。随着愈来愈多分期平台的进入，竞争加剧的结果可能是缩小中间利差，平台以更低的利率迎接未来的大学生借款人。

从目前的数据来看，大学生分期类借款项目的逾期率处于行业平均水平，但平台的成立时间尚短，很多逾期借款还未到达成为坏账的时间点。

Internet Finance Transformers

第九章 理财计划类产品

9.1 产品简介

智能理财计划类产品，由人人贷公司在2013年最先推出，命名为“优选理财计划”。其初衷是为了便于用户投标，提高回款利用率和风险分散水平，并解决资金流动性问题。用户加入优选理财计划后，人人贷将以平台自身现有各类投资标的为基础，替用户实现多笔债权的自动匹配。

人人贷推出优选理财计划后，大受市场欢迎，其在提升平台流量上功不可没。随后，一些散标数量较为充沛的知名平台开始陆续推出智能理财计划类P2P产品。

纵观市场上现有的此类产品，大致有以下几个特点：首先，投向理财计划类的资金将优先于平台普通用户资金，根据计划设定的分散投资原则，对平台现有散标进行自动投标；其次，资金加入理财计划后，将进入锁定期，在此期间投资回款的本金部分将继续用于再投资，直至锁定期结束，充分发挥复利投资效应。锁定期结束，投资人可自由选择是否退出计划，选择退出后，计划内债权将在平台上优先进行转让，选择继续持有，则将延续之前的计划操作，之后投资人可随时选择退出；最后，投资所产生的收益可以选择自动提取或随每月回款的本金部分用于再投资，后者的资金利用率较高。

随着智能理财计划的普及和发展，此类产品也呈现出一些新趋势，如有些平台将自动投标的范围从散标扩展到转让债权产品，还有些平台已经偏离分散投资原则，计划内对单笔债权的投资额度所占比例偏高，甚至达到50%。从整个P2P理财市场来看，相比于散标，智能理财计划类产品更受投资人青睐，在一定程度上反映出用户对投资操作傻瓜化和智能化的需求。

9.2 人人贷“优选理财计划0075期”

⊙**体验平台**　人人贷

⊙**体验项目**　优选理财计划0075期

⊙**体验时间** 2014 年 9 月 17 日

⊙**验后真言** 首页设计看着舒心 / 常见问题分类还不够清晰 / 关于风险问题的解释不容含糊 / 收取充值费用的确伤了大平台的形象 / 操作过程会给用户带来哪些可能的损失又该如何避免值得思考 / 仅标记“已通过认证”等于信息披露？ / 公布了坏账率，也不要忘记公布它的计算方法 / 散标规则不完全适用于理财计划类产品 / 理财计划并没有不披露借款人详细信息的理由 / 给用户一个批量下载合同的选择吧 / 请让用户决定该如何收取回款通知 / 收费规则太过复杂反而让平台看起来苛刻 / 线下活动最能让投资人感受平台的温度

⊙**平台概况**

人人贷于 2010 年 5 月成立，据平台公开数据，人人贷 2014 年全年成交金额超过 37 亿元，较 2013 年同比增长 138%，累计成交额已突破 60 亿元，平台产品收益率集中在 12%～13%。目前人人贷获得的风险投资已超过亿级美元，注册资本金升至 1 亿，平台备用金也已过亿。

信用认证标、机构担保标、实地认证标和智能理财标是人人贷的四大标的类型，其中实地认证标所占比例超过 80%，期限超过两年的占比超过一半。优选理财计划是人人贷推出的行业内第一款智能理财计划类产品，它以信用认证标、机构担保标、实地认证标 3 类散标为基础，帮助用户实现计划内资金的自动投标。

智能理财计划现已更名为 U 计划。U 计划按照期限不同分为三类：U 计划 A 锁定期 3 个月，预期年化收益 7%；U 计划 B 锁定期 6 个月，预期年化收益 9%；U 计划 C 锁定期 12 个月，预期年化收益 11%。

⊙**大类体验指标评价**

“难抢程度不亚于春运火车票”，人人贷优选理财计划的火爆程度小分队早有耳闻，但作为该类产品的鼻祖，小分队抱着不撞南墙不回头的心态，决定拼死体验一把。

果然！小分队足足蹲守了两个星期才“抢”到传说中的优选理财计划（见图 9-1）。人人贷每周一和周二上午 10：00 发布理财计划，第一次抢标时（2014 年 9 月 9 日），620 万元的计划总额只花了 53 秒就被瓜分完了，败给公司的龟速无线，小分队除了完成注册和充值，一无所获。

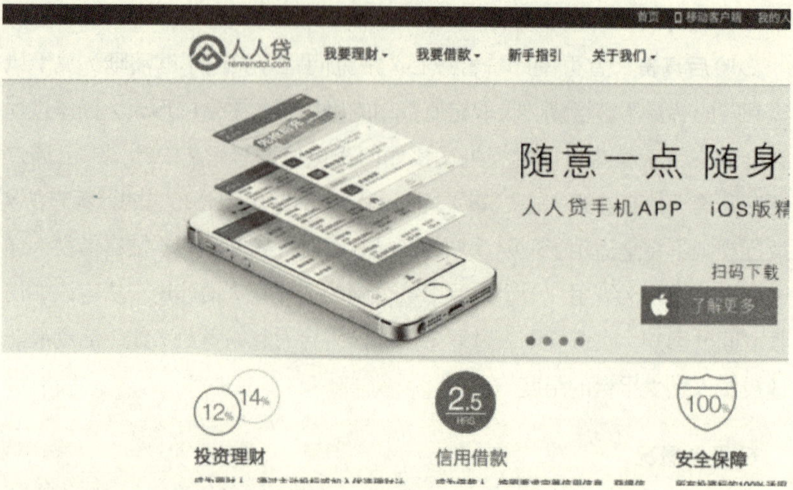

图 9-1

简单，清爽，舒心，这是小分队初见人人贷时的感觉，首页以蓝色和灰色为主色调，网站头部设计精简，导航栏目设置易于理解，跨屏轮播幻灯片，清新大气。小分队可在网站上方快速找到“注册”和“登录”快捷键，点击进入注册流程。

人人贷要求输入昵称、手机号码、登录密码、重复密码、验证码，并选择角色（理财人或借款人），流程不算短，还要阅读《人人贷网站服务协议》，但读到这段（见图 9-2）小分队有些心寒。

7.1 不保证

7.1.1 在任何情况下，本网站及其股东、创建人、高级职员、董事、代理人、关联公司、母公司、子公司和雇员（以下称"本网站方"）均不以任何明示或默示的方式对您使用本网站服务而产生的任何形式的直接或间接损失承担法律责任，包括但不限于资金损失、利润损失、营业中断损失等，无论您通过本网站形成的借贷关系是否适用本网站的风险备用金规则或者是否存在第三方担保，并且本网站方不保证网站内容的真实性、充分性、及时性、可靠性、完整性和有效性，并且免除任何由此引起的法律责任。

图 9-2

网站连借款人信息的真实性都不能保证？唉，也只能认了，毕竟这也是不得不面对的行业现状。注册成功后，系统提示进行手机验证，用户可以发送验证码或接收语音验证码来完成验证。接着，系统又提示进行身份认证，但不同于手机认证，该步骤可选择跳过。抱着一颗必投之心，小分队决定先完成身份认证，输入姓名和身份证号，只需几秒即可完成。随后，页面跳转至“我的人人贷”，并给出了清晰的操作指南（见图 9-3），一目了然。

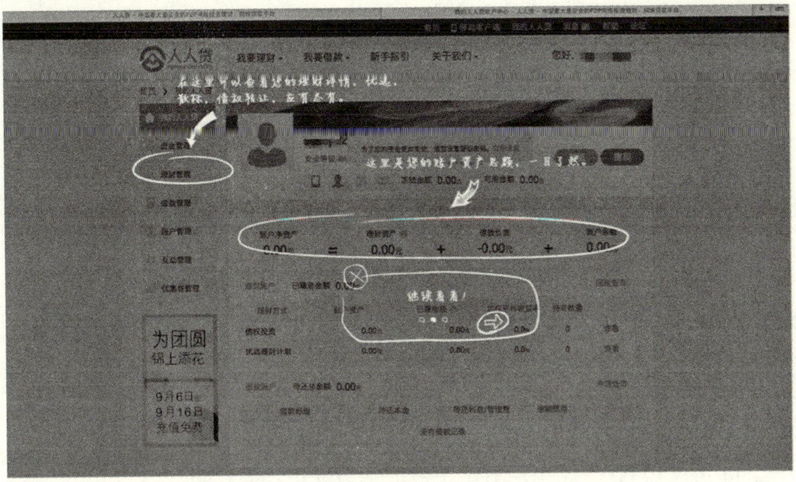

图 9-3

点击回到我的首页，寻找优选理财计划项目进行投资。在首页中部，小分队迅速在轮播幻灯栏下找到了“优选理财计划 0074 期”的入口，点击进入可以查看计划详情（见图 9-4）。

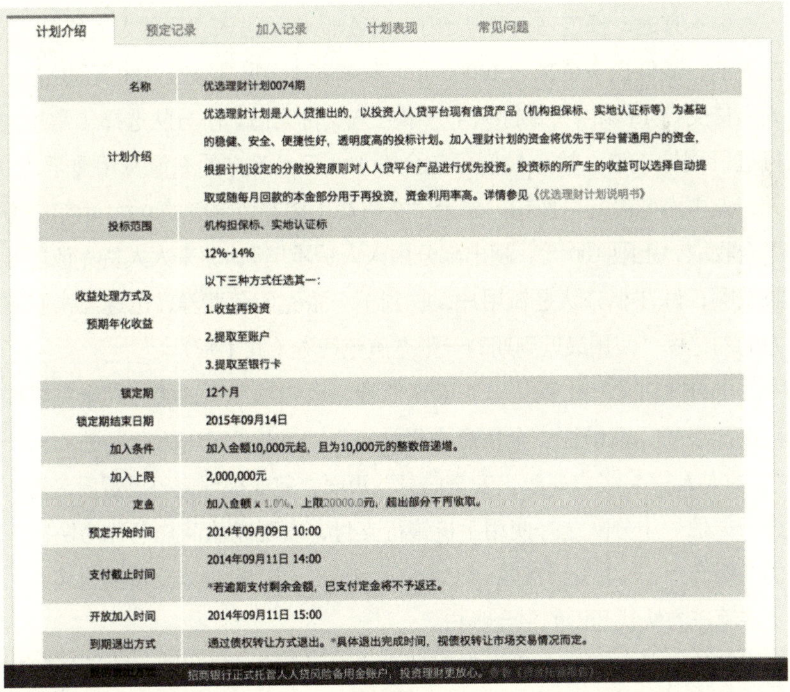
计划介绍　预定记录　加入记录　计划表现　常见问题

名称	优选理财计划0074期
计划介绍	优选理财计划是人人贷推出的，以投资人人贷平台现有信贷产品（机构担保标、实地认证标等）为基础的稳健、安全、便捷性好，透明度高的投标计划。加入理财计划的资金将优先于平台普通用户的资金，根据计划设定的分散投资原则对人人贷平台产品进行优先投资。投资标的所产生的收益可以选择自动提取或随每月回款的本金部分用于再投资，资金利用率高。详情参见《优选理财计划说明书》
投标范围	机构担保标、实地认证标
收益处理方式及预期年化收益	12%-14% 以下三种方式任选其一： 1.收益再投资 2.提取至账户 3.提取至银行卡
锁定期	12个月
锁定期结束日期	2015年09月14日
加入条件	加入金额10,000元起，且为10,000元的整数倍递增。
加入上限	2,000,000元
定金	加入金额 x 1.0%，上限20000.0元，超出部分不再收取。
预定开始时间	2014年09月09日 10:00
支付截止时间	2014年09月11日 14:00 *若逾期支付剩余金额，已支付定金将不予返还。
开放加入时间	2014年09月11日 15:00
到期退出方式	通过债权转让方式退出。*具体退出完成时间，视债权转让市场交易情况而定。

招商银行正式托管人人贷风险备用金账户，投资理财更放心。

图 9-4

计划详情公布了计划介绍，用户还可点击查看《优选理财计划说明书》，小分队从说明书中获知投资理财计划分为 3 个阶段：预定及支付阶段（预定开始、预定结束和支付截止）、开放加入阶段（开放加入）和收益阶段（进入锁定期和到期退出）。

如本次的“优选理财计划 0074 期”，于 2014 年 9 月 9 日 10：00 开放预定，投资人先支付 1% 的定金，预定成功用户要在支付截止日期 9 月 11 日 14：00 之前补足剩余加入金额，如未补足，则视为主动放弃，定金不予返还。随后，计划于 9 月 11 日 15：00 进入开放加入时间，如果计划未被投满，用户可在此期间再进行投资。9 月 14 日 10：00 开始，计划正式进入锁定期，该期计划不支持提前退出，直到锁定期结束当日即 2015 年 9 月 14 日 12：00 以后用户方可选择退出或继续持有计划。

除此之外，计划还披露了投标范围（实地认证标和机构担保标）、预期年化收益率（12%～14%）、收益处理方式（3 种：收益再投资、提取至账户、提取至银行卡）、加入条件和加入上限、到期退出方式（债权转让）和提前退出方式。

事不宜迟，预定马上要开始了，小分队慌忙进入“我的人人贷”，点击充值，最低投资金额为 10000 元，意味着小分队需交上 100 元的定金。人人贷支持 15 家网上银行和 4 家第三方支付渠道，小分队选择了常用银行进行网银充值，输入最低预定金额 100 元，下方的充值费用显示为 0 元，点击右方的问号按钮，显示“充值费用按充值金额的 0.5% 由第三方平台收取，上限 100 元，超出部分由人人贷承担”，原来人人贷充值还要收费啊，好在小分队是新用户，收到了一张充值免费券，迅速点击了下方的勾选框“使用最近到期的一张充值免费券（共 1 张）”。

小分队以为马上就可以完成充值啦，系统竟然又提醒“尚未完成提现密码设置，请前往安全信息进行认证”，点击“安全信息”进入一个“我的人人贷 > 账户管理 > 安全信息”页面，完成提现密码设置后，重新进行充值。小分队选择使用手机银行支付，发现充值商户名称为快钱下的二级商户：人人贷商务顾问（北京）有限公司，根据体验猜测这是人人贷在第三方快钱开设的平台账户。

完成充值，回到首页，理财计划入口处显示“15 分 43 秒后开始预定”，一切准备就绪，小分队信心满满。谁知最后还是败给了网速，53 秒瞬间抢光，小分队只能等下周到来。

9 月 15 日，小分队机智地找到一个网速更快的地方，上午 10：00 准时开抢预定名额。终于，功夫不负有心人，成功预定优选理财计划 0075 期（战况激烈，根本来不及截图啊）。与 0074 期相似，0075 期锁定期为 12 个月，预期收益 12%～14%，不收取加入费用、服务费用和退出费用，不支持提前退出，最大的不同是计划总额增加到 6500 万，这才给小分队一次体验的机会。

预定成功后，“我的人人贷”首页会设有一个显眼的黄色通知栏“您共有 1 笔预定成功的理财计划，请您按规定时间完成支付”（见图 9–5），并给出产品详情链接、支付截止时间：2014 年 9 月 17 日 14：00 和待付金额：9900 元。点击理财管理下的优选理财计划栏目，小分队所投的“优选理财计划 0075 期”被放置在“预定中”状态，可以查看合同（优选理财计划 0075 期预定协议书）并进行支付。

图 9–5

在支付前，小分队需保证账户中有 9900 元，于是再次进入充值流程，又发现需要收取 49.5 元的充值费，这可是一笔大支出。还好，小分队又靠着一张“最近到期的一张充值免费券”逃过一劫。充值完成后，账户余额变为 10000 元。重新回到我的人人贷，点击通知栏中的“立即支付”，跳转至确认支付页面。

确认支付页面再次列出了计划名称、预期收益、锁定期限、加入费用、加入金额、已付定金、应付金额和账户余额等信息，最重要的是要求用户选择一种收益处理方式：收益再投、提至账户和提至银行卡。随后小分队在页面底部看到温馨提示：“1. 优选理财计划每月 25 日提取利息，银行卡提现方式的实际到账日期以银行账单为主；2. 每月可提现的金额为该计划在本月收到的利息部分，本金部分将滚动投标直至您选择退出本计划。”但提至银行卡可是每笔（2 万及以下）都要收 1 块钱的费用，利息本身就没多少，想想不划算，小分队选择了收益再投，最大化收益。

勾选“我已阅读并同意签署《优选理财计划 0075 期协议》”，点击确认按钮后，即一键加入计划成功，系统提示“优选理财计划加入成功”，点击“关闭”按钮，回到我的人人贷，小分队发现优选理财计划的状态已经进入申请期（见图 9–6），“申请期”到底是什么意思？

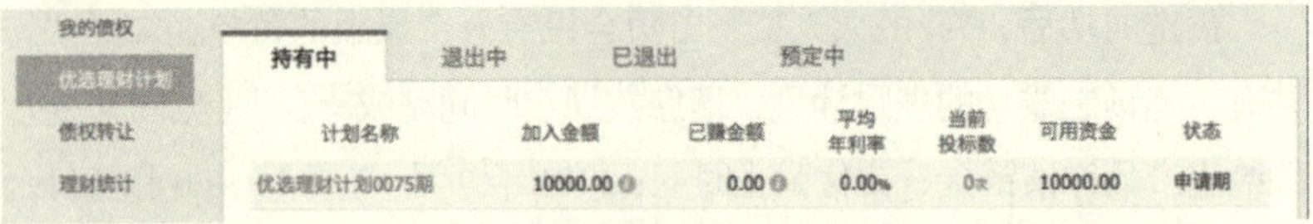

图 9–6

小分队点击上图中的名称“优选理财计划 0075 期”，进入优选理财计划管理页面，显示计划处于申购期，意味着小分队这笔 1 万块已经进入了优先自动投标阶段。除此之外，管理页面还设有“追加金额”按钮，用户可点击追加计划内金额。

9 月 20 日，计划进入锁定期后，小分队再次登录我的人人贷查看优选理财计划，状态已经由“申请期”变为“收益中”（见图 9–7），预期年化收益显示为 12.45%，投标次数显示为 20 次。

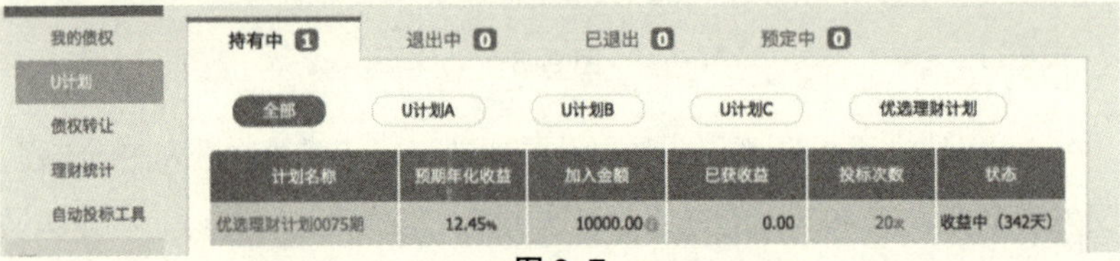

图 9–7

再次点击左侧的计划名称，进入计划管理页面，小分队看到所有本金对应的债权 ID 列表，还可以查看具体的合同。

一个月后，小分队再次登录我的人人贷（此时已改为 U 计划），个人中心提示 U 计划已赚 103 元，且详细的债权 ID 列表也因为新的债权匹配而有所更新。

⊙大类指标体验评价

(1) 网站交互

A. 产品栏目设计清晰

人人贷首页设计简洁，蓝白灰三色衬托出清新和自然之感，给人带来足够的舒适感（见图 9-8）。在布局上，首页并未设置过多栏目，导航栏和幻灯片下设置了简单的安全保障宣传栏和公告栏，所占篇幅极小。其后，就是优选理财计划（即 U 计划）列表和投资列表。

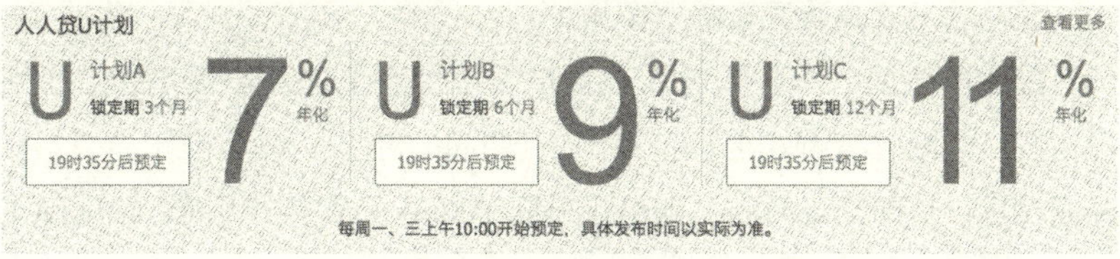

图 9-8

整个优选理财计划栏目只有预定时间、收益和期限 3 个元素，规整简洁。投资列表的设计更为出色，设有借款标题、信用等级、年利率、金额、期限和投资进度，要素完整。其中，借款标题极短，借款目的归类清晰，且以蓝色的属性标签"信"、"保"、"实"标记；每笔借款都设有信用等级，不同等级对应不同颜色，格式统一，颜色抢眼。整体来看，产品布局极为清晰，颜色搭配恰当悦目（见图 9-9）。

投资列表

借款标题	信用等级	年利率	金额	期限	进度	
信 生意周转	HR	11.00%	21,000元	6个月	100%	已满标
信 短期周转，信用升级	HR	12.00%	24,000元	12个月	100%	还款中
保 周转	A	12.00%	60,000元	36个月	100%	还款中
实 扩大生产/经营	A	11.40%	63,000元	18个月	100%	还款中

查看更多投资理财项目

图 9-9

B. 信用等级解释不直接

人人贷在页面设计和产品布局上，存在一个不够人性的细节。首页投资列表设有极为显著的信用等级栏目，供投资人参考，帮助决策。但新手可能很难理解信用等级下的 HR 或 A 到底意味着什么，人人贷也没有给出任何注释。小分队最后在帮助中心下的名词解释中找到，这才明白原来 HR 是信用等级最低的，只有 0～99 分，风险最高。除此之外，产品属性标签同样存在这个问题，首页没有给出，好在“我要理财”最上方给出了对应的解释。

风险问题，始终是金融产品的核心，也是投资人最应该被告知的地方，建议人人贷以更为直接和便捷的方式让投资人意识和理解每笔借款中蕴含的风险。

C. 实名认证成功页面意外现 bug

在注册之前，小分队对人人贷在网站交互上的评价极高，赏心悦目，操作流畅，直到实名认证环节出现 bug。小分队按照操作指引，认证成功后，页面自动跳转，但给小分队的却是一个空白页面，只出现了“{“data”:{},”message”:”恭喜您，实名认证成功。”,”status”:0}”，情况实在是尴尬，完全没有下一步的指引，小分队只能选择关闭窗口，重新登录，流畅的操作戛然而止，虽然这可能是个小概率事件，但用户体验被伤程度可想而知。

（2）新手引导 & 信息披露

A. 指引和帮助设置合理

人人贷的导航设置极为简单：首页有“我要理财”、“我要借款”、“新手指引”和“关于我们”几个栏目，设置清晰，易于理解。更为重要的是，其对新手的引导极为重视，用户可以直接点击“新手指引”，即可在对应页面看到关于网站、业绩、投资步骤和产品的介绍，投资步骤下还设有“我要去理财”快捷入口，产品介绍下还设有“信用认证标”、“机构担保标”、“实地认证标”的名词解释入口，将新手引导做到极致。

除了新手引导，帮助按钮也被人人贷放置在重要位置，就设于注册和登录两个快捷按钮的右侧。点击后，可以看到一个布局精心合理的帮助中心。人人贷将其帮助中心分为两大块，一个是按功能分类的常见问题归集（见图 9-10），一个是按首字母排序的名词解释。

而如果投资人点击“我要理财”，即可进入一个上方带有问题“索引”，左侧配有功能分类的问题列表（见图 9-11）。综上，人人贷在新手指引入口和问题分类设置上都表现优异。

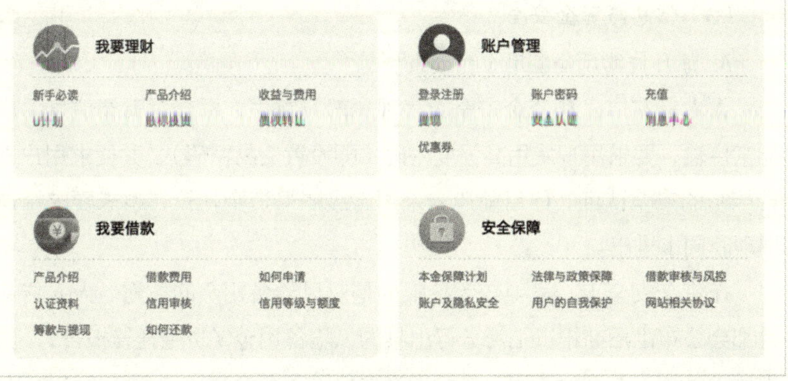

图 9–10

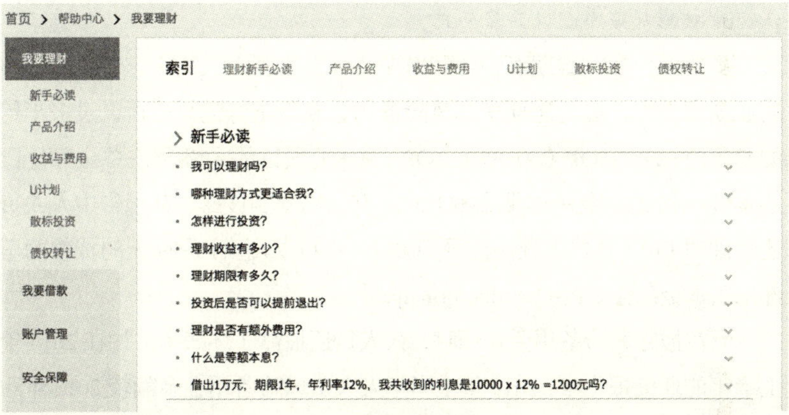

图 9–11

B. 注册后个人账户指引清晰

除了对投资小白的指引，人人贷在个人中心所做的指引同样贴心，从小分队多次的投资经验来看，多数 P2P 平台的个人中心都做得不尽如人意，普遍存在信息量过大、布局混乱的问题。小分队一般需要花很长时间去寻找资金、合同、收益分别在哪里显示，费神费力。

如小分队在上述体验中提到的，用户注册成功后会自动进入个人中心，系统会分区给出提示："这里可以查看你的账户资产总额"、"在这里可以看你的理财详情，优选、散标、债权转让"，清楚告知各板块的功能，内容不多，步骤简洁，指向性强。

（3）信息与资金安全

A. 每月披露风险备用金托管报告

人人贷在信息和资金安全上表现一般。首先，平台对重要信息采用加密传输，要求用户使用高强度密码（即设置交易密码），并要求用户进行严密的安全认证。但目前还未采用二级账号资金托管，也未要求用户提现时同卡进出。

在资金安全上，表现较为抢眼的是对风险备用金的披露。人人贷每月都会公布由招商银行上海分行出具的风险备用金《资金托管报告》，披露风险备用金的实际进出，并给出当月风险备用金变动金额和累计金额，一定程度上避免了平台在备用金上出现造假情况。

B. 披露坏账率配以计算公式

多数平台都对逾期率和坏账率保持缄默，而人人贷在它每半年发布的业绩报告中，会对逾期率和风险备用金余额走势进行分析，过去半年的 OP（1~29）、OP（30~89）、OP（90+）项目的金额及占总金额（已还本金 + 待还本金 + 逾期金额）的比例，均得到披露。在报告中人人贷还特地对 OP（1~29）做出注释：OP（1~29）即逾期 1~29 天的贷款的全部未还本金综合 OP=Overdue Principal。

而在披露风险备用金余额时，人人贷还披露了坏账率，如在 2014 年上半年的业绩报告中：2014 年上半年人人贷风险备用金余额较 2013 年四季度增加了 18788746.69 元。截至 6 月 30 日，人人贷风险备用金余额与待还金额之比为 2.31%，远高于网站 0.49% 的坏账率，人人贷随后也开诚布公地给出了其坏账率的计算公式“坏账率 =OP（30+）/ 历史成交额”。

这意味平台承认了其坏账率的计算标准较为宽泛，引入了基数较大的分母“历史成交额”而非“当前贷款余额”或“过去半年的贷款成交额”。坏账率的计算标准，一直是行业内饱受争议的问题，不少平台利用这个公式拉低自己的坏账率，这是一个比较讨巧的方式，但至少人人贷给出了计算公式，代表它在“透明极致”中所透露的态度。

（4）操作便捷度

为了及时通知账户变动，不少平台通过邮件、手机和站内信对回款及重要信息进行提醒。人人贷对系统通知的设置则更为人性化，用户可根据自己的偏好自行选择通知渠道，除此之外，用户还可自行选择需要进行提醒的消息。

（5）产品丰富度

无法提前退出的忧伤

“不可提前退出”，这大概是除了“抢标难”之外优选理财计划诟病最多的地方。小分队此次所投的优选理财计划（0075 期）就不支持提前退出，对于小分队这样的屌丝来说，失去 1 万块人民币的流动性长达 1 年之久，需要很大决心。小分队猜想，应该有不少人会因为流动性问题而放弃投标吧。虽然理财计划类产品已经处于僧多粥少的状况，但解决流动性问题的确是一个很强的需求。

十月份小分队再次登录人人贷时，优选理财计划已经改为 U 计划，并且提供了“提前退出”功能，为此理财人需要支付高达加入资金 2% 的退出费用，一定程度上解决了流动性问题，但由于小分队的 75 期是之前所投，仍然不享有提前退出权利。

（6）产品信息披露

A. 本金保障计划的适用性存疑

在计划介绍中，人人贷给出的保障方式为“100% 本金保障计划”，并在“理财计划”介绍中承诺“该计划所对应的标的均 100% 适用于人人贷本金保障计划并由系统实现标的分散投资”。

100% 本金保障计划，具体指什么？小分队在新手指引中找到了相关解释及使用规则：本金保障计划是人人贷为保护平台全体理财人的共同权益而建立的信用风险共担机制。平台的所有理财人经过平台身份认证后，在平台的投资行为均适用于本金保障计划，理财人无需为此支付任何费用。平台每笔借款成交时，提取一定比例的金额放入“风险备用金账户”。借款出现严重逾期时（即逾期超过 30 天），根据“风险备用金账户使用规则”，通过“风险备用金”向理财人垫付此笔借款的剩余出借本金或本息（具体情况视投资标的类型的具体垫付规则为准）。

整体来看，计划基本清晰，但有些细节没有说清楚，如风险准备金被用完，该如何处理？于是，小分队特地扒出了“风险备用金账户的资金使用规则”（见图 9-12）。

（3）债权比例规则，即“风险备用金账户”资金对同一受保障借款的《借款协议》项下不同理财人（债权人）逾期应收赔付金额的偿付按照各债权金额占同协议内发生的债权总额的比例进行偿付分配；当截至某日“风险备用金账户”资金当期余额不足以支付该日所有应享受“风险备用金账户”资金赔付的受保障借款的理财人所对应的逾期应收赔付金额总额时，则该等理财人按照各自对应的逾期应收赔付金额占当期所有理财人对应的逾期应收赔付金额总额的比例进行偿付分配。

（4）有限偿付规则，即“风险备用金账户”资金对受保障借款的理财人（债权人）逾期应收赔付金额的偿付以该账户的资金总额为限。当该账户余额为零时，自动停止对理财人逾期应收赔付金额的偿付，直到该账户获得新的风险备用金。

图 9-12

规则内容严密，小分队提到的备用金不足的情况，人人贷也给出了如上的解释。但将该规则直接套用到优选理财计划上则不太合适。因为规则规定债权逾期超过 30 日时，才从“风险备用金账户”提取资金垫付，这是不是就意味着选择“收益再投资”的用户就失去了该笔债权收益再投资的资格？你看，投资理财计划的用户受损失的不只是逾期债权的本金和本息。

由于优选理财计划“收益处理”的特殊性，小分队觉得其保障方式不能只以“100% 本金保障计划”草草了事，完全套用并不合适，可能需要制定一些衍生条款来说明，否则很多细节的处理方式反而变得不透明了。

B. 借款合同标的信息披露过少

计划内资金进入锁定期后，就会进入债权匹配阶段。如小分队此次所投的优选理财计划 0075 期，9 月 20 日进入锁定期，自动匹配的债权可在个人中心的投资管理中查看（见图 9-13）。

债权ID	投资金额（元）	投标利率	持有份数	状态	投资时间	
实 287941	500.00	12.60%	10	还款中	2014-09-22	合同
实 287940	500.00	12.60%	10	还款中	2014-09-22	合同
实 287939	500.00	12.60%	10	还款中	2014-09-22	合同
实 287937	500.00	12.00%	10	还款中	2014-09-22	合同

图 9-13

从以上内容来看，所有债权均于 9 月 22 日投资完毕，匹配速度不算太快。点击查看每笔债权的合同，可以看到所有投资人的名单、借出金额和借款期限。但合同中关于债权人的信息，只有借款人的姓名、身份证号和用户名。

人人贷在披露上做得较好的一点是：用户点击上图左侧的债权 ID 可以进入对应的散标详情页面。小分队随意点击其中一笔，发现平台散标信息披露的水平一般，用户只能看到用户的基本信息（如昵称、年龄、学历、婚姻状况、工作城市、岗位、公司行业、公司规模、工作城市、收入范围、有无房产、有无放贷、有无车产、有无车贷）、借款描述（即借款目的）和信用档案（申请借款笔数、成功借款笔数、还清笔数、信用额度、借款总额、待还本息、逾期金额、逾期次数、严重逾期次数），针对信用报告、身份认证、工作认证、收入认证和实地认证等内容，人人贷都只标记为认证通过，没有对具体内容进行披露。虽说理财计划更依赖于平台，但是作为投资人还是希望能够获取每个标的的基本信息，否则都不知道自己的钱去了哪里，想起来也挺闹心的。

C. 借款人档案披露充分

如上所述，在散标信息的披露中，投资人可以看到借款人的信用档案。实际上，投资人还可以直接点击借款详情中的借款人昵称，直接进入如图 9–14 的页面，在该页面，投资人可以在极短的时间内把握借款人信息，极为直观快捷。

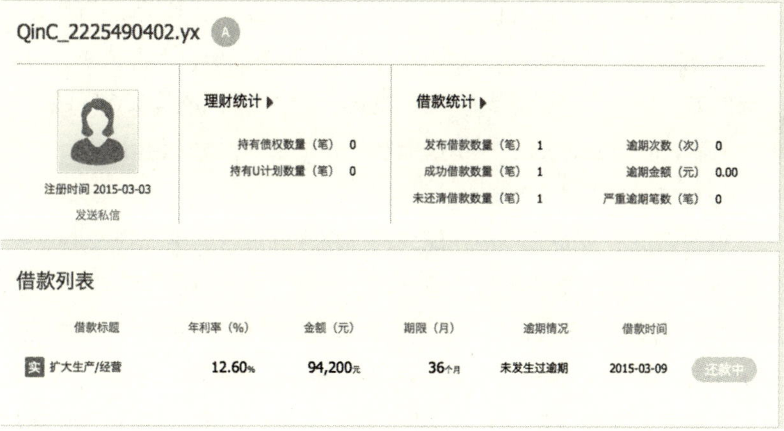

图 9–14

（7）投资便捷性

A. 计划预定制度减少用户损失

优选理财计划的最低投资额为 1 万，作为理财人，常见的投资步骤应该是：至少充值 1 万元，然后参与抢标，抢标成功完成投资，如果没有抢到标，那么问题就来了，已经充值的 1 万元怎么办？最直接的解决方案当然是提现，那么问题又来了，提现需要手续费，而且提现可能需要几日才能到账，1 万元可不是小数目，这资金站岗成本太高了。没有抢到标还损失了充值和提现费用，明显太坑人了。

为了减少投资人损失，人人贷给出另外一种解决方案：理财计划（现称“U 计划”）的预定制度。用户只需充值并支付所投资金的 1% 进行预定，如果成功抢到预定名额，在规定时间完成余额支付即可。如果没有抢到标，投资人也不需要损失那一大笔充值和提现费，这种方式值得其他平台学习。

B. 系统扫描账户余额自动支付

接着如上的预定制度，再假设一种情况：你已经完成了预定，但是却忘记支付剩下的余额，该怎么办？按照人人贷的规定，在支付截止日期前没有完成余额支付，则视为主动放弃加入计划，定金将不予返还。

为了减少损失，人人贷又设置了“系统自动支付”功能：为保障用户权益，避免理财人因遗忘等原因未能完成对剩余金额的支付，理财人将授权系统在支付截止时自动扫描理财人账户，若账户余额足以支付剩余金额，则系统将代理财人自动完成支付操作，理财人通过系统自动支付加入该计划时，收益处理方式默认选择为收益再投资。人人贷采用自动扫描的方式尽最大可能减少投资人损失。虽说这个问题是预定问题产生的后遗症，但是足见人人贷在用户体验方面的重视程度，值得称赞。

C. 债权合同下载费时费力

20 份合同！投资完毕后，庞大的债权合同集合着实吓到了小分队。但谨慎的小分队还是专门为此建立了文件夹，并一一点击下载并保存，整个过程可以想象多么耗时。更坑爹的是，债权 ID 的编号也并非按照小分队所想：31-32-33-34-35-36-37-38-39-40，中间多次出现跳号，极易引起遗漏和重复下载。所以，小分队建议人人贷可以给投资人设置打包下载按钮。

（8）收益与回款

A. 理财计划收费条款不清晰

人人贷理财计划的收费规则整体较为清晰，但是平台公布和合同中的收费明细存在出入。如小分队在理财计划项目的协议范本中，看到的费用有3大类：加入费用、服务费用和退出费用，目前的费用均为零。

但是，小分队在投资完毕后收到的《优选理财计划0075期协议书》中发现条款3.11关于相应费用的陈述如下：甲方以服务计划金额的【0.0】%向乙方支付咨询费，乙方将另行收取，不在本次服务计划金额中扣除；甲方以本次计划所投标的利息收入的【0.0】%向乙方支付管理服务费，从甲方利息中扣除；甲方退出时，按退出服务计划金额【0.0】%向乙方支付退出费用。以上费用的收取和支付方式按人人贷网站有关规则执行。每月提取本次计划项下所投标的利息收入，如果选择提现方式至银行卡账户的，提现费用按照人人贷现有规则执行。（其中甲方指小分队，乙方指人人贷。）

这里的费用突然变成了“咨询费”、“管理服务费”和“退出费用”，这和协议范本中的3类费用对应不上，虽然都标记为0%，但陈述实在不够严谨。

人人贷将优选理财计划改版为U计划后，收费标准随之改变，取消了原有的零收费标准。小分队在帮助中心看到加入U计划服务后，可能产生的费用包括：加入费用：a%；加入计划金额的a%，期初额外收取，即加入计划金额为10万元，则另行收取10万元×a%作为加入计划费用归人人贷所有。（当前加入费率为0.0%）；管理费用：U计划对应借款实际利息收入中，超过U计划预期年化收益以外的部分作为管理费用归人人贷所有，若实际收益不及预期年化收益的，人人贷不收取管理费用。详情参见《U计划服务协议》；提前退出费用：c%；提前退出U计划时按加入计划金额的c%收取，提前退出费用归人人贷所有。（当前提前退出费率为2.0%。）

与改版前的差异在于，超出预期年化收益以外的部分作为管理费用归人人贷所有。但是怎样定义“预期收益部分”呢？人人贷在如图9-15的U计划协议范本中规定了目标值（预期收益）计算标准，看完以后，小分队也是醉了，复杂的计算公式，要弄明白实在有些费神。且对比之前的规定，平台则显得更为不大度了。

注1

各笔借款每期偿还的总利息中超过比照注2中计算的当期目标值的部分作为U计划当期管理费用计提。(可以合并或分期计提)

注2

目标值=P x Y/12 x M + P x Y/360 x D

P:甲方加入资金

Y:预期年化收益率

M:锁定期开始日（含）至甲方退出本期U计划之日（含）之间足月部分的月数。

D: 锁定期开始日（含）至甲方退出本期U计划之日（含）之间足月部分以外的剩余天数。

图 9–15

B. 充值收费气度不够

自开展 P2P 产品体验以来，小分队极少遇到充值收费的大平台，多数是收取提现费用免去充值费用。人人贷的充值经历着实让小分队有些惊讶，竟然要收取 0.5% 的充值费用，上限为 100 元，虽然两张充值免费券避免了小分队的额外支出，但优惠券总要用完的。相比于其他平台，人人贷在充值收费上就显得不爽快了。

（9）服务指标

A. 客服响应速度较快

人人贷提供在线客服和电话客服 2 种较为直接的客服渠道，客服时间覆盖较长，工作日和休息日从 9：00 到 21：00 都可以咨询。除此之外，还设置了腾讯微博、新浪微博和微信公众账号 3 种渠道。在项目详情中，还设有留言板块，用户可随时提问，不过从过往记录来看，活跃度较低。

另外，人人贷客服的响应速度较快，使用在线客服时，问题基本会在 1～3 分钟内得到回复，服务质量也较高，业务流程较为熟悉。唯一不足的是，在点击在线服务后，系统会提示“欢迎光临！您已经进入服务队列，大概需要等待 15 秒”，而且每次点击都是 15 秒，但实际上，小分队等了可不止 15 秒，至少有 3 分钟，小分队猜想这“15 秒”应该是个固定回复吧。

B. 线下活动热度高

“来到你身边”，这是人人贷对用户见面会的命名。不同于积木盒子的积友会、爱投资的 i 开放日，人人贷的线下互动活动听起来显得更加人性化、生活化。

人人贷的活动不仅限于其所在的北京地区，上海、深圳、青岛……

从人人贷的动态和论坛中，小分队扒出了一些现场照片，活动准备精心，后期小编还会为线下活动制作各类现场照片和文字说明，足以看出人人贷对线下活动的重视。

人人贷的合伙人和管理团队也会积极出席其线下活动，并在会上分享创业故事，回答用户疑问。实际上，暂且不说活动中的具体分享内容，单纯从活动形式就足以见得人人贷对用户的尊重，让普通投资人能够感受到平台的温度。

⊙体验小结

在优选理财计划的体验过程中，人人贷在平台层面给予小分队极好的体验，尤其是在网站交互、新手引导、操作便捷度和投资便捷性的设计上，体现了成熟平台对于新用户的重视。而理财计划的预定规则也是行业首创，展现了人人贷对理财计划类产品成熟的设计思路。

不尽如人意的地方则存在于平台资金安全和理财计划垫付规则及流动性上。平台安全上，二级账号托管和提现同卡进入都还未被采用；产品设计上，散标的垫付规则直接套用在理财计划类产品上，并不完全合适，理财计划内的债权信息披露水平较低。最大的不便是流动性问题，产品不支持提前退出，小分队所投计划必须持满一年。

9.3 爱钱进“整存宝 ZB140909 期”

⊙体验平台 爱钱进

⊙体验项目 整存宝 ZB140909 期

⊙体验时间 2014 年 9 月 9 日

⊙验后真言 尽量让首页板块区分清晰 / 避免导航栏出现过于含糊的词汇 / 误导性对比千万不可有 / 是否应该更明确地定义“逾期还款时”？ / 别让你的理财计划成为转让债权接收池 / 从购买到债权匹配，千万别让投资人等太久 / 莫让意见反馈机制沦为摆设

⊙大类体验指标评价

（1）网站交互

首页布局清晰规整

爱钱进首页设计规整，分区较为清晰，整体风格统一（见图 9-16）。

首页顶部导航栏、幻灯片轮播栏和安全宣传栏实现跨屏，三者融为一体。与下方的产品列表栏目明显区分开来，整个页面简洁有条理。

图 9–16

除此之外，爱钱进在一些细节之处的设计显示了很好的交互水平，如小分队点击导航栏中“投资项目”后，进入如图 9–17 所示的页面。

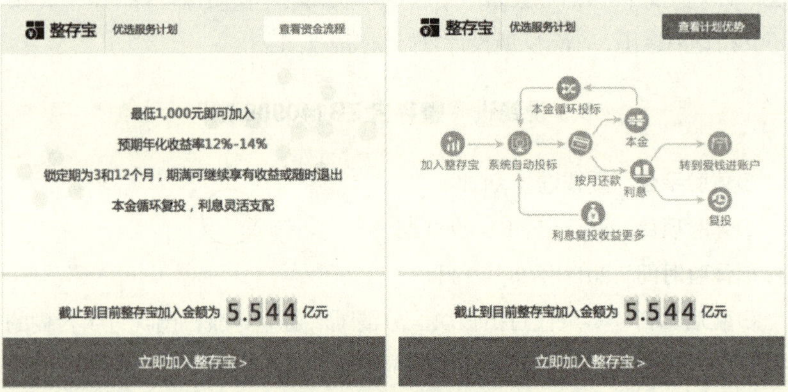

图 9–17

整存宝和零钱通项目介绍都以图 9–17 所示的方块形式展现，紧凑规整，点击左侧方块右上角的“查看资金流程”，切换至右侧方块，右上角按钮同步变为“查看计划优势”。这样的展示设计较为讨巧，不会破坏原有的页面设计，不仅节省空间，还增加了动态感。除此之外，如图 9–17 所示，还设置了快捷按钮“立即加入整存宝”，点击即可进入项目列表，列表设置同样简单大气。

（2）新手指引 & 信息披露

A. 导航栏设置过于复杂

爱钱进导航栏功能设置过于复杂，如安全保障、媒体报道和关于我们内容存在重复，况且安全保障的内容在幻灯片下方同样设有链接。最为重要的是，这 3 个功能按钮对用户来说也作用不大，起到的主要是宣传作用。另外，新手指南和客户服务内容同样存在重复之处。经小分队查询，客户服务内容实际上就是“帮助中心”，相比之下，“客户服务”的命名就不够直接、不易理解。

B. 个人中心新动态区块化提醒

小分队在人人贷理财计划类的产品体验中，提到首次登录“我的人人贷”时系统给予的区块化提醒（见图 9-18）。同样，小分队在爱钱进的体验中，系统也分区标示出在哪里查看昨日收益、账户余额和资产总额。

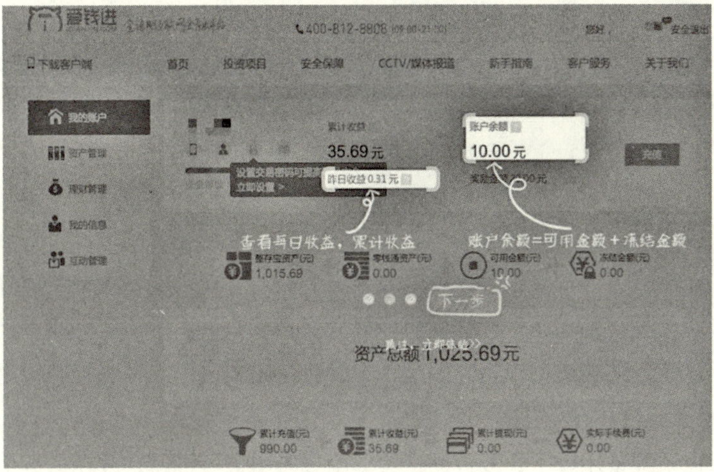

图 9-18

与人人贷不同的是，只要个人中心出现新动态，即便不是首次登录，系统都会分区块给用户发送提醒。比如，一次小分队登录平台后，有 56 条消息未阅读，系统就会提示小分队在哪里点击可以查看消息列表。再如，小分队投资一个月后，重新登录个人中心，系统会提示在哪里查看过去一个月的累计收益，小分队可以在短时间内获知最新动态，相当贴心。

C. 首页现误导性对比图

爱钱进在首页左下角设置了“收益对比器”，以条状图列出了爱钱进、银行一年和余额宝的收益，并备注了统计时间。其中，爱钱进的年化收益率为 12%～14%，银行一年为 2.5%，余额宝为 4.48%（见图 9-19）。

且不论爱钱进如何定义“银行一年”，单纯地对比收益而忽略对风险的提示，本身就形成误导。实际上，银行（活期存款）和余额宝（货币基金产品）风险要远远低于爱钱进的借款项目，把二者拿来对比极为不恰当。

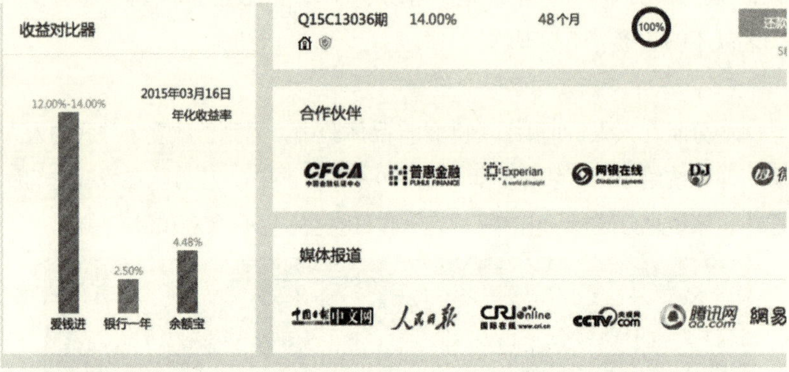

图 9–19

（3）信息与资金安全

在信息与资金安全上，爱钱进表现一般。首先，网站对重要信息使用加密传输，要求用户在提现阶段设立交易密码，用户需要完成手机和身份认证，才能进行投资。但是，平台目前还未采用二级账号进行用户资金托管，也未要求提现同卡进出。

在风险备用金上，爱钱进在其季度报告中进行披露，并在招行上海分行开立风险准备金专户，由该行每月 10 号出具《资金托管报告》，公布专户资金的实际进出状况，防止平台在准备金上作假。不过，该报告不是在平台上披露，而是选择在爱钱进论坛下的理财专区披露，鉴于论坛活跃度有限，对投资人尤其是新手来说，这种披露方式过于隐蔽，很难达到效果。

（4）操作便捷度

A. 提现进度实时跟踪

在注册环节，用户需要输入用户名、密码、确认密码、手机号码及手机验证码才能完成注册，整个流程并不算短；在充值环节，渠道较丰富，支持 18 家网上银行和 2 家三方支付（微钱包和网银在线），但两个三方支付渠道都不够主流，用户往往需要注册；在提现流程，爱钱进在个人账户的资产管理栏目下设置了“提现进度”栏目，用户可以实时查看自己的提现进度。

B. 通知逐笔匹配债权回款

小分队此次所投的整存宝 ZB140909 期，至 2015 年 3 月匹配债权数量达到 16 笔，不同于一些平台到期统一发送回款通知。爱钱进针对每笔债权回款，都会发送单独到账消息，小分队觉得，虽然推送多条单独到账信息和统一推送一条信息的结果相同，但是从投资人的角度，分别发送会让小分队对整存宝自动投标债权信息有更深度的掌握。

（5）产品丰富度

A. 发标频繁但期限不够丰富

就抢标情况来看，爱钱进的项目数量不算紧俏，这与平台的发标频率相关。尤其是整存宝项目，从过往的发标记录来看，爱钱进平均每周会发布 9 个计划类标的，次数较多。但从标的总额和期限来看，产品不够丰富。整存宝单笔金额从几十万到几百万不等，相对金额较小；另外整存宝项目只设有两种期限，3 个月和 12 个月，期限不够丰富。

B. 不定时发标无法形成约会意识

虽然，爱钱进也会做类似“距离下场开始还有 2 小时 24 分 2 秒”的理财计划发布预告，但是和人人贷固定每周一、周三上午 10 点发标不同，爱钱进虽然也固定了每天的发标时间（每天 8：00、10：00、14：00、17：00、20：00 和 22：00 更新项目列表），但不是一定每天都会上述时间点发标，其发标规则虽然保证了一定的自由度，但是无法与用户形成约会意识。

（6）产品信息披露

A. 匹配债权信息披露不充分

理财计划完成债权匹配后，每笔债权都会显示在个人中心的投资记录中，用户可点击查看单笔债权页面，并在借款详情中查看到项目基本信息（名称、还款期限、年化收益率、借款金额、最小投资金额、剩余份数）和借款人基本信息（昵称、部分身份证号、性别、年龄、教育程度、婚姻状况、户籍地点、居住地点、住房性质、工作地点、职位、工作年限），但具体的身份证信息、信用报告、工作证明、收入证明也均以"已通过"完成披露。而债权合同也只披露了借款人真实姓名和身份证号码。因此，爱钱进对借款人信息披露不够充分，且忽略了对借款目的和还款来源的描述。

B. 逾期垫付时间不明确

逾期垫付规则向来是小分队最为关注的，由于智能理财计划类产品，除了每笔债权对应的借款合同外，还涉及计划协议即"整存宝优选服务计划 ZB14090932 协议书"。

不过，小分队没有在"整存宝优选服务计划 ZB14090932 协议书"中找到任何关于垫付的内容，随后小分队打开具体的零钱通借款协议，查看垫付规则："5.7 普惠金融在乙方逾期还款时，以其风险准备金为限先行垫付乙方应偿还给甲方的本息（下称'垫付的借款本息'），普惠金融在向甲方进行垫付的同时，即刻自动取得甲方对乙方的相应债权及其他权利，包括但不限于就前述债权向乙方追偿的权利，且甲方不再就前述已让渡给普惠金融的债权向乙方主张任何权利，或向普惠金融主张任何权利，同时甲方在此授权普惠金融可以视情况（必要时）将垫付等相关事项通知乙方。此后乙方应直接向普惠金融偿还其垫付的借款本息，并按照双方签署的《信用咨询及管理服务协议》向普惠金融支付垫付服务费和逾期违约金。甲方同意并认可普惠金融前述垫付的行为并不代表有关逾期应归责于普惠金融，亦不代表普惠金融须为此承担其他任何责任。"

在合同中，爱钱进承诺"先行垫付"，但是并没有对垫付的具体时间点进行阐述，仅以"逾期还款时"草草了事。小分队当然不能放弃对这种核心问题的刨根问底，随后前往安全保障板块，找到了风险准备金账户的使用规则："违约偿付规则，即当借款人逾期时，立即从'风险准备金账户’资金中抽取相应资金偿付出借人当期应收本息。”这里还是同样的描述，表达过于含糊，“逾期还款时”是指还款当日还是还款次日呢？

为了弄清楚，小分队还联系了客服，客服并未正面回答，我们得到的有效信息只有“立即还款”“具体规则平台可以查到”，对方回避了具体的时间问题。

C. 短期理财计划标成转让标接收池

小分队在加入 ZB140909 期理财计划时，选择了收益再投资。第一个还款日后，计划内匹配的债权列表发生了变化，还款日第 2 天（10 月 19 日），回款后的收益自动投资了一个债权转让标的，即为用户转让的债权（见图 9–20）。

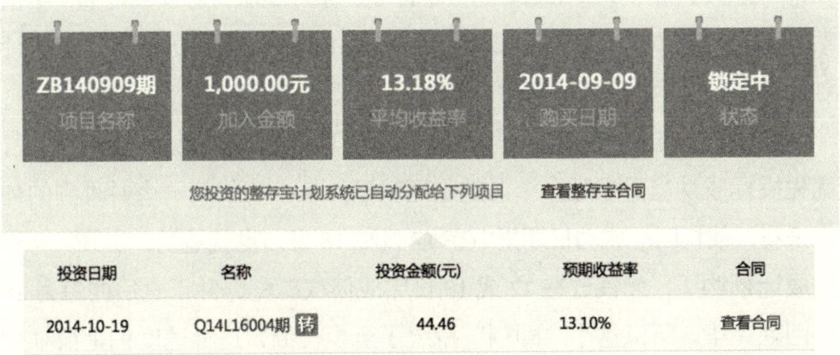

图 9–20

但小分队点击“查看合同”的时候，发现合同内容并非是债权转让合同，而是针对原始债权签订的合同，和小分队半毛钱关系都没有。

整存宝 ZB140909 期产品期限为 12 个月，第二个还款日后只多匹配了一笔债权转让标的。小分队选取平台一个 3 个月智能理财标的（整存宝 ZA141015 期），从其自动投标的项目来看，除了前面二十个项目是新债权，剩下的几乎都是债权转让标的。

这让 3 个月的整存宝项目几乎成为了爱钱进的转让债权接收池，很多投资短期智能理财标的用户实际上投资的多为债权转让标，小分队感觉这已经违背了“优选投资计划”的本意，使得投资计划成为平台的流动性提供工具。

（7）投资便捷性

整存宝项目投资门槛在同类产品中较低，仅需投 1000 元即可加入。

计划可以采取预告发标模式，并每日定时更新列表，但平台目前还不支持自动投标和预定功能。由于爱钱进产品较为简单，不需要产品筛选工具，在辅助工具上，仅设有计算器，投资便捷性表现一般。

（8）收益与回款

在整存宝协议中，爱钱进在“第四条服务计划保障”中承诺“4.2 为保证本期服务计划的及时性，在甲方加入本期服务计划并且债权充足的情况下，即刻开始为甲方加入的本期服务计划金额安排自动投标。”不过，事实证明，小分队可能高估了爱钱进对“即刻”的定义。

如计划详情中介绍，本次整存宝开放日期为 2014-9-9 至 2014-9-14，小分队于 9 月 9 日 11:36 购买了计划。整存宝服务协议中写道“申请期：自 2014 年 09 月 13 日至 2014 年 09 月 18 日”，小分队姑且理解为计划金额优先投标从 9 月 13 日开始。

爱钱进并未通知小分队具体的投标成功日期。但是从理论上来说，优先投标成功当日顺延一个月就是还款日。从小分队第一个月收到的列表来看，债权匹配成功日期集中在 17 日和 18 日。也就是说，小分队 9 号完成计划购买，爱钱进在 17 或 18 日完成债权匹配，并于之后的每月 18 日回款完毕，所以这个“即刻”持续了至少一周，这种速度怕是很难被定义为“即刻”吧。

（9）服务指标

A. 客户服务专业性较差

如上所述，小分队始终对爱钱进的垫付时间存在疑问，在寻求客服的帮助后。客服给予了以下几种回复：“会先行垫付上，平台与投资人都是 100% 保障的”、“请您稍等，正在为您核实问题，当出借人投资的借款项目出现逾期时，普惠金融根据‘风险准备金账户使用规则’通过‘风险准备金’立即向出借人垫付此笔借款的当期逾期本金和利息”、“这些您都是可以在我们平台查看到的”、“实在抱歉给您带来不便，对逾期垫付在官方平台您可以查看具体详情”。面对这样的回复，小分队只能无语凝噎。客服似乎无法理解小分队的问题，选择使用各类官方套话回复，没有解决小分队的实际问题。

B. 客服沟通后意见无反馈机制

如上所述，小分队的问题没有被解决，最后只能无奈地结束对话，在关闭窗口时，系统自动弹出反馈窗口，“满意”、“一般”、“不满意”，用户可以对刚才的服务做出评价。

虽然客服态度和响应速度值得肯定，但客服始终没有给出准确答案。小分队希望自己的问题得到平台的注意，于是选择了“不满意”，并在下方的内容评价中，写出了自己所遇到的问题。

评价提交之后，小分队在之后没有收到任何来自平台的反馈。如果这个功能只是面子工程的话，就真心辜负小分队的一片真心了。

C. 互动分享多样化

爱钱进在个人账户中设置了“互动管理”栏目，用户可以在该栏目下设的“邀请好友”中完成平台分享（见图 9-21），分享者及其好友都可以获取整存宝类型红包。平台提供的分享渠道多样，几乎涵盖了所有的主流社交渠道。用户可直接点击分享，分享至新浪微博等 16 个平台，还可以直接复制链接发送邀请码给好友，另外，还可以通过二维码分享至朋友圈和微信好友。

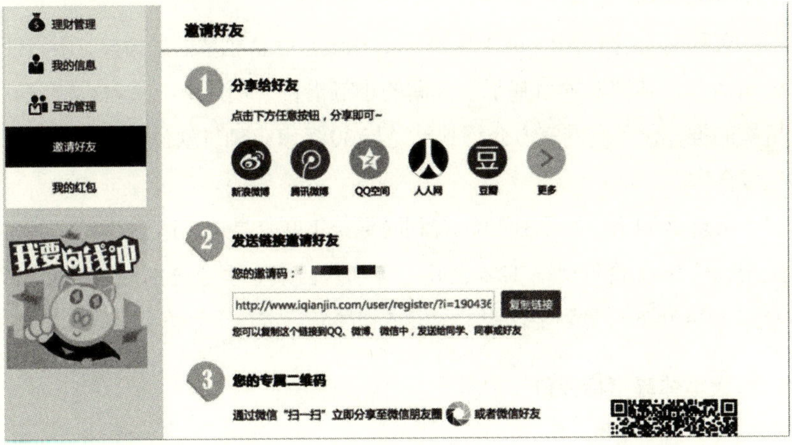

图 9-21

⊙体验小结

整存宝产品的整个体验过程中，没有太多亮点，在平台层面没有太多优势。整个过程最让小分队印象深刻的是，首页所设的收益对比栏目，完全忽略了对风险的警示，极可能造成对普通投资人的误导。

在产品层面，爱钱进在同类产品中信息披露水平稍高，但仍存在披露不充分的问题。合同中关于垫付和逾期的描述也不够准确，而且计划内资金大量匹配平台的转让债权，违背了关于投资优质债权的承诺，极大地影响了投资人对平台的信任感。

9.4 有利网“定存宝 B140910”

⊙**体验平台** 有利网

⊙**体验项目** 定存宝 B140910

⊙**体验时间** 2014 年 9 月 10

⊙**验后真言** 贴出各类顾问大咖前请考虑下他们起到了什么实质作用 / 在推广中千万别低估了投资人的攀比和炫耀心理 / 业绩报告一旦选择披露，请保持及时性和连续性 / 频繁与银行收益对比时考虑过风险差异么 / 最好不让你的保证金太过神秘 / 投资人要明确的代偿时间是到个人账户的时间，而不是到监管账户 / 投标和起息时间不超过 2 天，已超行业平均水平 / 客服完全不给回应是怎样一种体验

⊙平台概况

有利网上线于 2013 年 2 月 25 日，由北京弘合柏基信息科技有限责任公司运营，其理财项目基于个人间的小额借贷，项目全部来自小额贷款机构的推荐，有利网官方介绍其已经与 30 多家小额贷款公司或担保机构达成合作。

截至 2014 年 12 月 31 日，有利网平台年度交易总额达到 62.5 亿元人民币，年化收益在 6% ~ 12% 之间。有利网自成立至今分别于 2013 年 11 月和 2014 年 6 月拿到了软银中国资本和晨兴资本数千万美金级的投资。

⊙大类体验指标评价

（1）网站交互

A. 首页设计风格简洁

有利网网站使用白、灰、蓝、橙 4 色作为主色调，沉稳大气，又不失年轻时尚风范（见图 9-22）。首页设置了 3 个产品栏目：定存宝、月息通和转让专区，产品栏目清晰、规整，收益率和期限等核心要素标记明显，易于查看（见图 9-23 和图 9-24）。

图 9-22

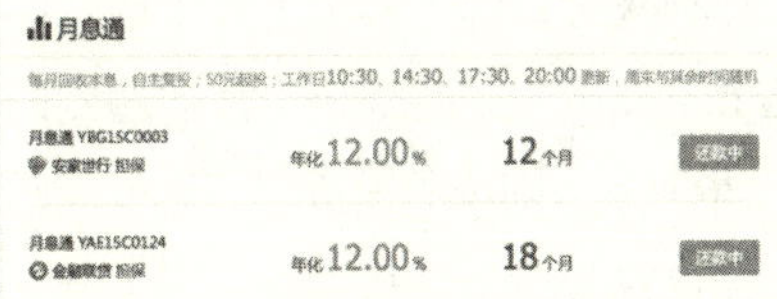

图 9-23

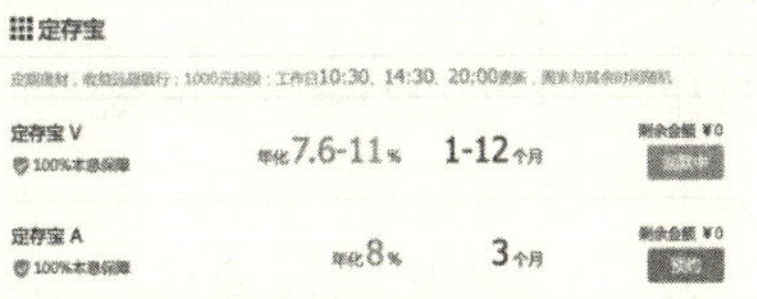

图 9-24

B. 社交化游戏吸引投资

有利网在首页的右下方设置了一个测试软件“身价计算器”按钮，软件通过了解使用者的存款及收入状况，能预测其通过有利网进行合理投资后将达到的身价。虽然小分队清楚这是平台的推广“小把戏”，但还是不小心契合了这种“攀比”心理，测了测自己的身价。

点击，进入测试页面，过程只需四步，小分队按照提示依次填入当前的存款数额、月工资、工资存款比例、希望进行身价预估的时间，点击完成，等待数秒即可得到（见图9-25）。

图 9-25

整个测试设计得简短有力，

并在测试结果处设置了分享按钮，可分享至微博、微信、人人网等多个平台，达到传播和娱乐效果。

（2）新手指引 & 信息披露

A. 服务专区指引清晰

有利网对用户的操作指引和投资疑虑极为重视。除新手指引外，有利网还在导航栏设置了服务专区和论坛攻略。实际上整个导航栏，除了“首页”，其他栏目都与客服相关。

有利网对不同栏目内容做了明显区分，新手引导以平台模式、产品分类和投资流程介绍为主，而服务专区则以热门问题、常见问题、投资公开课、客服联系方式为主。另外，有利网对具体内容也进行了精心编排和设计。如在服务专区的热门问题上，设置的主要是新手常会遇到的基本问题；而在“常见问题”（见图 9-26）上，则按照投资环节进行问题分类，设置合理，易于查找，问题内容也较为充分，基本回应了小分队对产品细节的疑问，足以看出平台的客户服务意识。

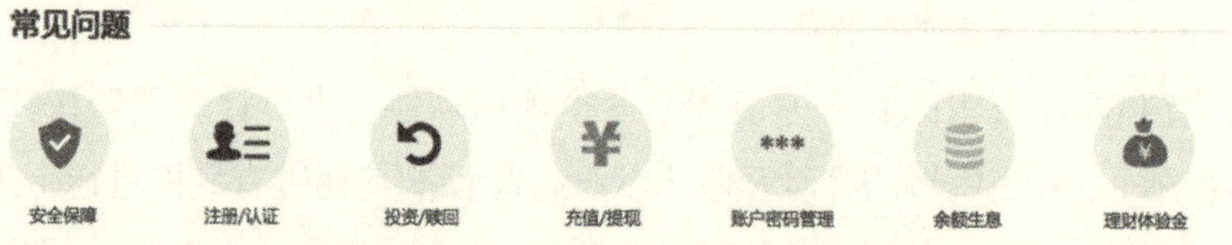

图 9-26

B. 顶级专家顾问成噱头

高管团队背景、平台模式介绍，是不少平台都会选择披露内容。对小分队来说，管理团队靠不靠谱在一定程度上会影响投资决策，团队靠谱基本上可以规避跑路和诈骗的风险。

小分队觉得，有利网利用管理团队做信誉背书已经足够，但在首页的显要位置，你还可以看到一排“专家顾问委员会”名单：陈志武、张化桥、任晋生……还没解释清楚顾问到底是什么意思？先列出了一堆大咖的名字，唉……小分队实在觉得有些画蛇添足，因为毕竟行业也曾出现过名人“被顾问”的案例，况且“顾问”身份对平台运营能力和安全问题能否起到实质作用，答案似乎也不言而喻。

C. 业绩报告披露不及时

有利网在首页轮播幻灯片下显示了实时注册人数和投资总额数据，用户还可以点击“查看更多统计数据”，进入详细的统计页面。

但统计页面所披露的数据依然有限，只是增加了收益对比图、平台累计赚取收益和投资人地域分布，保证金金额、垫付金额和逾期数据未被提及。随后，小分队在右下角发现了“开放报告下载”按钮，但却只有 2014 年第一阶段报告和 2013 年年度报告，出现了严重的断档和拖延情况。具体到以往的报告内容，也对以上 3 个敏感数据只字不提。

D. 多处出现误导性对比

“定期理财，收益远超银行”，这是小分队在首页定存宝栏目下方看到的内容。有利网将平台产品与银行收益进行不恰当的对比宣传，忽略了两类产品的风险差距。除此之外，类似的误导性对比在网站上多次出现。

如在平台的“收益对比器”页面（见图 9–27），同样引入了银行活期、银行定期与平台其他产品进行收益对比。

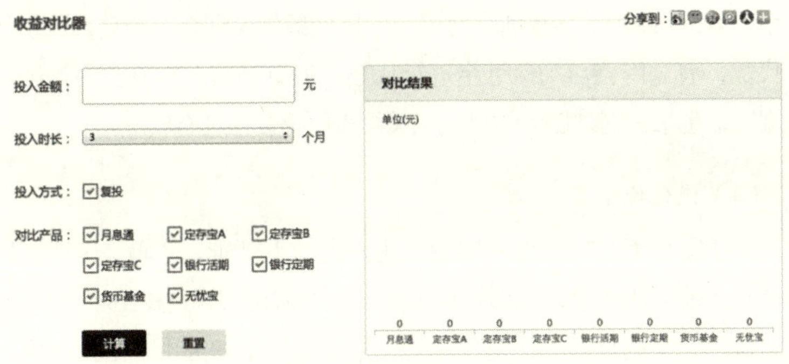

图 9–27

类似的情况也出现在平台的数据统计页面（见图 9–28）及有利网 2014 年阶段发展报告中，且均未对风险差异做出提示。

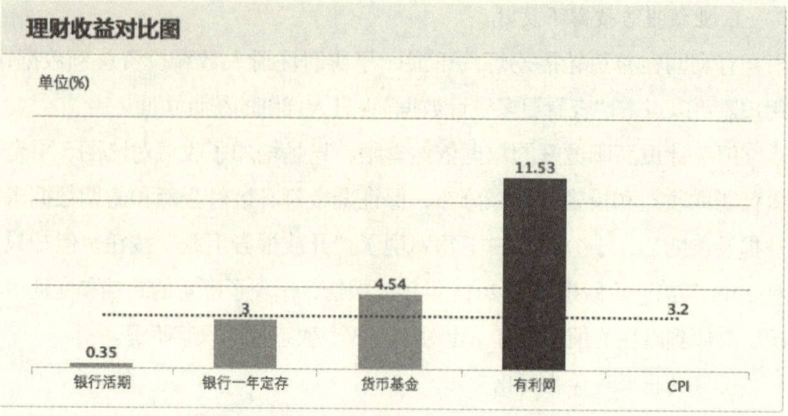

图 9–28

（3）信息与资金安全

在信息安全上，有利网表现尚可。对重要信息设置了加密传输，建议用户设置额外的高强度密码，要求用户进行安全认证。在资金安全上，有利网表现不佳，平台未采用二级账号进行资金托管，提现不要求同卡进出，连风险保证金问题也一直保持神秘。

在 O2O 模式下，有利网要求合作机构提供保证金，一旦合作机构无法代偿，有利网会启动保证金进行代偿。但有利网既没有公布保证金收取规则，也未在网站任何栏目或相关报告中提及保证金状况。

（4）操作便捷度

在注册环节，投资者需要输入用户名、手机号、密码、确认密码和验证码才能完成注册，流程不算太短。在充值环节，支持 15 家网上银行和财付通，渠道足够。在提现环节，提交提现申请后 1 个工作日内，平台会予以处理，提现银行卡开户名需要与实名认证一致。此外，用户还可通过移动端进行充值和提现。回款会在个人账户的通知栏中给予提醒，不设邮件或短信提醒。

登录之前，投资人只能查看产品的借款金额、借款期限、预期收益和借款用途说明，借款人的个人信息、个人资产及征信信息、工作信息都无法查看。

（5）产品丰富度

定存宝产品是有利网的重点产品，分为定存宝 A、定存宝 B、定存宝 C 和定存宝 V 四类。小分队琢磨着这不就是智能理财计划类产品么，怎么会有这么多种类呢？

仔细研究后，才得知原因在于有利网的定存宝产品有多种期限，除了常见的 3 个月、6 个月和 12 个月外，定存宝 V 期限设置更为灵活，从 1 个月至 12 个月都有，年化收益率从 7.6%～11% 不等。除此之外，四类产品在发布场次、还款方式、回款流程和提前还款等多个细节也存在细微差别。

（6）产品信息披露

逾期代偿规则不明

关于逾期垫付的问题，有利网做得不够到位。首先，用户在投资前只能看到《有利网定存宝投资协议》，协议并未提及逾期垫付问题。投资人点击产品名称“定存宝 B140910”后，披露信息有限，仅能看到：名称、介绍、投资范围、收益方式及年化收益率（收益复投 9.38% 或收益返还 9.00%）、加入期（2014.9.9 至 2014.9.10）、加入条件（1000 元起，且以 1000 元的倍数递增）、单笔额度上限（100000 元）、期限（6 个月）、到期日、到期赎回方式（期限内支持提前赎回）、费用、保障方式（100% 本息担保）。另外，还披露了《有利网定存宝投资协议》。小分队点击查看，前前后后看了两遍，都没发现与逾期和垫付有关的条款。

其次，投资后披露的债权合同中，规定了合作机构承担代偿责任，但并未明确代偿时间。如图 9–29 所示，合同确实规定了合作机构的代偿责任，不过代偿时间只是用“立即”代替，而且这里的代偿仅仅是“向监管账户转账”，并未提及向投资人账户转账。

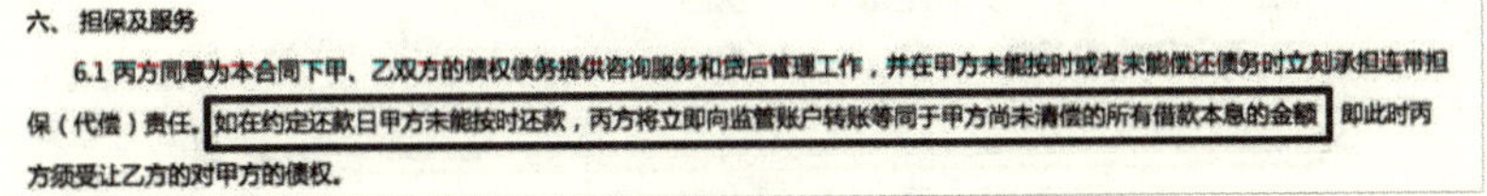
六、担保及服务

6.1 丙方同意为本合同下甲、乙双方的债权债务提供咨询服务和贷后管理工作，并在甲方未能按时或者未能偿还债务时立刻承担连带担保（代偿）责任。如在约定还款日甲方未能按时还款，丙方将立即向监管账户转账等同于甲方尚未清偿的所有借款本息的金额 即此时丙方须受让乙方的对甲方的债权。

图 9–29

另外，如下图平台在“逾期还款”中，对“逾期”进行了定义：每月还款日 24∶00 前，甲方未足额支付当月应还款的，则视为逾期（见图

9-30）。虽规定了“逾期”，但依然没有给出具体的代偿时间。

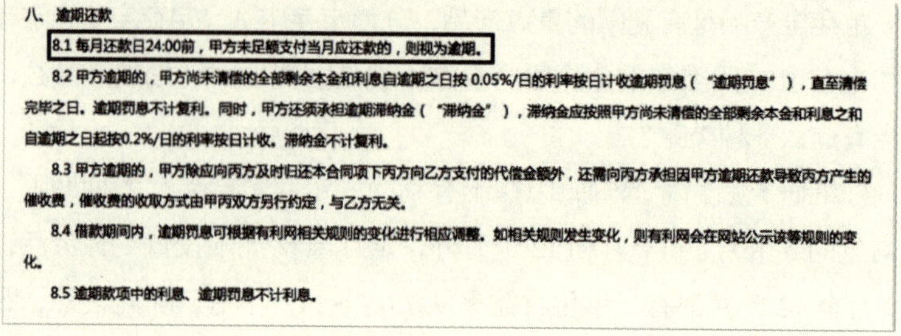
八、逾期还款

8.1 每月还款日24:00前，甲方未足额支付当月应还款的，则视为逾期。

8.2 甲方逾期的，甲方尚未清偿的全部剩余本金和利息自逾期之日按 0.05%/日的利率按日计收逾期罚息（“逾期罚息”），直至清偿完毕之日。逾期罚息不计复利。同时，甲方还须承担逾期滞纳金（“滞纳金”），滞纳金应按照甲方尚未清偿的全部剩余本金和利息之和自逾期之日起按0.2%/日的利率按日计收。滞纳金不计复利。

8.3 甲方逾期的，甲方除应向丙方及时归还本合同项下丙方向乙方支付的代偿金额外，还需向丙方承担因甲方逾期还款导致丙方产生的催收费，催收费的收取方式由甲丙双方另行约定，与乙方无关。

8.4 借款期间内，逾期罚息可根据有利网相关规则的变化进行相应调整。如相关规则发生变化，则有利网会在网站公示该等规则的变化。

8.5 逾期款项中的利息、逾期罚息不计利息。

图 9-30

最后，平台在常见问题板块规定：若借款人逾期，则推荐借款项目的小额贷款机构会在 2 个工作日内代偿该期本金、收益和罚息。此处，仍然只是规定了合作机构代偿的时间，意味着借款人逾期时，合作机构需在 2 个工作日内将本金、收益和罚息转入监管账户，而不是投资人账户。

整体来看，有利网对逾期代偿的规则的设定较为模糊，只规定了合作机构的代偿时间，从法律意义上说，与投资人关系不大。

（7）投资便捷性

A. 投资时收益展示直观

有利网在投资便捷性上表现较好，1000 元起投，门槛较低；设有预告发标、定时发标和计划预定功能；支持收益再投资。除此之外，投资过程的细节设计也为其便捷性加分不少。

在如图 9-31 的“加入”按钮上方，输入加入金额 1000 元后，系统会实时自动显示到期总收益和年化收益率，非常直观。

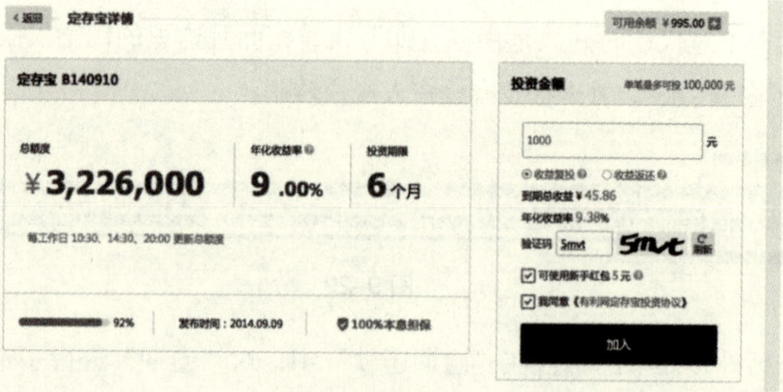

图 9-31

再如，有利网还设有“收益对比器”功能，用户可以通过输入投入金额和投入时长，对比平台各类产品和其他金融产品的收益，优选出最佳投资方案。此类傻瓜式的设计，节省了用户的投资决策时间，极为实用。

B. 理财计划类专属预约工具

针对定存宝 A/B/C 三类产品，有利网都设有预约功能。预约功能只对定存宝产品开放，不对散标开放，用户可以按照自己的偏好选择 3 个月、6 个月或者一年期的理财计划类产品进行预约，随后预约金额会转入预约中转账户，相当于冻结，进入各类产品的排队阶段，在排队阶段可随时取消。

经小分队研究，有利网的预约功能与人人贷的预定功能存在差异，有两大优势和两大劣势。两大优势是：可以预定一类产品而不是某期产品；预约后、投资前可随时取消，每月取消不过 3 次，不收取费用。两大劣势是：预约时间设定为一周，资金站岗时间可能会增加；必须全额预约，而非人人贷的 10% 金额预定，增加了资金成本。总体来看，有利网的预约功能时间成本和资金成本可能更高，但是投资范围更广。

（8）收益与回款

小分队于 9 月 9 日投资了定存宝 B140910，小分队在个人账户中，发现 9 月 10 日就完成了债权匹配，速度非常快。10 月 10 日就收到了第一笔回款通知，到期前的每月 10 号，小分队都会收到回款通知，并最终在 2015 年 3 月 10 日，本息到账。

《有利网定存宝投资协议》规定：甲方（有利网）将在任意一期定存宝所对应的加入资金全部冻结后的 2 个工作日内完成当期定存宝资金的统一出借及划转。如 2 个工作日未完成上述操作，则甲方（有利网）将乙方（投资人）冻结资金退回乙方在有利网的账户，资金冻结期间不计收益。本协议于甲方完成本期定存宝所对应的全部资金划转之日（生效日）立即生效，收益及相关费用自生效日开始计算。从投资协议来看，有利网给予自己极大的空间：2 个工作日甚至更久。但是从实际的效率来看，生效和回款效率相当快。

（9）服务指标

A. 在线服务响应速度较慢

有利网设置了多种客服渠道：在线客服、电话客服、客服邮箱。这些渠道都可以在网站底部找到，除此之外，用户还可以点击导航栏中的“服务专区”，在该页面的“一对一理财服务”中找到联系方式，有利网的客服时间覆盖较长，从8：00至22：00。此外，用户还可以点击问答专区，进入有利网论坛进行提问（见图9-32）。渠道上唯一的不足之处是，没有设置更为便捷的客服入口，比如在首页右侧设置悬浮按钮。

图 9-32

在响应速度上，有利网的表现有所欠缺，小分队曾通过在线客服渠道进行咨询，都没有得到回应，实在令人失望。

B. 微博互动形式多样

有利网很重视微博和微信等社交平台的互动和推广。如之前提到的“身价计算器”，测试结果可分享至微信、微博、QQ空间、人人网等多个平台。同时，个人账户中设有邀请好友栏目，投资人可以直接分享“50元的新手红包”的链接给好友，渠道多样。

除此之外，有利网还通过其在微信和微博上的账号发起各类线上活动。如在中秋期间，有利网在微博上发起转发抽奖送小米的活动“9.1～9.12限时疯抢，投资完毕后送中秋红包活动，微博分享还可抽奖赢小米”，该活动的转发量超过1万。从有利网的微博运营情况和互动状况来看，有利网拥有不少忠粉。

⊙体验小结

在定存宝产品的体验中，有利网在平台层面的网站交互、新手引导、操作与投资便捷性、收益与回款上的表现较好。但是涉及平台信息披露、产品信息披露和资金安全的问题，有利网表现得都不尽如人意，其中暴露出不少问题。如对逾期率、保障金等敏感问题，有利网始终保持缄默，甚至在业绩报告的披露上，都出现延迟发布的情况。最令人失望的是，有利网在逾期垫付规则上，无论是在平台上还是在合同中，都未给出具体时间上的承诺，伤害了投资人对平台的信任感。

9.5 你我贷“嘉财有道 T2014029 期有道 C 计划”

⊙**体验平台** 你我贷

⊙**体验项目** 嘉财有道 T2014029 期有道 C 计划

⊙**体验时间** 2014 年 9 月 4 日

⊙**验后真言** 别让大篇幅宣传坏了你的首页设计 / 无效按钮可千万别让它出现 / 避免使用模糊词汇误导投资人 / 交易密码还能被默认设置？ / 说好每月公布的托管报告呢 / 千万别拿面子工程糊弄投资人，比如逾期名单 / 本金保障计划，可不能平台上承诺而合同上忽略啊 / 理财计划所有金额只投了 1 笔债权，何来分散风险 / 超过官方设定的投标期，投资人只能哑巴吃黄连 / 管理层与投资人直接互动，增强信任感

⊙平台概况

你我贷成立于 2011 年 6 月，其母公司嘉银金融服务有限公司，是一家开发与运营 P2P 互联网投融资平台、财富管理、供应链金融等业务的企业。

你我贷提供“嘉财有道”理财计划类产品和各类散标（包括网络信用标、实地信用标、车辆抵押标、产品抵押标和净值标）。从发标数量来看，实地信用标位于首位，净值标和车辆抵押标次之，年化收益率集中在 7%～14%。在平台保障上，你我贷针对不同贷款类型设置了以“风险备用金账户”为主的保障方式。

据平台官方信息，截至 2014 年 12 月，平台累计成交额为 37.62 亿元，2014 年成交额为 22.99 亿元。

⊙大类体验指标评价

（1）网站交互

A. 首页推广板块占比太多

你我贷的首页设计较为普通，没有太多亮点，但小分队不得不吐槽一下，你我贷各种形式推广板块实在占据了首页太多面积，而嘉财有道、

债权列表等板块不得不被挤到第二屏，也就是说用户在浏览产品之前，只能看到各类推广幻灯片和安全保障条款等（见图 9–33）。

图 9–33

B. 首页现无效按钮

你我贷在产品栏目设计上和属性标签上，较为一般，尤其是嘉财有道栏目（见图 9–34）。首先，季季丰、双季赢、月月盈、嘉利宝 4 个产品从名称上的分类不够明晰，还配上不同的宣传标语："体验投资，本息无忧"、"本息复投，持续好收益"等，不够精练；其次，产品名称、预期年化、期限和立即预约等元素，设置较为散乱，字体大小和颜色区分混乱；最后，没有直接的产品名称注释或链接入口。

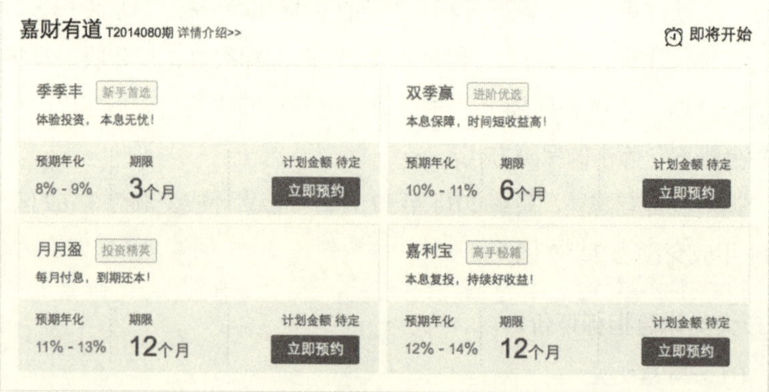

图 9–34

更损害小分队体验的是，该部分还出现了无效按钮，由于 4 类产品难以从名称上辨别异同点，小分队希望获取更多信息，将鼠标移动到"季季丰”上，发现其设置了链接，但点击后页面并没有跳转至新页面，小分队最初以为网络和浏览器出现了问题，但检查网络并更换浏览器之后，问题依然存在。在不断尝试之后，小分队发现只有在进入嘉财有道页面之后，点击“季季丰”按钮，链接才跳转至对应产品页面，小分队深深地觉得自己被调戏了。

（2）新手指引 & 信息披露

A. 新手指引入口不易找

你我贷没有在网站头部直接设置新手指引或帮助入口，新手导航被隐藏在导航栏“关于我们”的二级菜单下，帮助中心则是被设置在网站底部。

从实用性角度，新手导航以宣传为主，指引不够具体，但提供了直接的注册和投资入口，帮助中心则实用性较强，问题设置合理，分类清晰，并对“嘉财有道”栏目专门设置了常见问题列表。

B. 垫付金额定义不明

你我贷每个季度都会披露业绩报告，对交易数据、贷款数据分布（按地域、期限和产品类型）、垫付金额和风险备用金相关信息进行披露。

但小分队在浏览过程中，发现你我贷在对垫付金额进行披露时，定义含糊，无法体现平台真正的逾期和垫付状况。如在 2014 年年度报告中，你我贷公布垫付金额（90+）在累计贷款金额中占比为 1.24%。

你看，垫付金额就是垫付金额，为什么要加上（90+）呢？为了找到答案，小分队把报告翻了个遍都没找到解释，但却发现还有垫付金额（1–30）和垫付金额（31–90），基本可以推测垫付金额（90+）为：在垫付金额中逾期超过 90 天的借款总额。

如果小分队的推测正确的话，那 1.24% 就不能反映真实的垫付情况。因为你我贷在其本金保障计划规则中规定，项目逾期 30 天即开始进行垫付，那至少垫付金额（30+）才能反映出真实风险覆盖情况。除此之外，报告中关于净垫付和当期风险覆盖率的概念，都没给予解释。

（3）信息与资金安全

A. 交易密码设置不够独立

你我贷在信息与资金安全上表现尚可，对重要信息采用加密传输，投资前要求用户进行身份和手机认证，虽未采用二级账号资金托管，但要求提现同卡进出，每季度公布备付金情况。但是，你我贷在交易密码设置上不够严密，用户完成注册和认证后，不被强制设置交易密码，初始密码与登录密码默认相同，平台只是在充值和投资过程中，提醒用户进行更改，但并不强制，导致交易密码设置不够纯粹和独立。

B. 备用金托管报告莫名消失

除了上述垫付金额，风险备用总额及变动状况也会出现在你我贷每季度的业绩报告中。而且，你我贷在“关于我们”下的监管报告栏目中提到：你我贷与中国光大银行上海分行已经于 2014 年 7 月 26 日就风险备用金专户及服务合作达成协议并签署相关协议。协议约定，你我贷将根据借款人不同的风险等级收取一定的费用，并用作风险备用金，将之托管于你我贷在光大银行开立的专户账户中，且中国光大银行上海分行每月将向你我贷出具一份独立的托管报告，并由你我贷在官网进行定期披露和公示。但小分队并未在该栏目下甚至是网站公告栏目中找到对应的报告。

C. 逾期黑名单更似面子工程

“逾期黑名单”，你我贷网站右下角的这几个字吸引了小分队的注意（见图 9–35），难道你我贷会公布逾期借款用户的个人信息？

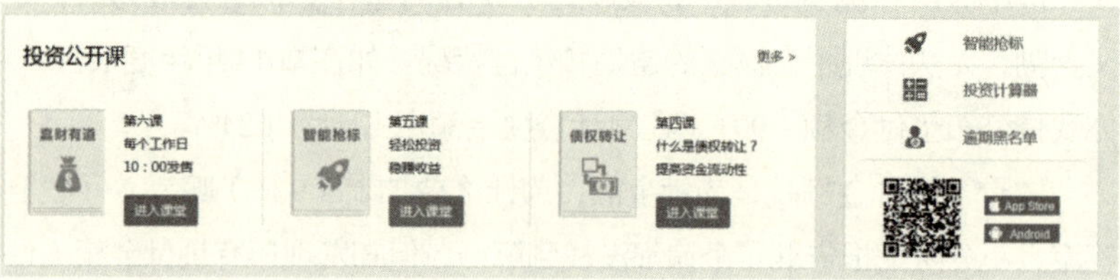

图 9–35

点击进入“逾期黑名单”，页面跳转至查询界面，只要输入逾期借款人的身份证号码，即可查看其姓名和身份证等相关信息。

这意味着你必须知晓借款人的身份证号码，才能进行相关查询。那如何才能获知借款人的身份证号码呢？理论上，你需要完成相应的投资，借款人的身份证号码才会在最终的合同中被披露。感觉并不科学啊，为此小分队咨询了在线客服“小茹”，对方表示在投资之前无法获知借款人身份证号码，所以无法进行查询。所以，“逾期黑名单”似乎只能在事后起到作用，在投资前这个功能似乎有些“鸡肋”。

再后来，小分队发现这个“逾期黑名单”几乎等同于面子工程。因为标的页面中的“借款人信息”，会披露借款人的还款信用，包括逾期次数和逾期未还，如小分队查看的用户名为 xkm1986 的借款人信息，曾发布借款 125 笔，成功借款 122 笔（这个数字是不是大了点），还清笔数 63 笔。

（4）操作便捷度

你我贷在操作便捷度方面表现较好。注册环节需输入用户名、密码、确认密码、手机和验证码，还算简洁；充值渠道充分，支持 26 家银行快捷支付、23 家银行网银支付及 3 家第三方支付渠道；提现没有限制，用户发出提现申请后，你我贷会在 1 天内处理，银行处理将花费 1～2 天，整体快捷；个人中心布局合理，债权管理较为方便。

你我贷表现最为优异的是在回款提醒的速度和个性化设置上。个人中心会默认收到回款、流标、退标和债权转让成功的消息，用户还可以通过消息设置，选择消息接收渠道（站内信、短信和邮件），非常贴心。

（5）产品丰富度

你我贷的理财计划类（嘉财有道）产品较为丰富，且支持提前退出。产品按照期限可分为 3 个月、6 个月和 12 个月，年化收益率则分 8%~9%、10%～11%、11%～13%、12%～14% 四个不同区间。每周周一至周六上午 10：00 准时发售，虽发标频率较高，但通常仍需要预约抢标。除了3个月的季季丰，嘉财有道的其他产品都设有 90 天的锁定期，锁定期过后、至合约到期前，可以提前退出，提前退出费用为成交金额的 2%，费用相对合理。

（6）产品信息披露

A. 说明书未提及逾期和垫付规则

理财计划类标的在产品详情页面所能够披露的信息不多，如小分队此次所投的嘉财有道 -C 计划，披露的信息（见图 9-36）仅包括名称、加入条件（2000 起）和加入上限（20 万）、投标期（3 天）、锁定期（90 天）、退出方式（到期退出和提前退出）、退出所需时间（2 个工作日）、费率（提前退出费率 1%）。除了这些基本信息，产品说明书（即《嘉财有道投资计划说明书》）是最重要的披露信息，它会涉及逾期和垫付处理等关键问题。

但小分队在说明书中找了半天，关于逾期、垫付、本金保障计划的内容只字未提。即使投资完毕后，在该计划下的《服务协议》中也没有找到相关规则。

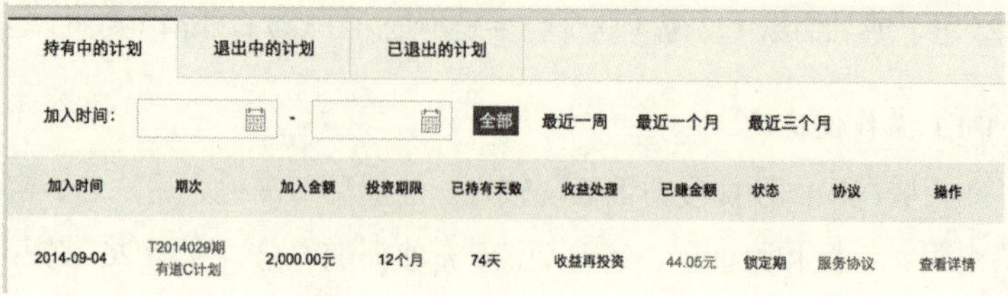

图 9–36

最后小分队在每笔匹配债权下的《借款协议》中才查询到相关的逾期和垫付规则："2.1.5 甲方（出借人）同意并确认，在乙方（借款人）逾期还款后满 30 日，丁方（你我贷）为甲方在丁方运营管理的你我贷平台注册的资金账户增加乙方逾期还款金额，甲方则取得增加金额的提现权。无论甲方是否对增加金额的提现，即视为丁方已经垫付还款，详见丁方提供的甲方资金账户明细。"

通览整个协议，你我贷花了很多笔墨在借款人逾期后的罚息和追讨上，对与投资人息息相关的垫付规则描述得较为含糊，这里的"逾期还款金额"该如何定义？逾期后为出借人垫付的钱从何而来？为什么平台的本金保障计划在协议中并未出现？

B. 计划缺乏投资分散机制

"通过分散投标，降低投资风险，将每期回款资金进行循环复投，最大化提升用户的资金使用效率"，这是小分队在"嘉财有道"投资计划的产品介绍中所看到的承诺。

9 月 10 日，小分队登录账户中心，查看计划内金额的投资去向，却发现这 2000 元根本没有被分散投资！而是在 9 月 9 日全部被投资到一个长达 36 个月的借款项目（项目 ID：123494163609774）中。直到第一个月回款后，所得利息才被复投到新借款项目，投资金额为 50 元。大家应该和小分队一样，看不出分散机制在哪里。

实际上，当小分队再次回顾《嘉财有道投资计划产品说明书》时，发现你我贷只对投标金额做了限制：购买限制，嘉财有道投资计划开放认购时，限制单个用户单笔金额不低于 2000 元，且必须以 1000 元的整数倍递增，单期计划累计认购总金额最高不超过 20 万元。

难道你我贷认为只要单笔投资超过1万元，就能做到分散投资？这和产品介绍中“通过分散投资，降低投资风险”的承诺大相径庭。如此看来，嘉财有道顶多是回归到自动投标工具的水平。

C.借款人披露信息不充分

嘉财有道投资完毕后，你我贷同样会披露匹配债权的借款协议，以及借款详情页面，借款详情页面披露了借款人的基本信息（用户名、婚姻状况、工作年限、户口所在地、文化程度、雇佣类型、行业性质等）、借款人描述、信用状况和信审记录。

但总体来看，借款人信息披露不够具体。以小分队此次所匹配的债权“装修车库 项目ID：1234941683609774”为例。首先，借款人描述仅以“装修车库装修车库装修车库装修车库装修车库装修车库装修车库装修车库装修车库装修车库装修车库”草草了事；其次，信审记录包括二代身份证、收入证明、工作证明、现居住地证明、个人信用报告，仅以“验证通过”结束披露。总体来看披露信息较为粗糙，用户无法自行验证核心信息真伪，除了选择信任平台，别无他选。

（7）投资便捷性

针对嘉财有道产品，你我贷在账户中心专门设置了自动预约工具“嘉财小秘书”。投资人可在嘉财小秘书中，设置预约的产品类型和每期投资金额，还可以选择是否使用优惠券，小秘书智能化水平较高，它会根据实际投资金额大小自动选取对应的抵用券进行现金抵扣。

小秘书还会根据所选产品，告知你可投期次，比如季季丰产品“预计3期后可投”，而月月盈产品“预计1期后可投”。用户只要选择保存并开启，小秘书就可以进入排队阶段，在产品发布后自动抢购。小秘书的功能类似于其他平台的预约和预定功能，但其一大优势是，只要账户的资金足够，可以多次对“嘉财有道”产品进行自动投标。

（8）收益与回款

A.计划费用前后不一致

“加入费率0%，提前退出费率1%，到期退出费率0%”，这是在产品详情中，小分队看到的资费说明。而在《嘉财有道投资计划产品说明书》中，小分队又发现“到期退出费用”后并非写的是零，而是“投资用户在合约期限以后选择债权转让，则需要按照成交金额收取一定比例的债权转让费用”。前后出现了不一致的情况，到底到期退出费用是否为零，这就让小分队有些糊涂。

直到投资完成后，小分队在个人账户中的《嘉财有道投资计划服务协议》中找到了相关条款：“1.10 相应费用：甲方加入嘉财有道时，以加入嘉财有道金额的 0.00% 向乙方支付投资管理费；甲方提前退出时，按转让成交金 1.00% 向乙方支付债权转让费用；甲方到期退出时，按转让成交金额 0.00% 向乙方支付债权转让费用。如甲方进行提现，提现流程及提现费用按你我贷网站的相关规则执行”，小分队这才安下心来，但总的来说，这件事是投资前就应该明确的问题。

B. 投标和回款效率低下

“嘉财有道”在产品介绍中提到其投标期长达 3 天，包括投标和满标审核的过程。并告知投资人，整个合约期限 12 个月实际上不止 366 天，而是“合约期限 12 个月（368 天）= 投标期（3）天 + 锁定期（90 天）+ 计划运行期（275 天）”。这也就意味着小分队 9 月 9 日购买产品，10 月 12 日就应该收到第 1 期回款。果然，小分队在 10 月 12 日收到了第 1 笔回款，在 11 月 12 日收到了第 2 笔回款。但随后的第 3 笔回款却是在 11 月 16 日才发放，比预期的 12 号要晚了四天。

根据消息提醒，第 1 笔和第 2 笔回款来自项目 1234941683609774（债权 ID），第 3 笔回款来自项目 1234941683609774，而从本次所投计划的投资列表（见图 9–37）来看，前者在 9 月 9 日完成投标，后者在 10 月 13 日完成投标，但是回款却在 16 日发放，投标效率不高，回款效率则更为低下。

投资列表　资金记录　操作列表

投标时间	项目ID	投资金额	待收本息	期限	借款年利率	状态	操作
2014-11-12	1208687788933104	50.00	60.82	36个月	13.2%	持有中	借款协议 回款详情
2014-11-12	1208687788758579	50.00	0.00	36个月	13.2%	投标失败	–
2014-10-13	1259415577711234	50.00	54.78	24个月	13.2%	持有中	借款协议 回款详情
2014-09-09	1234941683609774	2,000.00	2,297.75	36个月	13.2%	持有中	借款协议 回款详情
2014-09-04	1234941679045162	2,000.00	0.00	36个月	13.2%	投标失败	–

图 9–37

（9）服务指标

A. 客服缺乏基本知识

你我贷提供了热线电话和在线客服两个直接的咨询渠道，并为在线客服设置了悬浮快捷按钮。在小分队的客服体验中，你我贷服务热情，且响应速度较快，一般的问题可以在 2 分钟左右给予回复，但由于客服对业务流程中的细节不够熟悉，导致回复延迟。

同时，也暴露出客服专业性不足的问题。在看到逾期黑名单功能时，小分队想查询，但无奈没有借款人身份证号。于是小分队询问客服：是否只有投资后拿到借款合同，才能查看借款人的身份证号码。客服给予的回复是：我们的借款合同不对外公布。小分队向其解释曾经在你我贷投资过，还收到过合同。对方仍坚持表示投资后只有投资协议，只有与平台的协议，没有与借款客户的协议，一再表示协议没有借款客户的身份证号。直到小分队截图给客服小茹看，对方才相信我的话。客服基本素质不过关，你我贷的客服岗前培训工作做得还不够充分啊。

B. 论坛“总裁时间”直接对话

你我贷在导航条中设置了“社区”按钮，点击后即可进入你我贷论坛。虽论坛交互水平不高，但从在线人数和帖子数量来看，论坛活跃度都极有竞争力。经小分队观察，你我贷论坛管理员在平台上相当活跃，在提升论坛人气上发挥重要作用。

与此同时，论坛线上活动丰富，签到有奖、各类抽奖等。其中“总裁时间”呼应霸道总裁，一下就吸引了小分队的注意，实际上它是由你我贷发起的一个在线交流活动，普通投资人可以与 CEO 直接对话，起到了两个作用，其一是投资人集中反馈意见，利于平台搜集改进，其二是增强投资人信心。

⊙体验小结

在平台层面的体验上，你我贷并无太多的亮点，反倒是在不少关键问题上存在值得吐槽的地方。首先，在业绩报告中，对垫付金额的披露上，借由含糊的定义试图降低平台的真实风险；其次，在产品计划和服务协议中，忽略了对垫付和逾期问题的描述，即使是最终的债权协议，也没有提及平台大肆宣传的本金保障计划，投资人可能会失去该项保障权利。最后，你我贷在计划设计中，更多的是提供自动投标功能，忽略了风险的分散，甚至只投了一笔债权，无异于散标投资，有悖于智能理财计划类产品的初衷。

9.6 体验指标对比分析

在网站交互上，人人贷、爱钱进和有利网均得到满分，而你我贷则由于首页栏目设置不清晰，首页出现无效按钮，得分偏低（见表 9–1）。

表 9–1

平台 – 产品	人人贷 – 优选理财计划 0075 期	爱钱进 – 整存宝 ZB140909 期	有利网 – 定存宝 B140910	你我贷 – 嘉财有道 T2014029 期有道 C 计划
网站交互（9）	9	9	9	7
新手引导&信息披露（29）	25	11	9	19
信息与资金安全（50）	20	19	12	26
操作便捷度（16）	15	16	15	16
产品丰富度（9）	4	6	9	8
产品信息披露（45）	26	25	17	18
投资便捷性（19）	13	11	14	11
收益与回款（28）	20	19	23	17
服务指标（20）	18	14	10	14
合计（225）	150	130	118	136

在新手引导和信息披露上，人人贷和你我贷得分远高于爱钱进和有利网，主要原因在于后两者在其首页或其他地方，将平台和银行等产品的收益进行对比，忽视风险差异，对用户形成误导，形成扣分项。其次，只有人人贷对于逾期率及其计算公式进行了公布，而你我贷只披露了垫付金额，其他两个平台未公布任何相关内容。最后，有利网出现披露信息不持久的问题，平台业绩报告披露也不够及时。

在信息与资金安全上，你我贷得分最高，人人贷和爱钱进紧随其后，主要原因在于你我贷要求用户提现同卡进出。有利网得分最低，源于其对风险保证金极为保密，也缺少经过审计或银行证明的保证金报告。

在操作便捷度上，四家平台都是较为成熟的平台，表现相差无几。细微差别在于，用户登录前人人贷和有利网未完全披露项目信息，你我贷和爱钱进则披露完整。

在产品丰富度上，人人贷得分较低，你我贷和爱钱进差距较小，主要原因在于人人贷发标频率相对较低，抢标情况严重，且不支持（9 月份）提前退出。有利网在此项上优势明显，主要原因是有利网的智能理财标的期限种类超过 3 种，且支持提前退出。

在产品信息披露上，人人贷和爱钱进得分较高，有利网和你我贷得分较低，且有利网与人人贷的差距多达 10 分。主要原因在于，人人贷和爱钱进债权匹配数量较多，风险分散程度高，有利网和你我贷的理财计划中，金额最高的债权甚至占到计划总额的 50% 以上。除此之外，两个平台的垫付规则描述也较为含糊，不够清晰。有利网甚至在最终的借款合同中，也未明确为投资人垫付的时间。

在投资便捷性上，爱钱进和你我贷的得分较低，前者没有设置预定功能，后者不可追加金额，且投资辅助工具较少。另外，人人贷的投资门槛（9 月份数据）高于其他平台，此项得分较低，但可以追加金额，且预定流程设计较完善。

在收益与回款上，有利网得分最高，主要在于其债权匹配速度较快，2 天之内完成，而其他平台多达 5 天，且有利网的回款也较为及时。另外，各平台在垫付或代偿时间上也存在差异，人人贷和你我贷逾期 30 天垫付，爱钱进 7 天内垫付，而有利网只规定了合作机构代偿时间为 2 日内，具体垫付时间无法做出判断。

在服务指标上，人人贷、爱钱进和你我贷得分相差较小，人人贷客服的专业度较高，能够及时解决客户问题，爱钱进和你我贷客服则出现了用套话回复的情况。有利网的得分较低，主要在于其在线客服经常没有响应，严重影响了客服体验。

9.7 理财计划类产品体验小结

由于设有智能理财类产品的平台，大都成立时间较长或具有一定规模，普遍具有较强的平台建设和运营能力。因此，在平台层面的网站交互、新手指引和信息披露、信息与资金安全、操作便捷度、投资便捷性、服务指标上，4家平台普遍表现较好，鲜有较大差异。但在平台层面，也暴露出一些共同问题，如一些平台在首页出现误导性对比，普遍未采用二级账号进行资金托管，部分平台的客服仍然存在敷衍回答的情况。

但在产品层面的指标上，平台间会存在差异，尤其在产品丰富度和产品信息披露方面。主要区别在于：一些平台标量较为丰富，其产品丰富度相对较高；一些平台的计划金额未做到风险分散；一些平台不支持提前退出。

另外，在投资体验上暴露的不少问题，是与理财计划标的独特性相关的。首先，相比于散标产品，理财计划类产品普遍更受投资人欢迎，因此平台或多或少会存在抢标现象。其次，理财计划类产品通常计息和回款速度较慢，因为平台需要花费大量的时间进行债权匹配；最后，四家平台都出现了协议逾期和垫付规则不清晰的情况，即使是投资后收到的借款合同也无法完全清晰描述，因为理财计划类产品存在如下特殊情况：如果计划内单笔债权出现逾期，由于多数平台在逾期30天后才进行垫付，如果用户选择利息复投，那该期收益再投资所带来的收益可能就无法获得补偿了。这种情况平台普遍未纳入考虑，因此，小分队认为理财计划类产品需要更为细致的产品或服务协议，逾期和垫付规则不能完全套用散标合同中的相关内容。

Internet Finance Transformers

第十章 APP 渠道产品

10.1 产品简介

2014 年我国移动智能终端用户规模达 10.6 亿，较 2013 年增长 231.7%，未来移动端的应用将不仅限于衣食住行，掌上理财也将会是一个重要趋势。有些 P2P 平台很早就开始在移动端进行开发及推广，而大量专注于 PC 端的平台目前也正逐步完善其移动端的服务。此次零壹小分队挑选了三个网贷理财 APP 进行了体验，分别是一直专注于移动端应用的盈盈理财，以及后期开发推广移动端的你我贷、银客网和铜板街。

10.2 盈盈理财“车金融 B265 号”

⊙体验平台 盈盈理财

⊙体验项目 车金融 B265 号

⊙体验时间 2014 年 9 月 10 日

⊙验后真言 欢迎页面文案正中投资者下怀 / 动产的风控模式是抵押不如质押风险可控 / 手机端也没忘 SSL 加密 / 专项专款平台还是能触碰资金 / 加个自动理财功能吧 / 融资性担保公司能找个大点的不 / 回购协议好放心 / 千万美元的融资不是玩儿的 / 原始债权合同还是要有的

⊙平台概况

盈盈理财成立于 2013 年 4 月，由杭州龙盈投资管理有限公司运营管理。同年 7 月，盈盈理财的 APP 发布，成为国内首款 APP 端理财交易软件（其 PC 端 2014 年 9 月上线）。2014 年项目总额达到 15.6 亿元人民币，其中第三季度和第四季度分别为 5 亿和 8.8 亿元。2014 年累计收益额约为 3753 万元。在盈盈理财上的产品包括第三方担保类、汽车抵押类、存货质押类、房产抵押类、货币基金类和弘康人寿的保险类理财产品共 6 种类的理财产品。

⊙投资流程体验

首先去 APP Store 下载盈盈理财应用程序。搜索“盈盈理财”得到的第一个返回结果即是。打开程序，欢迎页面让零壹 P2P 理财小分队眼前一亮：“工资增长利器，让你的利息翻 20 倍”、“一键开户随买随卖，随时随地都能赚钱”、“安全保障 放心理财 银行证监全程监管”、“双盾齐举 资金有护 盈盈与中信一同为您护航”，这文案说的一套一套正中投资者下怀（见图 10-1）。看上去收益率很高，投资很方便，监管到位，资金也安全，还有什么理由不用盈盈理财呢？慢着，别忘了有个东西叫“市场营销”，还是待小分队一一体验过来再作评价吧！

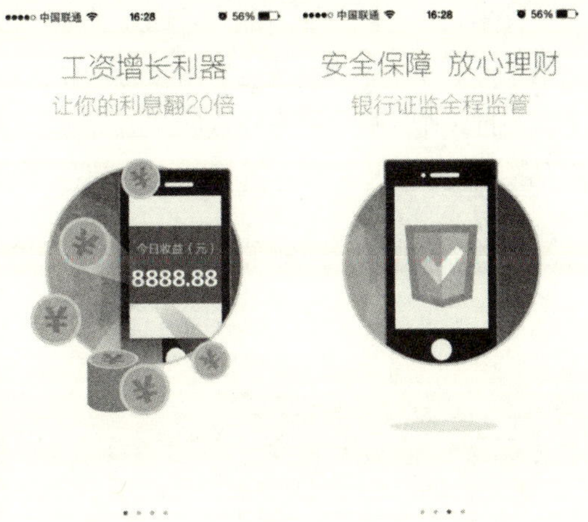

图 10-1

点击“开始赚钱”进入 APP 首页，没有“注册”选项，小分队下意识点击右上角“登录”，要求输入手机号，获取验证码后，即注册成功，系统弹出“设置登录密码”对话框，设置密码后进入盈盈理财首页。

首页有新手标产品“盈信宝 008 号”，中间大圆圈显示项目满标情况，小字部分显示年化收益率 8.5%，50 元起购同时还能送 20 元现金红包。新手福利十分吸引人，但小分队还没搞明白盈信宝的产品属性，不敢盲目投资，所以先切换到产品列表看看其他产品再说（见图 10-2）。

产品分“稳赢贷”、“货币基金”和“其他产品”三类。盈信宝、合盈优选、银货通，稳盈贷中产品的名字让小分队很困惑，到底是个什么？小分队机智地点击了右下角的“更多”，进入帮助中心，其中有稳盈贷系列产品介绍，包括聚财系列、银货通、车贷等。帮助中心中还有安全保障、货币基金申购赎回流程、收益计算方式等问题的详细解答。

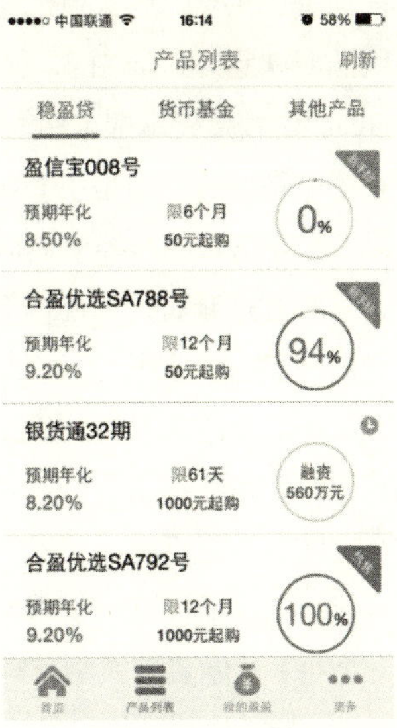

图 10-2

接着，小分队回到产品列表选择了“车金融 B265 号”这个产品。原因有两个，第一，小分队能大体通过帮助中心产品说明了解此产品类型，这里只能说个大概，因为产品介绍里面没有“车金融”这个品类，但小分队估摸着应该就是“车贷”；第二，期限短、收益率适中，适合体验。

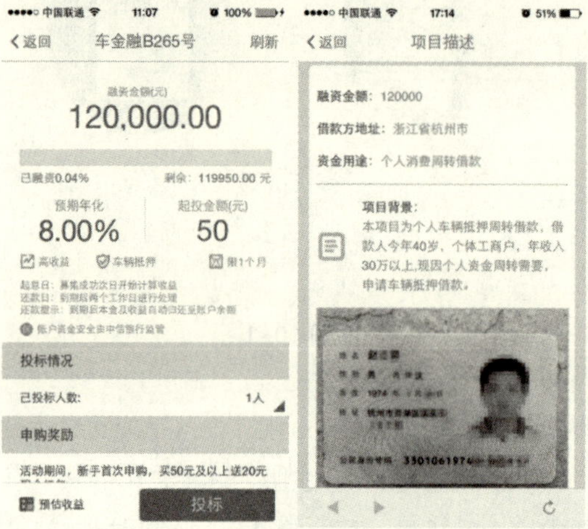

图 10-3

选择进入产品详情，显示有融资金额、投标情况、申购奖励、项目描述、风险措施等内容。小分队点开了自己最关心的项目描述和风险措施查看详情（见 10-3）。可以看到，“车金融”实际就是个人车辆抵押贷款，项目描述还包括贷款人年龄、工作性质、年收入以及贷款原因等信息，并附有身份证复印件，总体来说，信息比较简略。

风险措施实际上是关于抵押物和抵押手续的相关信息，并没有提供任何关于平台风险控制的措施，似乎有些文不对题。不过，这至少能说明抵押物是真实存在的，但小分队对风险措施第 4 条“车辆安装卫星定位 GPS，全程监控掌握车辆位置”还是不够放心。虽然定位系统可以监控到车辆所在位置，但是小分队还是倔强地觉得像车辆、黄金首饰、设备等动产采用抵押的风控模式是存在一定风险的。借款人如果无力偿还借款，并且有意逃避履约责任，借款人可以轻易拆除车辆 GPS，让平台无法找到抵押车辆和借款人。

不仅如此，车辆抵押贷款还存在车辆重复抵押风险。根据《物权法》规定，车辆抵押实行登记对抗制，也就是说借款人只要签订了汽车抵押合同即视为抵押有效，不在车管所登记不影响合同效力，这就造成了车辆重复抵押是民间借贷中常见风险之一，小分队也真的对动产抵押（而非质押）的融资模式心存疑虑，嘤嘤嘤，不过为了体验一把 APP 投资的独特感觉，小分队豁出去了。

为了借款人的信息安全考虑，盈盈理财在相应的地方打了马赛克，小分队觉得这是合情合理的操作（见图 10-4）。虽说风控措施有些挂羊头卖狗肉，但有总比没有强。盈盈理财提供了预估收益的功能，输入金额，可以计算出未来收益。点击投标，输入金额后，跳转到实名认证页面，且这个操作不可以跳过，必须填写。关联银行卡，输入交易密码完成交易，投资流程结束。

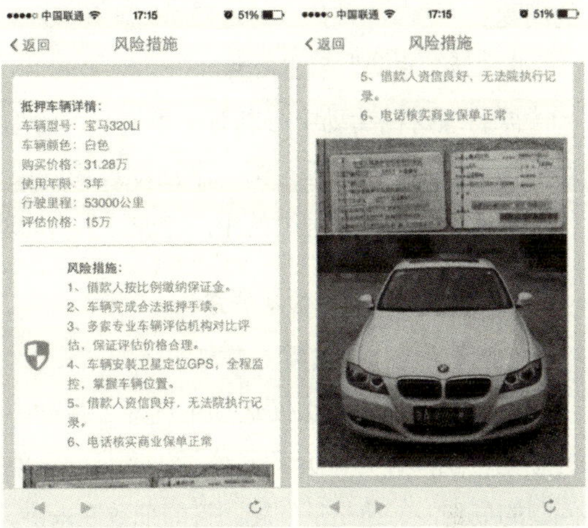

图 10-4

⊙大类体验指标评价

（1）APP 交互

A. 欢迎页面内容新颖

界面内容吸引，颜色搭配合理不单调，充分地说明了目前用户及其关心的三个问题，分别是收益、安全，以及手机端着重强调的安全问题。

B. 个别产品属性模糊

就“稳赢贷”而言，有盈信宝、合盈优选、银货通、车金融、房易贷 5 个不同种类的借款标的，除了车金融和房易贷小分队可以顾名思义地猜出是汽车和房屋抵押贷款标的以外，前 3 种就名字而言，小分队无法判断到底是属于那种类型的标的，点击每个详情后，才知晓前两种是信用担保借款，银货通是存货质押借款。如果能在项目名称前加入产品属性，展开后进入产品细节展示，这样更能有效地帮助投资者进行投资选择。所以，产品属性不太明确，且帮助中心产品介绍名字也没有统一。

C. 手势引导用户

首次下载登录盈盈理财的 APP 时，页面会友好地提示“左右滑动，进行产品分类切换”十分贴近人心，就算是小白用户，也不用担心使用的问题。

D.“活动中心”别出心裁

盈盈理财在活动中心别有一番用心，比如第一个活动，就是“大声对盈盈说，我要……”，第二个活动邀请好友共赢红包，以及“告白自己”等活动，为盈盈理财的用户增加了不少的理财趣味。

（2）新手指引 & 信息披露

APP 页面虽小，披露信息却充分

用户在“更多”页面选项中选择“帮助中心”会有柳暗花明又一村的感觉，里面详尽地介绍了公司、产品、充值提现手续等问题，无论从问题的周到性，还是从问题回答的细致性来讲，都不可挑剔。

（3）信息与资金安全

A. 银行监管不等于账户安全

虽然平台强调其在中信银行杭州分行有“专款专用”并且受银行监管的账户，但账户仍属于平台的话，其安全意义不大。举个简单例子，小分队把钱存在了自己的中行储蓄卡里，卡里的钱仍然受到了监管，但小分队有权动用。所以，在小分队看来，目前真正能做到平台不触碰资金的方法是采用第三方支付的二级账号体系管理资金。

B. 采用加密传输 实名安全认证

SSL 加密为账户安全全程护航：首次注册盈盈理财会要求投资者手机和实名认证，登录密码等，同时根据投资者的习惯，也可以设立自己的手势密码，操作安全度较高。在帮助中心的安全保障栏目中可以了解到盈盈理财的 APP 也采用了 SSL 加密传输的方式，保障用户账户及信息安全。

C. 独立交易密码

设有独立交易密码。

（4）操作便捷度

A. 充值提现快捷

只需要绑定银行卡，以后就只需要输入交易密码就可以完成充值提现的操作。

B. 无须登录便可查看所以项目的信息

查看的信息还包括抵押物照片。

（5）产品信息披露

A. 全面披露产品信息

小分队投资的个人抵押借款项目在投资前就可以看到包括项目介绍、风控措施、借款人详情，借款用途、抵押物照片等信息。小分队查看的企业借款项目也披露了企业的营业执照信息、企业背景、经营范围和担保方的相关信息。整体来说，披露的信息比较详细。

B. 融资性担保公司“来路不明”

盈盈理财企业借款项目的担保方为融资性担保公司浙江巨业担保有限公司。小分队在百度中搜索了一下这家担保公司，不少招聘或者同城网站上看到的信息显示“浙江巨业担保有限公司是我省唯一一家，也是全国首家专业致力于为环保产业链中的中小型企业提供融资担保等多项服务的省级专业金融担保机构。公司成立于 2008 年 9 月，注册资本金为 10030 万元人民币，位于浙江省杭州市西湖区求是路 8 号公元大厦南楼。”这段文字是和平台披露的信息一模一样，不知道盈盈理财的小编是不是也是从百度得来的信息呢？

C. 回购协议保证信心 风控保护盾可靠严密

协议中提供了相应的回购协议，加强了投资者对产品的信心。

D. 没有披露原始借款合同

投标完成次日，可以看标的合同，但是平台披露的合同只有《债权转让及回购协议》，没有借款合同，最重要的是投标前盈盈理财并未向投资者说明此标的是债权转让性质，在协议中仅可以看到原始借款合同的编号及债权转让人蒋某某，如果原债权人出现问题，投资者没有办法直接获得追索的权利信息。

E. 投资后无法查看协议

在投资过程中，借款协议出现在投资前确认阅读的文件中，文件自动勾选，一不留意很容易被忽视。如果在投资过程中忽视了，那么投资者就没有机会再看到借款协议了。

（6）投资便捷性

小分队体验当天，平台共发布标的7个，但没有预计发标时间，也没有自动理财的功能。除新手标以外，其他标的满标时间快，所以投资者需留意才有机会购买成功。

（7）收益与回款

小分队所选的“车金融B265号”标的介绍中有提到，募集成功次日开始计算收益。在投资过程中，小分队并未看到平台有收取投资者充值、提现、或者平台建设费的规定。

（8）服务指标

A. 客服专业不足

小分队拨打客服热线，客服的态度良好，能详细介绍平台的收费标准，但专业知识欠缺，不熟悉有关标的、合同的问题，针对风险如何把控的问题，客服则回答说：“公司会有专门的风控部门去管理，投资都有风险，但公司却有相应的风控措施，所以风险程度低”，小分队怎么感觉好像什么都没说呢？

B. 论坛活跃人气佳

进入盈盈理财的社区，似乎就能感受到其中的热闹，乍眼一看，帖子从来不缺乏回复。

10.3 你我贷“砖家净值贷用于本站内周转”

⊙**体验平台** 你我贷

⊙**体验项目** 砖家净值贷用于本站内周转

⊙**体验时间** 2014年9月11日

⊙**验后真言** 文字披露信息往往不足以证明信息的可靠 / 投资后不能再次查看信息是为何 / 投资无须确认密码怎能确保账户安全 / 界面可以设计得更美观一些 / 小白急需用户指南 / 信息披露却欠缺说明还不如没有 / 一个借款人在同一平台借款140几笔不合常理啊 / 还得自带计算器 / 计息时间你得说出来啊

⊙大类体验指标评价

（1）APP 交互

A. 操作出现 bug 阻碍投标进度

数次操作出现“系统繁忙，请稍后再试”，用户体验欠佳。

B. 界面设计缺乏新鲜感

手机应用界面单一，内容枯燥，账户资产信息仅用数字呈现（见图 10-5），连个图表都没有，小分队也是醉了。信息呈现方式不能直观地反映个人账户的资金情况，比如已回款、正在进行中的状态。

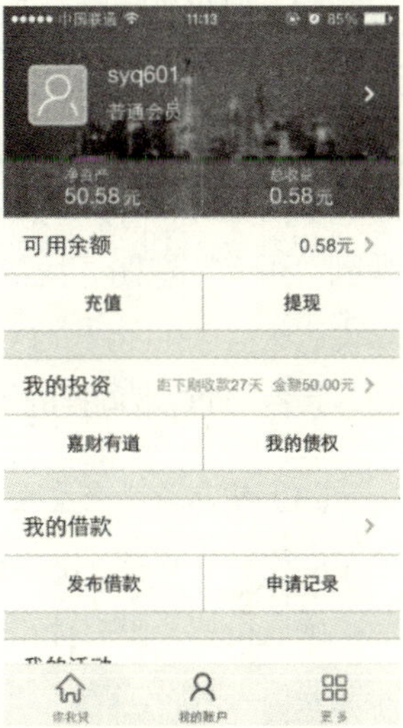

图 10-5

C. 欢迎页面信息不够吸引人

你我贷的欢迎页面说明了产品特点为 50 元起投、预期收益 12%～14%、90 天后即可以债权转让、强调资金安全，最后的欢迎页面是面向借款人的相关信息（24 小时放款倒是十分地吸引人）。但是对于像小分队这样的投资者来说，欢迎页面仅说明了基本的产品信息，而没有抓住投资的痛点，更没有很好地利用欢迎页面的作用（见图 10-6）。在小分队看来，处在任何事情都要刷脸的时代，好好利用手机应用的欢迎页面，更能有效地吸引投资者。

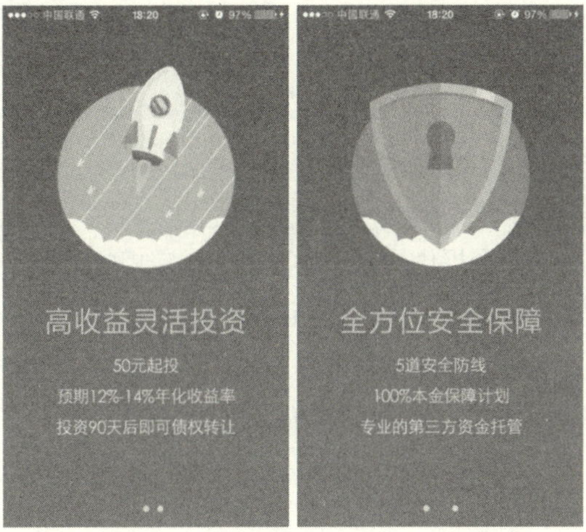

图 10-6

（2）新手引导&信息披露

手机应用上的给投资者的帮助信息很有限，仅有平台介绍、收益情况和安全保障等信息，但是没有新手指引或者标的解释等信息。投资过程中，投资者可在项目列表中看到两个分类一个是债权列表，一个是转让专区。其中债权列表的每个项目名称前都标志有“净”、或者“实”字，相信也有和小分队一样不太明白这些标志的含义的投资者，就算切换到“更多”意图寻找帮助中心，也未能查看到对其名词的相应解释。虽说这些信息在你我贷 PC 端可以查看到，但毕竟手机端是不同的体验渠道，具备与 PC 端同样的信息也十分必要。

（3）信息与资金安全

A. 支付没有独立密码欠缺安全性

确认投标，没有让小分队输入任何支付密码，直接投标成功，居然不需要输入密码，操作太简单粗暴，毫无预兆地就投出了 50 大洋[①]。

B. 手机安全指令到位

首次注册手机平台会要求用户设置自己的手势密码，而后每次退出应用再登录的时候，用户都必须输入此手势密码，避免任何人拿到手机进行操作的可能。

（4）操作便捷度

A. 手机验证码连连支付

平台提供快捷支付方式，绑定相应银行卡后仅需要输入绑定时验证的手机号码，并接受验证码就可以完成支付。

B. 登录前项目信息不可见

登录前看不到项目信息。

（5）产品信息披露

A. 借款信息披露极为粗略

虽说登录前可以看到借款的基本信息，但没有身份证扫描件，也没有详细的审核情况披露（见图 10-7）。

---

① 指人民币 50 元。

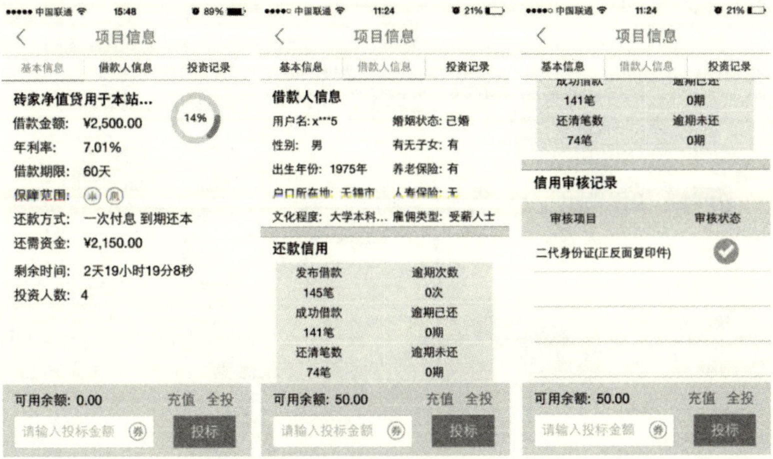

图 10-7

B. 项目信息欠缺说明

借款项目的名称为“砖家净值贷用于本站周转”，欺负小分队没有文化，确实不懂什么叫作用于本站周转，平台可适当增加说明来给投资小白解解疑惑。不仅如此，在借款人信息中出现了这些数据信息，发布借款 145 笔，成功借款 141 笔，还清笔数 74 笔。小分队对数据信息感到十分疑惑，主要有为什么一个借款人可以发布多达 145 笔的借款？这么多笔借款的用途是什么？还清笔数仅是借款笔数的一半，也就是说还有一半尚未还清的情况下，为什么还有资格在平台再次发起借款？

C. 投资完成后无法获取项目信息

投标成功之后，点击“我的资产”中“已投项目”可以看到待处理的项目，但是其基本信息小分队再也没法看到了，能看到的信息如图 10-8，仅仅是借款金额、期限、利率、还款方式。

D. 投资完成后并没有完整协议可以查看

尽管小分队确认投资前看到了借款协议的样本，空白协议模板仅可以帮助投资者了解协议内容，并可以看到逾期手续费。但是，投资后无法查看完整版的协议内容，比如借款人信息、借款用途、还款来源不明。欠缺真实的借款协议，小分队难免怀疑借款项目的真实性。

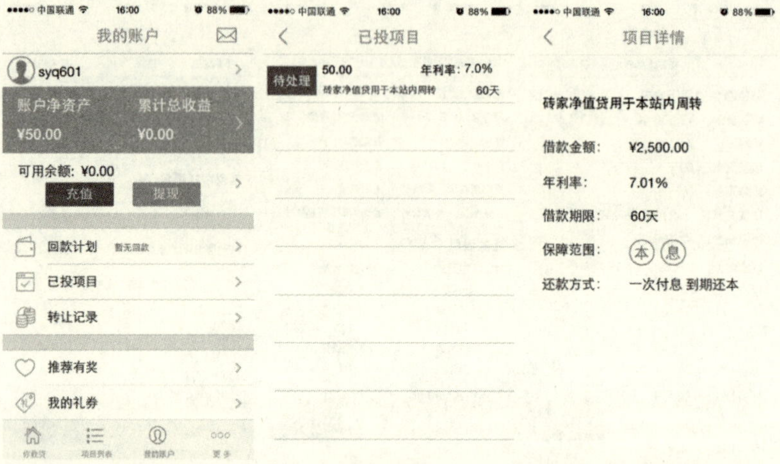

图 10-8

（6）投资便捷性

A. 无固定发标时间

投资门槛低，50 元即可投资。不足之处在于你我贷 APP 没有预告或者固定发标时间。

B. 条件性债权转让

除净值标以外，其他性质的标的都允许 90 天后进行转让。

（7）收益与回款

A. 收益计算时间含糊不清

你我贷并没有提供收益计算工具，且小分队目前为止还没找到相关信息说明起息日是何时。问及客服，客服的回答是净值标满标后即刻计息，嘉财有道 3 天后计息，其他项目需要审核后才可以起息，审核时间是 4 天。也就是说，其他项目起息日最少也得要 4 天时间才行。

B. 普通理财用户无任何手续费

小分队在充值时跳转有收取手续费的提示，但是仔细一看，收取充值手续费的对象是在平台借款的人。细想，应该是防止有人从平台借款套现出来理财，所以才收取手续费的。出于这个原因，平台收取有借款的用户充值费的举措还是挺合情合理的。总而言之，普通投资者充值不收取手续费，但在平台有借款的投资者会被收取 0.5% 的手续费。

（8）服务指标

A. 客服反应速度快但回答速度慢

小分队电话拨打了你我贷的热线问及起息日是何时的问题。客服尽管 5 分钟才回答我的问题，但对业务还比较熟悉。

B. 你我贷偶尔电话来访推荐理财产品

2014 年 9 月份在你我贷注册投资后，在 10 月份就收到了两次来自上海你我贷的电话，内容主要是推荐其理财产品，在小分队看来就是营销电话，所以有些抗拒。

10.4 银客网“花生种植合作社流动资金贷款（八期）”

⊙**体验平台** 银客网

⊙**体验项目** 花生种植合作社流动资金贷款（八期）

⊙**体验时间** 2014 年 9 月 11 日

⊙**验后真言** 界面设计别出心裁 / 用颜色对项目进行区分棒棒哒 / 真的实现了第三方独立托管账户 / 项目详细再完整不过了 / 还是没有自动投标 / 相关术语解释呢？ /T+1 提现真的很快 / 没有充值功能是闹哪样 / 客服真的很专业

⊙**平台概况**

银客网创立于 2012 年，2013 年正式上线，创始人及核心管理团队由来自腾讯、阿里巴巴、平安银行、民生银行等知名互联网公司及金融机构的资深人士组成。2015 年 1 月，银客网交易额破 10 亿元。

⊙**大类体验指标评价**

（1）APP 交互

A. 欢迎页面设计用心

小分队对这样的设计有种陌生的熟悉感（见图 10-9），仔细回想原来这三个颜色是 Office 的三个基础色，清新自然。

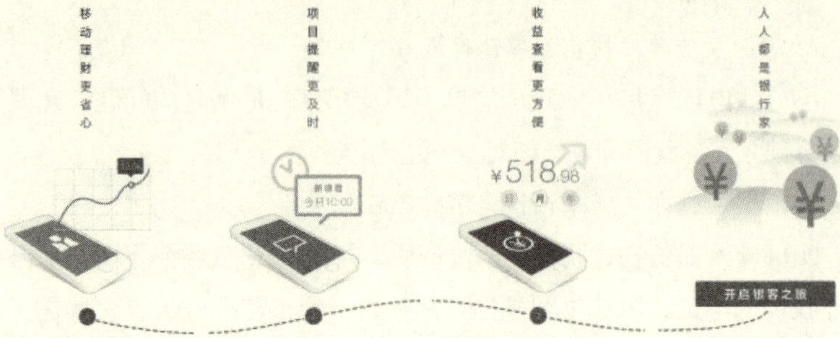

图 10-9

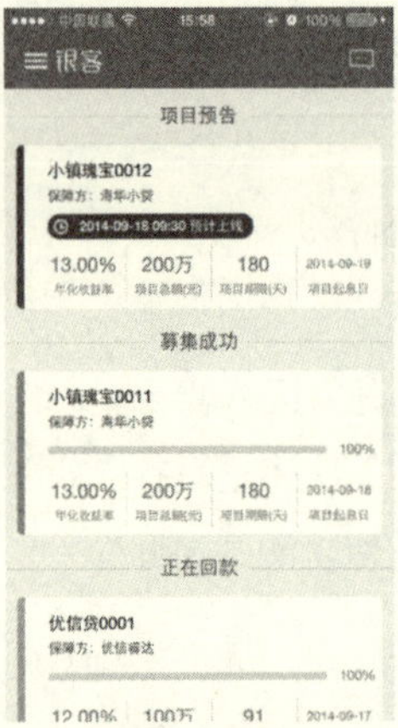

图 10-10

B. 标的颜色设计别出心裁

银客网通过将项目标记成不同颜色让投资者知道项目的进程（见图 10-10），比如紫色标代表预告发标的项目，红色代表正在募集的项目，绿色代表正在回款的项目，黄色代表募集成功但未开始回款的项目。通过颜色辨别来方便投资者辨别投资项目。

（2）新手指引 & 信息披露

APP 端没有任何的新手指引或平台、项目的信息披露。

（3）信息与资金安全

A. 使用汇付天下独立二级账户

投资前，银客网要求投资者注册并开通由汇付天下支付渠道托管的资金账户，该账户由投资人自己注册后，设有独立的账户信息，与平台方完全隔离，资金安全度高。就平台是否触碰资金这一点，小分队还专门在 PC 端登录汇付天下的查验账户的明细（见图 10-11），经证实资金确实转给了借款人的汇付天下账户，平台完全没有经手资金。

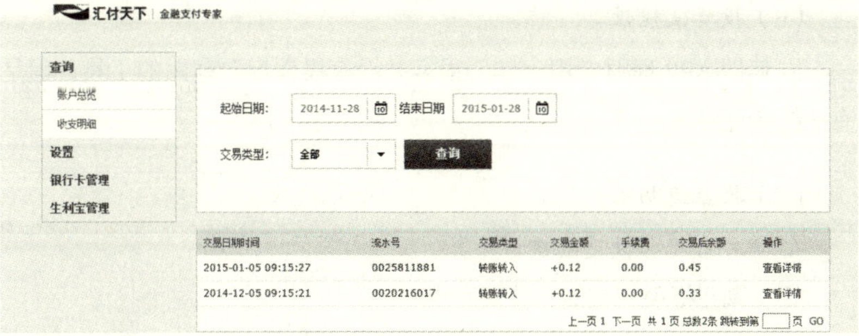

图 10–11

B. 密码手势短信验证样样不缺

在小分队操作过程中，每次进入退出 APP 再次登录的时候，系统都要求手势解锁。

（4）操作便捷度

A. 手机端不能充值

银客网不能在手机端进行充值是个很大的不足。

B. 支持债权转让且便捷

可以支持债权转让。

C. 没有收益计算的工具

不提供收益显示是闹哪样，难道还需要投资者花钱买个计算器？

（5）产品透明度

A. 注册（或登录）前信息已可见

很多的 P2P 借贷平台要求用户注册或者登录后才可以查看到详尽的项目信息，而在银客网，即使没有注册或者登录都可以看到所有的项目详情。

B. 认证与文件图片结合，信息披露十分完整

标的基本信息不仅包括借款企业的基本信息、认证信息、背景、经营状况、文件扫描件、借款用途、还款来源，还包括了借款协议样本。同时项目介绍中更披露了包括成立时间、所属行业、注册资本、经营范围和企业相关文件扫描件等更多细节性的问题，风险控制解释也很充分。

（6）投资便捷性

同其他 APP 理财应用一样，银客并没有设置自动理财的工具，但是有债权转让专区。

（7）收益透明性

A. 无手续费但缺乏收益计算器

银客网无提现、充值、管理费用。

B. 次日起息，T+1 提现

小分队 2014 年 9 月 11 日投资此项目，2014 年 9 月 12 日为起息日，起息时间合理；T+1 提现，速度都能追上余额宝啦。

（8）服务指标

服务时间灵活，业务专业

客服工作时间为 9:00 到 22:00，服务时间比较长。客服能充分地解释收费情况，且熟悉平台操作。专业知识理解到位，能清楚明白地回答标的、支付的流程等信息问题。

10.5 铜板街“铜板盈四号”

⊙**体验平台**　铜板街

⊙**体验项目**　铜板盈四号

⊙**体验时间**　2014 年 9 月 17 日

⊙**验后真言**　客服答非所问 / 银联直接资金划转到底好不好 / 信息披露太隐蔽了 / 风险评估挺有意义 /1000 元的起投金额会不会有点高 / 社交分享意义大 / 技术高管牛哄哄 / 两轮融资高大上 / 欢迎页面设计方案好心水

⊙**平台概况**

铜板街是国内首家综合理财交易平台，获 IDG、君联两轮超 5000 万美元融资，成立于 2012 年 9 月，移动交易版上线于 2013 年 6 月 11 日。用户可通过移动客户端或网站完成产品购买、收益查询、获取现金等操作，并根据自身需求与风险承受能力选择合适的理财产品，安全、高效、便捷，由中国平安保险提供账户资金安全全额承保。

⊙大类体验指标评价

（1）APP 交互

A. 欢迎页面让投资者萌发理财冲动

产品设计目的强，界面与话题对应，最大响度的让投资者提高对理财的认知，呈现方式活泼讨喜（见图 10-12）。

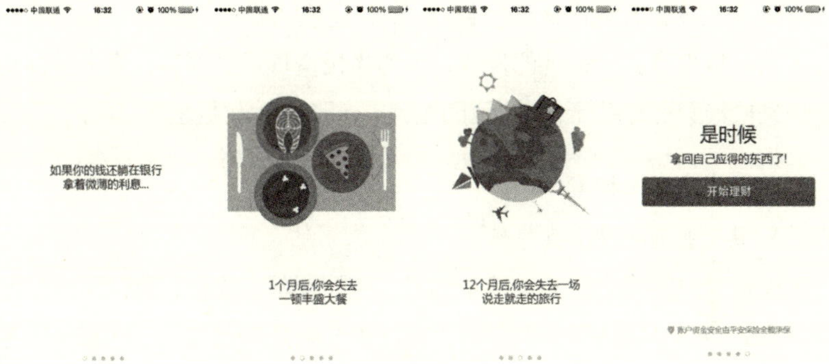

图 10-12

B. 页面设计栏目清晰

开始理财进入产品页面，铜板街设置了精选产品供投资人参考，切换页面可以看到理财产品列表、我的资产、更多设置等信息。所以总体来说信息查询方便快捷。

C. 投资者风险测评增加投资参与感

在“更多—设置”页面，投资者可以就个人的风险喜好程度做一个简单的测评，虽说结果未必特别有价值，但参与感较强。

（2）信息与资金安全

A. 投资前验证虽步骤偏多但也保障了账户安全

选择购买后，系统进行进行了一系列的安全验证信息，包括绑定银行卡，短信验证，交易密码的设置。

B. 不规则密码键盘保证了投资者账户信息安全

在输入密码时，APP 采用了自己的输入键盘，可避免密码被无良输入法获取。

（3）操作便捷度

A. 无须先充值，银联直接划转资金

由于投资前已经绑定了银行卡并设置了交易密码，所以当最终确认投资时，资金是直接从银行账户划走，相比先充值再投资的流程来说，节约了不少时间。

B. 到期资金自动回拨银行卡

在铜板街省去了提现的操作，因为当投资项目到期后，资金会自动回拨到投资所用的银行卡，相比回拨到平台账户更为快捷。

（4）产品信息披露

A. 信息披露不完全且隐蔽

投资前只能看到标的及基本信息，包括期限、收益、建议风险配比等信息。当小分队选择了购买时，页面不显眼处自动勾选了同意《服务协议》，点开服务协议才发现了债权转让、捷越、支付服务协议。如果不留神，真的无法看到相关债权信息。

B. 投资后有完整信息披露

投资后，可以看到协议样本包括《捷越服务协议》、《债权转让及受让协议》、《联动支付协议》和简单的《债权明细》，不过协议中仅可以看到债权转让和受让协议，而不能看到原始的借款协议。

（5）投资便捷性

A. 起投金额较高

1000 元起投的门槛相对较高。

B. 每日产品预告

铜板街发布了未来 7 天的产品预告，投资者可以提前知晓产品，合理安排投资。

（6）收益与回款

虽无相关手续费但 5 日后起息略坑爹

铜板街并不收取任何服务费用，也有收益计算器帮助投资者计算利息，但产品不是当日或者次日起息，而是 5 日之后，这对投资者来说有些坑爹，特别对于投资金额比较大的投资者而言会造成不小的损失。小分队拿出计算机算了一下，按1000元7%来算4天我就少拿到8毛钱，嗯，也是钱呢！

（7）服务指标

A. 客服有耐心但对细节问题仍不熟悉

小分队投资时2014年9月17日正好是周三，两个工作日到周末，起息日为2014年9月22日。计算下来，小分队是在3个工作日内起息的。客服解释说，一般在5个工作日内，至于为什么，客服并没有正面回答，而是说会确保投资者拿到完整60天的收益。

B. 支持社交分享

小分队在产品预告中无意发现，原来还可以把产品分享到微信、微博等社交平台，让更多的小伙伴来加入，社交性往往是平台忽略的一块，但铜板街做得挺好，如果正在进行中的产品也可以实现分享就更好了。

10.6 体验指标对比分析

在APP交互上除了你我贷款，剩下的三个平台得分相当。你我贷虽然进行了几次系统版本升级，但是就设计、界面引导性而言还是存在一定的问题。以欢迎页面的内容设计为例，其他三个平台的欢迎页面从色彩搭配到信息文字都很用心，契合投资者的理财心理。如果是简单的收益、安全信息放在最显眼的欢迎页面，投资者买账的可能不大（见表10-1）。

从新手指引和信息披露指标得分中可以看出，你我贷、银客网、铜板街可谓是几乎没有得分，但这并不意味着这三个平台做得不足，只是相比移动理财的开拓者盈盈理财来说，新手指引和信息披露在APP端未有涉及。但登录三个平台的PC端还是可以获取缺掉的信息。

从信息与资金安全上看，银客网的分值最高，不仅通过第三方账户的二级账户独立管理资金，做到了完全不经手资金。紧随其后的是盈盈理财，除了没有做到独立二级账户托管之外，加密传输、同卡进出的账户安全还是有考虑到。相比之下，显得不足的是你我贷，无二级资金托管，账号也没有独立的交易密码。

表 10–1

平台–产品	盈盈理财–车金融B265号	你我贷–砖家净值贷用于本站内周转	银客网–花生种植合作社流动资金贷款（八期）	铜板街–铜板盈四号
APP交互（16）	15	4	13	16
新手引导&信息披露（27）	16	1	0	0
信息与资金安全（50）	23	16	39	19
操作便捷度（16）	9	9	10	9
产品丰富度（9）	3	6	6	3
产品信息披露（45）	12	3	20	4
投资便捷性（19）	7	6	6	7
收益与回款（28）	25	24	25	23
服务指标（20）	17	10	13	9
合计（230）	127	79	132	90

从操作便捷度上看，四个平台差别不大，但分值来源却有些不同。你我贷、银客网债权管理方便。除了你我贷，其他三个平台在登录前均可以查看项目的信息。四个平台共同的问题在于充值渠道单一。

从产品丰富度来看，主要的分值差别在于，盈盈理财和铜板街缺少债权转让产品。

产品信息披露得分较高的是盈盈理财和银客网，而你我贷和铜板街相对来说披露信息明显不足。盈盈理财和银客网不仅有详尽的抵押物图片信息，更有详尽的借款人和合同协议内容。你我贷借款人信息披露须更为细致的同时，投资后无法查看项目详情的问题也急需解决。对于铜板街而言，把合同信息放在显眼的位置，更能提高产品的透明度。

就投资便捷性而言，四个平台得分所差不大，各有千秋，比如银客网和你我贷支持APP端的债权转让；银客网和铜板街有产品预告；投资门槛只有盈盈理财、你我贷、银客网才算是低门槛，铜板街1000元起投，相比过高。

就服务指标而言，四个平台服务类指标类似，客服相应速度都十分迅速，但四个平台客服专业性有待提升。盈盈理财分值最高主要是因为其论坛服务，不仅内容丰富，且用户活跃。

10.7 APP 渠道产品体验小结

移动端的发展是一种必然趋势，本章体验的平台中除了盈盈理财始于移动端以外，其他三个平台的移动端均为后期开发。从 APP 的体验来看，平台确实意识到了移动理财的优势，但却忽略了十分重要的一点：移动端不能单单作为 PC 端的补充而存在，它本身就应该能构成完整的投资理财体验。举例来说，APP 端涉及的新手指引、产品模式介绍、信息文件披露、充值渠道等操作，不应让用户回到 PC 端解决。否则，APP 应用反而会成为负担，要么长期不打开，要么被彻底删除。这也是小分队在体验 APP 渠道理财时最强烈的感受。

Internet
Finance
Transformers

第十一章
微信渠道产品

11.1 产品简介

要说近两年最火的应用程序，莫过于微信了，其巨大的沉淀客户群正在为越来越多的 P2P 理财平台所觊觎，通过开发微信公众平台接口直接实现理财服务，既省去了单独开发应用程序的麻烦，又可以通过微信直接引流。这次，零壹小分队挑选了 PPmoney、红岭创投和贷帮网三家平台来体验一下 P2P 微信端的理财。

11.2 PPmoney“安稳赢小贷资产权益项目 ASZ150203005”

⊙体验平台　PPmoney

⊙体验项目　安稳赢小贷资产权益项目 ASZ150203005

⊙体验时间　2015 年 2 月 2 日

⊙验后真言　公众账号这么多还能给天秤座一条活路么 / 费用自理没关系，但收费标准还是得说清楚 / 合同还是要有的，万一出事儿了呢 / 强制绑定微信号获取银行卡信息真的“大丈夫”么 / 投资成功的提示还是醒目一点好 / 不用输入支付密码这事儿，小分队还真是硌硬

⊙投资流程体验

先从加微信公众号开始吧！搜索 PPmoney 后出现 5 个相关结果，小分队只好自作聪明，认为加过验证并且叫理财平台的应该没错。关注后发现其公众号的 ID 是其运营公司万惠投融的拼音（wanhuitourong），小分队建议 ID 可以更简单直接一些，例如 PPmoney_licai，方便用户关注。另外，PPmoney 首页顶部有微博、微信和 QQ 图标，鼠标悬停微信图标后，直接出现微信订阅号和服务号二维码，可扫描关注，但三个 LOGO 都不显眼，如果网站首页能够更直接地推广微信号，效果可能会更好（见图 11-1）。

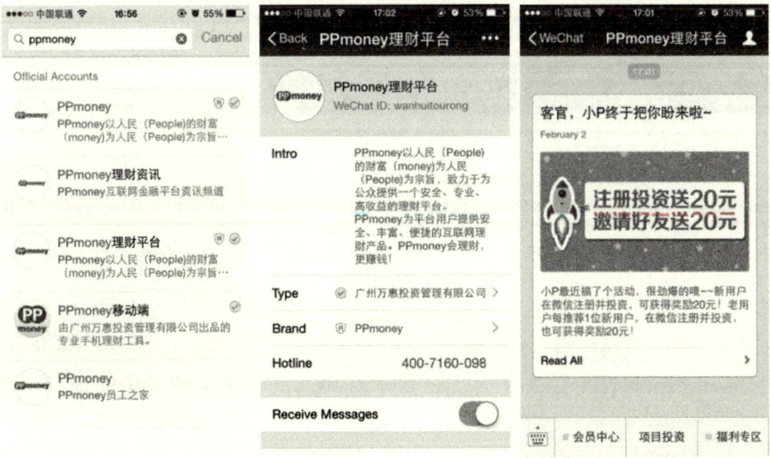

图 11–1

关注后小分队即刻就收到了欢迎消息说注册送礼，连邀请也送礼，小分队绝不会放过这薅羊毛的机会，点击“查看”。微信推送的欢迎消息中有详细的活动内容说明，但是活动内容中第一条“活动期间产生的任何提现费用及手续费由用户自理”小分队就不太明白了，自理费用是什么，费率到底是多少呢？不过脑洞大如小分队者觉得应该不会有过分的费用要求。

回到“会员中心”，出现注册绑定、实名认证、回款提现、会员充值操作，选择注册绑定，再点击“新用户注册”，填写手机号、密码和验证码后点击“立即注册”，页面即刻提示注册成功。

所有的操作完毕后要手动返回是微信端理财平台普遍存在的问题。选择投资项目，推送正在投资的标的，点击进入。标的列表中总共出现了四个产品，其中一个是小贷宝，另外三个是安稳赢。与平时使用微信的操作类似，左上角可以进行分享操作（分享给指定好友，朋友圈，QQ）。这个页面十分投合小分队的操作习惯，不用多余的指引，分享浏览什么的操作自如。

小分队选择了【安稳赢】小贷资产权益项目 ASZ150203005，点击查看标的详情，可以看到融资金额、收益、期限、融资进度、剩余时间、信用等级、保障类型，简单的文字说明了保障措施和执行担保的公司，最后为申购记录，基本信息都包含在内了，但没有安稳盈的产品介绍、借款人信息以及样本协议或合同等内容（见图 11–2）。

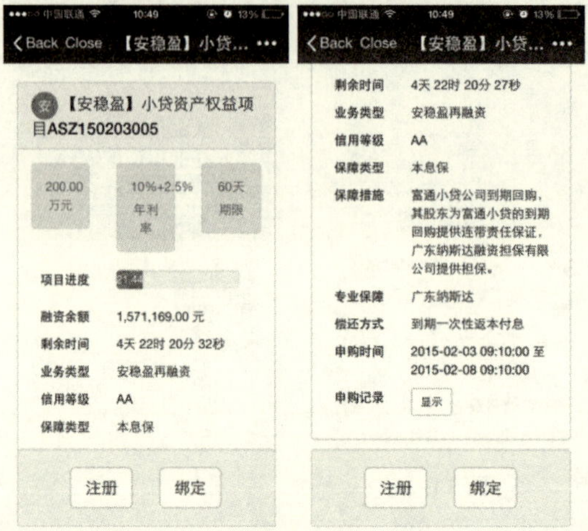

图 11–2

奇怪的是，小分队之前已经完成了注册，但页面底部始终还有“注册”和“绑定”的提示选项，可是按照正常逻辑，此处应有“登录”呀。小分队尝试点击注册，再次填写必要的信息后，系统提示的号码已经被注册，填写过程中，系统会有不要输入 QQ 密码等安全提示，接下去该如何操作呢？只能试试“绑定”选项了。

系统提示绑定成功，返回后并不是回到项目列表栏目，而是重新回到了微信绑定页面，关闭，又回到微信首页，这样来来回回的关闭、返回操作，小分队很是焦虑。注册后也无法直接登录，必须绑定微信后才可以进行投资操作。

由于账户中没有余额，所以小分队又再次回到首页的会员中心进行充值。收到会员充值信息后，点击进入并输入充值金额，跳转到连连支付，令小分队惊讶的是，银行卡、姓名、身份证号全部都自动填好了，可绑定微信的时候并没有提示微信支付的账户信息会一起绑定啊，真是好担心自己账户信息安全呢！

迅速地完成充值，关闭，又回到了项目栏目页面，选择早已看到的安稳盈项目。选择全额投资，2 秒之内觉得系统好像没有任何的跳转或者反应，仔细查看才发现页面上方已经提示投资成功，且正在刷新数据。一晃眼的工夫，页面自动又跳转到了此项目的投资页面。如果不是小分队反应快，真是觉得自己还没有操作过投资！小分队的 100 块大洋，就这么一眨眼就没有了。出于对资金安全的担心，小分队默默打开了电脑，登录了 PPmoney PC 端查看自己的账户及投资情况，投资确实成功了，小分队的账户信息页也更新了，但投资时支付密码不用输，合同也不给，真是有点不敢相信自己的眼睛。

⊙大类体验指标评价

（1）微信交互

A. 操作引导良好

微信端操作顺畅，选择操作分类引导清晰，能精确地推送相关链接的消息。

B. 专注服务 没有新闻推送

PPmoney的微信号有把订阅号和服务号区分开来，这样从订阅号中可以获得行业或平台相关的新闻性消息，从服务号提供理财服务给投资者，这样更能精确地满足投资者的不同需求。

（2）信息与资金安全

A. 安全认证严密

在微信端PPmoney同样实现了实名认证、绑定银行卡、绑定微信等操作。

B. 充值后无独立交易密码

用户使用已经充值到账户里面的资金进行投资的时候，用户无须再输入交易密码，虽说简化了操作，但无法确保账户资金安全。

C. 被强迫绑定微信

微信端没有登录操作，用户被强制性地绑定微信后方可以在微信端进行投资。同时，虽然绑定微信后账户获取了微信账户信息，更快捷地实现了充值流程，但也同时增加了账户资金的安全隐患。

（3）新手指引 & 信息披露

在首次关注PPmoney的微信服务号时，会推送一条消息。这条消息就是非常直观并且详细的新手操作指引。但是，整个服务号就没有对平台任何信息有披露，也没有标的信息披露，让投资者完全无法知晓标的类型的。但是PPmoney对新手专设了新手体验标的。

（4）操作便捷度

A. 注册简便 但操作复杂

虽然注册步骤简便，但是每一页面操作成功后都需要手动返回才可以，目前还没有实现页面自动跳转。重复的“关闭”、“返回”操作烦琐。

B. 实现微信端充值

PPmoney 能够在微信实现充值，但用的支付渠道并不是微信支付，而是连连支付。

（5）产品丰富度

PPmoney 微信服务号的产品类型有三种，分别对应三种还款期限。然而在微信端投资者并不需要抢标，项目非常充足，随来随投。

（6）产品信息披露

仅有基础信息 呈现略显粗暴

微信端产品信息披露产品的基本信息包括期限、金额、年化等，但合同、债权关系也只能回到 PC 端才能获取。所以微信端的产品透明度较低。

（7）投资便捷性

PPmoney 的投资门槛非常亲民——100 元起投，用户只需绑定微信号后就能非常简便地进行投资，并且下次进入到 PPmoney 的服务号时，自动绑定微信号实现登录。并且 PPmoney 考虑到投资者的账户中的资金可能不是整数情况，所以还具有全额投资的辅助工具，让投资者可以一键全额投资。

（8）收益与回款

PPmoney 服务号投资起息日在三天以内，对投资者较为公平。并且在投资过程中，不收取充值费、提现费等任何费用。

（9）服务指标

如微信文章一样，用户可以把项目分享给指定好友、朋友圈或者 QQ。可是，微信端目前并没有提供论坛让投资者有投资交流的机会。PPmoney 倒是开发了一个挤牛奶的活动增加用户分享和参与性，也算是一定程度上填补没有社区的空白了吧。

11.3 红岭创投“短期周转1个月”

⊙**体验平台** 红岭创投

⊙**体验项目** 短期周转1个月

⊙**体验时间** 2015年2月3日

⊙**验后真言** 交易信息与PC端一致/站内社区是个亮点/操作再简单，新手指南也不能免/不提供微信端充值提现还怎么玩下去/产品信息披露得还是不够完善

⊙平台概况

红岭创投于2009年3月成立，是老牌P2P借贷平台之一，从2014年3月开始红岭创投启动“风险准备金计划”，其金额达到5000万元人民币，用于应对未来风险，并每日按成交金额新增1.2%计提准备金。

红岭创投的产品类型十分丰富，包括信用类、抵押类、净值类、抵押类借款。根据红岭创投官方数据披露，截至2014年第四季度末，红岭创投累计达成交易约186.79亿元。

⊙大类体验指标评价

（1）微信交互

首页有一些交易量信息的披露，包括投资人数、成交量、累计收益等，这些数据和红岭PC端披露的数据一致，操作顺畅。

（2）信息与资金安全

A. 手机认证配上实名认证，安全严密

B. 无独立交易密码

投资过程中，用户只需要输入验证码，投资即刻生效，无独立交易密码，账户安全性偏低。

（3）操作便捷度

红岭创投服务号注册简便，但是微信端不支持充值，更没有提示让用户前往PC端进行充值。在PC端完成充值后，微信端才可以显示出余额，所以对于账户没余额的伙伴，操作颇有不便。

（4）产品丰富度

红岭创投微信端产品有 53 页之多，但是大部分的产品都净值标。其期限收益种类远远超过 3 种。由于，发标数量较多，所以也不会有抢标情况，投资者可以轻易购买自己想要投资的标的。

（5）产品信息披露

红岭创投微信端的信息仅限于借款期限、金额、年化收益率等基础信息，借款用户用昵称代替，还款方式按月分期也模棱两可，不知是按月分期利息呢，还是按月分期本息呢？

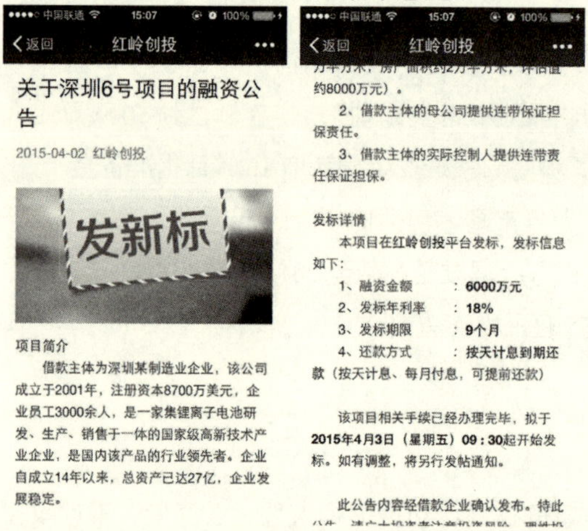

图 11-3

（6）投资便捷性

红岭创投微信端的起投点为 50 元，投资操作较为简单。只要投资者在 PC 端充值，再到微信端操作就会非常便捷。与其他微信端不同的是红岭创投有预告发标（见图 11-3）。

（7）收益与回款

在投资完成红岭创投微信端的产品后，准时回款。在投资流程中并未收取充值费用，也没有提现费用和利息管理费用。

（8）服务指标

红岭创投的微信端社区与 PC 端同步，这归因于微信端实际为跳转页面。

11.4 贷帮网“月月丰 052 期”

⊙**体验平台** 贷帮

⊙**体验项目** 月月丰 052 期

⊙**体验时间** 2014 年 10 月 17 日

⊙**验后真言** 实名认证还要上传照片，投资还得看脸 / 微信端充值多种渠道任君选择 / 产品间的差别还是要说明 / 简直是信息披露的典范 / 白领级别起投金额 / 客服看上去只是摆设

⊙**平台概况**

贷帮是较早开辟微信端理财的平台，作为行业内的老牌平台，侧重于在二三线城市开发小微债权，发展不温不火，在新兴平台崛起的环境中有些尴尬。

⊙**大类体验指标评价**

（1）微信交互

“返回”和“关闭”按钮不太一致，有时是返回到前一浏览页面，而有时却是返回到了主页（这和关闭页面的操作没有差别）一旦不小心点错，就进入了原始的登录界面，操作不太顺畅。

（2）新手引导 & 信息披露

贷帮的微信端栏目内容十分多，比如“投资家乡”、“聚财宝”、“贷帮令”等，首次参与贷帮投资的投资者很难知晓各个栏目的内容，在“关于贷帮”中也只是简单的平台介绍，不包括团队、产品类型、费用等投资人关心的信息。

（3）信息与资金安全

A. 个人设置信息丰富

个人设置中信息像在做人口普查，年龄、通讯地址、性别、邮政编码、QQ 和 MSN 都要填，虽说十分的烦琐，但为了账户安全小分队也就忍了。

B. 实名认证还得看脸 感觉验证严密

一般情况下，实名认证只需要输入准确的身份证号码及姓名即可以完成认证，但是贷帮却要求用户提交身份验证照片，照片要求用户手持身份证。感觉这样的实名认证不会再有差错了。

（4）操作便捷度

A. 实名认证要求信息过多 造成烦琐

正常平台的实名认证仅仅需要用户提供身份证号码及姓名即可立即完成实名认证，但是在贷帮，不仅要求用户填写包括地址、年龄等不必要的信息，而且上传身份照片花费 3 个工作日也十分地劳心劳力。并且还需要三个工作日的审核期，投资理财也是要看脸的节奏。

认证信息要求填写太多，建议平台减少不必要的信息填写步骤，至少也提示下哪些是必须要填，哪些是可以选择忽略的，减少验证时间。

B. 登录不便捷

首先登录时让用户输入验证码在小分队看来是十分理所当然的。但是登录贷帮的时候不难发现，首次输入账号和密码后并没有要求用户输入验证码，等用户提交登录信息后，页面显示必须输入验证码，然后迫使用户再次先写账户及密码信息。这样一而再地输入账户信息十分浪费投资者的宝贵时间。

（5）产品丰富度

贷帮微信服务号有理财计划——“聚财宝”。其期限分别为 30 天、90 天、180 天、360 天。除了理财计划，其他的标的期限也超过 3 种，而且数量富裕，不用抢标。

（6）产品信息披露

A. 信息披露全面

披露的信息包括《风险揭示书》、《产品说明书》和《产品合约》让屡受微信端信息披露不足而折磨的小分队，心中有些宽慰。在产品详情里有项目简介、产品类型、收益计算方、收益支付日、投资方向、管理费和起息日内容。微信端能做到如此全面的信息披露也实属不易，合同内容投资前投资后均可以查看。

B. 债权不明是软肋

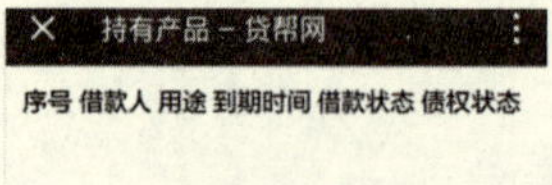

图 11-4

点击查看债权信息，一片空白（见图 11-4），难道是小分队打开的方式不对？

点击查看债权，考验的绝对是小分队的眼力，这么小的字感觉眼睛快掉进去了，仔细查看才知道小分队所投的产品是由欧阳某某借款用于建筑装修工程 1、欧阳某某借款用于建筑装修工程 2 和杨某某的装修公司经营周转三个项目组成（见图 11-5）。可以看出，其中两个项目来源于同一个借款人欧阳某某。小分队心想，若借款人欧阳某某出现违约，此债权包就涉及了两笔借款，风险肯定相比完全分散的债权高。

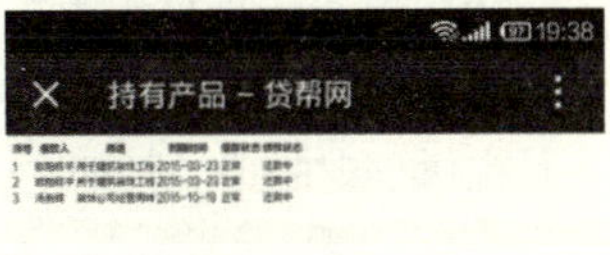

图 11-5

（7）投资便捷性

微信端也能支持第三方账户的充值，给不少用户带来了便利，如果能增加使用更为广泛的第三方支付渠道就更好了。

（8）收益与回款

小分队投资的贷帮微信端的标的，于 2015 年 1 月 15 日按时回款。在投资流程中贷帮不向投资者收取任何费用。

（9）服务指标

在导航栏目中的“服务”中惊讶地发现专属客服栏目，立马点进去，随机选择了专属客服妮妮，期待能解决小分队对聚财宝产品的相关疑问，但是界面一直蹦出来：“点击专属客服详情，选择您心仪的客服”的信息（见图 11-6），本以为可以像微信聊天一样发送消息给客服，但是连续这样的信息，最终小分队也未能与客服对接上。默默地怀疑难道只是个银样镴枪头，中看不中用？

图 11-6

11.5 体验指标对比分析

在微信交互上，三个平台微信端相差不大，PPmoney 分值高的原因在于 PPmoney 有区分微信订阅号与服务号，前者是推送新闻类消息，后者是提供理财服务。其他两个平台没有做任何区分（见表 11–1）。

表 11–1

平台 – 产品	PPmoney– 安稳赢小贷资产权益项目 ASZ150203005	红岭创投 – 短期周转 1 个月	贷帮 – 月月丰 052 期
微信交互（11）	11	9	9
新手引导 & 信息披露（21）	6	4	0
信息与资金安全（45）	–5	5	8
操作便捷度（15）	8	3	3
产品丰富度（9）	3	3	5
产品信息披露（45）	1	2	7
投资便捷性（18）	7	8	4
收益与回款（30）	25	25	25
服务指标（24）	3	3	2
合计（218）	59	62	63

关于新手指引 & 信息披露，三个平台都很差，贷帮是什么信息都没有披露，也不进行任何操作指引。三个平台普遍存在的问题在于，不披露任何关于平台的信息和标的名词解释，这会让小白投资者无从下手。PPmoney 和红岭创投都有一点点得分：PPmoney 由于首次关注的时候，微信会推送新手指引的信息，里面大多是关于投资流程的叙述，且 PPmoney 标的中有新手体验标的；对于红岭创投仅有的 4 分归因于其年度报告的披露，这还让小分队感到了惊喜。

关于信息与资金安全，之所以 PPmoney 会被扣 10 分，主要由于 PPmoney 强制绑定微信，就算小分队取消了微信绑定，但是再次登录还是自动绑定微信，获取用户信息。三个平台安全认证都十分严密，但是只有贷帮设置有独立的交易密码，所以此项分数最高。但就这项指标总体来说，三家平台的得分都极低，原因在于没有采用二级账户进行资金托管，不公布备付金的相关情况。而关于同卡进出指标得分三个平台都没有计分，这里红岭创投无法在微信端提现，贷帮其实是跳转到官网提现，已经不再微信服务号内操作，所以没有计分。而 PPmoney 的标的未到期无法提现。

从操作便捷度上看，仅有 PPmoney 可以绑定微信直接登录，红岭创投的登录与网页端无差别，必须输入账号及密码方才可以登录。但是贷帮不仅注册过程烦琐、要求各种信息的认证，且在登录时验证码不能一并出现。PPmoney 和贷帮均可以在微信端进行提现操作，但是红岭创投似乎把这点给遗忘了。红岭不支持微信端充值，而其他两个平台充值渠道又十分局限（仅限于银行卡充值）。诸多的不便使得各平台的操作便捷度上得分不理想。

从产品丰富度来看，三个平台得分不算高，原因在于 PPmoney 和红岭创投没有理财计划，而贷帮有理财计划，所以分数较高，同时微信端都不支持债权转让。

从产品信息披露上来看，三个平台得分极低，原因主要为标的风控信息不披露，借款合同不披露。除了贷帮，另外两个平台无论投资前后都看不到借款合同。由于没有合同披露，没有风控信息披露很多小的评分指标得分都是 0。

从投资便捷性上来看，三个平台微信端虽分值类似，但确是不同的原因。PPmoney 和贷帮均实现了充值功能，唯独红岭创投没有。但是 PPmoney 和贷帮仍有不足之处，PPmoney 强制绑定微信账号，贷帮复杂的注册均托了此项分值的后腿。

关于收益与回款，只有 ppmoney 的得分较低，这并不是说明平台回款不及时，只是小分队投资的 PPmoney 的项目还没有到期，无法确认其是否会准时回款。

从服务指标上来看，三个平台得分低的主要原因是都没有真正意义上的客服，投资者在微信端遇到问题无法在微信端得到答复，投资者交流也极为不便利。

11.6 微信渠道产品体验小结

在过去的一年里，P2P借贷平台开始陆续布局移动端，微信服务号是其中一个重要渠道。平台做微信投资端的初衷一定是想让投资者享受更加优质的服务。然而在我们体验的三个平台上，很难获得这样的感受，它们普遍存在下面三个问题：①信息披露普遍较少；②投资不便捷；③投资者得不到应有的客服帮助。

P2P理财产品的信息披露需求不应因为渠道的变化而降低，这其实对平台的信息呈现水平提出了更高要求，以“信息显示不便”为由降低平台及产品的信息透明度只会表明平台的诚意不足。贷帮网这方面做出了努力，但是阅读体验有待改善。其余两个平台的信息披露程度则明显过低。

同时，用微信的目的是便捷，注册烦琐、不能充值提现、客服无法到达等问题层出不穷，还如何让微信端发挥其便捷的长处？小分队在微信端的体验隔着“便捷”千山万水，整个过程并不悦心。因此P2P借贷平台想借助微信这个入口来吸引更多的投资者，在信息披露、操作便捷、体验完整等方面还需沉下心来，耐心完善。

Internet Finance Transformers

第十二章 P2P理财产品体验总结与展望

在 P2P 理财产品体验部分，零壹小分队共体验了来自 35 个平台的 9 类产品和 2 种渠道，就交互、新手引导 & 信息披露、信息与资金安全、操作便捷度、产品丰富度、产品信息披露、投资便捷性、收益与回款以及服务共 9 个指标进行了细致的观察、操作和分析。

这 9 个指标可以从四个层次来阐释。第一层，也是投资人最关心的两个指标："信息与资金安全"以及"收益与回款"，这可以称作是 P2P 平台的"基础建设"。投资者来到一个平台投资最关心的问题就是资金安全是否能得到保障，到期是否能获得收益，至于操作是不是方便，投资是否便捷等问题相比较而言优先级则没有那么高。但很可惜，在我们所体验的 35 个平台中，很少有能将这两点做得非常好的。

在信息安全方面，也并非每一个平台都能在关键页面采用 HTTPS 或者其他加密技术对信息传输进行加密，这意味着不法分子有机会拦截网页信息，投资者的账户信息如果被窃走，资金安全也就无从谈起了。而有些平台甚至不需要通过手机或者电邮进行身份验证即可参与投资，这是流程上的 bug 或者是设计上的缺陷我们无从得知，但希望平台能够引起重视，从各个环节保障投资者的权益。

在资金安全方面值得一提的是，不少平台都表示其有风险准备金账户，有些平台例如 E 速贷和爱钱进，定期公布经营状况或者风险准备金托管报告，十分值得肯定。不过大部分平台在具体实施方面仍有许多问题，例如代偿的条件十分苛刻，风险准备金机制本身不够完善，拨备风险准备金的过程不够透明，网页上的承诺未被写入合同等等。在与各个平台客服的沟通过程中，投资者时常会被"资金放在我们平台很安全"这种信息洗脑，也几乎所有的平台都宣称其不会触碰资金，但真正做到二级账户托管的只有积木盒子、旺财谷、众利网、花果金融、信通袋和银客网这屈指可数的 6 家，仅占本次体验平台数的 17%。

因此，如图 12-1 所示，在信息与资金安全方面，平台的表现呈两极分化的趋势，少部分平台表现较好，大部分平台表现较差。

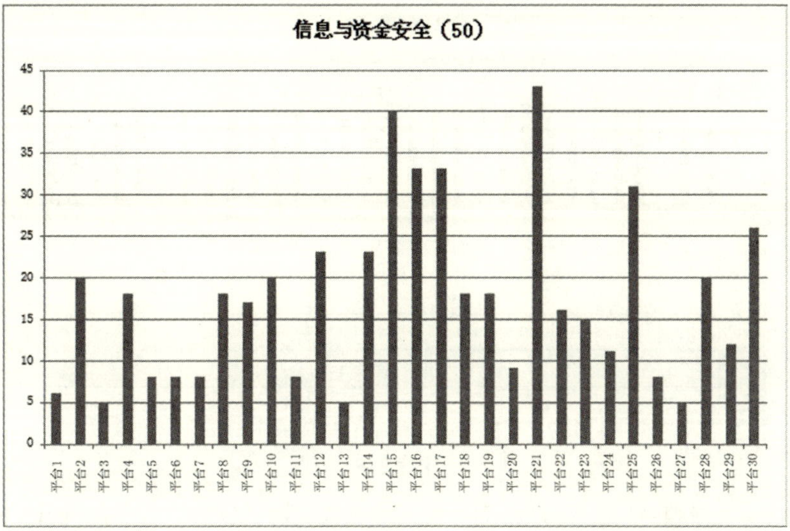

图 12-1

收益与回款则涉及起息时间、偿付时间、各项手续费的收取等问题。在这方面各个平台表现不一。例如积木盒子的起息日为投资次日，众利网为满标当天，旺财谷是满标的次日。零壹小分队就此问题进行过一番讨论，有部分队员认为计息日（或者代偿日）及各项手续费的收取为契约中双方约定，并不存在优劣，只要双方同意即可视为公平；另一部分队员则认为，如果行业中绝大部分平台都能做到一定时间内完成计息或者代偿，各项手续费都大致在某一水准，那么那些“另类平台”则应该反省。两种说法都有道理，从投资者的角度看，当然是越快越多地拿到本息越好，但平台也需要时间处理和反馈信息。因此，即使我们不以速度论英雄，至少可以说某些平台在这方面的能力有待加强。如果是平台故意拖延以便从中获得收益的话，情况就更加恶劣，不过希望这只是小分队的阴谋论揣测。

从图 12-2 可以看出，平台在收益与回款方面表现不错，尽管行业存在这样那样的问题，坏账、跑路事件不绝于耳，但小分队选择的绝大部分平台都做到了按时还款，各项收费也比较合理，仅在畅贷网遭遇逾期，且平台催收不利，因此被倒扣了 48 分。

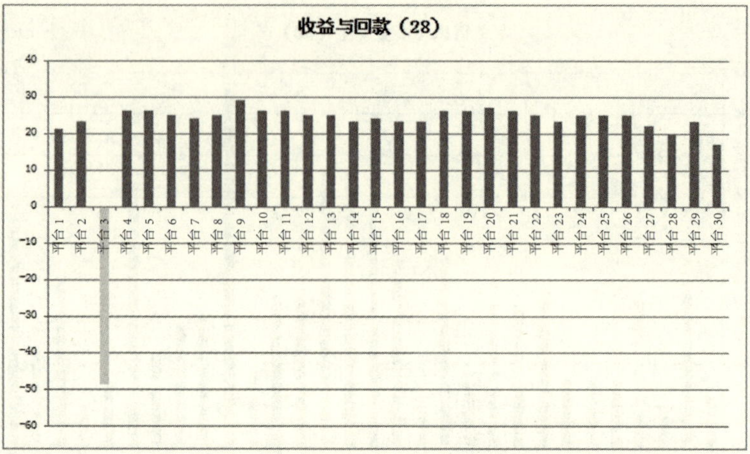

图 12-2

新手引导与信息披露以及产品信息披露可视为是第二个层次。P2P 行业爆炸式的增长令许多只闻其声、未见其详的投资者也一股脑闯进了这个市场，虽说投资者教育的重担不应该全部落在平台身上，但从行业长久的发展考虑，警示 P2P 投资风险、揭示 P2P 投资本质是平台义不容辞的责任。从广义上来说，不做充分的信息披露，或者在网页显著位置有误导性宣传都可以被看作平台的失职。在体验中我们发现，借款用途以及借款人信息不详、还款来源不明、空白合同、合同中无逾期后的处理规则等是各个平台都需要注意的问题。此外，在登录或者投资前能否看到格式合同以及项目相关信息内容是否翔实也是评价平台信息披露工作是否到位的重要标准。

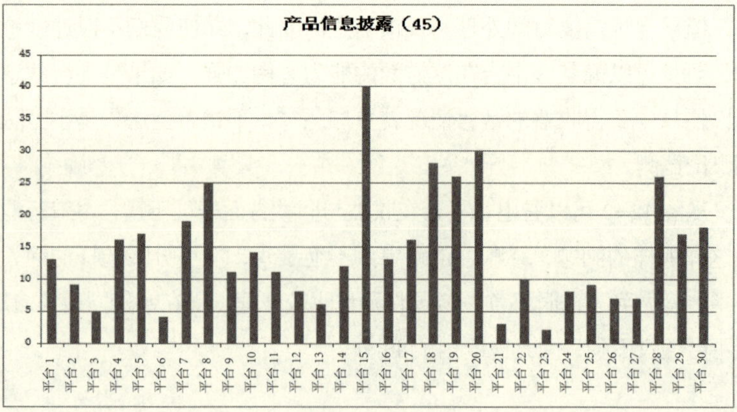

图 12-3

从图 12-3 可以看出产品信息披露方面各大平台差距非常大，积木盒子的表现一骑绝尘，但 80% 的平台得分都在 20 分以下（总分 45）；新手指引和信息披露方面（见图 12-4）情况稍好，但及格分以上的平台也不多，说明平台在这两方面还有待加强。

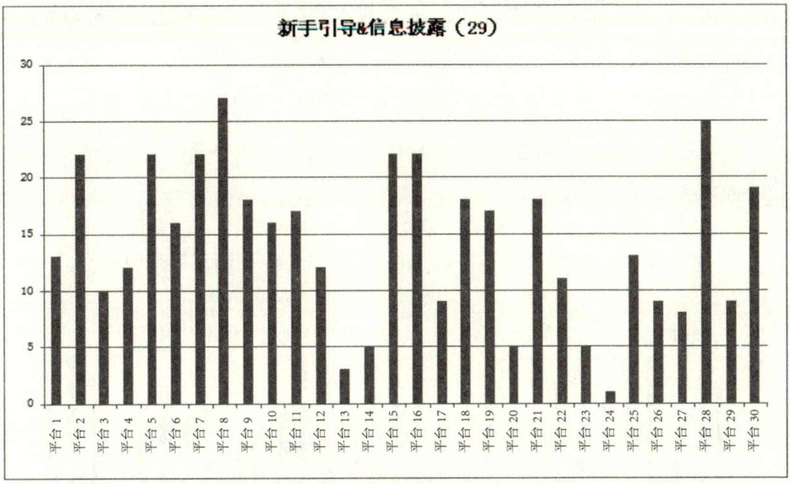

图 12-4

交互体验、操作便捷度、产品丰富度和投资便捷性则是第三个层次，也是与 P2P 平台的互联网属性关联度最高、最值得产品经理关注的一个层次。在此次体验的 35 个平台中，既有刚成立不久的新兴平台，例如趣分期（2014 年 3 月成立），也有丰富运营经验的老牌平台，例如拍拍贷（2007 年 6 月上线）。对于普通网站来说，运营时间越久在交互方面的经验越充足，给用户的体验会越好，但在我们的体验过程中并没有发现这样的规律，例如某平台的 APP 交互体验就较差，整个操作流程 bug 不断，令小分队叫苦不迭。

操作便捷度主要涉及注册、充值渠道、移动端、债权管理、回款提醒等方面。小分队认为这些细节都不难做到，只要平台能以用户的身份多实际体验一下投资的流程，很多问题都可以被发现，但可惜很多平台并不愿意去做这方面的努力。投资便捷性则是关于投资门槛高低、购买产品的方便程度以及是否有收益计算器以及筛选等，因此我们也希望读者（如果您是一名产品经理）在阅读这部分时能够从其他平台的设计中取长补短，为投资者提供更便捷的服务。产品丰富度与平台性质及定位有一定的联系，在此不再赘述。

从图 12-5 可以看出，平台的操作便捷度和投资便捷性有较强的相关性，通常操作便捷度高的平台在投资便捷性方面表现也不错，反之亦然。网站交互是所有指标中表现最好的一个，说明平台在“表面功夫”上花了不少心血。产品丰富度方面，每个档次的平台个数都差不多，低于 4 分的平台则需要加把劲，为投资者提供更多样的投资产品。

总的来看，P2P 平台在交互体验这个层次做得相对较好，并且小分队相信，高速更新换代的互联网环境和互联网金融人不断创新的精神会让这个部分的表现越来越好。

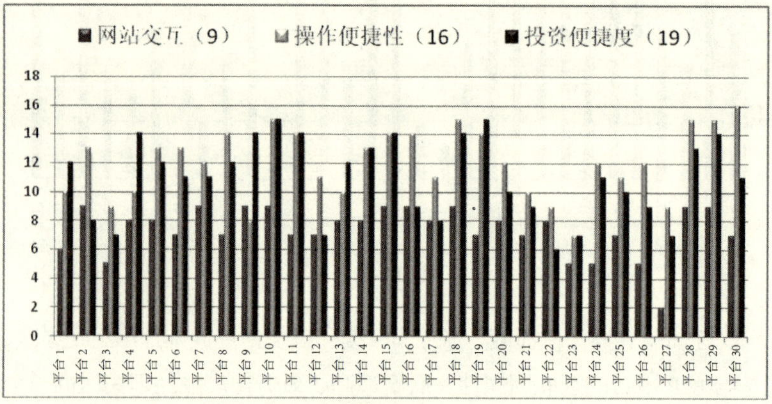

图 12-5

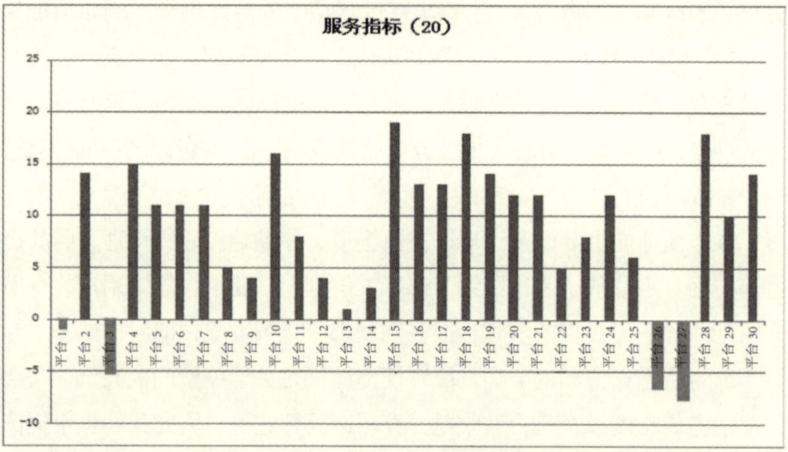

图 12-6

第四个层次是平台客服，在互联网时代人工客服的重要性已经大大降低，但作为复杂、高风险的投资产品，P2P 借贷网站的人工客服仍然必不可少，而且他们更能为投资者带来温暖感和安全感。但是，绝大多数平台的客服并不令人满意，小分队在体验过程中，响应慢乃至无响应、客服专业能力差等问题层出不穷（见图 12–6）。

从上图可以看出，部分平台的客服指标为负分，一半平台不能达到及格分。实际上客服问题在 P2P 借贷平台所涉及的各项问题中是比较容易解决的，平台对这个问题的忽视实在不应该，难道是“互联网思维”过于旺盛的缘故？

从以上四个层次的分析可以看出，目前的 P2P 借贷平台比较注重“面子活”，对网站交互、操作体验进行了较好的优化，但是对客户服务掉以轻心，对信息披露敷衍了事，对资金安全则关心不足。长此以往，P2P 理财产品可能真就成了类似游戏、社交的普通互联网产品，离金融的本意和投资人的信任就越来越远了。

感兴趣的读者还可以根据各类产品“体验指标对比分析”中的分数表对各类别产品的平均得分进行分析，结果可能出人意料，也反映了互联网与金融的一些较好结合点，此处不再赘述。

附录一
P2P 理财产品体验指标体系 ①

大类指标	打分规则 ②	大类总分
网站交互 UI	bug： （1）网站无操作性 bug 计 2 分 （2）网站无叙述性 bug 计 2 分	9 分
	产品布局清晰度： （1）产品栏目设计清晰计 1 分 （2）含产品属性标签计 1 分	
	整体风格统一计 1 分	
	页面响应速度：在同一网络条件下，用两台电脑三种浏览器，点击页面反应速度少于 2 秒计 2 分，2~5 秒计 1 分，5 秒以上不计分	
新手引导 & 信息披露	有新手指引 / 帮助说明：2 分 新手指引 / 帮助说明实用性强：2 分 新手指引 / 帮助说明易于访问：1 分 有各种标的类型的详细说明：1 分 标的类型说明便于访问：2 分 有平台模式说明：1 分 有详细的平台背景介绍：3 分 有相关高管信息介绍：2 分 有显著的风险提示：2 分 有明确的资费说明：2 分 披露逾期信息：3 分 发布年报、季报、月份或实时统计信息：4 分 披露信息持久：2 分 有新手体验标：2 分 有误导性对比或宣传：-10 分	29 分

① 此为 P2P 理财产品体验通用指标体系，不同小类和渠道产品的指标体系稍有区别，此处省略。

② 计分规则中多于 1 分的，大多是最高弹性分，在最高分以内根据具体情况可打不同的分值，后同。

（续表）

大类指标	打分规则	大类总分
信息与资金安全	重要信息采用加密传输：5分 安全认证严密：5分 有独立交易密码：3分 采用了二级账号进行用户资金托管：20分 提现要求同卡进出：10分 定期（不长于1个季度）公布备付金等相关保障资金情况：5分 公布备付金等相关保障资金经过审计或银行证明：2分	50分
操作便捷度	注册便捷：1分 充值渠道多样：3分 支持移动端：2分 移动端支持充值/提现：1分 提现快捷：3分 债权管理方便：2分 回款自动提醒：2分 无须登录便可看到项目主要信息：2分	16分
产品丰富度	产品期限3种及以上计1分 还款方式2种及以上计1分 有理财计划计1分 理财计划期限多于3种计1分 有债权转让计1分 债权转让方便、快捷计2分 无须抢标计2分	9分
产品信息披露	借款人基本信息计1分 还款来源计1分 借款用途计1分 产品标的信用评级计1分 担保/质押/抵押的基本信息计1分	45分
	担保/质押/抵押的具体信息： 如：担保公司详细介绍或图片披露计3分	
	风控信息： （1）风控流程描述计1分 （2）借款企业年报计1分 （3）有图文佐证的借款人信息：5分 （4）有风险提示计10分	
	借款合同： （1）投资前能看到借款合同计2分 （2）合同描述逾期垫付规则清晰明确计5分 （3）合同描述逾期垫付规则与网站公开宣传一致计5分 （4）合同表达清晰、格式规范、措辞严谨计3分 （5）借款人实名计2分 （6）合同采用了数字签名或其他数字认证工具计3分 （7）合同内容与网站展示内容不一致扣10分	

（续表）

大类指标	打分规则	大类总分
投资便捷性	投资门槛： （1）100 元以下计 4 分 （2）10000 元以下计 1 分	19 分
	产品购买方便度： （1）平台投标操作简单计 2 分 （2）特殊时间发标计 1 分 （3）定时发标计 1 分 （4）预告发标计 2 分 （5）自动投标计 2 分	
	产品辅助工具： 产品筛选工具：2 分 产品推荐：1 分 其他工具（如计算器、黑名单、投资额免设定等）：3 分	
收益与回款	起息日： （1）起息日多于 3 天少于 5 天计 1 分 （2）起息日少于 3 天计 2 分	28 分
	收费： （1）不收取投资人充值费计 1 分 （2）不收取投资人提现费计 1 分 （3）不收投资人任何费用计 3 分	
	逾期 7 日、30 日内垫付分别计 3 分、1 分 回款及时、准确计 20 分 如逾期时平台拖延处理达一周以上扣 50 分 未按承诺垫付扣 100 分	
服务指标	客服响应速度： （1）少于 1 分钟计 3 分 （2）1~5 分钟计 2 分 （3）5~10 分钟计 1 分 （4）经常联系不上客服扣 10 分	20 分
	客户服务能力： （1）清楚解释标的含义计 1 分 （2）清楚具体收费规则计 2 分 （3）清楚描述产品所含风险计 2 分 （4）及时解决用户问题计 5 分	
	投资者交流便利度： （1）官方论坛活跃计 2 分 （2）固定网站负责人与投资者交流计 2 分 （3）线下活动计 2 分 （4）社交网络分享计 1 分	
合计		225 分

附录二
研究指导单位简介

北京市网贷行业协会

北京市网贷行业协会于 2014 年 12 月 29 日获得北京市民政局批准成立，由网贷机构以及相关行业机构自愿联合发起，是国内第一个专注服务于网贷行业同业自律的合规组织。协会接受业务指导单位北京市金融工作局、社团登记管理机关北京市民政局的业务指导和监督管理。

协会的宗旨是团结北京市开展业务的网贷机构以及相关行业机构，坚持以金融创新的思维、协作的文化、开放的平台、有效的服务为指导思想，通过开展机构间持续的相互调研交流、开放数据、参与行业自律沟通等活动，为会员提供服务，为行业发展服务，达到推进行业规范发展的目的。

协会将在贯彻落实有关法律、法规和相关规则的前提下，积极推动北京市网贷行业发展，主要举措将包括：实施金融产品实名登记制度；推进平台信息分级披露；推进资金托管；加强行业内部交流；推动建立网贷行业的统一风控平台体系等。

协会拥有 30 家创始会员，其中的 18 家网贷机构营业规模超过全行业规模的 20%，业务分布均衡，机构特点鲜明，具有一定的行业代表性和影响力；其余 12 家机构为征信、第三方支付等行业服务机构。

协会邮箱：beijingwangdai@163.com
协会微信：搜索关注 beijingwangdai
协会微博：@ 北京市网贷行业协会